Peifer / Zimmerl / Einhaus
Verbraucherschutz – Steuerrecht – Wirtschaftsrecht

Jahrbuch für Italienisches Recht

Im Auftrag der Deutsch-Italienischen Juristenvereinigung (Vereinigung für den Gedankenaustausch zwischen deutschen und italienischen Juristen e.V.) herausgegeben von Professor Dr. Dr. h.c. mult. Erik Jayme, Professor Dr. Dr. h.c. Heinz-Peter Mansel, Professor Dr. Dr. h.c. Thomas Pfeiffer und Professor Dr. Michael Stürner zusammen mit dem Vorstand der Vereinigung Professorin Bettina Limperg (Präsidentin), Professor Dr. Dr. h.c. Peter Kindler (Generalsekretär), Rudolf F. Kratzer, Dr. Stefan Dangel, Professor Dr. Michael Stürner, Professor Dr. Walter Odersky (Ehrenpräsident), Professor Dr. Günther Hirsch (Ehrenpräsident)

Band 36
Wissenschaftliche Redaktion:
Dr. Adrian Hemler, LL.M. (Cambridge), Universität Konstanz

# Verbraucherschutz
# Steuerrecht
# Wirtschaftsrecht

von

Karl-Nikolaus Peifer, Isabella Zimmerl, David Einhaus

*Zitiervorschlag:*
Jahrbuch für Italienisches Recht 36 (2023) S. oder JbItalR 36 (2023) S.

*Anschrift der Redaktion:*
Prof. Dr. Michael Stürner
Universität Konstanz
Lehrstuhl für Bürgerliches Recht,
Internationales Privatrecht und Rechtsvergleichung
Fach 109
78457 Konstanz

*E-Mail-Adresse der Redaktion:*
michael.stuerner@uni-konstanz.de

Bibliografische Information der Deutschen Nationalbibliothek
Die Deutsche Nationalbibliothek verzeichnet diese Publikation in der Deutschen Nationalbibliografie; detaillierte bibliografische Daten sind im Internet über <https://portal.dnb.de> abrufbar.

ISBN 978-3-8114-9113-7

E-Mail: kundenservice@cfmueller.de
Telefon: +49 6221 1859 599
Telefax: +49 6221 1859 598
www.cfmueller.de

© 2024 C.F. Müller GmbH, Heidelberg

Dieses Werk, einschließlich aller seiner Teile, ist urheberrechtlich geschützt. Jede Verwertung außerhalb der engen Grenzen des Urheberrechtsgesetzes ist ohne Zustimmung des Verlages unzulässig und strafbar. Dies gilt insbesondere für Vervielfältigungen, Übersetzungen, Mikroverfilmungen und die Einspeicherung und Verarbeitung in elektronischen Systemen.

Satz: Strassner ComputerSatz, Heidelberg
Druck: Stückle Druck und Verlag, Ettenheim

# Vorwort

Der neue Band des Jahrbuchs dokumentiert die Vorträge, die auf der Arbeitstagung der Deutsch-Italienischen Juristenvereinigung am 7. und 8. Juli 2023 in Karlsruhe gehalten wurden. Der Aufsatz von *Karl-Nikolaus Peifer* zeichnet die aktuellen Entwicklungen in der Aufarbeitung des sog. Dieselskandals im italienischen Recht nach und bettet diese in die europäischen Entwicklungen ein. *Isabella Zimmerl* behandelt in der Folge die praktisch äußerst bedeutsamen steuerlichen Rahmenbedingungen im deutsch-italienischen Rechtsverkehr und die aktuellen Entwicklungen bei grenzüberschreitenden Steuerverfahren. Ebenfalls von großer Bedeutung für die Rechtspraxis sind die Ausführungen von *David Einhaus* zu den neuesten Entwicklungen im Europäischen Zivilprozessrecht.

Die Beiträge befassen sich mit dem Dauerthema Schadensersatz bei Verkehrsunfällen, hier unter besonderer Berücksichtigung von Nichtvermögensschäden (*Michael Stürner*), sowie den rechtlichen Rahmenbedingungen für den sog. multimodalen Transport (*Christoph Perathoner*). Weitere Beiträge widmen sich den Entwicklungsperspektiven des Mikrokredits in der Autonomen Region Trentino-Südtirol (*Paolo Cattaruzza Dorigo*) sowie der fortschreitenden Digitalisierung des italienischen Rechtssystems (*Silvia Cormaci*).

Wie jedes Jahr beinhaltet auch dieser Band eine umfangreiche Dokumentation der deutschen Judikatur und Literatur zum italienischen Recht und zum deutsch-italienischen Rechtsverkehr. Sie soll vor allem der Praxis einen schnellen Zugriff auf aktuelle Entwicklungen verschaffen.

Mit diesem Band geht eine wichtige Neuerung im editorischen Prozess einher: Sämtliche beim Jahrbuch eingehenden Aufsatz- und Beitragsmanuskripte werden in einem Peer-Review-Prozess von externen Referees (*revisori*) in einem Single-Blind-Verfahren auf ihre wissenschaftliche Qualität und Originalität hin überprüft. Die Koordination dieses Prozesses liegt in der Verantwortlichkeit des neu berufenen Wissenschaftlichen Ausschusses des Jahrbuchs, dem Prof. Dr. *Mauro Tescaro* (Verona), Dr. *Stefano Gatti* (Verona), Prof. Dr. *Tereza Pertot* (Udine) sowie Dr. *Giovanna Marchetti* (Padua) angehören. Weitere Informationen zum Peer Review finden sich unter https://www.jura.uni-konstanz.de/stuerner/forschung/jahrbuch-fuer-italienisches-recht.

Die Rechtsprechungsübersicht haben für diesen Band Herr stud. iur. *Moritz Barth* und Frau stud. iur. *Anna Hellriegel*, beide Heidelberg, erstellt. Für die Literaturübersicht zeichnen Frau stud. iur. *Debora Wolf* und Herr stud. iur. *Noah Zaremba*, ebenfalls Heidelberg, verantwortlich. Die Arbeiten am Heidelberger Institut wurden erneut in dankenswerter Weise von Herrn Wiss. Ass. Priv.-Doz. Dr. *Hannes Wais*, LL.M. (Cambridge) koordiniert. Um das Sachverzeichnis hat sich Frau stud. iur. *Karin Jackwerth*, Köln, verdient gemacht. Die Wissenschaftliche Redaktion hatte wiederum Herr Akad. Rat Dr. *Adrian Hemler*, LL.M. (Cambridge), Konstanz, inne. Er hat die Drucklegung umsichtig und präzise begleitet. Bei der redaktionellen Arbeit haben in Konstanz Frau stud. iur. *Julia Linhart*, Herr stud.iur. *Aleksander Liivamägi*, Frau stud. iur. *Olivia Radlmayr* und Frau stud. iur. *Eva Winkelmann* tatkräftig mitgewirkt.

Allen gilt unser herzlicher Dank für die geleistete Arbeit. Wie jedes Jahr ist daneben dem Verlag C.F. Müller und hier vor allem Frau *Gabriele Owietzka* für die wie immer hervorragende verlegerische Begleitung des Jahrbuchs zu danken.

Konstanz, im Dezember 2023

Für die Herausgeber
*Michael Stürner*

# Inhalt

*Vorwort* .................................................... V
*Abkürzungen* ............................................... X

## I. Abhandlungen

*Prof. Dr. Karl-Nikolaus Peifer*
*Universität zu Köln sowie Richter am OLG Köln*
Verbraucherschadensersatz im EU-Recht – Herausforderungen für das deutsche und italienische Recht? ........................................ 3

*Dr. Isabella Zimmerl*
*Rechtsanwältin, München*
Steuerliche Rahmenbedingungen im deutsch-italienischen Rechtsverkehr und aktuelle Entwicklungen bei grenzüberschreitenden Steuerverfahren ........ 19

*Dr. David Einhaus*
*Rechtsanwalt und Avvocato, Freiburg*
Aktuelles Europäisches Zivilverfahrensrecht im deutsch-italienischen Rechtsverkehr ............................................... 35

## II. Beiträge, Berichte, Besprechungen

*Prof. Dr. Michael Stürner, M.Jur. (Oxford)*
*Universität Konstanz sowie Richter am OLG Karlsruhe*
Ersatz des Nichtvermögensschadens nach Verkehrsunfall ............... 47

*Dr. Christoph Perathoner, LL.M. (Eur. Law)*
*Rechtsanwalt und Avvocato, Bozen*
Der multimodale Transport: ein immer wichtigeres Transportphänomen im internationalen Recht ohne gesetzliche Regelung in Italien ................ 73

*Dr. Paolo Cattaruzza Dorigo*
*Bozen*
Entwicklungsperspektiven des Mikrokredits in der Autonomen Region Trentino-Südtirol aufgrund der Tätigkeit der Bankenstiftungen ............... 97

*Avv. Dott.ssa Silvia Cormaci*
*Freiburg*
Die Digitalisierung des italienischen Rechtssystems ................... 113

*Dr. Adrian Hemler, LL.M. (Cambridge)*
*Universität Konstanz*
Rezension zu Anna Reis, Die Bedeutung des Schweigens im Privatrecht. Ein deutsch-italienischer Rechtsvergleich unter Berücksichtigung des Internationalen Privatrechts, Mohr Siebeck, Tübingen 2022 . . . . . . . . . . . . . . . . . . . . .   130

## III. Entscheidungen

Nr. 1   EuGH, Urteil vom 14. September 2023, Rs. C-27/22 – *Volkswagen ./. AGCM* (Bußgeld im „Dieselskandal"; ne bis in idem) . . . . . . . . . . .   135

Nr. 2   BGH, Beschluss vom 26. April 2023, Az. XII ZB 187/20 (italienische Privatscheidung) . . . . . . . . . . . . . . . . . . . . . . . . . . . . .   150

Nr. 3   BGH, Beschluss vom 19. Mai 2022, Az. IX ZB 58/20 (Bedeutung der Bescheinigung nach Art. 53 Brüssel Ia-VO) . . . . . . . . . . . . . . .   154

Nr. 4   OLG Frankfurt a.M., Beschluss vom 1. Dezember 2022, Az. 26 Sch 4/22 (Beweiswürdigung durch Schiedsgericht und ordre public) . . . . . . . .   156

Nr. 5   KG, Beschluss vom 22. September 2022, Az. 1 W 348/22 (Europäisches Nachlasszeugnis; unbekannte Erbschaftsfolgen) . . . . . . . . . . . . .   167

## IV. Rechtsprechungsübersicht

1. Schuld-, Sachen-, Handels- und Wirtschaftsrecht . . . . . . . . . . . . . . .   171
2. Familienrecht . . . . . . . . . . . . . . . . . . . . . . . . . . . . . . .   171
3. Zivilverfahrens- und Insolvenzrecht . . . . . . . . . . . . . . . . . . . .   172
4. Steuerrecht . . . . . . . . . . . . . . . . . . . . . . . . . . . . . . . .   172
5. Öffentliches Recht . . . . . . . . . . . . . . . . . . . . . . . . . . . . .   173
6. Unionsrecht . . . . . . . . . . . . . . . . . . . . . . . . . . . . . . . .   176

## V. Deutschsprachiges Schrifttum zum italienischen Recht

1. Allgemeines . . . . . . . . . . . . . . . . . . . . . . . . . . . . . . . .   183
2. Schuld-, Sachen-, Handels- und Wirtschaftsrecht . . . . . . . . . . . . . . .   183
3. Familien- und Erbrecht . . . . . . . . . . . . . . . . . . . . . . . . . . .   184
4. Arbeits- und Sozialrecht . . . . . . . . . . . . . . . . . . . . . . . . . .   185
5. Gewerblicher Rechtsschutz, Wettbewerbsrecht, Medien- und Urheberrecht . . .   185
6. Zivilverfahrens- und Insolvenzrecht . . . . . . . . . . . . . . . . . . . .   185
7. Steuerrecht . . . . . . . . . . . . . . . . . . . . . . . . . . . . . . . .   186
8. Öffentliches Recht . . . . . . . . . . . . . . . . . . . . . . . . . . . . .   186
9. Strafrecht . . . . . . . . . . . . . . . . . . . . . . . . . . . . . . . . .   187
10. Unionsrecht . . . . . . . . . . . . . . . . . . . . . . . . . . . . . . . .   187

## VI. Anhang

Verzeichnis der Organe und der korporativen Mitglieder der Deutsch-Italienischen Juristenvereinigung. Vereinigung für den Gedankenaustausch zwischen deutschen und italienischen Juristen e.V.. . . . . . . . . . . . . . . . . . . . . . . . . . . . . . . 189

*Sachverzeichnis* . . . . . . . . . . . . . . . . . . . . . . . . . . . . . . . . 191

# Abkürzungen

Es wird verwiesen auf das Abkürzungsverzeichnis in Band 17.

# I. Abhandlungen

*Karl-Nikolaus Peifer*

# Verbraucherschadensersatz in der EU – Herausforderungen für das deutsche und italienische Recht?*

**Inhaltsübersicht**

I. Einleitung
II. Die unionsrechtliche Grundlage des Verbraucherschadensersatzes
III. Dogmatische Ausgangslage für den Verbraucherschadensersatz in Deutschland und Italien
   1. Deutschland
   2. Italien
IV. Die Verlagerung des geschützten Interesses in das Recht der unlauteren Geschäftspraktiken
   1. Deutschland
   2. Italien
V. Auswirkungen auf die deliktsrechtliche Dogmatik
VI. Fragen der Durchsetzbarkeit
VII. Fazit

## I. Einleitung

Schäden, die Verbraucher als Werbeadressaten, Käufer oder Nutzer von Produkten erleiden, sind häufig Vermögensschäden, zudem, wenn sonstige Vermögensgüter geschädigt werden, auch Eigentums-, Körper- oder Gesundheitsschäden. In der Praxis wetteifern Vertrags- und Deliktsrecht darum, ob und wie etwaige Schäden ersatzfähig sind. Gelegentlich fallen die Interessen des Verbrauchers zwischen die Grenzen beider Anspruchsbehelfe. Ein in den letzten Jahren berühmt gewordenes Beispiel in Deutschland und Italien betrifft die Erstattung der Vermögensschäden, die aus dem Kauf eines Dieselkraftfahrzeugs mit vermeintlich im Straßenverkehr effektiver Abgasreduktionseinrichtung geltend gemacht wurden.[1] Die Besonderheit dieser Fälle lag darin, dass die Kfz-Zulassungsvorschriften eine funktionstüchtige Einrichtung zur Reduktion des Stickstoffausstoßes verlangten.[2] Fehlte es daran, war das Fahrzeug nicht straßentauglich und

---

\* Der Text basiert auf dem Vortrag, den der Verfasser auf der Jahrestagung der Vereinigung am 8.7.2023 in Karlsruhe gehalten hat. Der Vortragstext wurde in Struktur und Länge verändert. Zentrale Rechtsentwicklungen bis zum Stand Ende November 2023 wurden einbezogen. Internetquellen wurden zuletzt am 30.11.2023 abgerufen. Die Ausführungen basieren auf einer früheren Studie zur Einführung des Verbraucherschadensersatzanspruchs im deutschen UWG, die in WRP 2022, 794 veröffentlicht wurde.
1 Sachverhalt näher beschrieben bei www.wiwo.de/unternehmen/auto/vw-abgas-skandal-volkswagen-hilft-nur-offenheit-und-ehrlichkeit/12700646.html. In italienischer Sprache in Autorità Garante per la Concorrenza e il Mercato, 4.8.2016 – PS10211, abrufbar unter www.agcm.it/media/comunicati-stampa/2016/8/alias-8372.
2 Basierend auf Art. 5 der VO (EG) Nr. 715/2007 über die Typgenehmigung von Kraftfahrzeugen hinsichtlich der Emissionen von leichten Personenkraftwagen und Nutzfahrzeugen (Euro 5 und Euro 6), EG-Abl. L 171/1. Abs. 2 dieser VO verbietet „Abschalteinrichtungen, die die Wirkung von Emissionskontrollsystemen verringern".

riskierte, stillgelegt zu werden. Andererseits war die Installation der Einrichtung nach Auskunft mancher Hersteller mit Leistungsverlusten und höherer Verschleißanfälligkeit der Motoren verbunden. Um diese Nachteile aufzuwiegen, gleichzeitig aber dem Käufer ein zeitgemäßes Fahrzeug mit Abgasreduktion anbieten zu können, wurde bei einigen Motoren die Abgasreduktionseinrichtung so konstruiert, dass sie nur auf den Prüfständen des TÜV funktionierte, nicht aber im gewöhnlichen Straßenverkehr. Die Gerichte haben wenig Schwierigkeiten darin gesehen, ein solches Fahrzeug als fehlerhaft im Sinne des Kaufrechts anzusehen.[3] Die öffentliche Wahrnehmung, die Sauberkeit eines Dieselfahrzeugs durch Manipulation der Abgasreinigung herbeizuführen, führte in die Domäne der Täuschung und des Betruges. Jedenfalls stellte sich früh die Frage, ob der Verbraucher als Schadensersatz das Fahrzeug zurückgeben oder auch einen Minderwert als Vermögensschaden ersetzt verlangen kann und gegen wen sich dieser Anspruch richtet.

In Deutschland und Italien drohen Verbraucher mit kaufrechtlichen Schadensersatzansprüchen auszufallen, wenn Händler von der Motorkonstruktion weder Kenntnis hatten noch eine diesbezügliche Prüfpflicht haben. Hinzu kommt, dass die kaufrechtliche Gewährleistung in recht kurzer Frist kenntnisunabhängig verjährt (in Italien gem. Art. 1495 III c.c. nach einem, in Deutschland gem. § 438 I Nr. 3 BGB nach zwei Jahren, jeweils ab Übergabe/Lieferung).[4] Viele Kaufverträge waren daher, als die Hintergründe im Jahre 2015 durch Presseveröffentlichungen bekannt wurden,[5] bereits verjährt, die Käufer drohten, auf ihren Schäden sitzen zu bleiben.

Die vorgenannten anspruchskritischen Umstände ändern sich, wenn man die Schadensersatzansprüche auf Deliktsrecht stützen kann. Diese Ansprüche richten sich zum einen vor allem gegen die Automobilhersteller, in deren Organisationsbereich die Schadensursache aufgetreten ist, zum anderen ist die Verjährungsfrist im Deliktsrecht kenntnisabhängig ausgestaltet.

Damit betritt man das eigentliche Problem des Verbraucherschadensersatzes: Verbraucherschäden der hier beschriebenen Art sind typischerweise primäre Vermögensschäden, „pure economic loss". Ob solche Schäden auch durch die deliktische Jedermannhaftung erfasst sind, ist unklar. Im deutschen Deliktsrecht mit seinem rechtsgutsbezogenen Schutzansatz ist das Vermögen nicht geschützt, im italienischen Deliktsrecht fehlt zwar der Rechtsgutsbezug, gleichwohl ist nicht eindeutig, ob und inwiefern tatsächlich jede Vermögenseinbuße auch deliktisch ersatzfähig ist. Darum wird es in diesem Beitrag gehen.

Der Beitrag befasst sich auch mit der Frage, welche der beiden Rechtsordnungen besser darauf vorbereitet ist, Verbraucherschäden und ihre Durchsetzung zu erfassen.

Die Frage der mitgliedstaatlichen Regelung des Problems von Verbraucherschäden wurde lange vor den Dieselfällen auch für die Kommission der Europäischen Union im Zusam-

---

3 Vgl. nur die apodiktische Kürze bei OLG Nürnberg, Urt. v. 2.8.2021, 12 U 4671/19 = BeckRS 2021, 23145; ferner z. B. OLG Köln, Urt. v. 20.12.2017, 18 U 112/17 = NZV 2018, 72.
4 Basierend auf Art. 10 Abs. 1 Warenkaufrichtlinie (EU) 2019/771, gleichlautend die durch die Warenkaufrichtlinie abgelöste Verbrauchsgüterkaufrichtlinie.
5 In Italien z. B. durch Veröffentlichung eines Briefes von Volkswagen an die Vertragshändler in Il Sole-24 Ore v. 27.9.2015, der Vorstandsvorsitzende von Volkswagen Winterkorn hatte am 20.9.2015 ein öffentliches Eingeständnis zur manipulativen Abgaseinrichtung gegeben („Es tut mir unendlich leid"). Die Chronologie der Affäre wird dokumentiert bei www.ndr.de/nachrichten/niedersachsen/braunschweig_harz_goettingen/Die-VW-Abgas-Affaere-eine-Chronologie,volkswagen892.html.

menhang mit der individuellen Durchsetzung wettbewerbsbezogener Ansprüche wichtig.[6] Die Diesel-Fälle halfen der Kommission dabei, die Pläne zur Ersatzfähigkeit von Verbraucherschäden mit einem besonders plakativen, in der öffentlichen Wahrnehmung geradezu als Skandal empfundenen Sachverhalt voranzutreiben,[7] waren also ein ideales „Narrativ" für die Initiative. Gerade Dieselfälle haben allerdings in den nationalen Rechtsordnungen bereits Veränderungen provoziert, bevor die Pläne der EU-Kommission umgesetzt wurden. Auch davon ist in diesem Beitrag die Rede.

## II. Die unionsrechtliche Grundlage des Verbraucherschadensersatzes

Bereits ein Grünbuch zum Wettbewerbsrecht von 2005 diskutierte Verbraucherschäden als Grundlage der privaten Durchsetzung kartellrechtlicher Verbote. Der EuGH empfahl ebenfalls einen solchen Anspruch.[8] Diese Umstände, eine Überprüfung der Richtlinie gegen unlautere Geschäftspraktiken (UGP-RL)[9] und die daraufhin erlassene sog. Omnibus-Richtlinie[10] haben die Einführung eines Rechtsbehelfs zugunsten von Verbrauchern durch Änderung der UGP-RL hervorgebracht.[11] Ziel der Reform der UGP-RL ist es, „jegliche" Folgen unlauterer Wettbewerbshandlungen auf Verbraucherseite zu beseitigen.[12] Erklärtermaßen soll dies Lücken im Rechtsschutz schließen. Die Verbraucher sollen bessergestellt werden.

## III. Dogmatische Ausgangslage für den Verbraucherschadensersatz in Deutschland und Italien

### 1. Deutschland

Die deliktische „Generalklausel" des deutschen Rechts (§ 823 I BGB) schützt enumerativ benannte Rechtsgüter. Das Konzept ist auf absolute Schutzgüter mit Schutz gegenüber jedermann ausgelegt. Hintergrund ist einerseits die Vorstellung, dass die rote Linie einer Rechts(guts-)verletzung jederzeit klar erkennbar sein muss, andererseits der regulatorische Wunsch, Handlungsfreiheiten zu schützen und eine allzu breite Haftung zu

---

6 Vgl. bereits die Problematisierung von Schadensersatzansprüchen der (auch gewerblichen) Abnehmerseite im Grünbuch Schadensersatzklagen wegen Verletzung des EU-Wettbewerbsrechts, KOM (2005) 672 endg.
7 S. zum Sachverhalt oben N. 1.
8 Grünbuch Schadensersatzklagen wegen Verletzung des EU-Wettbewerbsrechts, KOM (2005) 672 endg.; EuGH, Urt. v. 20.9.2001, Rs. C-453/99 – *Courage*, WRP 2001, 1280, Rn. 26.
9 Richtlinie 2005/29/EG über unlautere Geschäftspraktiken im binnenmarktinternen Geschäftsverkehr zwischen Unternehmen und Verbrauchern v. 11.5.2005 (UGP-Richtlinie), EG-Abl. L 149/22.
10 Die Omnibus-Richtlinie (EU) 2019/2161 verdankt ihre Bezeichnung dem Anspruch, mehrere Verbraucherrechtsakte im Bereich Vertrags- und Lauterkeitsrecht zu reformieren; dazu gehören die Richtlinien 93/13/EWG (missbräuchliche Klauseln in Verbraucherverträgen); 98/6/EG (Preisangaben), 2005/29/EG (UGP-RL) und 2011/83/EU (vorvertragliche und vertragliche Verbraucherrechte).
11 Art. 11a Abs. 1 RL 2005/29/EG in der Fassung von Art. 3 Nr. 5 RL (EU) 2019/2161: „Verbraucher, die durch unlautere Geschäftspraktiken geschädigt wurden, haben Zugang zu angemessenen und wirksamen Rechtsbehelfen, einschließlich Ersatz des dem Verbraucher entstandenen Schadens sowie gegebenenfalls Preisminderung oder Beendigung des Vertrags."
12 Erwägungsgrund 16 der RL 2019/2161 (Omnibus-RL).

verhindern.[13] Je enger der Schutzansatz auf der Ebene des Tatbestandes ist, desto flexibler kann das Recht bei Rechtswidrigkeit und Verschulden reagieren. Dieses Konzept hat dafür gesorgt, dass reine Vermögensschäden allenfalls als Sekundärfolgen, nicht aber als primäre Verletzung erfasst sind. Aufgefangen wird diese Lücke im deutschen Recht durch § 823 II BGB, der etwa über § 263 StGB als Schutzgesetz auch das Vermögen selbst schützt, ferner durch § 826 BGB. Beide Auffangkonzepte sind konsequenterweise an hohe tatbestandliche Voraussetzungen bei Rechtswidrigkeit und Verschulden geknüpft, § 263 StGB erfordert eine vorsätzliche Begehung und eine absichtliche Bereicherung zugunsten eigener oder dritter Interessen, § 826 BGB ein sittenwidriges Verhalten und die vorsätzliche Schädigung konkreter Vermögensinteressen. Das sorgt dafür, dass primäre Vermögensschäden regelmäßig keinen deliktischen Schutz genießen. Wenn Verbraucherschäden aber nur vertraglich und nur gegen einen beschränkten Kreis von Personen im relativen Schuldverhältnis geschützt sind, fällt ihr Ersatz häufig aus.

Das deutsche Recht versucht, das drohende Schutzdefizit dadurch zu dämpfen, dass es Verbänden gestattet, den Schutz der Vermögensinteressen von Verbrauchern über das Gesetz gegen den unlauteren Wettbewerb (UWG) durchzusetzen (§ 8 Abs. 3 Nr. 4 UWG). Dieses Gesetz, das seit den 1970er Jahre zunehmend Verbraucherschutzinteressen aufgegriffen hat,[14] richtet sich vor allem gegen aggressive und irreführende unternehmerische Praktiken. Der Diesel-Fall fällt durchaus darunter. Wer ein Diesel-Fahrzeug als „abgasarm", oder „besonders sauber"[15] bewirbt, weckt gewisse Verbrauchererwartungen, deren Verfehlung dazu führt, dass eine Werbung irreführend und damit unlauter wird (§§ 3 I, 5 I UWG). Wer eine Abgaseinrichtung in Fahrzeuge einbaut, die nur im Prüfmodus funktioniert, enttäuscht diese Erwartung, zudem enthält er dem Verbraucher eine wesentliche Information vor, die dieser für eine bevorstehende Marktentscheidung benötigt und die anders ausfällt, wenn die Information vorhanden ist. Das UWG spricht diesbezüglich von einem irreführenden Unterlassen oder der unlauteren Vorenthaltung wesentlicher Informationen (§ 5a UWG). Beide Vorschriften können kollektiv über Verbraucherverbände durchgesetzt werden (§ 8 I UWG). Allerdings können die Verbände keine Schadensersatzansprüche – weder eigene noch die Dritter – einklagen. Theoretisch dürfen sie den Mehrerlös, der aus irreführenden Praktiken gezogen wird, abschöpfen (§ 10 UWG), doch sind die Anforderungen an dieses Instrument so hoch – Vorsatz oder grobe Fahrlässigkeit bezüglich der Unlauterkeit, Kausalität zwischen Unlauterkeit und entstandenen Gewinnen –, dass die Vorschrift in der Praxis völlig stumpf geblieben ist.[16]

Im Vorfeld der unionsrechtlichen Anstrengungen zur Verbesserung der Verbraucherposition begannen die Diesel-Prozesse in Deutschland. Die deutschen Gerichte mussten

---

13 *Peifer*, Gesetzliche Schuldverhältnisse, 6. Aufl. 2022, § 1 Rn. 13.
14 Die Entwicklung vom Individualschutz zum Schutz von Allgemeininteressen hat durchaus unrühmliche Wurzeln in den 1930er Jahren, vgl. hierzu *Peukert/Fritzsche*, in Peifer, Großkommentar UWG, 3. Aufl. 2020, § 1 Rn. 53 mit Hinweis auf *E. Ulmer*, GRUR 1937, 769 und *Nerreter*, Allgemeine Grundlagen eines deutschen Wettbewerbsrechts, 1936.
15 Vgl. www.sueddeutsche.de/auto/vw-abgas-skandal-hoellenmaschine-ea-189–1.2677909; zur Werbung in den USA: www.handelsblatt.com/unternehmen/industrie/volkswagen-in-den-usa-aerger-um-clean-dieselwerbung/13378548.html.
16 Zur Kritik: Stellungnahme des Bundesrates zur UWG-Novelle 2015, BT-Drs. 18/4535, 19; *Poelzig*, in Peifer, Großkommentar zum UWG, 3. Aufl. 2020, § 10 Rn. 65; *Stadler/Micklitz*, WRP 2003, 559, 562: „schöner bunter Papiertiger"; nur wenig positiver *Henning-Bodewig*, GRUR 2015, 731, 739.

nach dem Vorstehenden entweder ein Schutzgesetz mit individualschützender Wirkung suchen[17] oder aber den schwerfälligen Weg über § 826 BGB gehen. Letzteres geschah. Dies führte zu erheblichen Veränderungen und Lockerungen in der Anwendung des § 826 BGB. Der Weg dahin war aber mühsam und mit manchen dogmatischen Vereinfachungen in der Anwendung dieser Norm verbunden.

Die EU-Initiative bringt nun erhebliche Vereinfachungen, vor allem für das deutsche Recht. Das italienische Recht hat den Verbraucherschaden und seinen deliktischen Ersatz dagegen einfacher integrieren können.

## 2. Italien

Die deliktische Generalklausel im italienischen Zivilgesetzbuch ist – anders als § 823 I BGB – nicht rechtsgutsbezogen ausgestaltet:

> „Qualunque fatto doloso o colposo, che cagiona ad altri un danno ingiusto, obbliga colui che ha commesso il fatto a risarcire il danno."[18]

Nicht die Rechtsgutsbeeinträchtigung, sondern der rechtswidrige Schaden ist hier das zentrale Element. Dies erlaubt eine Lösung, die von der Verletzung konkreter Rechtsgüter abstrahieren kann. Zwar gab es auch im italienischen Recht zur Annahme des „danno ingiusto" eine Orientierung am Konzept absoluter Rechte, doch genügten mehr und mehr bloß rechtlich geschützte (legitime) Interessen,[19] darunter auch die Integrität des Vermögens („diritto all'integrità patrimoniale").[20] Dieses Interesse ist etwa verletzt, wenn ein Maler ohne vorherige Prüfung einen Echtheitsvermerk auf einer Fälschung des von diesem Maler stammenden Originalgemäldes anbringt, dadurch den Marktwert des Gemäldes beeinflusst und das Vermögen des (um die Echtheit getäuschten) Erwerbers in seiner konkreten, für die wirtschaftliche Entfaltung des Erwerbers des Gemäldes bedeutsamen Erscheinungsform schmälert.[21] Hier blitzt bereits die auch in der deutschen Diskussion zum Schadensbegriff herangezogene Deutung des Geschäfts als unerwünschter Erwerb auf. Der Zusammenhang zum Schutz der informierten Entscheidung eines Erwerbers durch Täuschung wird ebenfalls deutlich.

Mit der Möglichkeit zur Ausdifferenzierung legitimer Interessen hat das italienische allgemeine Deliktsrecht insgesamt ein Werkzeug in die Hand genommen, welches es erlaubt, nicht nur relative Rechte, wie Forderungen,[22] sondern auch die unternehmerische

---

17 Dass die Vorschriften über die Typengenehmigung von Fahrzeugen (§§ 6 I, 27 I Fahrzeuggenehmigungsverordnung) ein solches Schutzgesetz darstellen, hat der BGH mit Zweifel an der individualschützenden Wirkung der diesbezüglichen Normen abgelehnt, BGH, Urt. v. 25.5.2020, VI ZR 252/19 = NJW 2020, 1962 Rn. 76, musste sich in Bezug auf die Annahme fehlender individualschützender Wirkung jedoch von EuGH, Urt. v. 21.3.2023, Rs. C-100/21, EuZW 2023, 378 korrigieren lassen, vgl. BGH, Urt. v. 26.6.2023, VIa ZR 335/21, NJW 2023, 2259 Rn. 19.
18 Jede vorsätzliche oder fahrlässige Handlung, die anderen einen rechtswidrigen Schaden zufügt, verpflichtet den Täter zum Ersatz des Schadens.
19 Vgl. *Maltese*, Riv. dir. civ. 2001, II, 531.
20 *Kindler*, Einführung in das italienische Recht, 3. Aufl. 2022, § 17 Rn. 22 f.
21 Cass. 4.5.1982, n. 2765, Foro it. 1982, I, 2864, 2867.
22 Cass. 26.1.1972 n. 174, Foro it. 1971 I, 342 – *Meroni* (schuldhafte Verursachung eines Verkehrsunfalls mit tödlicher Verletzung eines bekannten Fußballspielers als Verletzung der Interessen des diesen Spieler beschäftigenden Vereins).

Dispositionsfreiheit zu erfassen. Von hierher ist es nur ein kleiner Schritt zum Schutz auch der wirtschaftlichen Dispositionsfreiheit des Verbrauchers. Daher verblüfft es nicht, dass das Tribunale Venezia im Zulassungsurteil im Rahmen einer Sammelklage der Verbraucherschutzorganisation *Altroconsumo* gegen die *Volkswagen AG* argumentiert hat, dass die Entwicklung der Rechtsprechung einen „deliktischen Schutz der Vertragsfreiheit in Bezug auf die Integrität des Vermögens des Vertragspartners" bewirkt und dadurch zu einem Ersatz des Vertrauensschadens gelangen kann.[23]

Das Recht auf die Integrität des Vermögens bietet einiges an Flexibilität und dadurch auch Sprengkraft. Die Kommentarliteratur beschränkt es im Rahmen des Art. 2043 c. c. zwar vielfach auf unternehmerisches Vermögen, also die wirtschaftliche Entfaltungsfreiheit gewerblich tätiger Personen.[24] Doch bestehen systematisch kaum Schwierigkeiten, den Schutzbereich auch und gerade auf Letztverbraucher auszudehnen, denn im Unterschied zu Unternehmern ist diese Gruppe von Personen weder in der Lage, die Folge fehlerhafter Käufe steuerlich abzufedern noch durch ihre Preisgestaltung auf die nächste Absatzstufe zu verlagern. Die unglückliche Disposition bleibt daher in ihrem Vermögen „kleben". Die Entwicklungen auf europäischer Ebene haben allerdings auch in Italien dazu geführt, dass sich die Problematik vom allgemeinen Zivilrecht in das Recht der unlauteren Geschäftspraktiken verlagert hat.

## IV. Die Verlagerung des geschützten Interesses in das Recht der unlauteren Geschäftspraktiken

### *1. Deutschland*

Im deutschen UWG gab es zunächst keine Schadensersatzgrundlage zugunsten von durch unlautere Praktiken geschädigten Verbrauchern. Der deutsche Gesetzgeber hatte die Einführung eines solchen Anspruchs sogar bewusst abgelehnt.[25] In der Literatur wurde das kritisiert.[26]

Art. 11a der Omnibus-RL von 2019[27] verlangt hingegen einen Zugang zu Schadensersatzansprüchen, die einen „Ersatz des dem Verbraucher entstandenen Schadens sowie gegebenenfalls Preisminderung oder Beendigung des Vertrags" ermöglichen. Im genauen Wortlaut heißt es in Art. 11a:

„¹Verbraucher, die durch unlautere Geschäftspraktiken geschädigt wurden, haben Zugang zu angemessenen und wirksamen Rechtsbehelfen, einschließlich Ersatz des dem Verbraucher ent-

---

23 Trib. Venezia, 1.7.2016 n. 3711/2016, Urteilsfassung, S. 33.
24 Vgl. Cian/Trabucchi/*Thiene*, Commentario breve al codice civile, 14. Aufl. 2020, Art. 2043c.c, Anm. VI: Eingriff in unternehmerisches Vermögen.
25 Vgl. Begr. RegE UWG 1964, BT-Drs. IV/2217, S. 4; BGH, Urt. v. 14.5.1974, VI ZR 48/73 = NJW 1974, 1503, 1505 – *Prüfzeichen* (zum UWG 1909); BGH, Urt. v. 13.7.1983, VIII ZR 142/82 = NJW 1983, 2493, 2494; zur UWG-Reform 2004: Begr. BT-Drs. 15/1487, S. 20 (zu § 8); *Engels/Salomon*, WRP 2004, 32, 33; in jüngster Zeit Begr. UWG-Novelle 2022: BT-Drs. 19/27873, S. 41.
26 *Keßler/Micklitz*, Die Harmonisierung des Lauterkeitsrechts in den Mitgliedstaaten der Europäischen Gemeinschaft und die Reform des UWG, 2003, S. 74: Vorenthaltung des Schadensersatzanspruchs als Schwächung des Verbraucherschutzes; *Dominicus*, Schutz des Verbrauchers vor irreführender Werbung, 1990, S. 151.
27 Vgl. oben N. 10.

standenen Schadens sowie gegebenenfalls Preisminderung oder Beendigung des Vertrags. ²Die Mitgliedstaaten können die Voraussetzungen für die Anwendung und die Folgen der Rechtsbehelfe festlegen. ³Die Mitgliedstaaten können gegebenenfalls die Schwere und Art der unlauteren Geschäftspraktik, den dem Verbraucher entstandenen Schaden sowie weitere relevante Umstände berücksichtigen."

Die unionsrechtlichen Vorgaben betreffen somit den Schadensbegriff sowie ein Minderungs- und ein Vertragsbeendigungsrecht. Die Mitgliedstaaten behalten die Befugnis, Regelungen über Art und Schwere von Tatbestand und Schadensbeurteilung sowie „weitere Umstände" zu regeln. Die Mitgliedstaaten bleiben damit auch für Kausalität, Verschulden und Beweisfragen zuständig.

Der deutsche Gesetzgeber hat den Verbraucherschadensersatzanspruch mit der zum 28.5.2022 in Kraft getretenen Novelle des UWG eingeführt.[28] Die Regelung präzisiert die EU-Vorgaben dadurch, dass sie ein Kausalitätserfordernis (Auswirkung auf die geschäftliche Entscheidung) hinzufügt, verbleibt im Übrigen aber in der Systematik des Schadensersatzanspruchs zugunsten von Konkurrenten in § 9 I UWG. § 9 II 1 UWG lautet für den Verbraucherschadensersatzanspruch:

> „¹Wer vorsätzlich oder fahrlässig eine nach § 3 unzulässige geschäftliche Handlung vornimmt und hierdurch Verbraucher zu einer geschäftlichen Entscheidung veranlasst, die sie andernfalls nicht getroffen hätten, ist ihnen zum Ersatz des daraus entstehenden Schadens verpflichtet."

Diese Anspruchsgrundlage hätte die Prozessführung der Verbraucher in den frühen Diesel-Fällen erheblich vereinfacht. Am wichtigsten ist, dass § 9 II UWG kein Vorsatzdelikt ist und keine Sittenwidrigkeitsschwelle wie § 826 BGB aufstellt. Gegenüber § 823 I BGB gibt es die zusätzliche Erleichterung, dass die Entscheidungsfreiheit der Verbraucher nicht mühsam unter die benannten Rechtsgüter gefasst werden muss, weil der Verbraucherschutz ohnehin lauterkeitsrechtliches Schutzgut, also aus italienischer Perspektive „legitimes Interesse" ist (§ 1 UWG).

Wichtig bleiben Schritte, welche bereits die Rechtsprechung zu § 826 BGB unternommen hat: Zum Vermögensschaden gehört nach der Diesel-Rechtsprechung auch der aufgrund Irreführung oder Vorenthaltung eingegangene Vertrag, wenn er sich im Nachhinein wegen der Informationslücken als unerwünscht herausstellt.[29] Da das Vermögen in § 826 BGB wie auch durch § 9 II UWG geschützt ist, erfasst die Rechtsfolge jedenfalls die Vertrauensschäden, die aufgrund unlauterer Beeinflussung der Entscheidungsfreiheit verursacht wurden, also auch den Minderwert der gekauften Sache.[30] An dieser Stelle treffen sich rechtsfortbildende Elemente der BGH-Rechtsprechung zu § 826 BGB mit der gesetzgeberischen Einführung einer den Tatbestand des § 823 I BGB ergänzenden Norm im Wettbewerbsrecht. Jedenfalls für die Zukunft wird die Rechtsposition des Verbrauchers wesentlich erleichtert. Eine gewisse industriefreundliche Haltung des deutschen Rechts, die man in der Rechtsgutszentrierung des § 823 I BGB und der Versagung individueller Schadensersatzansprüche in § 9 UWG sehen konnte, wird damit auf unionsrechtlich veranlassten Druck verlassen.

---

[28] Gesetz zur Stärkung des Verbraucherschutzes im Wettbewerbs- und Gewerberecht, RegE BT-Drs. 19/27873; Beschlussempfehlung BT-Drucks. 19/30527.
[29] BGH, Urt. v. 6.7.2021, VI ZR 40/20 = NJW 2021, 3041, Rn. 15.
[30] BGH, Urt. v. 6.7.2021, VI ZR 40/20 = NJW 2021, 3041, Rn. 15: „Betrag, um den (der Käufer) den Kaufgegenstand … zu teuer erworben hat".

## 2. Italien

Das italienische Recht hat die Vorschriften über unlautere Geschäftspraktiken gegenüber Verbrauchern nicht in dem auf den Schutz unternehmerischer Interessen beschränkten Recht des unlauteren Wettbewerbs umgesetzt, das in den Art. 2598–2601 c. c. kodifiziert ist, sondern im wettbewerbsnahen Verbraucherschutzrecht. Das Gesetzesdekret Nr. 206 v. 6.9.2005 (*Codice del consumo* – c. d.c) fasst alle Verbraucherschutzvorschriften zusammen, sowohl die im vertragsnahen Bereich (vertragliche und vorvertragliche Informationspflichten), als auch die als Sonderdeliktsrecht anzusehenden Werbe- und sonstigen Verhaltensvorschriften, die unlautere geschäftliche Praktiken betreffen. Die Richtlinie 2005/29/EG (UGP-Richtlinie) wurde in Italien daher in den Art. 20 ff. c. d.c umgesetzt.[31] In Art. 21–23 c. d.c finden sich Vorschriften gegen irreführende geschäftliche Praktiken, in Art. 24–26 c. d. c. solche gegen aggressive Praktiken.

Etwas unklar ist die Schadensersatzgrundlage, also die Anspruchsgrundlage. Der c. d. c. enthält Vorschriften über Verwaltungssanktionen, die durch die italienische Wettbewerbsbehörde (*Autorità Garante*) verhängt werden können (Art. 27c. d. c.),[32] allerdings keine ausdrückliche Anspruchsgrundlage zugunsten der Verbraucher. Das muss kein Umsetzungsdefizit sein, denn die Omnibus-Richtlinie gebietet ja nur, dass die Mitgliedstaaten Verbrauchern Zugang zu solchen Schadensersatzansprüchen gewähren müssen.

Verbindet man den c. d. c. mit dem Zivilgesetzbuch, so kann man argumentieren, dass das Spezialgesetz den *codice civile* dort ergänzt, wo Text und Auslegung des Zivilgesetzbuchs nicht eindeutig sind, was den Schutz der Integrität des Vermögens von Verbrauchern anbelangt. Mit dieser Maßgabe ist die eigentliche Schadensersatzgrundlage in Art. 2043c. c., also der deliktischen Generalklausel zu sehen.[33]

Die italienischen Gerichte haben die Spezialregelung in der Tat herangezogen, um die Diesel-Fälle, die selbstverständlich auch Italien erreicht haben, zu lösen. Auch in Italien tritt dadurch die deliktische Lösung vor die vertragliche (Art. 128c. d. c.). Das deliktische Verhalten liegt in der Irreführung oder der Vorenthaltung wesentlicher Informationen in Werbung, Verkaufsanbahnung oder Verkaufsgespräch. Diese Vorgänge werden häufig durch Produkthersteller veranlasst, nicht durch die Händlerseite. Konkret lässt sich die Bewerbung eines sauberen Diesels als irreführende Angabe (Art. 21c. d. c.), die Vorenthaltung des Umstands, dass die Voraussetzungen der Abgasnormen nur im Prüfmodus erfüllt werden, als irreführendes Unterlassen (Art. 22c. d. c.) und der Vertrieb eines im Straßenverkehr nicht zulassungsfähigen Fahrzeugs als per se irreführende Praktik (Art. 23c. d. c.) ansehen. Genauso hat es das Trib. Avellino in einer Individualklage gegen

---

31 Gazz. Uff. n. 235 v. 8.10.2005, Suppl. Ord. n. 162. Das Gesetz ist zum 23.10.2005 in Kraft getreten, die Änderungen in Art. 20–23 zum 21.9.2007, letztere als Umsetzung der UGP-Richtlinie in Titel des Gesetzes. Das Gesetz ist abrufbar unter anderem unter www.codicedelconsumo.it/cose-il-codice/.
32 Dazu im Fall Volkswagen TAR Lazio, 31.5.2019 n. 69020 (Bußgeld von 1 Mrd. €); Herabsetzung auf 5 Mio. € durch EuGH, Urt. v. 14.9.2023, Rs. C-27/22, RIW 2023, 753, abgedr. in diesem Band auf S. 133 (im Hinblick auf eine parallele und mit der *Autorità Garante* nicht abgestimmte Sanktion durch die Staatsanwaltschaft Braunschweig in Höhe von 995 Mio. €).
33 So im Ergebnis Trib. Venezia, 7.7.2021 n. 3711/2016, Urteilsfassung, S. 33 und eindeutig App Venezia, 16.11.2023 n. 2341/2023, Urteilsfassung, S. 53.

die *Volkswagen AG*,[34] die Corte d'Appello di Venezia in einem Sammelklageverfahren gegen VW gesehen.[35]

Das auf die Entscheidungsfreiheit des Verbrauchers unlauter einwirkende Verhalten des Produktherstellers wird damit zum Delikt, dessen Verwirklichung hieraus entstehende Vermögensschäden ersatzfähig gestaltet. Konsequenterweise hat das Trib. Avellino die *Volkswagen AG* in einem Individualrechtsstreit für verpflichtet gehalten, den „Vermögensschaden zu ersetzen, der dem Verbraucher dadurch entsteht, dass seine freie Entscheidung durch irreführende Botschaften oder die Unterlassung von Informationen" im Zusammenhang mit der Ausstattung eines Fahrzeugs mit einer Manipulationssoftware zur Beeinflussung des Abgasverhaltens des Autos entstanden ist.[36] Eine Anspruchsgrundlage hierfür nennt das Trib. nicht, doch findet man sie in Art. 2043 c.c. Damit wird die unlautere Einwirkung auf die Entscheidungsfreiheit zur Verletzung eines legitimen Interesses, die Lösung wird rund.

## V. Auswirkungen auf die deliktsrechtliche Dogmatik

Geht man davon aus, dass sowohl das italienische als auch das deutsche Deliktsrecht einen im wesentlichen übereinstimmenden Prüfungsaufbau, bestehend aus Rechtsbeeinträchtigung (Rechtsgut oder legitimes Interesse), Verletzerverhalten mit Kausalität, Verschulden, Schaden und Ersatz, aufweisen, gibt es auf allen Ebenen leichte Verschiebungen.

Geschütztes Rechtsgut oder (aus italienischer Sicht) legitimes Interesse ist übereinstimmend die freie informierte Entscheidung des Verbrauchers, also eine Art wirtschaftliche Dispositionsfreiheit.[37] Verletzerverhalten ist jeweils der Verstoß gegen lauterkeits- bzw. verbraucherspezialgesetzliche berufliche Pflichten zu wahrheitsgemäßem und transparentem geschäftlichen Verhalten, die aus deutscher Sicht damit faktisch zum individualschützenden Gesetz werden, wobei § 9 II UWG vorrangig und abschließend gegenüber § 823 II BGB ist. Ein Verstoß gegen die im UWG bzw. im c.d.c. geregelten Pflichten trägt die Vermutung der Kausalität für eine fehlerhafte (bei Irreführung) oder unreflektierte (bei der Vorenthaltung wesentlicher Information) Entscheidung der Verbraucherseite in sich.[38]

---

34 Trib. Avellino, 10.12.2020, Foro it. 2021, I, 1482, 1490.
35 App. Venezia, 16.11.2023 n. 2341/2023, Urteilsfassung, S. 45 ff., abrufbar über die Homepage des Gerichts https://ca-venezia.giustizia.it/it/paginadettaglio.page?contentId=CTM14238&modelId=55.
36 Trib. Avellino, 10.12.2020, Foro it. 2021, I, 1482, 1492; noch gewichtiger App. Venezia, 16.11.2023 n. 2341/2023, Urteilsfassung, S. 42, das dem Informationsinteresse des Verbrauchers sogar verfassungsrechtliche Relevanz und korrespondierend auch deliktischen Schutz (aaO., S. 43, S. 50) zubilligt.
37 *Eichelberger*, in BeckOK UWG, 2022, § 9 Rn. 116 und 131; in Italien Trib. Avellino, 10.12.2020, Foro it. 2021, I. 1482, 1490.
38 Das ist im Recht der Verbraucherinformation in Deutschland weitgehend anerkannt, vgl. BGH WRP 2017, 1081 Rn. 31 – *Komplettküchen* (Kausalitätsvermutung mit sekundärer Darlegungslast für fehlende Kausalität beim intransparent Werbenden); BGH, Urt. v. 30.9.1993, IX ZR 73/93 = NJW 1993, 3259: Bei Beraterverträgen gilt die Vermutung, dass beratungsgemäß gehandelt worden wäre, wenn die Aufklärung korrekt verlaufen wäre; vgl. auch *Köhler*, GRUR 2022, 435, 439: typische Reaktion des Durchschnittsverbrauchers. Ebenso App. Venezia, 16.11.2023 n. 2341/2023, Urteilsfassung, S. 50.

Die Rechtswidrigkeit wird dabei vermutet, denn es ist kaum anzunehmen, dass es eine Rechtfertigung für Irreführung oder Intransparenz im geschäftlichen Leben gibt.[39]

Deutliche Erleichterungen gibt es in der Frage des Verschuldens für das deutsche Recht. Der BGH hatte hierzu in den Diesel-Fällen letztlich nach Aufdeckung vieler Details argumentiert, dass durch das unternehmerische Verhalten die Zulassungsbehörden, einzelne Käufer und die Allgemeinheit gezielt getäuscht wurden. Die Sittenwidrigkeit folgerte das Gericht daraus, dass das Unternehmen zu Zwecken der Gewinnerzielung eine gewisse Gleichgültigkeit gegenüber dem Schutz von Umwelt und Gesundheit auf Grundlage einer strategischen Unternehmensentscheidung gezeigt habe.[40] Dieses schwere Geschütz wird in vielen Fällen versagen. Dazu gehören die Fälle alltäglicher Irreführung über die Bevorratung von als äußerst preiswert beworbenen Waren, die Täuschung über kommerzielle Absichten von redaktionell auftretenden Influencern oder auch der Einbau von Thermofenstern in Diesel-Fahrzeuge[41] mit dem Argument, dass das temperaturabhängige Abschalten von Abgaseinrichtungen nicht täuschend, sondern motorschonend ist, also den Wert der Kaufsache erhält. Das italienische Recht, das über ein weiter verstandenes Schutzinteresse in Art. 2043c. c. von vornherein auch die Fahrlässigkeitshaftung eröffnet, benötigt hier keine weitere Anpassung.[42]

Die Fahrlässigkeit kann darin bestehen, dass sorgfaltswidrig Informationen verbreitet werden, die von einer gewichtigen Anzahl an Verbrauchern falsch verstanden werden kann oder dass sorgfaltswidrig ein Umstand verschwiegen wird, der für die Mehrzahl der Verbraucher von Bedeutung für ihre geschäftlichen Entscheidungen ist. Die Fahrlässigkeit muss sich also nur auf die mögliche Auswirkung auf das Entscheidungsverhalten von Kunden beziehen, Elemente von moralisch anrüchigem Gewinnstreben und gemeinschädlichen Unternehmensstrategien, die eher das Strafrecht als die Zivilgerichte befassen, müssen dabei nicht vorgebracht oder gar bewiesen werden. Als unsorgfältig in der Materie des UWG gilt bereits die unterlassene oder nicht gründliche Aufklärung eines Sachverhalts, der entscheidungsrelevant für die Käuferseite ist.[43] Mittlerweile hat der EuGH den Weg dahin gewiesen, dass auch ein fahrlässiger Verstoß gegen die Zulassungsnormen für Kraftfahrzeuge genügen kann, um eine Ersatzhaftung zu begründen.[44] Wenn nämlich Zulassungsnormen Schutzgesetze im Sinne des § 823 II BGB sind, genügt auch aus deutscher Sicht ein fahrlässiger Verstoß gegen diese Normen, um Ersatzansprüche zu erzeugen. Das italienische Recht sieht dies ohne weiteres so, weil es bereits mit der Generalklausel des Art. 2043c. c. Verbraucherinteressen und Fahrlässigkeitshaftung kombinieren kann.

---

39 Vgl. aber *Köhler*, WRP 2021, 136 Rn. 18 zum möglichen Einwand, dass eine richtige oder fehlende Information den Verbraucher auch nicht interessiert haben könnte.
40 BGH, Urt. v. 25.5.2020, VI ZR 252/19, BGHZ 225, 316 Rn. 23 = NJW 2020, 1962.
41 Dazu BGH, Urt. v. 16.9.2021, VII ZR 190/20, NJW 2021, 3721 Rn. 16, 19, 32.
42 Das deutsche Recht spart sich damit auch vielfach die zunächst umstrittene Anwendung des § 823 II BGB i. V. m. den Normen zur Typengenehmigung, vgl. dazu oben N. 17.
43 Vgl. zum sehr weitreichenden Fahrlässigkeitsmaßstab im deutschen Recht nur BGH, Urt. v. 6.5.1999, I ZR 199/96, BGHZ 141, 329, 345 – *Tele-Info-CD*.
44 EuGH, Urt. v. 21.3.2023, Rs. C-100/21, NJW 2023, 1111 Rn. 85 (individualschützender Charakter der Kfz.-Zulassungsnormen), Rn. 91 (Pflicht, für diese Verhaltensweisen einen Schadensersatzanspruch vorzusehen). Vgl. dazu oben N. 17.

Die Vermutung eines aufklärungskonformen Verhaltens hilft gerade in Fällen der Vorenthaltung wesentlicher Informationen, denn es entspricht der Lebenserfahrung, dass wesentliche Informationen auch marktentscheidungsrelevant sind.[45] Da das europäische Recht keine Vorgaben über Beweisanforderungen macht, dürften nationale Gerichte hier einigen Spielraum haben, der Vermutungen und Beweislastfragen betrifft. Bei einer irreführenden Werbung mag unklar sein, ob der Verbraucher die jeweilige Werbung überhaupt zur Kenntnis genommen hat. Wenn die freie und informierte Entscheidung geschützt ist, sorgt eine fehlerhafte Information nach der Lebenserfahrung für eine uninformierte und potentiell dadurch fehlerhafte Entscheidung. Dem Werbenden verbleibt die Möglichkeit nachzuweisen, dass der klagende Verbraucher von der Werbung aufgrund individueller Umstände der Kaufsituation keine Kenntnis genommen hat oder keine Kenntnis nehmen konnte (z. B. weil – wie in den Diesel-Fällen – eine bestimmte Werbung nur im ausländischen linearen Fernsehen ausgestrahlt wurde).[46]

Einfacher wird aus Verbrauchersicht auch die Rechtsfolgenseite. Der Beweis eines konkreten Schadens durch Irreführung oder Vorenthaltung ist erschwert, weil die Irreführung allein noch keine Vermögensminderung bewirkt.[47] Anders ist es, wenn man den Schaden in der aufgrund Irreführung eingegangenen unerwünschten Vertragslage erblickt. Die Bewertung dieses Schadens ist trivialer: Zum einen ist es naheliegend, den Vertrag zu lösen, also die Sache gegen den Kaufpreis zu wandeln.[48] Naturgemäß kann man den Vertragsgegenstand aber auch ökonomisch bewerten. Das führt zur Minderung.[49] Die Berechnung der Minderung ist im Kaufrecht angelegt, sie ermöglicht aber auch richterliche Schätzungen, wenn die Parteien die Schätzungsgrundlagen darlegen. Das erleichtert sowohl das deutsche (§ 278 ZPO) als auch das italienische Recht (Art. 1226 c. c. mit Art. 115 Abs. 2 – *codice di procedurea civile* – c. p. c.).[50] In der italienischen Sammelklage vor den venezianischen Gerichten hat das Landgericht auf diesem Weg einen Minderwert von 15 % des durchschnittlichen Kaufpreises als Schaden geschätzt (in casu: 3.000,– € bei durchschnittlich 20.000,– € Anschaffungspreis eines VW Polo).[51] Im Berufungsverfahren hat Volkswagen diese Berechnung als unbewiesen angefochten, das Berufungsgericht hat der Berufung insoweit stattgegeben, weil es einen klaren Maßstab für den Minderwert in der Begründung des Tribunale vermisst hat.[52] Das Beweisverfahren konnte mangels Berufung des klagenden Verbandes auch nicht mehr nachgeholt werden. Daher steht zwar fest, dass das Gericht schätzen darf, aber nicht ohne eine Prüfungs- oder jedenfalls objektive Berechnungsgrundlage zu erheben und offenzulegen.

---

45 *Maaßen*, GRUR-Prax 2021, 7, 9f. unter Bezugnahme auf BGH, Urt. v. 30.9.1993, IX ZR 73/93, BGHZ 123, 310; *Rauer/Shchavelev*, GRUR-Prax 2022, 35, 36.
46 Bekannt wurde ein Werbespot, in dem drei ältere Damen darüber diskutierten, ob Diesel „dirty" seien oder nicht. Eine der Damen widerspricht stark, weil im Jahr 2015 die Autos viel sauberer als früher seien. Um das zu beweisen, hält sie ihr weißes Halstuch direkt vor den emittierenden Auspuff eines VW Diesel mit dem Ergebnis, dass das Tuch strahlend weiß bleibt. Der Spot endet mit der Einblendung „like really clean diesel"; abrufbar unter www.youtube.com/watch?v=pDI0jFZRnLU.
47 Vgl. App. Venezia, 16.11.2023 n. 2341/2023, Urteilsfassung, S. 50: kein Schaden „in re ipsa".
48 BGH, Urt. v. 25.5.2020, VI ZR 252/19, BGHZ 225, 316.
49 In den Dieselfällen BGH, Urt. v. 6.7.2021, VI ZR 40/20 = NJW 2021, 3041; in Italien Trib. Avellino, 10.12.2020, Foro it. 2021, I, 1482, 1492; Trib. Venezia, 7.7.2016 n. 3711/2016, S. 37: „maggior prezzo pagato per l'acquisto di veicoli omologati Euro 5 ma di fatto di classe inferiore".
50 Trib. Venezia, 7.7.2016 n. 3711/2016, Urteilsfassung, S. 38 ff.
51 Trib. Venezia, 7.7.2016 n. 3711/2016, Urteilsfassung, S. 42.
52 App. Venezia, 16.11.2023 n. 2341/2023, Urteilsfassung, S. 61.

Grundsätzlich sind alle Vertrauensschäden ersatzfähig, also auch frustrierte Aufwendungen, um den Kauf durchzuführen (Fahrtkosten, Gutachterkosten).[53] Nicht ersatzfähig sind Nichterfüllungsschäden, also das positive Interesse, das an der Transaktion im korrekten Zustand bestand, etwa der entgangene Alternativkauf, weil man aufgrund unlauterer geschäftlicher Handlungen ein ungünstiges Geschäft eingegangen ist.[54] Auch Folgeschäden an sonstigen Rechtsgütern werden von dem primären Vermögensschaden nicht erfasst. Wer also mit dem erworbenen Fahrzeug verunfallt und deswegen ärztlich behandelt werden muss, kann die Kosten hierfür nicht aufgrund der unlauteren Einwirkung auf die Entscheidungsfreiheit liquidieren, sondern muss ein eigenständiges Delikt anführen können (z. B. ein Fehler am Fahrzeug, der zum Unfall geführt hat, was den Bereich der Produkthaftung berührt).[55]

Offen bleibt die Frage, ob auch immaterielle Schäden zu ersetzen sind. Naheliegend ist es zu argumentieren, dass der Zeitaufwand, der darin besteht, dass die Folgen der nachteiligen Transaktion zu beseitigen sind, evtl. auch Gefühle von Ärger und Wut, kompensationsfähig sein könnten. In der Auslegung des § 9 II UWG geht die überwiegende Ansicht im deutschen Schrifttum aber davon aus, dass solche Schäden nicht über die Norm ersatzfähig sind.[56] Auch die italienische Rechtsprechung geht davon aus, dass eine Kompensation für Ärger, Mühe, Sorgen und sonstige Unzufriedenheiten über den c. d. c. nicht in Betracht kommt.[57] Allerdings haben die venezianischen Gerichte im Dieselfall den immateriellen Schaden auf eine Quote des Vermögensschadens gestützt (10%). Bei einem angenommenen Minderwert eines Fahrzeugs in Höhe von 15% bzw. 3.000,– € wurden 10% dieser Summe als immaterieller Schaden zugesprochen.[58] Begründet wurde dies vom Berufungsgericht mit der Schwere des Verschuldens der Unternehmensverantwortlichen, dem Machtgefälle zwischen den Parteien, der möglichen Gefährdung von Umwelt und Gesundheit durch die abgasemittierenden Fahrzeuge und der maßvollen Summe, die das Landgericht bereits gefunden hatte. Damit geht es sämtlich um Kriterien, die eine Präventiv- und Genugtuungsfunktion betreffen.

Ob der EuGH Spielraum für den Ersatz immaterieller Schäden auf Grundlage der UGP-Richtlinie dem Grunde nach gewährt, ist insgesamt noch unklar.[59] Wenn – wie in der deutschen Literatur argumentiert wird – der Schadensbegriff ein europäischer ist,[60] wenn eine mögliche frustrierte geschäftliche Handlung sogar darin besteht, ein Geschäft

---

53 UWG-RegE, BT-Drs. 19/27873, 41; dafür auch *Heinze/Ernst,* NJW 2021, 2609, 2611.
54 *Eichelberger,* BeckOK UWG, § 9 Rn. 151.
55 *Eichelberger,* BeckOK UWG, § 9 Rn. 168: vom Schutzzweck nicht umfasst; *Rauer/Shchavelev,* GRUR-Prax 2022, 35, 36; *Scherer,* WRP 2021, 561 Rn. 35 ff.
56 *Maaßen,* GRUR-Prax 2021, 7, 9; *Goldmann,* in Harte-Bavendamm/Henning-Bodewig, UWG, Anh UWG 2022; § 9 Rn. 113, der im übrigen immaterielle Schäden aber durchaus für ersatzfähig hält, vgl. § 9 Rn. 93, 108; *Eichelberger,* BeckOK UWG, § 9 Rn. 158; *Köhler,* GRUR 2022, 435, 438.
57 Cass. (sez. Unite), 19.11.2008, n. 26972/2008.
58 Trib. Venezia, 7.7.2016 n. 3711/2016; insoweit bestätigt durch App. Venezia, 16.11.2023 n. 2341/2023, Urteilsfassung, S. 75 ff.
59 *Heinze,* Schadensersatz im Unionsprivatrecht, 2017, S. 586 ff. weist zu Recht darauf hin, dass immaterielle Schäden (z. B. Reputationsschäden bei Markenverletzungen) im Unionsrecht durchaus ersatzfähig sind; dem zustimmend *Goldmann,* in Harte-Bavendamm/Henning-Bodewig, UWG, 4. Aufl. 2023, Anh UWG 2022; § 9 Rn. 93, 97, 108.
60 *Heinze,* Schadensersatz im Unionsprivatrecht, 2017, S. 539 ff., 548 f., 634 f. (jeweils zu den Funktionen dieses Schadensersatzanspruchs im EU-Recht).

aufzusuchen,⁶¹ dann liegt es durchaus nahe, diese Handlung und die dafür aufgewendete vergebliche Zeit auch zu kommerzialisieren.⁶² Dann würde es sich auch nicht mehr um einen immateriellen, sondern um einen Vermögensschaden handeln, für dessen Bemessung die oben genannten Einschränkungen (kein Ersatz für Ärger) nicht anwendbar sind. Dann wäre auch die in Italien am Minderwert des Fahrzeugs orientierte Berechnung nicht allzu sehr aus der Luft gegriffen.

## VI. Fragen der Durchsetzbarkeit

Man mag daran zweifeln, dass der Verbraucherschadensersatz besondere Relevanz erhalten wird. Häufig geht es um diffuse Schäden, die individuell zu gering sind, um die Risiken und Kosten eines Prozesses einzugehen bzw. vorzufinanzieren. Der Diesel-Fall lehrt aber Vorsicht, wenn es um wertvolle Wirtschaftsgüter wie Kraftfahrzeuge geht.

Auch die Entwicklungen im Bereich des kollektiven Rechtsschutzes lehren Vorsicht: An der Musterfeststellungsklage des Bundesverbandes der Verbraucherzentralen gegen die Volkswagen AG haben sich zuletzt mehr als 260.000 Käufer beteiligt,⁶³ in einer italienischen Sammelklage waren es mehr als 63.000 Käufer.⁶⁴ Der Gesamtverband der Deutschen Versicherungswirtschaft hat den Schadenaufwand im Zeitraum von Februar 2018 bis Oktober 2021 auf 1,2 Mrd. €, den Streitwert von 380.000 Einzelverfahren auf 9,8 Mrd. € geschätzt.⁶⁵

Die kollektive Durchsetzung wirkt damit möglicherweise als Booster für die Rechtsdurchsetzung.

Die Europäische Union hat diesen Weg mit der Richtlinie (EU) 2020/1828 v. 25.11.2020 über Verbandsklagen gestärkt.⁶⁶ Sie musste bis zum 25.12.2022 in das nationale Recht transformiert und ist seit dem 25.6.2023 anzuwenden. Der deutsche Gesetzgeber hat sie verspätet mit Wirkung zum 13.10.2023 durch das Gesetz zur Umsetzung der EU-Verbandsklagerichtlinie auf der Basis der Musterfeststellungsklagen transformiert.⁶⁷ In Ita-

---

61 BT-Drs. 19/27873, S. 40 mit Hinweis auf EuGH, Urt. v. 19.12.2013, Rs. C-281/12 – *Trento Sviluppo*, WRP 2014, 161, Rn. 36; *Köhler*, WRP 2021, 129, 131 f.
62 Dass der Anspruch auch unionsrechtlich anerkannt ist, folgt aus EuGH, Urt. v. 12.3.2002, Rs. C-168/00 – *Leitner*, NJW 2002, 1255, Rn. 23 (Pauschalreiserecht), das allerdings von einem immateriellen Anspruch, der aus dem Erfüllungsinteresse folgt, spricht. In der Anm. hierzu erwähnen *Tonner/Lindner*, NJW 2002, 1475, 1476 dass der Charakter vom Unionsrecht zu bestimmen sei.
63 www.haufe.de/recht/weitere-rechtsgebiete/wirtschaftsrecht/musterfeststellungsklage-soll-bis-1112018-kommen_210_450624.html.
64 Vgl. die Mitteilung auf der Gerichtsseite des Corte di Appello di Venezia: https://ca-venezia.giustizia.it/it/paginadettaglio.page?contentId=CTM14238&modelId=55.
65 Angaben des GDV (www.gdv.de) bei *Kalbfus/Uhlenhut/Feilke*, CCZ 2022, 99, 103.
66 Richtlinie (EU) 2020/1828 über Verbandsklagen zum Schutz der Kollektivinteressen der Verbraucher, ABl. L 409/1.
67 Gesetz zur gebündelten Durchsetzung von Verbraucherrechten (Verbraucherrechtedurchsetzungsgesetz – VDuG), BGBl. I Nr. 272 v. 12.10.2023. Vgl. die Pressemitteilung Nr. 61/2023 des BMJ vom 12.10.2023, www.bmj.de/SharedDocs/Pressemitteilungen/DE/2023/1012_VRUG.html?nn=150028; die Materialien zum Gesetz sind auf folgender Seite abrufbar: www.bmj.de/SharedDocs/Gesetzgebungsverfahren/DE/2023_VRUG.html?nn=150028.

lien ist die Umsetzung zeitgerecht durch das Gesetzesdekret n. 28/2023[68] im *Codice del Consumo* (Art. 140ter – Art. 140-quaterdecies c. p. c.) erfolgt. Der neue Titel II.1 über die „Class Action" tritt neben die vorher aus dem c. d. c. herausgenommenen und in Art. 840 bis. c. p. c. verlagerten Vorschriften über die Sammelklage. Beide Normenkomplexe gelten künftig nebeneinander. Da die Umsetzung im März 2023 erfolgte, konnte die Regelung ab dem 25.6.2023 in Kraft treten.

Die Richtlinie bewaffnet qualifizierte Einrichtungen, also vor allem Verbraucherschutzverbände, mit dem Recht, Unterlassungs- und „Abhilfeverlangen" für Verbraucher gegenüber zahlreichen verbraucherschutzwidrigen Praktiken, darunter auch solche nach der UGP-Richtlinie,[69] geltend zu machen. „Abhilfeverlangen" sind Schadensersatz- und Beseitigungsansprüche. Maßgeblich für den Anspruch ist Art. 9 der RL. Danach ist vorgesehen:

– dass qualifizierte Einrichtungen eine Abhilfeentscheidung in Form von u. a. Schadensersatz, Preisminderung und Vertragsauflösung erheben können (Abs. 1); die Klage ist unabhängig davon, ob Gerichte bereits einen Wettbewerbsverstoß festgestellt haben (Abs. 8);
– die Verbraucherbeteiligung kann vom Mitgliedstaat als opt-in- oder opt-out-Regelung vorgesehen werden (Abs. 2: „ausdrücklich" oder „stillschweigend"), ausländische Beteiligte müssen sich ausdrücklich äußern (Abs. 3);
– Verbraucher, die dabei sind, verlieren das Recht auf Einzelklage (Abs. 4);
– die gerichtliche Abhilfeentscheidung soll sicherstellen, dass eine gesonderte Klage auf die Leistung überflüssig wird (Abs. 6), letztlich also eine Schadensersatzsumme, Preisminderung oder Vertragslösung unmittelbar durch das Abhilfeurteil sicherstellen; der „Abruf" der Leistung ist von den Mitgliedstaaten zu befristen, für nicht ausgeschüttete Leistungen muss der Mitgliedstaat eine Zweckbestimmung vorsehen.

Die Konzentration der Klage auf den Verbandsweg hat Vor- und Nachteile. Sie schafft Klarheit, stellt den Verband aber auch vor die Aufgabe, den Sachverhalt so ermitteln zu müssen, dass die Voraussetzungen des Schadensersatzanspruchs durchsetzbar werden. Vor allem das Kausalitätserfordernis erfordert die Sammlung wirksamer und realer Fälle. Wichtig mag sein, dass Art. 18 der Richtlinie die Einführung von Beweiserleichterungen erlaubt. Ein Element des anglo-amerikanischen Prozesses liegt darin, dass Gerichte beklagte Unternehmen zur Vorlage von Beweisen verpflichten können. Für das italienische Recht, das im *Codice del Consumo* schon zu Zeiten der Dieselfälle eine Sammelklage vorlag, die nun europäisch ergänzt wird, ist die Neuregelung weniger ungewohnt.

Aus deutscher Sicht errichtet die Verbandsklage geradezu eine behördenähnliche Struktur, weil Verbände bei einem klaren Streitgegenstand die Möglichkeit erhalten, in eine Fülle von Verträgen regulierend und gestaltend einzugreifen. Im Dieselfall erfasst das nicht nur die Chance, eine konkrete Preisminderung vorzugeben, sondern auch zur

---

[68] Decreto legislativo v. 10.3.2023 n. 28 di attuazione della direttiva (UE) 2020/1828 relativa alle azioni rappresentative a tutela degli interessi collettivi dei consumatori (c. d. „Class Action"), Gazz. Uff. 23.3.2023 n. 70.
[69] Alle Vorschriften, die kollektiv durchsetzbar sind, werden in über 60 Ziffern in Anhang I der Richtlinie aufgeführt. Nr. 14 nennt die UGP-Richtlinie.

Rückabwicklung konkreter Verträge zu verurteilen oder Mindestbeträge für Verbraucherschädigungen vorzugeben.

Unklar bleibt nach der Richtlinie, was der Verband davon hat. Die Gewinnabschöpfungsklage war in Deutschland auch stumpf, weil die „Beute" in den Bundeshaushalt und nicht an den Verband ging. Art. 9 Abs. 7 der RL sieht zwar vor, dass der Mitgliedstaat vorgeben kann für welche Zwecke nicht abgerufene Abhilfebeträge vorgesehen werden können. Den klagenden Verband mit solchen Beträgen auszurüsten erfordert jedoch eine klare politische Entscheidung, die der Gesetzgeber aus Angst vor Missbräuchen 2004 bei § 10 UWG nicht treffen wollte.

Insgesamt ist die Konzentration auf qualifizierte, also bewährte, überprüfte und insoweit als seriös wahrgenommene Einrichtungen der richtige Weg. Ob allerdings gerade die Verbraucherschutzverbände organisatorisch und personell in der Lage sind, große Verfahren in ausreichender Zahl zu führen, muss sich erst noch beweisen. Der *Verbraucherzentrale Bundesverband* (vzbv) hat in der Dieselaffäre eine Musterfeststellungsklage geführt, ebenso die italienische *Altroconsumo*. Das unterstreicht, dass bei bedeutsamen wirtschaftlichen Vorgängen jedenfalls eine Klagebereitschaft besteht.

## VII. Fazit

Die Diesel-Fälle haben nicht nur Wirtschaftsgeschichte, sondern auch Rechtsgeschichte geschrieben. Diese Rechtsgeschichte ist Teil der EU-Rechtsharmonisierung geworden. Die Mitgliedstaaten haben dazu eigene Entwicklungsschritte gehen müssen, Anlass war aber ein Fall, der europaweite Ausmaße hatte und im Dialog von Rechtsordnungen nun auch zu einem Baustein eines europäischen Privatrechts wird. Das italienische Recht erwies sich in diesem Fall konzeptionell als aufnahmebereiter für den Schutz der hier berufenen Interessen, das deutsche Recht benötigte eine sehr forsche Rechtsprechung im Bereich einer Anspruchsnorm, die zwar vom Gesetzgeber des BGB durchaus auch als Generalklausel begriffen wurde, aber wegen der zahlreichen engen Tatbestandsvoraussetzungen nie große Schlagkraft entwickeln konnte – bis es mit der Diesel-Affäre zu einer Konstellation kam, die so deutliche Schutzlücken des deutschen Rechts offenbarte, dass man eher von einer Rechtsfortbildung als von einer eindeutig vorgegebenen Rechtsanwendung sprechen sollte.

Ein Blick auf die Entwicklung zeigt, dass die EU auch ohne umfassende Kompetenzen im Bereich der Privatrechtsharmonisierung jedenfalls über das Verbraucherschutzrecht und das Lauterkeitsrecht im Ergebnis doch deutlich in die Dogmatik des Zivilrechts der Mitgliedstaaten eingreift. Sie offenbart aber auch, dass die Dieselfälle ein wesentlicher Treiber waren, obgleich die EU-Pläne älter sind als diese Sachverhalte. Die vermeintlich geringwertigen Fälle von Irreführung und Aggression verleiten Verbraucher häufig zu fehlerhaften oder unreflektierten Entscheidungen, so dass die Frage des Schutzes einer Art wirtschaftlichen Persönlichkeitsrechts nicht nur seit langem diskutiert wird,[70] sondern mittlerweile auch eine Lösung findet.

---

70 *Fikentscher*, Wirtschaftsrecht, Band II, 1983, S. 112; vgl. auch *Forkel*, in: FS Neumayer, 1985, S. 231, 237 und 242; *Drexl*, Die wirtschaftliche Selbstbestimmung des Verbrauchers, 1998, S. 7.

*Isabella Zimmerl*

# Steuerliche Rahmenbedingungen im deutsch-italienischen Rechtsverkehr und aktuelle Entwicklungen bei grenzüberschreitenden Steuerverfahren*

**Inhaltsübersicht**

I. Einleitung
II. Steuerliche Rahmenbedingungen im deutsch-italienischen Rechtsverkehr
   1. Körperschaftsbesteuerung in Deutschland
   2. Körperschaftsbesteuerung in Italien
   3. Betriebsstätten, ständige Vertreter
      a) Nationales Steuerrecht
      b) Internationales Steuerrecht
      c) Praktische Anwendungsfälle personalloser Betriebsstätten
      d) Verteilung der Besteuerungsrechte
III. Aktuelle Entwicklungen bei grenzüberschreitenden Steuerverfahren
   1. Joint Audits
   2. EU-Amtshilferichtlinie und Risikobewertungsprogramme
      a) DAC7
      b) ICAP und ETACA
IV. Fazit

## I. Einleitung

Ich freue mich sehr, zu Teilen meiner rechtsvergleichenden Dissertation[1] und vorab zu Einzelfragen der Besteuerung im deutsch-italienischen Rechtsverkehr vorzutragen. Dabei möchte ich den Fokus auf Betriebsstätten und ständige Vertreter legen. Anschließend werde ich näher auf Joint Audits und aktuelle Entwicklungen im internationalen Steuerverfahrensrecht eingehen, insbesondere auf die Zukunft von Joint Audits und neue Risikobewertungsprogramme.

## II. Steuerliche Rahmenbedingungen im deutsch-italienischen Rechtsverkehr

Am Anfang steht die Frage: Wie werden Unternehmen besteuert, die in Deutschland und Italien tätig sind? Um die Komplexität der Antwort zu reduzieren, konzentriere ich mich auf Unternehmen, die sich für die Rechtsform einer Aktiengesellschaft (AG, in Italien: *Società per Azioni*, s. p. a.) oder einer Gesellschaft mit beschränkter Haftung (GmbH, in

---

* Der Text basiert auf dem Vortrag, den die Verfasserin auf der Jahrestagung der Deutsch-Italienischen Juristenvereinigung am 8.7.2023 in Karlsruhe gehalten hat. Die Vortragsform wurde beibehalten.
[1] *Zimmerl*, Joint Tax Audits als Ausgangspunkt zur Effektuierung des Verständigungsverfahrens (2022), zugl. Diss. München 2021.

Italien: *Società à responsabilità limitata*, s.r.l.) entschieden haben. Die Ausführungen lassen sich grundsätzlich auf andere Körperschaften übertragen.[2]

## 1. Körperschaftsbesteuerung in Deutschland

Eine Kapitalgesellschaft mit Sitz oder Ort der Geschäftsleitung in Deutschland ist hier unbeschränkt körperschaftsteuerpflichtig.[3] Unbeschränkt bedeutet, dass grundsätzlich das Welteinkommen der Gesellschaft der Körperschaftsteuer unterliegt – vorausgesetzt, dass nicht bestimmte Einkünfte auf Basis eines Doppelbesteuerungsabkommens hiervon ausgenommen sind bzw. nur vom jeweils anderen Staat besteuert werden dürfen. Deutschland hat ein „klassisches" Körperschaftsteuersystem, wonach die Steuer auf Ebene der Kapitalgesellschaft erhoben wird, und Dividenden sowie Kapitalerträge aus der Veräußerung von Kapitalgesellschaftsanteilen privilegiert werden. Der Körperschaftsteuersatz beträgt grundsätzlich 15,825 %[4]. Hinzu tritt die Gewerbesteuer in Höhe von weiteren ca. 15 %[5], sodass in Summe eine steuerliche Belastung von etwa 30 % eintritt. Von Körperschaften vereinnahmte Dividenden und Veräußerungsgewinne unterliegen effektiv einer Besteuerung von nur 1,5 %: Zwar werden auch sie grundsätzlich zu 30 % belastet; dieser Steuersatz ist allerdings nur auf 5 % der Dividende bzw. des Veräußerungsgewinns anzuwenden (§ 8b Abs. 1–3 KStG).

Eine Gesamtsteuerbelastung von etwa 30 % gilt auch für Gewinne von Körperschaften, die in Deutschland nicht steuerlich ansässig sind, allerdings beschränkt auf ihre inländischen Einkünfte.[6] Dies sind Einkünfte, die einen hinreichenden Inlandsbezug (oder auch: *nexus*) aufweisen; z. B. Einkünfte, die durch eine inländische Betriebsstätte einer im Ausland ansässigen Gesellschaft erzielt werden (s. näher nachfolgend).

## 2. Körperschaftsbesteuerung in Italien

Die italienische Rechtslage ist der deutschen sehr ähnlich: In Italien steuerlich ansässige Körperschaften sind dort unbeschränkt (d. h. mit ihrem Welteinkommen) steuerpflichtig und unterliegen einer Körperschaftsteuer mit einem Satz von derzeit 24 % (*Imposta sul Reddito delle Società*, kurz IRES)[7] sowie einer regionalen Steuer auf gewerbliche Tätigkeit (*Imposta Regionale sulle Attività Produttive*, kurz IRAP)[8] zu aktuell grundsätzlich etwa 3,9 %. Dividenden sind auch in Italien privilegiert: Grundsätzlich unterliegen nur 5 % des Betrags einer bezogenen Dividende der Körperschaftsteuer, d. h. die effektive Belastung beträgt ca. 1,2 %.[9]

---

2 Dieser Beitrag befasst sich nicht mit den Besonderheiten, die für die Besteuerung bestimmter Körperschaften gelten, z. B. für Stiftungen oder Körperschaften des öffentlichen Rechts.
3 Vgl. §§ 1, 8 KStG, § 1 EStG.
4 Steuersatz von 15 % (§ 23 Abs. 1 KStG), plus 5,5 % Solidaritätszuschlag hierauf (§§ 1, 4 Satz 1 SolzG).
5 Der konkret anzuwendende Steuersatz ist abhängig vom Sitz der jeweiligen Körperschaft, da die Gemeinde den Hebesatz (§ 16 GewStG) und damit im Ergebnis den Gesamtgewerbesteuersatz bestimmt.
6 Beschränkte Körperschaftsteuerpflicht gem. § 2 KStG.
7 Art. 72 ff. Testo Unico delle Imposte sui Redditi (TUIR).
8 Art. 1 ff. Decreto Legislativo 15 dicembre 1997, n. 446.
9 Näher *Chiarenza/Zucchelli/Pisani*, The Corporate Tax Planning Law Review (2023) – Italy.

Nicht in Italien ansässige Körperschaften sind im Prinzip zu den gleichen Bedingungen beschränkt steuerpflichtig, jedoch nur in Bezug auf den Teil ihrer Gewinne, der einen hinreichenden *nexus* zu Italien aufweist.[10]

### 3. Betriebsstätten, ständige Vertreter

Die spannende Frage aus deutscher wie aus italienischer Sicht ist daher: Wann liegen inländische Einkünfte vor bzw. wann ist ein solcher *nexus* gegeben? Diese Frage nach dem Anknüpfungspunkt für das Besteuerungsrecht eines Staates stellt sich, seit es Staaten gibt, und wurde im Lauf der Zeit unterschiedlich und zunehmend detaillierter beantwortet. Der Hauptfall eines solchen *nexus* ist die Betriebsstätte, mit ihren Unterformen wie etwa der Geschäftsleitungs-, Management- oder Vertreterbetriebsstätte. Werfen wir daher einen Blick auf die zentralen Merkmale von Betriebsstätten, und darauf, welche steuerlichen Konsequenzen damit verbunden sind.

#### a) Nationales Steuerrecht

Nach deutschem Recht ist eine Betriebsstätte jede feste Geschäftseinrichtung oder Anlage, die der Tätigkeit eines Unternehmens dient. Dies kann zum Beispiel der Ort der Geschäftsleitung oder eine Zweigniederlassung sein, vgl. § 12 AO. Der Ort der Geschäftsleitung liegt nach § 10 AO dort, wo die für die Geschäftsführung nötigen Maßnahmen von einiger Wichtigkeit mit einer gewissen Regelmäßigkeit angeordnet werden, d. h. wo die tatsächlichen, organisatorischen und rechtsgeschäftlichen Handlungen des Tagesgeschäfts stattfinden (sog. Geschäftsleitungsbetriebsstätte).[11] Ein ständiger Vertreter ist dagegen eine Person, die nachhaltig die Geschäfte eines Unternehmens besorgt und dabei Sachweisungen unterliegt, insbesondere mit Vollmacht für das Unternehmen Verträge verhandelt, vermittelt und/oder abschließt, vgl. § 13 AO. Die italienischen Vorschriften zur Betriebsstätte und zum ständigen Vertreter ähneln den deutschen Regelungen und sind seit 2004 in Art. 162 TUIR verankert.

#### b) Internationales Steuerrecht

Im internationalen Kontext werden diese Grundsätze jedoch durch die Vorgaben der Doppelbesteuerungsabkommen (DBA) überlagert. Die Betriebsstättendefinition sowohl in Art. 5 des OECD-Musterabkommens für DBA (nachfolgend: OECD-MA), als auch im DBA zwischen Deutschland und Italien (nachfolgend: DBA-Italien) ähnelt derjenigen in § 12 AO bzw. Art. 162 TUIR. Auch hier ist u. a. die Geschäftsleitungsbetriebsstätte[12] und der ständige Vertreter bzw. die Vertreterbetriebsstätte erfasst.[13] Interessant ist, dass die DBA zugleich auch definieren, was *keine* Betriebsstätte ist.[14]

---

10 S. *Chiarenza/Zucchelli/Pisani*, The Corporate Tax Planning Law Review (2023) – Italy.
11 *Drüen*, in: Tipke/Kruse, AO/FGO, § 10 AO Rz. 1, 2 m. w. N.; näher zu aktueller Rspr. *Klein*, in: Jahrbuch der Fachanwälte für Steuerrecht (Wiesbaden, 2023), S. 407 f.; zu Praxisfragen des Ortes der Geschäftsleitung s. *Beinert/Maucher*, DB 2023, 219.
12 Vgl. „Ort der Leitung", jeweils Art. 5 Abs. 2 Buchst. a) im OECD-MA und im DBA-Italien.
13 Vgl. Art. 5 Abs. 5 OECD-MA, Art. 5 Abs. 4 DBA-Italien.
14 Art. 5 Abs. 4 OECD-MA, Art. 5 Abs. 3 DBA-Italien.

Ein Punkt ist dabei hervorzuheben: Nach Art. 5 Abs. 3 Buchst. e DBA-Italien a. E. kann keine Betriebsstätte angenommen werden, wenn in einer festen Geschäftseinrichtung lediglich Hilfs- und Nebentätigkeiten ausgeübt werden. Was genau eine solche Hilfs- und Nebentätigkeit ist, lässt sich allerdings nicht leicht definieren.

In der Literatur finden sich dazu z. B. folgende Ausführungen:

> *„Hilfstätigkeiten sind dadurch gekennzeichnet, dass sie parallel neben oder zeitlich nach der Haupttätigkeit ausgeübt werden und von dieser in ihrer Art verschieden sind [mwN]. […] Hilfstätigkeiten sind regelmäßig nicht unmittelbar auf Umsatz- oder Gewinnzielung ausgerichtet. Sie wirken dann nur unternehmensintern und unterstützen die Haupttätigkeit. […] Die Haupttätigkeit des Unternehmens ergibt sich aus dessen formellem oder tatsächl. Gegenstand. [Eine Hilfstätigkeit] darf sich nicht als Teil der Haupttätigkeit darstellen, d. h., der allg. Zweck der Tätigkeit darf nicht mit der des Gesamtunternehmens übereinstimmen. Eine Tätigkeit kann innerhalb des einen Unternehmens Hilfs- und innerhalb des anderen Haupttätigkeit sein.“*[15]

Nicht selten streiten daher Finanzverwaltung und Steuerpflichtige über das Vorliegen einer Hilfs- und Nebentätigkeit (dazu sogleich).

### c) Praktische Anwendungsfälle personalloser Betriebsstätten

Der Fokus lag bisher auf der Geschäftsleitungs- und Vertreterbetriebsstätte, d. h. auf Präsenzen in einem Staat, die durch Personen mit Entscheidungsbefugnis für das jeweilige Unternehmen geprägt sind. Einige Staaten gehen aber vermehrt dazu über, auch sog. „personallose Betriebsstätten" anzunehmen: Aus deutscher Perspektive werden hier zum Beispiel vermietete Grundstücke[16] und Windkraftanlagen[17] diskutiert.

In Italien hat ein Fall einer personallosen Betriebsstätte hohe Wellen geschlagen: Im Mai 2022 zahlte Netflix Inc. im Rahmen eines Vergleichs mit der Guardia di Finanza und der Staatsanwaltschaft Mailand für die Jahre 2015 bis 2019 ca. 56 Mio € an Steuern, Zinsen und Strafzuschlägen an den italienischen Fiskus. Was war passiert? Soweit bekannt, nahmen die italienischen Steuerbehörden an, dass allein das Vorhandensein einer fortschrittlichen technologischen Infrastruktur auf italienischem Gebiet – konkret: Server in Datenzentren – als Betriebsstätte anzusehen sei, selbst wenn kein Personal in Italien beschäftigt wird.[18] Die Datenzentren gehörten nicht Netflix Inc., sondern Dritten, wurden aber ausschließlich von Netflix Inc. zur Erleichterung des Streamings genutzt. Ein Argument der Finanzbehörden war daher, dass das durch die Server gebildete sog. „Content Delivery Network" keine Hilfs- oder Nebentätigkeit darstelle, sondern vielmehr den Kern der Geschäftstätigkeit von Netflix Inc. Das italienische Steuerrecht kennt sogar eine Vorschrift zu diesen Konstellationen: Nach Art. 162 Buchst. f-bis TUIR liegt eine Betriebsstätte u. a. bei „signifikanter und dauerhafter wirtschaftlicher Präsenz ohne physische Anwesenheit" vor.

---

15 *Kaeser*, in: Wassermeyer (160. EL 1/2023), Art. 5 OECD-MA, Rn. 189.
16 *Klein*, in: 74. Jahrbuch der Fachanwälte für Steuerrecht (2023), S. 404.
17 Etwa BFH, Urt. v. 24.11.2021, I B 44/21 (AdV), BStBl. II 2022, 431 = DStR 2022, 399.
18 Hierzu sowie nachfolgend vgl. *Polacco/De Carne*, International Daily Tax Report, 5 July 2022 (online unter https://news.bloombergtax.com/daily-tax-report-international/italian-tax-authorities-expand-concept-of-permanent-establishment-for-the-digital-age, abgerufen am 21.10.2023); Il Sole 24 Ore del 20.5.2022, Netflix versa 56 milioni al Fisco italiano. Procura: „Società occulta senza personale" (online unter www.ilsole24ore.com/art/netflix-versa-56-milioni-fisco-italiano-procura-societa-occulta-senza-personale-AEvzoBaB, abgerufen am 21.10.2023).

Bereits 2002 hatte der italienische Kassationshof in der Rechtssache Philip Morris[19] entschieden, dass der US-Konzern Philip Morris International Inc. eine Betriebsstätte in Italien unterhält, obwohl im entschiedenen Sachverhalt keine in Italien anwesenden Personen in Vertretung des Unternehmens gehandelt hatten. Nach den Ausführungen des Kassationshofs liege eine italienische Betriebsstätte auch vor, wenn eine inländische Gesellschaft die wirtschaftlichen Aktivitäten für ein ausländisches, verbundenes Unternehmen in Italien verwalte und dabei u.a. Vertreter oder Mitarbeiter der inländischen Gesellschaft lediglich am Vertragsabschluss teilnehmen, ohne eine ausdrückliche Abschlussvollmacht für das ausländische, verbundene Unternehmen zu haben.[20] Konkret wurde die Überwachung und Kontrolle der Durchführung von Lizenzverträgen, welche in Italien stattfand, nicht als Hilfs- oder Nebentätigkeit eingeordnet, sondern als wesentlicher Teil der Wertschöpfung für die Erzielung von Einkünften.[21]

Beide Fälle zeigen eindrucksvoll, wie sich die Auslegung der Begriffe „Hilfs- oder Nebentätigkeit" praktisch auswirkt. Meines Erachtens wird anhand dieser Beispiele auch sichtbar, wie niedrig die Schwelle zur Betriebsstätte sein kann.

### d) Verteilung der Besteuerungsrechte

Sowohl die Philip Morris-Entscheidung als auch der Vergleich, den Netflix Inc. abschloss, verursachten insbesondere in Italien viel Aufsehen. Das verwundert nicht, hat doch die Annahme einer Betriebsstätte in einem anderen Staat weitreichende Folgen: Das betroffene Unternehmen muss sich fortlaufend mit den Voraussetzungen zur Einhaltung der Steuergesetze und Erklärungspflichten in beiden bzw. in einer Vielzahl von Staaten befassen, muss die Zahlungen zwischen den in verschiedenen Jurisdiktionen ansässigen konzernangehörigen Gesellschaften so gestalten, dass sie einem Fremdvergleich standhalten (d.h. die Verrechnungspreise weder zu hoch noch zu niedrig im Vergleich zu Geschäften zwischen fremden Dritten sind), vor allem aber damit rechnen, dass mehr als ein Staat den Gewinn des Unternehmens besteuern möchte.

Es ist möglich, dass die Finanzbehörden auf Basis des jeweils anwendbaren DBA zwischen den betroffenen Staaten durch Anrechnung ausländischer oder Freistellung bestimmter Einkünfte eine Doppelbesteuerung vermeiden. Es ist aber genauso möglich, dass die Doppelbesteuerung zunächst eintritt – und das Unternehmen erst durch Einsprüche, Klagen oder Verständigungsverfahren[22] versuchen muss, diese Doppelbesteuerung wieder zu beseitigen. Verständigungsverfahren zählen dabei zu den langwierigsten Verfahren, die es im internationalen Steuerverfahrensrecht gibt – sie dauern häufig länger als ein Jahr, bei Verrechnungspreisen meist deutlich länger als zwei Jahre, und können grundsätzlich erst nach Erschöpfen des jeweiligen nationalen Rechtswegs beantragt wer-

---

19 Corte di Cassazione, nn. 3367/2002, 3368/2002, 7682/2002, 10925/2002. Zum Fall und seinen Auswirkungen s. etwa *Ditz*, IStR 2010, 553 f.; *Polacco/De Carne*, International Daily Tax Report, 5 July 2022 (online unter https://news.bloombergtax.com/daily-tax-report-international/italian-tax-authorities-expand-concept-of-permanent-establishment-for-the-digital-age, abgerufen am 21.10.2023).
20 *Weggenmann*, in: Wassermeyer, 162. Aufl. 2023, Art. 5 DBA-Italien Rn. 22.
21 *Ditz*, IStR 2010, 553 f.
22 Zwischenstaatliche Verfahren zur Beseitigung von Doppelbesteuerung, s. Art. 25 OECD-MA.

den.²³ Mit anderen Worten ist davon auszugehen, dass regelmäßig einige Jahre verstreichen, bis ein international tätiges Unternehmen rechtssicher weiß, wie viele Steuern in welchem Staat zu zahlen sind.

### III. Aktuelle Entwicklungen bei grenzüberschreitenden Steuerverfahren

Die nationalen und internationalen Regelungen zu Betriebsstätten zeigen, wie leicht ein Unternehmen eine Präsenz in einem Staat innehaben kann, die als Betriebsstätte angesehen wird und zu einer Besteuerung durch diesen Staat führt. Hinzu kommt, dass Betriebsstätten nicht der einzige Anknüpfungspunkt für Steueransprüche sind – es gibt weitere, wie z. B. die Belegenheit von Immobilien, ja sogar die bloße Eintragung von Patenten oder Marken in Deutschland, wie die Diskussion um sog. Registerfälle in den letzten Jahren zeigt.[24] Eine Folge davon ist, dass Gewinne von grenzüberschreitend tätigen Unternehmen nicht selten (zunächst) doppelt oder sogar mehrfach besteuert werden. Damit stellt sich die Frage: Wie gehen die Unternehmen und die Finanzbehörden mit dem Risiko internationaler Doppelbesteuerung um, und wie wirkt sich dies in der verfahrensrechtlichen Praxis aus?

Im zweiten Teil meines Vortrags möchte ich deshalb einen Blick auf aktuelle Entwicklungen bei grenzüberschreitenden Steuerverfahren werfen, insbesondere auf Joint Audits und (steuerliche) Risikobewertungsprogramme.

*1. Joint Audits*

Der international inzwischen übliche Begriff „Joint Audits" bezeichnet eine besondere Form grenzüberschreitender Betriebsprüfungen: die gemeinsame Durchführung von Betriebsprüfungshandlungen durch eine Arbeitsgruppe, die aus in- und ausländischen Betriebsprüfern besteht, an mehreren Unternehmensstandorten in verschiedenen Staaten stattfindet und das Ziel einer einheitlichen Feststellung eines grenzüberschreitenden Sachverhalts verfolgt, wobei den Finanzbeamten bestimmte passive und ggf. aktive Prüfbefugnisse zukommen und Informationen des Steuerpflichtigen zugleich und unmittelbar den beteiligten Staaten zur Verfügung gestellt werden.[25]

Klassische Betriebsprüfungen werden in Italien entweder von der Agenzia delle Entrate oder der Guardia di Finanza durchgeführt, können als eher konfrontativ bezeichnet wer-

---

23 Näher *Becker/Kimpel/Oestreicher/Reimer*, Verfahrensrecht der Verrechnungspreise, 2017, S. 316–322 und S. 338–351; *Eilers/Drüen*, in: Wassermeyer, 149. EL März 2020, Art. 25 OECD-MA Rz. 14; *Drüen*, in: FS Wassermeyer, 2015, § 68 Rz. 20. Die durchschnittliche Verfahrensdauer liegt bei 35 Monaten für Verständigungsverfahren zu Verrechnungspreisen und 18 Monaten in anderen Fällen (Stand 2020), s. www.oecd.org/ctp/dispute/mutual-agreement-procedure-statistics.htm (abgerufen am 20.12.2023).
24 S. dazu BMF v. 28.6.2022, Evaluation der geltenden Rechtslage der Besteuerung beschränkt Steuerpflichtiger, die inländische Einkünfte aus der Überlassung von Rechten erzielen, die in ein inländisches öffentliches Buch oder Register eingetragen sind (sogenannte Registerfälle), und Reaktion durch das Jahressteuergesetz 2022 v. 16.12.2022, BGBl. I 2022, 2294; zur zeitlichen Anwendbarkeit § 52 Abs. 45a Satz 3 EStG. Aus der Literatur s. *Altenburg*, IStR 2020, 561; *Frey/Schmid/Schwarz*, IStR 2021, 427 und 464; *Schönfeld/Ellenrieder*, IStR 2021, 831; *Ehlermann/Wehnert*, ISR 2022, 309.
25 *Zimmerl* (oben N. 1), S. 11.

den (sind aber typischerweise kurz) und können zu relativ hohen Nachzahlungen sowie Strafzahlungen (*sanzioni*) führen. Auch in Deutschland können Betriebsprüfungen konfrontativ sein, je nach Größe des Unternehmens dauern sie lange und können – zusammen mit den deutschen Regelungen zur Festsetzungsverjährung – dazu führen, dass erst Jahre nach Ende eines Steuerjahres feststeht, welche Steuern anfallen.

Seit einigen Jahren führen Bayern und Italien aber auch Joint Audits auf Basis von Art. 11 Abs. 2 bzw. künftig Art. 12a EU-Amtshilferichtlinie als eine internationale, schnellere Variante von Betriebsprüfungen durch. Auslöser dafür war unter anderem ein Pilotprojekt des bayerischen Finanzministeriums, der Agenzia delle Entrate in Mailand, der Ludwig-Maximilians-Universität in München und der Alma Mater Studiorum Università di Bologna.[26] In Anlehnung an dieses Pilotprojekt könnte ein „bayerisch-italienisches Joint Audit" z. B. wie folgt aussehen:

Eine deutsche Muttergesellschaft, die BicAlpi in der Rechtsform AG, stellt hochwertige Rennräder her, und hält 100 % an ihrer italienischen Tochtergesellschaft, der Alpicletta s. r. l. Diese ist auf Sportmarketing spezialisiert und wurde von der BicAlpi AG vor wenigen Jahren gekauft. Die beiden verbundenen Unternehmen tauschen fortlaufend Leistungen aus, z. B. Marketing- und Vertriebsleistungen der Alpicletta s. r. l. an die BicAlpi AG. Zudem stellen sich Fragen zu Verrechnungspreisen, z. B. im Zusammenhang mit den Lizenzgebühren, die die Alpicletta s. r. l. an die BicAlpi AG zahlt. In einem solchen Fall bestehen einige Herausforderungen: Aus Sicht des Unternehmens ist die steuerliche Verrechnung von Gewinnen und Verlusten über die Grenze erschwert (es gibt keine grenzüberschreitende Organschaft), mangels einer europäische Bemessungsgrundlage für die Körperschaftssteuer werden einzelne Bilanzposten bzw. der steuerliche Gewinn in jedem Staat unterschiedlich bewertet bzw. ermittelt, häufig entsteht internationale Doppelbesteuerung. Auch aus Sicht der Finanzverwaltungen ist die Rechtslage nicht einfach: Steuerliche Prüfungen sind grundsätzlich nur auf dem jeweils eigenen Staatsgebiet möglich,[27] was zur Folge hat, dass die Beamten nur einen Ausschnitt des steuererheblichen Sachverhalts sehen. Das Welteinkommensprinzip[28] und der Amtsermittlungsgrundsatz[29] machen es andererseits erforderlich, den *ganzen* Sachverhalt zu ermitteln und zu berücksichtigen.

Für diese komplexe Situation bieten Joint Audits eine Lösung: Das deutsche Finanzamt und die italienische Agenzia delle Entrate können nach Art. 12a Abs. 2 EU-Amtshilferichtlinie (sowie den nationalen Umsetzungsgesetzen) eine zwischenstaatliche Vereinbarung treffen und auf dieser Grundlage ein Team aus Betriebsprüfern beider Staaten bilden, um die verbundenen Unternehmen im Wege eines Joint Audits umfassend zu prüfen. Angenommen, die weiteren Voraussetzungen nach EU-Recht und nationalen Gesetzen liegen vor,[30] so kann dieses gemischte Joint Audit-Team in beiden Staaten Prüfungshandlungen vornehmen. In der Regel wird es dabei zu mehreren Terminen an den beiden Unternehmensstandorten sowie zu direkten Besprechungen zwischen den deutschen und italienischen Prüfern kommen, jeweils mit einer engen Einbeziehung auch des Steuer-

---

26 Näher *Zimmerl* (oben N. 1), S. 3 m. w. N.
27 Völkerrechtliche Grundsätze formeller Territorialität, staatlicher Souveränität.
28 § 1 EStG, §§ 1 und 8 KStG.
29 Vgl. dazu in Deutschland § 88 AO.
30 Dies sind derzeit vor allem die Prüfbarkeit des Falls (insb. keine Festsetzungsverjährung), die Zustimmung zur aktiven Anwesenheit ausländischer Beamter und eine Anhörung des Steuerpflichtigen.

pflichtigen. Am Ende dieses Prozesses steht der sog. Joint Audit Bericht, der i. d. R. in Englisch zusammenfasst, welche Fakten bei diesen gemeinsamen Prüfungshandlungen festgestellt wurden. Danach listet der Bericht getrennt für die beiden Staaten auf, wie diese Fakten rechtlich gewürdigt werden.

Idealerweise kommt es bereits zu diesem Zeitpunkt zu einer „Einigung" zwischen den Behörden, d. h. die Steueransprüche werden gegeneinander abgegrenzt. Dafür gibt es zwar keine Garantie. Bisher konnte aber in den meisten Joint Audits eine Einigung über die Aufteilung des Steuersubstrats erreicht werden. Sofern zuvor eine internationale Doppelbesteuerung von Einkünften vorlag oder drohte, wurde diese – soweit dies bekannt ist – in der Mehrheit der Fälle beseitigt.

Eine solche Vorgehensweise klingt damit sowohl für die Finanzbehörden wie für die verbundenen Unternehmen nach einer guten Lösung, könnte aber noch weiter verbessert werden. Während im Rahmen der frühen Joint Audits noch Unsicherheit über die Rechtsgrundlage(n) und das anzuwendende Recht bestand, wurde diese durch die neue Version der EU-Amtshilferichtlinie nun weitgehend gelöst (dazu sogleich). Nachteile können aber weiterhin entstehen, wenn es im Joint Audit zu keiner Einigung kommt und/oder die Steuerpflichtigen über die festgestellten Sachverhalte und ihre rechtliche Bewertung keinen Joint Audit Bericht erhalten. Aus meiner Sicht wäre es zielführend, Joint Audits künftig mit anderen Verfahren zu verbinden oder zu verschränken, um sie effizienter und verbindlicher zu gestalten: Denkbar ist etwa, ein Joint Audit mit einem Verständigungsverfahren zu verbinden. Im Anschluss an ein Joint Audit lässt sich dieses Verfahren deutlich beschleunigen, weil der dafür notwendige Sachverhaltsbericht bereits vorliegt.[31] Noch besser wäre es aber, den Joint Audit Bericht zu verwenden, um über dessen Inhalt ein bilaterales APA[32] abzuschließen. Beide Vorgehensweisen haben den Vorteil, dass das Ergebnis des Joint Audit rechtlich bindende Wirkung erhält (anders als der derzeit unverbindliche Joint Audit-Bericht). Denkbar sind auch punktuelle Verbesserungen, wie z. B. eine Reduzierung der Gebühren für ein APA (s. unten).

Nach einer ersten Pilotphase wurden zwischenzeitlich etwa 70 bis 120 Joint Audits mit deutscher Beteiligung durchgeführt.[33] Nicht jeder Fall ist geeignet, v. a. müssen die zu prüfenden Jahre noch „offen" (d. h. nicht festsetzungsverjährt) und die beteiligten Beamten beider Finanzbehörden zu einem internationalen Amtshilfeverfahren bereit sein. Daher stellt sich die Frage: Welche aktuellen Entwicklungen gibt es?

---

31 Näher zu dieser Vorgehensweise und den damit verbundenen Vor-/Nachteilen s. *Zimmerl* (oben N. 1), S. 158 ff. m. w. N.
32 Advance Pricing Agreement (deutsch auch: Vorabverständigungsverfahren). Dabei handelt es sich um eine besondere Form eines Verständigungsverfahrens, in Deutschland geregelt in § 89a AO. Näher *Ismer/Piotrowski*, in Vogel/Lehner, 7. Aufl. 2021, Art. 25 OECD-MA Rz. 370 f. *Wilmanns/Lappe/Heidecke/Nolden/John*, IStR 2020, 162, 170 weisen m. E. zutreffend darauf hin, dass auch unter § 89a AO Voraussetzung für die Durchführung von APAs bleibt, dass zwischen den beteiligten Staaten ein DBA in Kraft ist, welches eine Art. 25 OECD-MA entsprechende Klausel enthält.
33 Zahlen bei *Schreiber/Schäffkes/Fechner*, DB 2018, 1624, 1630; *Becker/Zimmerl*, Rivista di Diritto Finanziario e Scienza delle Finanze 2/2018, 223, 231; *Criclivaia*, HFSt (15) 2021, 165, 170; *Braun/Eisgruber/Greil/Schmitz*, Joint Audits: The German experience, www.internationaltaxreview.com/article/2a6a4ynkdzu2frgofzqio/joint-audits-the-german-experience (abgerufen am 28.10.2023).

## 2. EU-Amtshilferichtlinie und Risikobewertungsprogramme

Wandeln wir dazu den Beispielsfall oben etwas ab: BicAlpi AG hat in fünf EU-Mitgliedstaaten jeweils eine Person angestellt, die zu Sportevents reist, Rennräder an Großhändler verkauft und regelmäßig Verträge für BicAlpi AG verhandelt und abschließt. Weitere fünf Personen mit den gleichen Aufgaben sind bei Alpicletta s. r. l. angestellt. Beim wöchentlichen Treffen der Steuerabteilung von BicAlpi AG wird Folgendes berichtet: Das seit sechs Monaten laufende Joint Audit bei BicAlpi AG in Deutschland und Alpicletta s. r. l. in Italien stehe kurz vor dem Abschluss. Die italienischen Steuerbeamten hätten mitgeteilt, dass nur noch ein einziger Termin möglich sei, bei dem man den Fall abschließen müsse. In der letzten Besprechung mit beiden Finanzbehörden sei zwar angedeutet worden, dass man über die Verrechnungspreismethode für die Leistungen zwischen BicAlpi AG und Alpicletta s. r. l. Einigkeit erzielt habe; die Preisvergleichsmethode führe zu angemessenen Verrechnungspreisen. Es sei aber noch nicht klar, ob Italien oder Deutschland, oder keiner der beiden Staaten die Einkünfte der zehn für Vertriebszwecke angestellten Personen besteuern dürfe. Zudem sei offen, ob diese Ergebnisse in einem gemeinsamen Bericht festgehalten werden.

Der Chef der Steuerabteilung von BicAlpi AG fragt sich, warum die italienischen Finanzbeamten es so eilig haben, ob es einen gemeinsamen Bericht der deutschen und italienischen Finanzbehörden über die Ergebnisse des Joint Audits geben muss, ob sich BicAlpi AG und Alpicletta s. r. l. auch in Zukunft auf die Einigung zur Verrechnungspreismethode werden berufen können, und wie sich für die zehn ständigen Vertreterinnen und Vertreter eine Lösung finden lässt, die am besten auch für die nächsten Jahre Bestand hat?

### a) DAC7

Jahrelange Forderungen nach einer Rechtsgrundlage und nach einheitlichen Verfahrensregeln für Joint Audits haben mit Einführung von Artikel 12a der EU-Amtshilferichtlinie i. d. F. vom 23.3.2021 (kurz: DAC7) eine deutliche Reaktion hervorgerufen. Für die weitere Kodifizierung von Joint Audits auf europäischer Ebene stellt DAC7 einen wichtigen Schritt dar. Erstmals wird in Art. 12a Abs. 2 DAC7 festgelegt, dass sich das anwendbare Verfahrensrecht bei einer gemeinsamen Prüfung grundsätzlich nach dem Ort der jeweiligen Prüfungshandlung richtet. Mit dieser Bestimmung wird eines der dringendsten praktischen Probleme der frühen Joint Audits adressiert.[34]

Andererseits bleiben auch Fragen offen: Es scheint kaum möglich, für jede einzelne Prüfungshandlung einen klaren „Ort" zu bestimmen.[35] Zudem kann es Widersprüche zwischen dem Verfahrens- und/oder Verfassungsrecht der beteiligten Staaten geben. Aus meiner Sicht lassen sich solche Widersprüche nicht immer durch die Anwendung der Regeln *einer* Rechtsordnung lösen, wie dies Artikel 12a Abs. 2 DAC7 vorschlägt. Insbesondere die unterschiedlichen nationalen Regelungen zu Prüfungszeiträumen, zur Festsetzungsverjährung und zur Bestandskraft von Entscheidungen werden m. E. unter DAC7 weiterhin ein Hindernis für zeitnahe und zahlreiche Joint Audits darstellen.

---

34 Näher dazu *Zimmerl* (oben N. 1), S. 60 ff., 279 m. w. N.
35 Man denke etwa an den „Ort" einer Onlinedatenbankabfrage oder an den „Ort" einer Besprechung per Videokonferenz, an der Prüfer und Steuerpflichtige von verschiedenen Staaten aus teilnehmen.

Im Beispielsfall bedeutet dies ganz konkret, dass die deutschen und italienischen Betriebsprüfer, die das Joint Audit bei BicAlpi AG und Alpicletta s. r. l. durchführen, sich nur in der Schnittmenge der Vorgaben des italienischen und deutschen Rechts bewegen können, und zwar nicht nur mit Blick auf das Verfassungs-, sondern z. B. auch auf das jeweilige nationale Steuerverfahrensrecht. Dies hat zur Folge, dass die italienischen Finanzbeamten u. a. an Art. 12 Abs. 5 des italienischen Gesetzes über die Rechte des Steuerpflichtigen[36] gebunden sind. Dieser regelt, dass ein italienischer Finanzbeamter im Rahmen einer Betriebsprüfung für einen Maximalzeitraum von grundsätzlich 30 Werktagen in den Räumlichkeiten des Steuerpflichtigen prüfen darf; in besonders komplexen Fällen kann dieser Zeitraum auf maximal 60 Werktage verlängert werden.

Aus dem deutschen Verfahrensrecht zu Außenprüfungen[37] kennen wir solche zeitlichen Grenzen nicht: Die zeitnahe Betriebsprüfung nach § 4a BpO bildet weiterhin die Ausnahme[38] und der Hauptteil deutscher Außenprüfungen bei großen Unternehmen dauert mehrere Jahre, was – flankiert von einer umfassenden Hemmung der Festsetzungsverjährung – Rechtssicherheit erst spät eintreten lässt. Wenn es sich um ein Joint Audit handelt, wirkt sich die italienische Vorgabe zur Prüfungsdauer faktisch in Deutschland bzw. auf die beteiligten deutschen Beamten aus. So müssten im Beispielsfall zumindest die *gemeinsamen* Prüfungshandlungen in dem Zeitrahmen beendet werden, den das italienische Recht durch Art. 12 Abs. 5 Statuto del Contribuente vorgibt.

Für BicAlpi AG stellt sich zudem die Frage, inwieweit das Ergebnis ihres Joint Audits auch in Zukunft rechtlich bindend ist bzw. ob sich das Unternehmen darauf verlassen kann. Hier ist positiv, dass Artikel 12a Abs. 4 DAC7 vorschlägt, die gemeinsame Prüfung mit anderen Verfahren zu kombinieren. Dort heißt es: „Fragen, über die sich die zuständigen Behörden einig sind, werden in den Abschlussbericht aufgenommen und in den einschlägigen Instrumenten berücksichtigt, die von den zuständigen Behörden der teilnehmenden Mitgliedstaaten im Anschluss an diese gemeinsame Prüfung erlassen werden." Die Formulierung „einschlägige Instrumente" hat den Vorteil, dass sie nicht nur nationale Steuerbescheide beschränkt ist, sondern auch auf die verschiedenen uni-, bi- oder multilateralen Verfahren im Bereich des Steuerrechts Bezug nimmt.

Besonders vorteilhaft wäre es, unter diesen das bilaterale APA zu wählen und die Ergebnisse des Joint Audits in ein solches aufzunehmen: In diesem Fall hätte das Unternehmen für ca. drei Jahre Rechtssicherheit – es könnte sich darauf verlassen, dass die deutschen und italienischen Finanzbehörden nichts an der rechtlichen Einschätzung ändern, die sie im Joint Audit geäußert haben. Konkret würde dies hier bedeuten, dass die gewählte Verrechnungspreismethode nicht nochmals geprüft und die so ermittelten Verrechnungspreise anerkannt würden. Bei einer solchen Kombination von Joint Audit und bilateralem APA könnten zudem Nachteile vermieden werden, die bestehen, wenn die beiden Verfahren getrennt voneinander durchgeführt werden:[39] Die lange Verhandlungsdauer, welche für bilaterale APAs typisch ist, wird verkürzt, wenn der Sachverhalt aus dem Joint Audit Bericht verwendet wird. Die Preisgabe sensibler Daten im Joint Audit wird durch eine erhöhte Rechtssicherheit kompensiert. Schließlich ist dies auch

---

36 *Statuto del Contribuente*, legge n. 212 del 27.7.2000, Gazzetta Ufficiale n. 177 del 31.7.2000, S. 4 ff.
37 Vgl. §§ 193 ff. AO und Betriebsprüfungsordnung, BpO.
38 Näher *Drüen*, Modelle und Rechtsfragen zeitnaher Betriebsprüfung (IFSt-Schrift Nr. 469), 2011.
39 Hierzu sowie zur nachfolgenden Aufzählung s. *Zimmerl* (oben N. 1), S. 191 ff. m. w. N.

kostengünstig: Mit § 89a Abs. 7 Satz 7 AO sind in 2021 die Gebühren für APAs deutlich gesenkt worden, wenn ein APA mit einem Joint Audit verbunden wird – statt 30.000 € müssten nur noch 7.500 € pro APA und Staat gezahlt werden.

Andererseits sieht Art. 12a Abs. 4 DAC7 lediglich vor, dass eine im Joint Audit erzielte Einigung „berücksichtigt" werden soll. Dies scheint die derzeit fehlende Bindungswirkung der Ergebnisse eines Joint Audits zu verfestigen. Zudem ist offen, ob Steuerpflichtige, bei denen ein Joint Audit stattfindet, einen Anspruch darauf haben, dass die internationalen Sachverhalte und ihre rechtliche Würdigung aus der Perspektive beider Staaten in einem gemeinsamen Bericht schriftlich festgehalten werden. Aus meiner Sicht gibt es für einen solchen Anspruch gute Argumente: Das BMF-Schreiben zu Joint Audits führt aus, dass ein „abgestimmtes Ergebnisprotokoll" angefertigt werden soll, in welchem der Sachverhalt und dessen rechtliche Würdigung im Hinblick auf das anwendbare DBA enthalten sein sollen. Einen Anspruch auf einen Joint Audit Bericht erwähnt seit 2021 auch Art. 12a der EU-Amtshilferichtlinie; diese ist bis zum 31.12.2023 in den Mitgliedstaaten umzusetzen.[40] Solange die nationalen Vorschriften dies nicht widerspiegeln, kann aber auch unter DAC7 internationale Doppelbesteuerung nicht zuverlässig und rechtssicher beseitigt bzw. vermieden werden. Ein Appell für mehr grenzüberschreitende Rechtssicherheit erscheint mir daher weiterhin notwendig.

### b) ICAP und ETACA

Auch wegen dieser fortbestehenden Rechtsunsicherheit haben sich in den letzten Jahren neben Joint Audits sog. Risikobewertungsprogramme[41] im internationalen Steuerverfahrensrecht (weiter-)entwickelt, dies sind insbesondere ICAP und ETACA.

Das *International Compliance Assurance Program* der OECD – kurz: ICAP – bietet Lösungen für grenzüberschreitend tätige Unternehmen: Sie können im Rahmen eines einzigen Verfahrens mehrere „assurance letters" von einer großen Zahl von Steuerbehörden erhalten. Nach mehreren Pilotphasen nehmen derzeit 22 Länder innerhalb und außerhalb der EU an ICAP teil, u. a. Deutschland, Frankreich, Italien, die Niederlande, die USA, Japan und Großbritannien.[42] Das Verfahren steht vor allem großen, international tätigen Unternehmen offen, die verpflichtet sind, sog. Country-by-Country Reports (CbCR) einzureichen.[43] Eine der Voraussetzungen hierfür ist ein Jahresumsatz von mindestens 750 Mio. €. ICAP bietet damit für allem für sehr große Unternehmen Lösungen an, die (auch) außerhalb der EU tätig sind, da das Programm viele Steuerbehörden an einen Tisch bringen kann – auch solche, die prinzipiell weniger kooperativ sind als die

---

40 Für Deutschland ist diese Umsetzung nach dem Regierungsentwurf eines Wachstumschancengesetzes vom 2.10.2023, BT-Drucks. 20/8628, mit § 12a EU-Amtshilfegesetz vorgesehen. Dieser führt in Abs. 4 u. a. aus: „Die Feststellungen, über die in der gemeinsamen Prüfung Einigung erzielt worden ist, *sind* in einem gemeinsamen Prüfungsbericht festzuhalten; die Feststellungen, über die in der gemeinsamen Prüfung keine Einigung erzielt worden ist, *können* in dem gemeinsamen Prüfungsbericht festgehalten werden." (Hervorhebungen nur hier).
41 Auch hierzu soll es nach dem Regierungsentwurf eines Wachstumschancengesetz vom 2.10.2023, BT-Drucks. 20/8628, eine neue Regelung geben, nämlich § 89b AO (nicht Gegenstand dieses Beitrags).
42 Vollständige und fortlaufend aktualisierte Liste unter www.oecd.org/tax/forum-on-tax-administration/international-compliance-assurance-programme.htm (abgerufen am 28.10.2023).
43 Bericht zu zentralen steuerlichen Kennzahlen für alle Staaten, in denen das Unternehmen aktiv ist; dies geht auf eine Initiative der OECD zurück und ist für Deutschland in § 138a AO geregelt.

europäischen Steuerbehörden. Das Programm bietet damit einen wirklich multilateralen Ansatz. Innerhalb des Verfahrens prüfen die beteiligten Steuerbehörden ausschließlich, ob das Unternehmen bei der Einhaltung ihrer Steuervorschriften ein niedriges Risikoprofil aufweist oder nicht.[44]

Der *assurance letter*, der von jeder beteiligten Jurisdiktion als abschließendes Dokument erteilt wird, enthält eine solche Aussage zum Risikoprofil. In der Praxis schließt ein *assurance letter*, der ein niedriges Risikoprofil angibt, in der Regel aus, dass eine Betriebsprüfung bei diesem Steuerpflichtigen stattfindet – zumindest für einen bestimmten Zeitraum. Die Bindungswirkung eines *assurance letter* ist allerdings nicht sehr stark, insbesondere deutlich geringer als die eines APA.[45] Das ICAP-Handbuch der OECD enthält keine Erläuterungen zur dogmatischen Konstruktion oder zur Bindungswirkung eines *assurance letter*. Vielmehr stellt die OECD selbst fest, dass Unternehmen, die Rechtssicherheit suchen, andere Instrumente (z. B. APAs) in Betracht ziehen sollten.[46] Schließlich ist anzumerken, dass das Unternehmen nicht ein einziges, konsolidiertes Dokument erhält (wie bei Joint Audits oder ETACA, s. unten), sondern jeweils einen *assurance letter* von jedem beteiligten Staat.

Im Lichte der Erfahrungen mit ICAP und als dessen europäisches Pendant hat die EU-Kommission im Juli 2020 den *European Trust and Cooperation Approach* (ETACA) vorgestellt.[47] Es soll die Einhaltung der Steuervorschriften auf der Grundlage von mehr Zusammenarbeit, Vertrauen und Transparenz zwischen Steuerpflichtigen und Finanzbehörden erleichtern und fördern.[48] Die EU-Kommission hat die Anforderungen und Folgen der Teilnahme an ETACA in den unverbindlichen ETACA-Guidelines zusammengefasst; es wird daher als *soft law* eingestuft. ETACA ist wie ICAP ein Risikobewertungsprogramm, das „assurance", d. h. eine vorläufige oder faktische Form der Rechtssicherheit bieten soll.[49] Die ersten Fälle wurden von März bis Dezember 2022 bearbeitet. Wie ICAP steht das Programm im Allgemeinen nur größeren Unternehmen offen, die zu CbCR verpflichtet sind; zusätzlich ist erforderlich, dass ihre oberste Muttergesellschaft ihren Sitz innerhalb der EU hat. Wie ICAP ist auch ETACA ein Risikobewertungsverfahren, das auf Verrechnungspreisfragen fokussiert ist. Die EU möchte das Programm aber künftig ausweiten und eine Variante für kleine und mittlere Unternehmen (KMU/SME) anbieten.[50]

Am Ende des Verfahrens erhält der Steuerpflichtige von jedem beteiligten Staat einen „outcome letter", in dem angegeben ist, ob die betreffende(n) Transaktion(en) als risikoarm einzustufen sind oder nicht.[51] Aufgrund der Einstufung als risikoarm sollte es nach

---

44 Näher Handbuch der OECD (2021), s. www.oecd.org/tax/ forum-on-tax-administration/publications-and-products/international-compliance-assurance-programme-handbook-for-tax-administrations-and-mne-groups.pdf (abgerufen am 28.10.2023) (nachfolgend: ICAP Handbuch).
45 *Prinz/Ludwig*, DB 2018, 477 f.
46 *OECD*, ICAP Handbuch, 2021, S. 30.
47 Vgl. Website der EU-Kommission, https://taxation-customs.ec.europa.eu/eu-cooperative-compliance-programme/european-trust-and-cooperation-approach-etaca-pilot-project-mnes_en (abgerufen am 28.10.2023). Die Liste der Teilnehmerstaaten wird dort fortlaufend aktualisiert.
48 *EU-Kommission*, Guidelines European Trust and Cooperation Approach (ETACA), S. 2.
49 Dazu *Greil*, IStR 2022, 373, 376; *Gmoser*, IWB 2022, 143, 146. Näher zur Abgrenzung von „assurance", „tax certainty" und Rechtssicherheit *Zimmerl*, EC Tax Review 2022, 300.
50 *Greil*, IStR 2022, 373, 375; *Gmoser*, IWB 2022, 143, 147.
51 *EU-Kommission*, ETACA Guidelines, S. 14 f. und Muster in Annex 6; *Gmoser*, IWB 2022, 143, 146.

den ETACA-Leitlinien „unwahrscheinlich" sein, dass diese Transaktion Gegenstand einer Prüfung durch die Steuerbehörden wird.[52] Neben diesen verschiedenen *outcome letters* erhalten Steuerpflichtige zudem ein konsolidiertes Dokument mit einer Gesamtbewertung des Risikoprofils durch die beteiligten Staaten. Dies scheint hilfreich, da es Unternehmen ermöglicht, eine Art Landkarte steuerlicher Risiken zu erstellen und entsprechende Schwerpunkte bei ihrer steuerlichen compliance zu setzen.

Dennoch besteht auch bei ETACA noch Raum für Verbesserungen:

Die ETACA-Guidelines beschränken den Anwendungsbereich von ETACA derzeit auf routinemäßige konzerninterne Transaktionen, die allgemein als weniger komplex und risikoreich angesehen werden; als Beispiel werden risikoarme Vertriebstätigkeiten, Auftragsfertigungstätigkeiten und konzerninterne Dienstleistungen mit geringer Wertschöpfung genannt.[53] Man könnte daher meinen, dass nur Transaktionen, die ein niedriges Risiko aufweisen, überhaupt für das Verfahren infrage kommen. Ein *outcome letter* mit der durch ETACA erreichbaren Einstufung als „niedriges Risiko" erscheint so als *self-fulfilling prophecy*. Man fragt sich also, ob ein grenzüberschreitend tätiges Unternehmen, wenn es eine solche risikoarme Transaktion, die für ETACA geeignet ist, identifiziert hat, überhaupt noch einen *outcome letter* dieses Inhalts benötigt.

Dabei ist auch zu bedenken, dass die Teilnahme am Verfahren zeit- und kostenaufwendig ist. Das führt zu Fragen, die sich auch bei anderen freiwilligen Compliance-Verfahren stellen: Wie hoch ist der Aufwand für die Teilnahme? Welchen Vertrauensvorschuss oder welche Rechtssicherheit erhält das Unternehmen dafür? Ich denke, dass der Nutzen von ETACA v. a. davon abhängen wird, wie viel Zeit und Kosten zu investieren sind, um den *outcome letter* zu erhalten und wie viele Jurisdiktionen abgedeckt sind. Laut der Guidelines soll ETACA für nicht risikoarme Geschäfte nur „auf Einzelfallbasis" möglich sein[54] – die „interessanten" Fälle, d. h. diejenigen Fälle, in denen Rechtssicherheit umso wichtiger wäre, bilden also zunächst die Ausnahme. Hier wäre die Hoffnung, dass dies Schritt für Schritt ausgebaut wird. Möglicherweise ist dies eine Ähnlichkeit zu den frühen Joint Audits, die zunächst hauptsächlich für „sunshine cases" durchgeführt wurden. Es ist sehr erfreulich, dass Joint Audits diese erste Phase verlassen haben und nun auch für komplexere Fälle offenstehen, wenn auch Steuerpflichtige noch kein Antragsrecht für Joint Audits haben.

Die Evaluation der ersten ETACA-Fälle[55] scheint zu zeigen, dass die teilnehmenden Unternehmen grundsätzlich vom Modell überzeugt sind. Insbesondere bietet es für sie einen Mehrwert, mit mehreren Finanzverwaltungen direkt sprechen zu können und von ihnen eine Risikoeinschätzung zu erhalten. Sie schätzen auch, dass die Verhandlungen relativ schnell laufen; soweit bekannt, konnten die meisten Fälle innerhalb von ca. 10 Monaten abgeschlossen werden.

---

52 *EU-Kommission*, ETACA Guidelines, S. 4: „Rather, the Programme is intended to give assurance such that when the available information and the risk assessment lead to the conclusion that the covered transactions can be considered to be low-risk, it is unlikely that plans and resources will be dedicated to high intensity local tax audits of such transaction."
53 *EU-Kommission*, ETACA Guidelines, S. 5; s. auch *Gmoser*, IWB 2022, 143, 148.
54 *EU-Kommission*, ETACA Guidelines, S. 5; s. auch *Gmoser*, IWB 2022, 143, 149.
55 Evaluation Meeting der EU vom 6./7. März 2023; der Evaluationsbericht ist noch nicht veröffentlicht.

Es war jedoch auch zu hören, dass es hilfreich sein könnte, wenn die konkret an einem Fall teilnehmenden Finanzbeamten die Kompetenz dafür erhalten würden, Konfliktfragen direkt im Verfahren zu entscheiden. Von einzelnen Finanzverwaltungen wurde auch geäußert, dass der *roll forward*-Zeitraum des *outcome letters* ggf. verlängert werden könnte. Dieser Zeitraum ist aktuell auf zwei Jahre begrenzt. Zuletzt muss man erwähnen, dass aktuell offen ist, ob das Programm überhaupt fortgesetzt wird bzw. in welcher Form; dies hängt auch davon ab, ob die EU diese Art der Kooperation von Finanzverwaltungen weiter finanziell unterstützt.

Als Ergebnis zu unserem erweiterten Fall können wir also festhalten: Es spricht einiges dafür, dass das Joint Audit bei BicAlpi AG und Alpicletta S. r. l. wegen des engen italienischen Zeitfensters bald abgeschlossen wird. Die beiden Gesellschaften können Art. 12a EU-Amtshilferichtlinie als Argument dafür anführen, dass die Ergebnisse in einem Joint Audit Bericht zusammengefasst werden sollen, haben aber (noch) keinen rechtlichen Anspruch hierauf. Der Chef der Steuerabteilung von BicAlpi AG könnte sich dafür entscheiden, darauf zu vertrauen, dass die Ergebnisse des Joint Audits von den Finanzbehörden auch künftig berücksichtigt werden. Wenn er ein höheres Maß an Rechtssicherheit dafür haben möchte, dass die Preisvergleichsmethode von den deutschen und italienischen Steuerbehörden auch in Zukunft als angemessen angesehen wird, könnte er ein bilaterales APA in Deutschland und Italien beantragen. Basierend auf dem Joint Audit Bericht könnte dieses voraussichtlich relativ schnell erteilt werden und würde wegen § 89a Abs. 7 Satz 7 AO Kosten von nur 7.500 € verursachen. Ob BicAlpi AG sich außerdem für eine Teilnahme an ETACA bewerben kann, um auch eine *assurance* hinsichtlich der ständigen Vertreter/innen zu erlangen, lässt sich derzeit nicht sagen, da offen ist, ob ETACA fortgesetzt wird.

## II. Fazit

Ein Blick auf die Regelungen zur Besteuerung von Kapitalgesellschaften, Betriebsstätten und ständigen Vertretern in Deutschland und Italien zeigt, dass ein Unternehmen relativ rasch in eine Situation der Besteuerung durch mehr als einen Staat gelangen kann. Aus verfahrensrechtlicher Sicht haben sich Verständigungsverfahren und bilaterale APAs als zeitaufwändige und nicht sehr effiziente Mittel zur Lösung internationaler Doppelbesteuerung erwiesen. Wenn ein solches Verfahren aber abgeschlossen wird, bietet es eine hohe grenzüberschreitende Rechtssicherheit. Im Gegensatz dazu sind Joint Audits in der Regel schneller (und damit auch kostengünstiger), aber – zumindest derzeit – nicht in der Lage, eine ähnlich starke Bindungswirkung zu erzielen, weder für die beteiligten Steuerbehörden noch für die Steuerpflichtigen. Mit anderen Worten scheinen Steuerpflichtige die Wahl zwischen einer eher schnellen, aber nicht ganz rechtssicheren Lösung, oder einem längeren Verfahren zu haben, bei dem sie sich stärker auf das Ergebnis verlassen können. Mir scheint zielführend, einen Mittelweg zu gehen, d. h. zu versuchen, schnelle Verfahren mit einem rechtssicheren Ergebnis abzuschließen. Verschiedene Wege in diese Richtung habe ich in meiner Dissertation untersucht und komme zum Ergebnis, dass eine Verbindung aus bilateralem APA und Joint Audit die größten Chancen für mehr zeitnahe

Rechtssicherheit im internationalen Steuerrecht bietet.[56] Soweit bekannt, haben die deutschen und italienischen Finanzbehörden in einzelnen Fällen bereits eine solche Verbindung getestet. Es wäre zu wünschen, dass es künftig mehr solche Verfahrensverbindungen gibt, oder sogar, dass die EU-Kommission dieses Vorgehen ausdrücklich empfiehlt.

---

56 *Zimmerl* (oben N. 1), S. 242 ff. m. w. N.

*David Einhaus*

# Aktuelles Europäisches Zivilverfahrensrecht im deutsch-italienischen Rechtsverkehr[*]

**Inhaltsübersicht**

I. Verbraucherschutz
   1. „Ausrichten"
   2. Verbraucherbegriff
   3. Dual use
   4. Patronatserklärung
II. Prorogation, „doppia firma" und rügeloses Einlassen
   1. Drittwirkung von Zuständigkeitsvereinbarungen
   2. Auslegung der Gerichtsstandsklausel
III. Der Begriff der „Entscheidung"
IV. Europäisches Mahnverfahren
   1. Prüfungsumfang
   2. Verbraucher und Mahnverfahren
   3. Internationale Zuständigkeit und Europäisches Mahnverfahren
V. Fazit

Mit einem Import- und Exportvolumen von über 162 Mrd. € im Jahre 2022 ist der deutsch-italienische Warenaustausch eine der tragenden wirtschaftlichen Säulen der EU.[1] Trotz intensiver Bemühungen der mittlerweile zahlreichen Schiedsgerichte bzw. der diese tragenden Institutionen stößt man bei dem für den Handel in beiden Mitgliedstaaten tragenden Mittelstand und den kleinen und mittleren Unternehmen (KMU) nur selten auf Schiedsvereinbarungen oder -urteile. Auch bei der Vertragsgestaltung ist die Wahl eines Schiedsgerichts schwer durchzusetzen. Hierfür (mit-)ursächlich ist mutmaßlich das gut funktionierende Europäische Zivilprozessrecht (EuZPR), was eine dementsprechend große Bedeutung in Handelsrechtsstreitigkeiten zwischen Deutschland und Italien hat. Auch der traditionell intensive Personenverkehr zwischen den beiden Ländern leistet hierzu wohl einen erheblichen Beitrag. Vom aktuellen EuZPR wird nachfolgend mit besonderem Blick auf den Handel berichtet.

---

[*] Der Beitrag geht zurück auf einen Workshop, den der *Verf.* anlässlich der Arbeitstagung der Deutsch-Italienischen Juristenvereinigung in Karlsruhe am 7. und 8.7.2023 veranstaltet hat.
[1] S. www.destatis.de/DE/Themen/Wirtschaft/Aussenhandel/Tabellen/rangfolge-handelspartner.html (abgerufen am 20.12.2023).

## I. Verbraucherschutz

### 1. „Ausrichten"

Im Bereich des B2C-Handels ist die verbraucherfreundliche Auslegung des EuGH zur Frage der Anbahnung eines Vertrags durch „Ausrichten" der Tätigkeit auf den Mitgliedstaat des Verbrauchers gemäß Art. 17 Abs. 1 lit. c Brüssel Ia-VO[2] von zentraler Bedeutung. Grundlegend bleibt in diesem Zusammenhang das Urteil in den verbundenen Rechtssachen *Pammer/Reederei Karl Schlüter GmbH & Co. KG* und *Hotel Alpenhof/ Oliver Heller*.[3] Für die Feststellung, ob ein Gewerbetreibender, dessen Tätigkeit auf seiner Website oder der eines Vermittlers präsentiert wird, seine Tätigkeit auf den Mitgliedstaat, in dessen Hoheitsgebiet der Verbraucher seinen Wohnsitz hat, ausrichtet, ist nach dem EuGH zu prüfen, ob vor einem möglichen Vertragsschluss mit dem Verbraucher aus diesen Websites und der gesamten Tätigkeit des Gewerbetreibenden hervorgeht, dass dieser mit Verbrauchern, die in einem oder mehreren Mitgliedstaaten, darunter dem Wohnsitzmitgliedstaat des betreffenden Verbrauchers, wohnhaft sind, in dem Sinne Geschäfte zu tätigen beabsichtigte, dass er zu einem Vertragsschluss mit ihnen bereit war. Dabei gab der EuGH in der Entscheidung aus dem Jahr 2010 eine nicht erschöpfende Aufzählung von Gesichtspunkten zur Hand, die geeignete Anhaltspunkte zur Feststellung seien, dass die Tätigkeit des Gewerbetreibenden auf den Wohnsitzmitgliedstaat des Verbrauchers „ausgerichtet" ist. Diese sind der internationale Charakter der Tätigkeit, die Angabe von Anfahrtsbeschreibungen von anderen Mitgliedstaaten zu dem Ort, an dem der Gewerbetreibende niedergelassen ist, die Verwendung einer anderen Sprache oder Währung als der in dem Mitgliedstaat der Niederlassung des Gewerbetreibenden üblicherweise verwendeten mit der Möglichkeit der Buchung und Buchungsbestätigung in dieser anderen Sprache, die Angabe von Telefonnummern mit internationaler Vorwahl, die Tätigung von Ausgaben für einen Internetreferenzierungsdienst, um in anderen Mitgliedstaaten wohnhaften Verbrauchern den Zugang zur Website des Gewerbetreibenden oder seines Vermittlers zu erleichtern, die Verwendung eines anderen Domänennamens oberster Stufe als desjenigen des Mitgliedstaats der Niederlassung des Gewerbetreibenden und die Erwähnung einer internationalen Kundschaft, die sich aus in verschiedenen Mitgliedstaaten wohnhaften Kunden zusammensetzt.[4]

Hingegen sei die bloße Zugänglichkeit der Website des Gewerbetreibenden oder seines Vermittlers in dem Mitgliedstaat, in dessen Hoheitsgebiet der Verbraucher seinen Wohnsitz hat, nicht ausreichend. Das Gleiche gelte für die Angabe einer elektronischen Adresse oder anderer Adressdaten oder die Verwendung einer Sprache oder Währung, die in dem Mitgliedstaat der Niederlassung des Gewerbetreibenden die üblicherweise verwendete Sprache und/oder Währung ist.

Ob diese Kriterien in Zeiten der dynamisch wachsenden Künstlichen Intelligenz, die Websites durch Mausklick in jede andere Sprache übersetzt und von „grenzenlosen" Na-

---

2 Verordnung (EU) Nr. 1215/2012 über die gerichtliche Zuständigkeit und die Anerkennung und Vollstreckung von Entscheidungen in Zivil- und Handelssachen („Brüssel Ia-VO").
3 EuGH, Urteil v. 7.12.2010, Rs. C 585/08 – *Peter Pammer/Reederei Karl Schlüter GmbH & Co. KG* und Rs. C-144/09 – *Hotel Alpenhof GesmbH/Oliver Heller*.
4 EuGH, Urteil v. 7.12.2010, Rs. C 585/08 – *Peter Pammer/Reederei Karl Schlüter GmbH & Co. KG* und Rs. C-144/09 – *Hotel Alpenhof GesmbH/Oliver Heller*, Rn. 95.

vigationstools auf Websites, noch zeitgemäß sind, muss kritisch hinterfragt werden. KI macht jede Website zum internationalen Auftritt und jeden Anbieter zum leicht erreichbaren Vertragspartner. Top-Level-Domains weisen nicht mehr zwingend auf ein Land hin und werden längst aus anderen Erwägungen genutzt. Sie ändern die vom EuGH als nicht ausreichendes Kriterium herangezogene Erreichbarkeit von überall nicht. Es ist der Browser und es ist die KI, nicht der Anbieter, die das so geartete „Ausrichten" in immer höherem Maße automatisieren und ohne Zutun oder Willen des Inhabers der Website schaffen. Hier wird eine baldige Anpassung der Rechtsprechung zu den vom EuGH seinerzeit aufgestellten Kriterien unumgänglich sein, um den Unternehmern die Möglichkeit zu geben, das Ausrichten der Tätigkeit trotz Nutzung einer Website selbst bestimmen zu können. Einstweilen ist das durch den Verwender und seine juristischen Berater durch Gestaltung der Vertragsbedingungen zu gewährleisten.[5]

## 2. Verbraucherbegriff

Mit dem Urteil vom 9.3.2023 in der Sache *Wurth Automotive GmbH*[6] entschied der EuGH, ebenfalls zu Art. 17 Abs. 1 Brüssel Ia-VO, dass für die Feststellung, ob eine Person, die einen unter lit. c dieser Bestimmung fallenden Vertrag geschlossen hat, als „Verbraucher" im Sinne dieser Bestimmung eingestuft werden kann, einerseits die mit dem Abschluss dieses Vertrags verfolgten gegenwärtigen oder zukünftigen Ziele zu berücksichtigen sind, und zwar unabhängig von der Frage, ob diese Person ihre Tätigkeit in einem Arbeitsverhältnis oder selbständig ausübt. Andererseits könne auch der Eindruck berücksichtigt werden, den diese, sich später auf die Verbrauchereigenschaft berufende Person durch ihr Verhalten bei ihrem Vertragspartner erweckt hat, das insbesondere darin bestand, dass sie auf die Vertragsbestimmungen, in denen sie als Unternehmerin bezeichnet wird, nicht reagiert hat, darin, dass sie den Vertrag über einen Vermittler abgeschlossen hat, der in dem Bereich, in den der Vertrag fällt, beruflich oder gewerblich tätig ist und der nach der Unterzeichnung des Vertrags die andere Partei gefragt hat, ob es möglich sei, auf der entsprechenden Rechnung die Mehrwertsteuer auszuweisen, und darin, dass sie den Gegenstand, auf den sich der Vertrag bezieht, kurz nach dessen Abschluss und eventuell mit Gewinn verkauft hat.

Auch wenn der EuGH den von den Gerichten zu beurteilenden Beweiswert solch begleitender Umstände den nationalen Rechtsvorschriften zuweist, ist es doch erfreulich, dass ein vom Verbraucher in Anbahnung und Durchführung eines Rechtsgeschäfts erzeugter Rechtsschein letztlich zugunsten des Unternehmers Berücksichtigung finden soll. Das mildert die verbraucherfreundliche Rechtsprechung des EuGH zur Frage des Ausrichtens einer Tätigkeit auf einen anderen Mitgliedstaat[7] etwas ab. Hier wird ein beim anbietenden Unternehmer geschaffener guter Glaube in die unternehmerische Betätigung des

---

5 Eine noch immer häufig anzutreffende Gestaltung ist die „Flucht aus dem Verbraucherrecht" durch Bestätigung des Bestellers der Leistung, dass er Unternehmer ist. Das ist nach dem BGH (Urt. v. 11.5.2017, I ZR 60/16) grundsätzlich möglich. Dass der Eindruck, den der Verbraucher selbst durch sein Verhalten in der Geschäftsanbahnung prägt, zu würdigen ist, bestätigt auch der EuGH in der nachfolgend unter Ziff. 2. besprochenen Entscheidung.
6 EuGH, Urt. v. 30.5.2022, Rs. C-177/22 – *Wurth Automotive GmbH*.
7 Vgl. o. I. 1.

anfragenden Vertragspartners geschützt, wenn die Umstände, auf denen diese Annahme beruht, von diesem geschaffen wurden.[8]

*3. Dual use*

Die Berücksichtigung der Umstände der Vertragsanbahnung waren schon zuvor Gegenstand von vereinzelt unternehmerfreundlicher Rechtsprechung des EuGH. In Bezug auf eine Person, die einen Vertrag mit doppeltem Zweck abschließt, der sich teilweise auf ihre berufliche oder gewerbliche Tätigkeit und teilweise auf private Zwecke bezieht, hatte der EuGH bereits u. a. in der Sache *Milivojević* entschieden, dass die verbraucherschützenden Zuständigkeitsvorschriften einer solchen Person nur dann zugutekommen könnten, wenn die Verbindung zwischen dem Vertrag und der beruflichen oder gewerblichen Tätigkeit dieser Person so schwach wäre, dass sie nebensächlich würde und folglich im Zusammenhang mit dem Geschäft, über das der Vertrag abgeschlossen wurde, insgesamt betrachtet nur eine ganz untergeordnete Rolle spielte.[9] Das ist zu begrüßen, da nach den insoweit regelmäßig abgestimmten Regelungen des handels-, zivil- und steuerrechtlichen Erwerbs dem Betriebsvermögen zugeordnete Gegenstände, insbesondere bei Waren von erheblichem Wert, häufig einer (erlaubten) Privatnutzung unterliegen.[10] Deren Umfang lässt sich vom leistenden Unternehmer im Rahmen einer Bestellung nicht einschätzen. Ein erlaubtes „Rosinenpicken" zwischen betrieblichen und steuerlichen Vorteilen und Verbraucherschutz ginge unbillig zu Lasten des liefernden bzw. leistenden Unternehmers, dessen betriebswirtschaftliche Kalkulation insbesondere im Fernabsatz in erheblichem Maße davon abhängt, ob er mit verbraucherrechtlichen Widerrufen bzw. Rückläufern zu rechnen hat und wo er im Streitfall klagen kann. Daher sollte auch die Rechtsprechung zum materiellen Verbraucherrecht in diese Richtung gehen.

*4. Patronatserklärung*

Ob die Unternehmereigenschaft im Sinne der von obigem Urteil erfassten Zuständigkeitsnorm Art. 17 Abs. 1 Brüssel Ia-VO auch durch eine Patronatserklärung erworben werden kann, war Gegenstand des ergänzend besprochenen aktuellen Urteils des EuGH vom 20.10.2022 in der Sache *ROI Land Investment Ltd/FD*.[11] Dabei stellte der EuGH, und zwar gleichzeitig auch zur IPR-Regelung des Art. 6 Rom I-VO, fest, dass der Begriff der beruflichen oder gewerblichen Tätigkeit nicht nur eine selbständige Tätigkeit, sondern auch eine abhängige Beschäftigung erfassen kann. Bei einer zwischen dem Arbeitnehmer und einer Person, die nicht der im Arbeitsvertrag genannte Arbeitgeber ist, geschlosse-

---

8 Die zu Art. 17 Brüssel Ia-VO ergangene Rechtsprechung des EuGH aus Anlass der Würdigung der Wurth-Entscheidung insgesamt betrachtend und kritischer im Sinne eines höheren Schutzes für Verbraucher *Mayrhofer*, EuZW 2023, 420. *Mayrhofer* unterstützt den Ansatz des Schutzes des guten Glaubens, betrachtet diesen jedoch wegen der Berufung des EuGH auf einen im Verhalten des Verbrauchers liegenden Verzicht als einen anderen Ansatz. M. E. ist die Annahme eines Verzichts nur eine spezifische Ausprägung des geschaffenen guten Glaubens und damit kein anderer Ansatz.
9 EuGH, Urt. v. 14.2.2019, Rs. C-630/17 – *Milivojević*, mit Bezug auf die Leitentscheidung des EuGH v. 20.1.2005, Rs. C-464/01 – *Gruber*.
10 Das gilt insbesondere für die in Italien und Deutschland wirtschaftlich bedeutenden Kfz.
11 EuGH, Urt. v. 20.10.2022, Rs. C-604/20 – *ROI Land Investment Ltd/FD*.

nen Vereinbarung, nach der diese Person gegenüber dem Arbeitnehmer unmittelbar für Ansprüche gegen den Arbeitgeber aus dem Arbeitsvertrag haftet, handele es sich für die Anwendung dieser Vorschriften nicht um einen Vertrag, der ohne Bezug zu einer beruflichen oder gewerblichen Tätigkeit oder Zielsetzung und unabhängig von einer solchen geschlossen worden wäre.

Zur spezifisch arbeitsprozessualen Zuständigkeitsvorschrift des Art. 21 Abs. 1 lit. b Ziff. i und Abs. 2 der Brüssel Ia-VO stellt der EuGH konsequent klar, dass nach dieser ein Arbeitnehmer eine Person mit oder ohne Wohnsitz im Hoheitsgebiet eines Mitgliedstaats, an die er durch keinen förmlichen Arbeitsvertrag gebunden ist, die ihm gegenüber aber aufgrund einer Patronatsvereinbarung, von der der Abschluss des Arbeitsvertrags mit einem Dritten abhing, unmittelbar für die Erfüllung der Ansprüche gegen diesen Dritten haftet, vor dem Gericht des Ortes verklagen kann, an dem oder von dem aus er zuletzt gewöhnlich seine Arbeit verrichtet hat, wenn zwischen dieser Person und dem Arbeitnehmer ein Unterordnungsverhältnis besteht.

## II. Prorogation, „doppia firma" und rügeloses Einlassen

### 1. Drittwirkung von Zuständigkeitsvereinbarungen

Besondere praktische Bedeutung kommt der Drittstaatswirkung der Zuständigkeitsregelungen zu, wie man sie aus dem B2B-Geschäft, insbesondere aus der Prorogationsvorschrift des Art. 25 Brüssel Ia-Verordnung kennt.

Das Thema Gerichtsstandsvereinbarung gehört im Europäischen Zivilprozessrecht zu den spannendsten Themen mit hoher Praxisrelevanz, wie sich am EuGH-Urteil vom 24.11.2022 in der Sache *Tilman SA/Unilever Supply Chain Company AG*[12] zeigt. Danach sind Art. 23 Abs. 1 und 2 des Lugano-Übereinkommens[13] dahin auszulegen, dass eine Gerichtsstandsklausel wirksam vereinbart ist, wenn sie in AGB enthalten ist, auf die ein schriftlich abgeschlossener Vertrag durch Angabe des Hyperlinks zu einer Website hinweist, über die es möglich ist, diese zur Kenntnis zu nehmen, herunterzuladen und auszudrucken, ohne dass die Partei, der diese Klausel entgegengehalten wird, aufgefordert worden wäre, diese durch Anklicken eines Feldes auf dieser Website zu akzeptieren. Dabei ist es bemerkenswert und zeigt die starke Abgrenzung zum Verbraucherrecht auf, dass der Link nicht direkt zu den AGB führen muss.

Dem Juristen im deutsch-italienischen Rechtsverkehr kommt hierzu zwangsläufig die Notwendigkeit der „doppelten Unterschrift" nach den Artt. 1341 und 1342 c.c. in den Sinn. „Lästige" Klauseln, die in AGB oder in formularmäßig geschlossenen Verträgen enthalten sind, sind nur wirksam vereinbart, wenn sie, zusätzlich zum übrigen Vertrag, schriftlich gesondert angenommen wurden. Fehlt die weitere Unterschrift, so gelten sol-

---

12 EuGH, Urt. v. 24.11.2022, Rs. C-358/21 – *Tilman SA/Unilever Supply Chain Company AG*.
13 Übereinkommen über die gerichtliche Zuständigkeit und die Anerkennung und Vollstreckung von Entscheidungen in Zivil- und Handelssachen („LugÜ"), das in seiner reformierten Fassung am 30.10.2007 unterzeichnet im Namen der Europäischen Gemeinschaft durch den Beschluss 2009/430/EG des Rates vom 27.11.2008 genehmigt wurde. Art. 23 LugÜ entspricht Art. 25 EuGVVO a. F.

che Klauseln nach dem Gesetz als unwirksam.[14] Art. 1341 c. c. gilt generell für alle Verträge, unabhängig davon, ob sie zwischen Unternehmern und Verbrauchern oder zwischen Unternehmern untereinander geschlossen werden.

Im grenzüberschreitenden Verkehr hat sich der italienische Kassationshof dagegen mit Beschluss Nr. 13594 vom 29.4.2022[15] in die Richtung des EuGH bewegt: Ein italienisches Unternehmen erhob beim Landgericht von Avellino Klage gegen ein deutsches Unternehmen auf Rückzahlung des Kaufpreises für eine Warenlieferung sowie auf Ersatz des Schadens, der durch die Beendigung der Geschäftsbeziehung entstanden war. Die Beklagte rügte die Unzuständigkeit des italienischen Gerichts zugunsten des deutschen Gerichts aufgrund einer ausdrücklichen Vereinbarung, die in den von der deutschen Gesellschaft gestellten AGB enthalten war, die den Bestellungen beigefügt waren und auf die in den Bestellungen ausdrücklich Bezug genommen wurde, und beantragte eine Vorabentscheidung über die Zuständigkeit nach der italienischen Zivilprozessordnung. Nach ausführlicher Befassung mit der Rechtsprechung des EuGH und der eigenen Rechtsprechung, die auch den o. g., vom EuGH behandelten Fall des Verweises auf die Homepage des Verwenders der AGB erfasst,[16] kommt der Kassationshof in Bestätigung seiner bisherigen Rechtsprechung zu dem Ergebnis, dass Art. 1341 c. c. über die „doppia firma", mit der besondere Klauseln wie jene zum Gerichtsstand gesonderter Bestätigung durch Unterschrift bedürfen, nicht zur Anwendung kommt. Dabei scheint der Kassationshof den Vorrang des EU-Rechts vor dem nationalen Recht zum tragenden Grund zu machen, ohne dabei eine dogmatische Vertiefung der Einordnung der betroffenen Regelungen zum Zivilverfahrensrecht oder zum Sachrecht vorzunehmen, und dabei auch das IPR näher zu betrachten. Tatsächlich steht das im Einklang mit Art. 25 Abs. 1 und 5 Brüssel Ia-VO wie auch Art. 10 Rom I-VO.

## 2. Auslegung der Gerichtsstandsklausel

Ein von der Kammer für Handelssachen des Landgerichts Stuttgart[17] entschiedener Fall aus der Praxis des Autors betraf eine gemischte Vereinbarung über Vertriebs- und Handelsvertretertätigkeiten durch ein Unternehmen mit Sitz in Deutschland für ein Unternehmen mit Sitz in Italien. Das deutsche Unternehmen sollte den Warenabsatz des italienischen Unternehmens im deutschsprachigen Raum fördern und verlangte für seine Tätigkeiten eine vertragliche Provision. Das deutsche Unternehmen reichte Zahlungsklage in Stuttgart ein und berief sich auf den Gerichtsstand des Erfüllungsortes nach der Brüssel Ia-VO, mithin ein typischer Gerichtsstand in Rechtsstreitigkeiten über Handelsvertretungen. Das italienische Unternehmen setzte sich zur Wehr mit der Berufung auf eine Gerichtsstandsvereinbarung in den verwendeten AGB. Die Prorogation ist bekanntlich nach Art. 25 Abs. 1 Brüssel Ia-VO ausschließlich, wenn nichts anderes vereinbart ist. Die maßgebliche Vertragsklausel lautete hier aber lediglich:

---

14 Art. 1341 c. c. spricht zwar von Unwirksamkeit, die Rechtsprechung (Cass., n. 16394/2009; Cass., n. 547/2002) betrachtet Klauseln ohne ausdrückliche Genehmigung jedoch als nichtig.
15 ECLI:IT:CASS:2022:13594CIV.
16 Cass. Sez. U., n. 8895/2017.
17 LG Stuttgart, Urt. v. 31.8.2020, 44 O 31/19 KfH.

*„8. Anwendbares Recht und Gerichtsstand: Alle aus oder in Zusammenhang mit diesem Vertrag entstehenden Streitigkeiten, auch Streitigkeiten zur Beendigung, bindender Wirkung, Änderung und Kündigung werden nach italienischem Recht entschieden."*

In der Vertragsklausel, unstreitig keine AGB, war folglich eine explizite Rechtswahl, jedoch, über die Überschrift hinaus, keine explizite Regelung des Gerichtsstands enthalten.

Das Landgericht wies die Klage wegen Unzuständigkeit mit Verweis auf eine wirksame Gerichtsstandsvereinbarung nach Art. 25 Abs. 1 und 5 Brüssel Ia-VO ab. Es stellte zunächst fest, die Beklagte habe die örtliche Unzuständigkeit des angerufenen Gerichts unmittelbar in der Klagerwiderung wie auch in der Duplik gerügt. Hintergrund dieser Feststellung ist die „Falle" des europarechtlichen rügelosen Einlassens, die nach herrschender Meinung und der Rechtsprechung bei Anwendbarkeit von Art. 26 Abs. 1 Brüssel Ia-VO bereits bei schriftsätzlicher Einlassung erfolgt, und damit entgegen § 39 S. 1 ZPO nicht ein Einlassen in der mündlichen Verhandlung erfordert.[18] Wer also, nach Gewohnheit und falscher Anwendung des nationalen Verfahrensrechts, erst in der mündlichen Verhandlung die „Bombe platzen" lassen will, sieht sich im grenzüberschreitenden Prozess lediglich mit einem folgenschweren „Rohrkrepierer" ausgestattet.

Die Parteien hatten aus Sicht des Landgerichts mit Ziff. 8 des Handelsvertretungsvertrages eine wirksame Gerichtsstandsvereinbarung getroffen. Mit Ziff. 8 haben die Parteien aus Sicht des Landgerichts nicht nur das italienische Recht in materiellrechtlicher Hinsicht für ihre Vertragsbeziehung zugrunde gelegt, sondern auch einen Gerichtsstand geregelt. Dies ergebe sich zum einen eindeutig aus der Überschrift, wonach nicht nur das anwendbare Recht, sondern auch der Gerichtsstand in der folgenden Klausel geregelt werden solle. Es könne auch nicht festgestellt werden, dass die Überschrift über einer Vertragsklausel generell oder im vorliegenden Fall ohne Bedeutung ist. Generell gibt die Überschrift über einer Vertragsklausel in Kurzform den Inhalt der Regelung an. Es handele sich somit um eine Kurzbeschreibung dessen, was in der Regelung im Einzelnen folgt. Überschrift und Inhalt einer Vertragsklausel sind daher grundsätzlich zusammen zu lesen und jeweils in die Auslegung des Gewollten mit einzubeziehen.

Dabei sei zu berücksichtigen, dass die Überschriften der Vertragsklauseln, somit auch von Ziff. 8, im vorliegenden Vertrag sogar in Fettdruck hervorgehoben sind, so dass erst recht nicht von einer gänzlich fehlenden Bedeutung der Überschrift ausgegangen werden könne. Hinzu komme, dass die Parteien in der Klausel selbst eine Formulierung gewählt haben, wonach nicht etwa dem Vertrag nur italienisches Recht zugrunde zu legen sei, sondern vielmehr entstehende Streitigkeiten nach italienischem Recht entschieden werden sollen. Damit haben die Parteien selbst einen Bezug zum italienischen Prozess- und Zuständigkeitsrecht hergestellt, was zur Annahme einer wirksamen Gerichtsstandswahl führt.

---

18 Es genügt jede Verteidigungshandlung, die auf eine Klageabweisung zielt, Musielak/Voit/*Stadler*, ZPO, 20. Aufl. 2023, Art. 26 EuGVVO Rn. 3. m. w. N.

## III. Der Begriff der „Entscheidung"

Die Definition der „Entscheidung" im europarechtlichen Sinne, nach und trotz aller europäischer Errungenschaften des Verzichts auf Anerkennungs- und Vollstreckbarkeitsverfahren, war schon bei Fragen der Anerkennung (und Vollstreckung) von einstweiligen Maßnahmen gemäß Art. 35 Brüssel Ia-VO im Rahmen der EuGVVO a. F. in der grenzüberschreitenden Beitreibung sehr praxisrelevant. Aus dem Entscheidungsbegriff werden nach Art. 2 lit. a Brüssel Ia-VO einstweilige Maßnahmen einschließlich Sicherungsmaßnahmen, die angeordnet wurden, ohne dass der Beklagte vorgeladen wurde, ausgeklammert, es sei denn, die Entscheidung, welche die Maßnahme enthält, wird ihm vor der Vollstreckung zugestellt. Diese Regelung folgte der Rechtsprechung des EuGH zur EuGVVO a. F.

Der EuGH hat nun mit dem Urteil vom 20.6.2022 in der Sache *London Steam-Ship Owners' Mutual Insurance Association Limited/Kingdom of Spain* entschieden,[19] dass Art. 34 Nr. 3 der Verordnung (EG) Nr. 44/2001 (EuGVVO a. F.) dahin auszulegen ist, dass ein von einem Gericht eines Mitgliedstaats entsprechend einem Schiedsspruch erlassenes Urteil keine Entscheidung im Sinne dieser Bestimmung darstellt, wenn eine Entscheidung, die zu einem Ergebnis führt, das dem betreffenden Schiedsspruch entspricht, von einem Gericht dieses Mitgliedstaats nicht ohne Missachtung der Bestimmungen und der grundlegenden Ziele dieser Verordnung, insbesondere der relativen Wirkung einer in einen Versicherungsvertrag aufgenommenen Schiedsklausel und der Vorschriften über die Rechtshängigkeit hätte erlassen werden können. In diesem Fall kann das betreffende (Schieds-)Urteil in diesem Mitgliedstaat der Anerkennung einer von einem Gericht eines anderen Mitgliedstaats erlassenen Entscheidung nicht entgegenstehen. Art. 2 Abs. 2 lit. d Brüssel Ia-VO nimmt die Schiedsgerichtsbarkeit von der Anwendbarkeit der Verordnung aus. Hierzu stellt der EuGH aber klar, dass „entsprechend" zustande gekommene Entscheidungen nicht durch die Hintertür und bei Umgehung der Anforderung der VO unbeschränkt anerkennungsfähig sind.

## IV. Europäisches Mahnverfahren

### 1. Prüfungsumfang

In Mitgliedstaaten, die keine oder eine nur sehr beschränkte Prüfung der Angaben des Antragstellers im Mahnantragsverfahren kennen, hat das Urteil des EuGH vom 19.12.2019 in der Angelegenheit *Bondora AS /Carlos VC ua* Aufsehen erregt.[20] Der EuGH nahm zu Art. 7 Abs. 2 lit. d und e der Europäischen Mahnverfahrensverordnung (EuMVVO[21]) sowie zu Art. 6 Abs. 1 und Art. 7 Abs. 1 der RL 93/13/EWG des Rates vom 5.4.1993 über missbräuchliche Klauseln in Verbraucherverträgen die Auslegung im Lichte von Art. 38 der EU-Grundrechte-Charta vor und kam zu dem Ergebnis, dass sie es einem Gericht, das im Rahmen eines Europäischen Mahnverfahrens befasst wird, ermöglichen,

---

19 EuGH, Urt. v. 20.6.2022, C-700/20 – *London Steam-Ship Owners' Mutual Insurance Association Limited/Kingdom of Spain*.
20 EuGH, Urt. v. 19.12.2019, verbundene Rechtssachen C-453/18, C-494/18 – *Bondora AS /Carlos VC ua*.
21 VO (EG) Nr. 1896/2006 v. 12.12.2006 zur Einführung eines Europäischen Mahnverfahrens.

vom Gläubiger weitere Angaben zu den Vertragsklauseln, die zur Begründung der fraglichen Forderung geltend gemacht werden, zu verlangen, um von Amts wegen die etwaige Missbräuchlichkeit dieser Klauseln zu prüfen, und dass sie folglich nationalen Rechtsvorschriften entgegenstehen, die zu diesem Zweck beigebrachte ergänzende Unterlagen für unzulässig erklären.

Das Urteil hatte in der deutschen Literatur großes Interesse geweckt und deutsche Juristen überrascht, da es im Angesicht des kursorischen deutschen Mahnverfahrens, das ohne Belege und Nachweise abläuft und allenfalls zur internationalen Zuständigkeit nach § 32 Abs. 2 AVAG[22] ein beschränktes Prüfungsrecht zur Frage der internationalen Zuständigkeit vorsieht, eine auf den ersten Blick übergriffige Entscheidung darstellt.[23] Die Folgen bleiben abzuwarten. Es ist aber zunächst davon auszugehen, dass in Mitgliedstaaten wie Italien, wo die Mahnverfahren in der Hand von Richtern sind und die nationalen Mahnverfahren traditionell auch die Prüfung von Dokumentation und Beweisen vorsehen, eine solche Prüfung vermehrt erfolgen könnte. Dies würde keine Abweichung von einer ohnehin schon existierenden Praxis darstellen. Angesichts der beim zentralisierten Europäischen Mahngericht in Berlin-Wedding gegebenen Zuständigkeit der Rechtspfleger muss man jedoch nicht erwarten, dass nun in den deutschen Europäischen Mahnverfahren eine verbraucherrechtliche Prüfung erfolgt. In der Praxis des Autors erfolgt die Prüfung der internationalen Zuständigkeit beim internationalen deutschen Mahnverfahren,[24] wogegen die zwingende Mitteilung über das Vorliegen einer Verbrauchersache im Europäischen Mahnantragsformular[25] zumindest am Europäischen Mahngericht in Berlin-Wedding Nachfragen nur bei widersprüchlichen Angaben wie der falschen Wahl des Gerichts bei Bestätigung einer Verbrauchersache oder bei fehlenden Angaben hervorruft.

Insgesamt ist die Entwicklung hin zur Auslegung von EU-Zivilverfahrensrecht im Lichte der materiellrechtlichen Verbraucherschutzrichtlinien kritisch zu betrachten. Der Gesetzgeber hat sich bewusst für eine getrennte Regelung von Prozess- und Sachrecht entschieden und hat dabei natürlich die Charta zu beachten. Auch in den kursorischen Verfahren, insbesondere im EU-Mahnverfahren, ist den Belangen des Verbraucherschutzes allerdings ausreichend Rechnung getragen. Erschwernisse in der Phase der Antragstellung sind nicht angezeigt und könnten die Verfahren unattraktiv machen.[26]

### 2. Verbraucher und Mahnverfahren

Ein zu den Themenkomplexen des Verbrauchergerichtsstands gemäß Art. 17 Brüssel Ia-VO und Mahnverfahrens nach der EuMVVO besprochener Fall aus der Praxis des Autors betraf einen privaten Käufer eines beliebten Kfz-Oldtimers, der bei einem Händler in Italien über ein Internetportal fündig wurde. Abholung und Übergabe sollten in Italien stattfinden. Die erörterten Fragen betrafen die Folgen des Rücktritts bzw. der Anfechtung

---

22 Anerkennungs- und Vollstreckungsausführungsgesetz.
23 So auch *Ulrici*, EuZW 2020, 193 in der Entscheidungskommentierung, der eine verordnungswidrige Revision des EU-Mahnverfahrens feststellt.
24 §§ 688 ff. ZPO i. V. m. § 32 AVAG.
25 Anlage I zur EuMVVO.
26 Schon jetzt wird das gegenüber der EU-Mahnverfahren aufwändigere, von Beginn an kontradiktorische Small-Claims-Verfahren nur zurückhaltend angewandt.

und das Rückzahlungsverlangen bezüglich der Anzahlung, namentlich ob das Mahnverfahren möglich ist, gegebenenfalls welches Mahnverfahren (das europäische oder das deutsche), welches Gericht hierfür zuständig ist und welches Recht zur Anwendung kommt. Dabei wurde vorab klargestellt, dass im Rahmen des Europäischen Zivilverfahrensrechts ein Gleichlauf von anwendbarem Sachrecht und Zivilverfahrensrecht lediglich in der Erbrechtsverordnung durch Anknüpfung an den gewöhnlichen Aufenthalt angelegt ist, so dass im Handelsrecht immer eine gesonderte Prüfung von Zuständigkeit und anwendbarem Recht zu erfolgen hat. In Anwendung der weiten Auslegung des Art. 17 Abs. 1 lit. c der Brüssel Ia-VO und der hierzu erörterten Rechtsprechung wurde festgestellt, dass ein Verbrauchergerichtsstand am Sitz des Antragstellers (in Deutschland) gegeben ist und dass, sofern nicht auf dem im Europäischen Mahnverfahren normierten Ausschlussgrund der unerlaubten Handlung basierend verfahren wird, beide Mahnverfahren anwendbar sind.

### 3. Internationale Zuständigkeit und Europäisches Mahnverfahren

Ein zweiter Praxisfall zur EuMVVO betraf die Herstellung eines Messestands auf einer Messe in Deutschland durch ein polnisches Unternehmen für ein italienisches Unternehmen. Auch hier wurden die Fragen der Zuständigkeit, des anwendbaren (Mahn-) Verfahrens und des anwendbaren Rechts erörtert und die oben dargestellten Grundlagen verwertet. Da weder das zuständige Gericht vereinbart noch das anwendbare Recht im Vertrag geregelt war, war über den Erfüllungsort nach Art. 7 Brüssel Ia-VO der Anwendungsbereich beider Mahnverfahren mit zuständigem Gericht in Deutschland (AG Berlin-Wedding) mit der Besonderheit eröffnet, dass beide Parteien aus anderen Mitgliedstaaten als jenen des Gerichts kommen.[27] Das führt in beiden Fällen zur möglichen Anhängigmachung beim AG Berlin-Wedding als zuständigem Gericht sowohl für „deutsche" Mahnverfahren mit Antragsteller aus dem Ausland, wie auch für Europäische Verfahren.

## V. Fazit

Das Europäische Zivilverfahrensrecht hat zwar im Bereich der EU-Gesetzgebung etwas an Dynamik verloren. Die Bedeutung, gerade im deutsch-italienischen Handelsverkehr, nimmt jedoch weiterhin stetig zu. Dass nun auch die digitale und die Entwicklung der KI für weitere Dynamik sorgen, ist Anlass für ein enges Verfolgen der Entwicklungen. Gerade auch im Bereich des elektronischen Rechtsverkehrs und digitaler Sprachanwendungen öffnete die EU schon immer die Verfahrensverordnungen für neue Entwicklungen. Für die auf diesem Gebiet tätigen Juristen bleibt es ein interessantes Betätigungsfeld, das immer auch Raum für prozessuale Strategie und Kreativität bietet.

---

27 Nach dem klaren Wortlaut des Art. 3 EuMVVO würde eine Partei mit Sitz in einem anderen Mitgliedstaat als jenem des Gerichts ausreichen, was zur Öffnung für Parteien aus Drittstaaten führt (str.).

II. Beiträge, Berichte, Besprechungen

*Michael Stürner*

# Ersatz des Nichtvermögensschadens nach Verkehrsunfall

Der Beitrag beruht auf einem Rechtsgutachten sowie einem Ergänzungsgutachten, die der *Verfasser* in der Zivilsache Az. 021 O 3166/19 für das Landgericht Augsburg erstattet hat.

## A. Sachlage

Der Kläger macht Schäden aus einem Verkehrsunfall geltend, der sich am 29.10.2017 in M (Italien) zwischen ihm als Radfahrer und der Versicherungsnehmerin der Beklagten, die als PKW-Fahrerin das für sie geltende Stoppschild missachtet hat, ereignet hat. Es ist von einer Haftungsquote der Beklagten von 100 % auszugehen. Im Einzelnen handelt es sich um folgende Schadenspositionen:

1. Ersatz der Vermögensschäden (zerstörtes Fahrrad nebst Zubehör, Kleidung, Rückholkosten Wohnmobil, Selbstbeteiligung PKV, Campingplatzkosten) in Höhe von 3.614,70 € nebst Zinsen in Höhe von 5 Prozentpunkten über dem jeweiligen Basiszinssatz seit dem 28.6.2018.

2. Angemessener Ersatz für immaterielle Schäden (*danno biologico* nach italienischem Recht: Arbeitsausfall, Schmerzensgeld) nebst Zinsen in Höhe von 5 Prozentpunkten über dem jeweiligen Basiszinssatz seit dem 28.6.2018, wobei der genaue Betrag des Schadensersatzes in das Ermessen des Gerichts gestellt wird und hierbei von einem Betrag nicht unter 26.534,84 € ausgegangen werden soll. Hinsichtlich der forensischen Bewertung ist das außergerichtliche rechtsmedizinische Gutachten von Dr. G zugrunde zu legen, auf dessen Verwertung sich die Parteien geeinigt haben.

3. Ersatz wegen persönlichen Vermögensschadens und entgangenen Gewinns (jeweils nach italienischem Recht) in Höhe von mindestens 57.065,65 € nebst Zinsen in Höhe von 5 Prozentpunkten über dem jeweiligen Basiszinssatz seit Klageerhebung.

4. Ersatz vorgerichtlicher Rechtsanwaltskosten in Höhe von 989,13 € nebst Zinsen in Höhe von 5 Prozentpunkten über dem jeweiligen Basiszinssatz seit Rechtshängigkeit.

5. Ersatz der Kosten für ein medizinisches Gutachten in Höhe von 366 € nebst Zinsen in Höhe von 5 Prozentpunkten über dem jeweiligen Basiszinssatz seit Rechtshängigkeit der Klageerweiterung.

## B. Anfrage

Das Gericht erbittet gemäß § 293 ZPO ein schriftliches Sachverständigengutachten zu folgenden Fragen:

1. Unter welchen Voraussetzungen kommt nach italienischem Recht Schadensersatz in Betracht? Wie ist die Beweislastverteilung?

2. Welche der hier geltend gemachten Schadenspositionen (unterstellt, sie sind tatsächlich angefallen) sind ersatzfähig? Gibt es insoweit Einschränkungen bzw. Voraussetzungen für die Ersatzfähigkeit?

a) Unter welchen Voraussetzungen sind die geltend gemachten Vermögensschäden zu erstatten?

b) Unter welchen Voraussetzungen sind die geltend gemachten Gutachterkosten zu erstatten?

c) Unter welchen Voraussetzungen kann Schadensersatz wegen persönlichem Vermögensschaden und entgangenem Gewinn geltend gemacht werden? Gibt es insoweit Einschränkungen bzw. besondere Voraussetzungen für die Ersatzfähigkeit? Wonach bemisst sich jeweils dessen Höhe?

3. Unter welchen Voraussetzungen sind vorgerichtliche Rechtsanwaltskosten zu erstatten? Wonach richtet sich die Höhe?

4. Unter welchen Voraussetzungen und in welcher Höhe ergibt sich ein Zinsanspruch?

Das Gericht erbittet im Nachgang zur Gutachtenserstattung gemäß § 293 ZPO ein schriftliches Ergänzungsgutachten zu folgender Frage (siehe Schriftsatz der Klagepartei vom 28.4.2023):

Nach der neuesten italienischen Rechtsprechung des Obersten Gerichtshofes Rom beträgt die „Personalizzazione" (zu deutsch: Personalisierung) des Schadens zwischen 25 % und 50 %. Der Gutachter möge dazu Stellung nehmen, wie er zu dem zitierten Urteil vom 17.1.2018, Nr. 901 steht und weshalb er lediglich 20 % ansetzen möchte.

## C. Rechtliche Würdigung

### I. Kollisionsrechtliche Aspekte

Der Gutachter geht – dem Beweisbeschluss folgend – ohne kollisionsrechtliche Prüfung von der Anwendbarkeit italienischen Sachrechts aus (Art. 4 Abs. 1, 15, 24 Rom II-VO). Ebenso spielen Fragen der internationalen Zuständigkeit des anfragenden Gerichts keine Rolle.[1]

Beweisfragen unterliegen grundsätzlich der lex fori und damit deutschem Recht. Dies gilt insbesondere für alle Gesichtspunkte der Beweiswürdigung.[2] Nach umstrittener, aber im Ergebnis wohl vorzugswürdiger Ansicht unterliegen das Beweismaß sowie mittelbare Veränderungen etwa im Rahmen der Schadensschätzung nach § 287 ZPO der lex fori, mithin deutschem Recht.[3] Fragen der Beweislast sind hingegen materiellrechtlich zu qua-

---

[1] Zum Problemkreis *Gebauer*, JbItalR 27 (2014), S. 57; s.a. *Jayme*, JbItalR 27 (2014), S. 73, 74.
[2] MüKo-ZPO/*Prütting*, 6. Aufl. 2020, § 286 Rn. 20; *Schack*, Internationales Zivilverfahrensrecht, 8. Aufl. 2021, Rn. 827.
[3] LG Saarbrücken NJW-RR 2012, 885, 886. Zum Streitstand *Schack* (oben N. 2), Rn. 828 ff.

lifizieren und unterliegen der lex causae (Art. 22 Abs. 1 Rom II-VO);[4] vorliegend richten sie sich mithin nach italienischem Recht.

### *II. Anspruch dem Grunde nach*

Nachdem die Frage der Haftungsbegründung zwischen den Parteien unstreitig ist, wird hierzu im Gutachten nur knapp Stellung genommen. Der Direktanspruch des Geschädigten gegen den Haftpflichtversicherer des Schädigers ergibt sich aus Art. 144 Abs. 1 des Codice delle Assicurazioni Private (im Folgenden: CAP). Dieser Anspruch steht neben dem deliktischen Anspruch gegen den Schädiger selbst, der hier auf Art. 2054 Abs. 1 codice civile (im Folgenden: c. c.) gestützt werden kann, d. h. der Haftung des Fahrzeugführers für den Schaden, der Personen oder Sachen durch den Verkehr des Fahrzeugs zugefügt wird.

Es handelt sich bei Art. 144 Abs. 1 CAP um einen gesetzlichen Anspruch versicherungsvertraglicher Natur, der den gegen den Schädiger bestehenden Hauptanspruch verstärkt.[5] In der Literatur wird der Direktanspruch teils als Vertrag zugunsten Dritter oder als Versicherung für Rechnung dessen, den es angeht, eingeordnet.[6] Der Direktanspruch setzt zwar die Haftung des Versicherten gegenüber dem Geschädigten voraus, nicht aber eine Schuld des Versicherten. Versicherer und Schädiger haften dem Geschädigten als Gesamtschuldner.[7] Beide Ansprüche beziehen sich auf denselben Haftungsgegenstand, so dass insbesondere die Erfüllung des einen das Erlöschen des anderen Anspruchs nach sich zieht.[8] Einwendungen aus dem Versicherungsvertrag entlasten den Versicherer grundsätzlich nicht (Art. 144 Abs. 2 CAP).

### *III. Haftungsumfang*

Grundsätzlich wird Naturalrestitution (*risarcimento in forma specifica*) geschuldet; es gilt der Grundsatz der Totalreparation.[9] Bei Sachschäden bedeutet dies Wiederinstandsetzung der Sache, wenn dies möglich ist (Art. 2058 Abs. 1 c. c.). Der Richter kann aber den Ersatz in Geld verfügen, wenn die Naturalherstellung zu einer exzessiven Belastung für den Schuldner führen würde. Die Beweislast hinsichtlich des eingetretenen (Vermögens-) Schadens liegt nach den allgemeinen Regeln (Art. 2697 c. c.) beim Anspruchsteller, hier dem Kläger.[10]

---

4 Erman/*Stürner*, 17. Aufl. 2023, Art. 22 Rom II Rn. 3.
5 So die st. Rspr., vgl. Cass., Sez. Un., 29.7.1983, n. 5218 und 5219; Cass., 7.10.2008, n. 24752; Cass., 2.3.2004, n. 4186; Cass., 3.6.2002, n. 7993.
6 *Rossetti*, Il diritto delle assicurazioni, Band 3, 2013, S. 139 ff.; *Alibrandi*, Assicurazione obbligatoria r. c. a. e surroga assicurativa, AGCS 1992, 642; *Stanghellini*, I diritti del danneggiato e le azioni di risarcimento nell'assicurazione obbligatoria della responsabilità civile, 1991, S. 37.
7 Cass., 10.6.2013, n. 14537; Cass., 7.10.2008, n. 24752; Cass., 3.6.2002, n. 7993; Cass., 26.1.1990, n. 481.
8 Cass., 11.6.2008, n. 15462; Cass., 1.8.2000, n. 10042.
9 Cass., 14.7.2015, n. 14645.
10 Cass., 4.2.2016, n. 2167; *Buse*, DAR 2016, 557, 564 m. w. N.; *Behme/Eidenmüller*, JbItalR 28 (2015), S. 121, 125.

Nach Art. 2056 Abs. 1 c. c. richtet sich der Umfang des Schadensersatzes nach den Vorschriften der Art. 1223 und 1226 c. c. Eine Regelung zur Berücksichtigung von Mitverschulden findet sich in Art. 1227 c. c.

Art. 1223. Risarcimento del danno

Il risarcimento del danno per l'inadempimento o per il ritardo deve comprendere così la perdita subita dal creditore come il mancato guadagno, in quanto ne siano conseguenza immediata e diretta.

*Deutsch*:[11]

Art. 1223. Schadensersatz

Der Schadensersatz wegen Nichterfüllung oder wegen Verspätung muss sowohl den vom Gläubiger erlittenen Verlust wie auch den entgangenen Gewinn umfassen, soweit diese deren unmittelbare und direkte Folge sind.

Ersatzfähig sind nach dem Wortlaut dieser Vorschrift nur diejenigen Schadenspositionen, die direkt und unmittelbar durch das schädigende Ereignis hervorgerufen worden sind. Dies umfasst nach der Rechtsprechung des Kassationsgerichtshofes aber auch solche Schäden, die nach der allgemeinen Lebenserfahrung typische Folge des jeweiligen Schadensereignisses sind.[12] Der entgangene Gewinn ist durch das Gericht nach gerechter Abwägung der Umstände des Einzelfalls zu bewerten (Art. 2056 Abs. 2 c. c.). Bezüglich der Schadenshöhe hat der Richter nach Art. 1226 c. c. einen gewissen Ermessensspielraum:

Art. 1226. Valutazione equitativa del danno.

Se il danno non può essere provato nel suo preciso ammontare, è liquidato dal giudice con valutazione equitativa.

*Deutsch*:[13]

Art. 1226. Schadensbemessung nach Billigkeit.

Kann die Höhe des Schadens nicht genau nachgewiesen werden, so setzt ihn der Richter nach billigem Ermessen fest.

Daneben enthält Art. 1227 c. c. eine Regelung zur Bewertung des Verhaltens des Geschädigten:

Art. 1227. Concorso del fatto colposo del creditore

(1) Se il fatto colposo del creditore ha concorso a cagionare il danno, il risarcimento è diminuito secondo la gravità della colpa e l'entità delle conseguenze che ne sono derivate.

(2) Il risarcimento non è dovuto per i danni che il creditore avrebbe potuto evitare usando l'ordinaria diligenza.

---

11 Übersetzung nach *Patti*, Italienisches Zivilgesetzbuch, 3. Aufl. 2019.
12 S. etwa Cass., 1.2.2018, n. 2481.
13 Übersetzung nach *Patti* (oben N. 11).

*Deutsch*:[14]

Art. 1227. Mitverschulden des Gläubigers

(1) Hat zur Verursachung des Schadens ein schuldhaftes Verhalten des Gläubigers beigetragen, so wird der Ersatz nach der Schwere des Verschuldens und dem Umfang der daraus entstandenen Folgen gemindert.

(2) Kein Ersatz wird für Schäden geschuldet, die der Gläubiger bei Anwendung der gewöhnlichen Sorgfalt hätte vermeiden können.

Während Art. 1227 Abs. 1 c.c. das Mitverschulden bei der Schadensentstehung und damit die haftungsbegründende Kausalität betrifft, regelt Art. 1227 Abs. 2 c.c. eine rechtlich selbständige Schadensminderungspflicht, die der haftungsausfüllenden Kausalität zuzurechnen ist.[15]

Vorliegend verlangt der Kläger (1) Ersatz der Vermögensschäden einschließlich des entgangenen Gewinns, (2) Ersatz der Nichtvermögensschäden, (3) Kosten für ein privates medizinisches Gutachten sowie (4) vorgerichtliche Rechtsanwaltsgebühren.

### 1. Ersatz der Vermögensschäden

Der Vermögensschaden (*danno patrimoniale*) umfasst sämtliche Vermögenseinbußen in Folge einer relevanten Rechtsgutverletzung, also Vermögensminderungen (*danno emergente*), aber auch den entgangenen Gewinn (*lucro cessante*), wie Art. 1223 c.c. ausdrücklich klarstellt.

#### a) Sachschäden

Bei (vollständiger) Zerstörung einer Sache kann der Geschädigte den objektiven Wert der Sache im Zeitpunkt des Unfalls abzüglich eines etwaigen Restwertes der Sache und unter Berücksichtigung der Wertminderung seit Erwerb der Sache verlangen.[16] Das durch den Unfall zerstörte Fahrrad des Klägers dürfte nach Einschätzung des Gutachters unproblematisch ersatzfähig sein. Die Schadenshöhe kann im Rahmen der freien richterlichen Beweiswürdigung auch durch ein privates Gutachten nachgewiesen werden. Ohnehin haben die Parteien den Betrag von 1160 € unstreitig gestellt.

Hinsichtlich des Zubehörs des Fahrrads (Flaschenhalterung, Luftpumpe, Barends, Pedale) sowie der beschädigten Kleidung des Klägers (Radlerhose, Trikot, Mütze, Handschuhe, Sonnenbrille) gilt grundsätzlich dasselbe, sofern zur Überzeugung des Gerichts feststeht, dass dessen Zerstörung adäquat-kausal auf den Unfall zurückging.

Die Verschrottungskosten des Fahrrads sind hingegen keine unmittelbare und direkte Folge des Unfalls; vielmehr handelt es sich um Folgekosten. Doch werden diese nach der Rechtsprechung des Kassationsgerichtshofes ebenfalls von der Ersatzpflicht nach Art. 1223 c.c. erfasst, wenn es sich um eine gewöhnliche Folge (*conseguenza normale*)

---

14 Übersetzung nach *Patti* (oben N. 11).
15 Zur Unterscheidung mit Nachweisen MüKo-StVR/*Buse*, Band 3, 2019, Länderteil Italien, Rn. 232 ff.
16 *Feller*, in: *Bachmeier* (Hrsg.), Regulierung von Auslandsunfällen, 3. Aufl. 2022, Länderteil Italien, Rn. 97; *Buse* (oben N. 10), 560.

eines derartigen schadensbegründenden Ereignisses handelt.[17] Das dürfte nach der Einschätzung des Gutachters, der insoweit dem anfragenden Gericht nicht vorgreifen kann und will, hier der Fall sein. Die instanzgerichtliche Rechtsprechung sieht die Verschrottungskosten als ersatzfähig an.[18]

b) Personenschäden

aa) Heilbehandlungskosten

Grundsätzlich sind alle Arzt-, Krankenhaus-, Heilbehandlungs- und Pflegekosten zu erstatten.[19] Dies ist nur dann nicht der Fall, wenn sie von der Krankenversicherung des Geschädigten bereits erstattet wurden.[20] Auch Nebenkosten wie Krankentransport oder Arztauslagen sind zu erstatten, sofern sie kausal mit den Behandlungskosten verbunden sind.[21] Etwas anderes gilt wiederum nur dann, sofern sie durch eine Versicherung des Geschädigten bereits erstattet wurden.

Der Kläger macht für die Jahre 2017, 2018 und 2019 geltend, er habe die im Rahmen seiner privaten Krankenversicherung vereinbarte Selbstbeteiligung in Höhe von 325 € pro Jahr für die Inanspruchnahme der Versicherung zur Deckung der unfallbedingten Heilbehandlungskosten leisten müssen. Eine Ersatzfähigkeit dieser Positionen setzt jeweils eine adäquat-kausale Verursachung durch das Schadensereignis voraus. Ob insoweit hinreichende Nachweise vorliegen, ist als Tatfrage vom anfragenden Gericht zu entscheiden.

Ebenfalls klärungsbedürftig erscheint die Frage, ob für die betreffenden Jahre möglicherweise anderweitige, d. h. nicht unfallbedingte Heilbehandlungskosten bei der Versicherung geltend gemacht wurden, so dass der Selbstbehalt ohnehin angefallen wäre. Dies könnte Anlass zur Prüfung geben, ob der Kausalzusammenhang insoweit nach den Grundsätzen der Vorteilsausgleichung[22] entfallen ist, wenn und soweit dadurch nach der Einschätzung des Gerichts das schadensrechtliche Bereicherungsverbot verletzt ist.[23]

bb) Erwerbsschaden (entgangener Gewinn)

Nach Art. 2056 Abs. 2 c. c. ist der entgangene Gewinn durch das Gericht nach gerechter Abwägung der Umstände des Einzelfalls zu bewerten. Für die Geltendmachung von Erwerbsschäden im Zusammenhang mit Verkehrsunfällen findet sich in Art. 137 CAP eine Spezialregelung, die den Nachweis des Einkommens zugunsten des Geschädigten erleichtern soll. Diese lautet:

Art. 137. Danno patrimoniale

(1) Nel caso di danno alla persona, quando agli effetti del risarcimento si debba considerare l'incidenza dell'inabilità temporanea o dell'invalidità permanente su un reddito di lavoro comunque qualificabile, tale reddito si determina, per il lavoro dipendente,

---

17 S. etwa Cass., 1.2.2018, n. 2481.
18 Trib. Milano, 18.2.2009, n. 2157.
19 S. Cass., 19.1.2010, n. 712; Cass., 29.2.2008, n. 5505.
20 *Feller* (oben N. 16), Rn. 144.
21 *Feller* (oben N. 16), Rn. 145.
22 Dazu MüKo-StVR/*Buse* (oben N. 15), Rn. 148 f.
23 Vgl. Cass., Sez. Un., 11.1.2008, n. 584.

sulla base del reddito di lavoro, maggiorato dei redditi esenti e al lordo delle detrazioni e delle ritenute di legge, che risulta il più elevato tra quelli degli ultimi tre anni e, per il lavoro autonomo, sulla base del reddito netto che risulta il più elevato tra quelli dichiarati dal danneggiato ai fini dell'imposta sul reddito delle persone fisiche negli ultimi tre anni ovvero, nei casi previsti dalla legge, dall'apposita certificazione rilasciata dal datore di lavoro ai sensi delle norme di legge.

(2) È in ogni caso ammessa la prova contraria, ma, quando dalla stessa risulti che il reddito sia superiore di oltre un quinto rispetto a quello risultante dagli atti indicati nel comma 1, il giudice ne fa segnalazione al competente ufficio dell'Agenzia delle entrate.

(3) In tutti gli altri casi il reddito che occorre considerare ai fini del risarcimento non può essere inferiore a tre volte l'ammontare annuo della pensione sociale.

*Deutsch*:[24]

(1) Ist bei einem Personenschaden für die Entschädigung der Einfluss der vorübergehenden Arbeitsunfähigkeit oder der dauernden Invalidität auf ein Arbeitseinkommen zu berücksichtigen, unabhängig davon, wie dieses zu qualifizieren ist, so wird dieses Einkommen bei Arbeitnehmern auf der Grundlage des Arbeitseinkommens, erhöht um die steuerfreien Einkünfte und vor Abzug der gesetzlichen Abzüge und Einbehalte, ermittelt, das das höchste der letzten drei Jahre ist, und bei selbständiger Tätigkeit auf der Grundlage des höchsten Nettoeinkommens, das der Geschädigte in den letzten drei Jahren für Zwecke der Einkommensteuererklärung angegeben hat, oder in den gesetzlich vorgesehenen Fällen durch eine entsprechende Bescheinigung des Arbeitgebers gemäß den gesetzlichen Bestimmungen.

(2) Der Gegenbeweis ist in jedem Fall zulässig; ergibt sich jedoch, dass die Einkünfte um mehr als ein Fünftel höher sind als die Einkünfte, die sich aus den in Absatz 1 genannten Unterlagen ergeben, so unterrichtet das Gericht das zuständige Finanzamt.

(3) In allen anderen Fällen darf das für die Entschädigung zu berücksichtigende Einkommen nicht weniger als das Dreifache des Jahresbetrags der Sozialrente betragen.

Die Regelung betrifft die Höhe des Ersatzes; sie setzt voraus, dass der Geschädigte durch das schadensbegründende Ereignis daran gehindert war bzw. ist, in vollem Umfang seiner Erwerbstätigkeit nachzugehen.[25] Sie unterscheidet zwischen abhängig Beschäftigten und selbstständig tätigen Personen. Hinsichtlich letzterer stellt Art. 137 Abs. 1 CAP eine Vermutung auf, dass das höchste Nettoeinkommen, das der Geschädigte in den letzten drei Jahren für Zwecke der Einkommensteuererklärung angegeben hat, also die Summe der entgangenen Erträge abzüglich Betriebskosten und gewinnabhängigen Steuern,[26] dem mutmaßlich entgangenen Gewinn entspricht.

---

24 Übersetzung des Gutachters.
25 Cass., 30.11.2011, n. 25571.
26 Nachweise bei MüKo-StVR/*Buse* (oben N. 15), Rn. 179.

Diese Vermutung ist nach Art. 137 Abs. 2 CAP widerleglich, etwa durch den Nachweis des Anspruchsgegners, dass ein geringerer Gewinn erzielt worden ist.[27] Auch kann der Geschädigte darlegen und ggf. beweisen, dass ihm ein höherer Gewinn entgangen ist.[28]

Ob die Angaben des Klägers zum durchschnittlichen Nettoeinkommen und die auf dieser Grundlage geltend gemachten Erwerbsschäden danach berechtigt sind, ist Tatfrage. Nach Art. 2056 Abs. 2 c. c. ist insoweit eine Einzelfallbetrachtung notwendig, die auch eine nur teilweise Reduzierung der Erwerbsfähigkeit berücksichtigen muss.[29]

Gleiches gilt für die vom Kläger darüber hinaus geltend gemachten Schadenspositionen, die sich aus abgesagten Aufträgen ergeben. Aus Sicht des Gutachters lassen sich aber jedenfalls beide Positionen nicht in der Weise kumulieren, dass für die betreffenden Zeiträume zunächst der Durchschnittswert des (vermuteten) Nettoeinkommens zugrunde gelegt wird, um dann hierzu den (hypothetischen) Gewinn aus den beiden entgangenen Aufträgen zu addieren. Vielmehr führt deren Geltendmachung ggf. zu einer Erschütterung der Vermutung nach Art. 137 Abs. 1 CAP, deren Reichweite vom anfragenden Gericht zu bemessen ist. Hierbei kann es sich auch auf eine Schadensschätzung nach Art. 1226 c. c. stützen, wenn und soweit keine objektiven Kriterien vorliegen.[30]

### cc) Sonstige Schadenspositionen

Folgeschäden können im Rahmen des Art. 1226 c. c. nach billigem Ermessen zugesprochen werden, wenn ihre Verbindung mit dem Unfall und die Höhe nachgewiesen sind.[31] Im Einzelnen geht es hier um die Rückholkosten für das Wohnmobil sowie die (frustrierten) Campingplatzkosten.

### (1) Rückholkosten (Wohnmobil)

Die im Rahmen der Rückholung des klägerischen Wohnmobils entstandenen Kosten (Campingplatz für das Wohnmobil während der Rückreise, österreichische Vignette, Kraftstoff, Mautgebühren, Aufwandsentschädigung hinsichtlich der Verpflegung) stellen einen möglichen Folgeschaden dar. Allerdings könnte es an der Kausalität mangeln für die Rückfahrt im Wohnmobil selbst, da diese sowieso angefallen wäre. Möglicherweise ersatzfähig könnten die Kosten für die Fahrt im Zweit-PKW sein. Doch sind diese Kosten allesamt nicht beim Kläger angefallen, sondern bei Dritten. Die Kosten für die Einladung zum Abendessen dürften als privat veranlasste Ausgabe nicht mehr als adäquat-kausal verursachte Schadenspositionen anzusehen sein. Jedenfalls wird aber zu berücksichtigen sein, dass wegen des Verbotes der Überkompensation keinesfalls beide Positionen (Aufwand der Dritten und die Einladung) in Anschlag gebracht werden können.

Das anfragende Gericht wird bei der Beurteilung zu berücksichtigen haben, dass aus Art. 1227 c. c. eine Schadensminderungspflicht des Geschädigten folgt;[32] überdies soll dieser durch das Schadensereignis nicht besser gestellt werden als ohne den Unfall. Sollte

---

27 Cass., 21.11.2000, n. 15025.
28 *Rossetti*, Il danno da lesione della salute, 2009, S. 958 ff.; MüKo-StVR/*Buse* (oben N. 15), Rn. 180.
29 Vgl. Cass., 23.9.2014, n. 20003.
30 Cass., 23.9.2014, n. 20003.
31 *Feller* (oben N. 16), Rn. 154.
32 Für Einzelheiten MüKo-StVR/*Buse* (oben N. 15), Rn. 237 ff.

sich herausstellen, dass die gewählte Art und Weise der Rückführung günstiger war als etwa ein Rücktransport durch einen gewerblichen Anbieter, so kann das Gericht nach billigem Ermessen eine Kompensation zusprechen.[33]

(2) Frustrierte Aufwendungen (Stellplatzmiete)

Schließlich macht der Kläger Kosten für die Miete des Stellplatzes für sein Wohnmobil geltend als frustrierte Aufwendungen für die Zeit, in der der Platz unfallbedingt nicht genutzt werden konnte. Diese Kosten wären bei rechtmäßigem Alternativverhalten der Unfallverursacherin ebenfalls angefallen. Insofern könnte bei wertender Betrachtung der Kausalzusammenhang fehlen. Hinzuweisen ist zunächst darauf, dass die italienische Rechtsprechung hinsichtlich frustrierter Kosten generell zurückhaltend agiert. So ist die Geltendmachung einer abstrakten Nutzungsausfallschädigung während der Reparatur eines beschädigten Kfz nicht anerkannt; die „frustrierten" Aufwendungen für die anteiligen Kfz-Steuern und Versicherungsprämien sind schadensrechtlich irrelevant.[34]

Allerdings wird in der italienischen Rechtsprechung angesichts der Bedeutung des in Art. 36 der italienischen Verfassung geschützten Urlaubs für die geistige und körperliche Erholung zunehmend anerkannt, dass es sich dabei um eine deliktisch geschützte Rechtsposition handelt.[35] Muss unfallbedingt auf den Urlaub verzichtet werden, so kann in den entgangenen Urlaubsfreuden (*mancato godimento delle ferie*) ein Nichtvermögensschaden liegen.[36] Erst recht sind auch Vermögensschäden zu ersetzen, die durch die unfallbedingte Absage eines Urlaubs entstanden sind.[37] Insofern sind die frustrierten Stellplatzkosten aus Sicht des Gutachters nach italienischem Recht ersatzfähig.

## 2. Ersatz der Nichtvermögensschäden

### a) Grundsatz

Nach italienischem Recht sind auch immaterielle Schäden ersatzfähig; dies folgt aus Art. 2043 i. V. m. 2059 c. c.[38] Im Grundsatz handelt es sich bei dem Nichtvermögensschaden um eine einheitliche Schadensposition, auch wenn sich in der italienischen Rechtsprechung und Literatur eine Vielzahl unterschiedlicher Unterkategorien herausgebildet hat.[39] Der immaterielle Schaden bei Körperverletzung wird allgemein als *danno biologico* bezeichnet. Teilweise wird zusätzlich in Bezug auf seelisches Leid von einem *danno morale* gesprochen; doch ist in der italienischen Rechtslehre umstritten, ob dieser eine eigene Schadenskategorie darstellt oder letztlich im *danno biologico* aufgeht.[40] Weiter

---

33 S. den vergleichbaren Fall der Erstattungsfähigkeit von Flug-, Taxi- und Mietwagenkosten *Mansel/Seilstorfer*, JbItalR 23 (2010), S. 119, 124 f.; *Mansel/Teichert*, JbItalR 21 (2008), S. 71, 83.
34 Cass., 14.10.2015, n. 20620, LS verfügbar bei juris; ebenso Cass., 11.12.2015, n. 25063.
35 Trib. Reggio Emilia, 30.3.2016, n. 434.
36 Vgl. Trib. Reggio Emilia, 30.3.2016, n. 434: Der Schutz erstreckt sich danach sogar auf die vom Unfall nicht direkt betroffene Ehefrau des Geschädigten.
37 Trib. Milano, 16.9.2005, n. 10090; *Montanari*, Rivista italiana di Diritto del turismo, 20–21/2017, 306.
38 *Mansel/Seilstorfer*, JbItalR 22 (2009), S. 95, 103 ff.
39 S. etwa Cass., 27.3.2018, n. 7513; Cass., Sez. Un., 11.11.2008, n. 26972–26975; weitere Nachweise bei *Kindler*, Einführung in das italienische Recht, 3. Aufl. 2022, § 17 Rn. 31 ff.; MüKo-StVR/*Buse* (oben N. 15), Rn. 192.
40 S. dazu *Buse*, JbItalR 32 (2019), S. 197 ff.

bezieht man sich verschiedentlich auf einen Existenzschaden (*danno esistenziale*), wenn die persönliche Selbstentfaltung durch das Schadensereignis beeinträchtigt wurde.[41]

Der Nichtvermögensschaden wird in der durch die Verletzung des Körpers oder anderer die persönliche Entfaltungsfreiheit schützender Rechte mit Verfassungsrang verursachten Beschränkung der Möglichkeit des Geschädigten, seinen individuellen, rechtlich geschützten Privatinteressen nachgehen zu können, erblickt.[42] Der Nichtvermögensschaden bildet eine einheitliche, sämtliche immateriellen Folgen der Schädigung umfassende Schadenskategorie.[43] Diese kompensiert das seelische Leiden und die erzwungene Veränderung der persönlichen Lebensgewohnheiten.[44] Der Ersatz besteht in billigem Ausgleich in Geld.[45]

Hierbei ist es aus Gründen der Gerechtigkeit, der Gleichbehandlung, der Vorhersehbarkeit und der Justizentlastung in der Rechtspraxis anerkannt, dass das Schmerzensgeld bei Körperverletzungen anhand der sog. Mailänder Tabellen zu bestimmen ist.[46] Um dem Einzelfall mit seinen konkreten Umständen Rechnung zu tragen, können die Tabellenwerte angemessen erhöht oder herabgesetzt werden.[47] Die Mailänder Tabellen selbst basieren auf einem variablen Punktesystem. Einem körperlichen Dauerschaden entspricht eine bestimmte Punktzahl und jeder Punktzahl entspricht eine bestimmte Schadenssumme. Der Ausgangspunkt eines Dauerschadens mit einem Invaliditätsgrad von einem Prozent im ersten Jahr wird als Basispunkt bezeichnet.[48] Da die nachteiligen Folgen mit zunehmender Schwere der Verletzungen überproportional zunehmen, steigt die Schadenssumme mit steigender Punktezahl ebenfalls überproportional an.

### b) Sonderregelungen für Verkehrsunfälle

Die Modalitäten des Ersatzes unfallbedingter Nichtvermögensschäden (*danni non patrimoniali*) für den Direktanspruch gegen den Haftpflichtversicherer nach Art. 144 CAP sind in Art. 138 und 139 CAP festgelegt.[49] Dabei betrifft Art. 138 CAP Fälle von schwereren Körperverletzungen (*danno biologico per lesioni di non lieve entità*, d. h. 10–100 % permanenter Invalidität) und Art. 139 CAP die darunter liegenden Fälle leichter Körperverletzungen (*danno biologico per lesioni di lieve entità*, d. h. 1–9 % permanenter Invalidität). Diese beiden Normen lauten:

Art. 138 CAP

(1) Al fine di garantire il diritto delle vittime dei sinistri a un pieno risarcimento del danno non patrimoniale effettivamente subito e di razionalizzare i costi gravanti sul sistema assicurativo e sui consumatori, con decreto del Presidente della Repubblica, da adottare entro centoventi giorni dalla data di entrata in vigore della presente dis-

---

41 Dazu *Kindler* (oben N. 39), § 17 Rn. 34.
42 *Buse* (oben N. 10), 562.
43 Cass., 27.3.2018, n. 7513: „Il danno non patrimoniale (come quello patrimoniale) costituisce una categoria giuridicamente (anche se non fenomenologicamente) unitaria."
44 *Buse* (oben N. 10), 562.
45 Cass., 11.11.2008, n. 26973; *Feller* (oben N. 16), Rn. 164 ff.
46 *Buse* (oben N. 10), 562 mit zahlreichen Nachweisen zur Rechtsprechung des Kassationsgerichtshofes.
47 Cass., 22.4.2016, n. 7766; Cass., 7.3.2016, n. 4377.
48 *Buse* (oben N. 10), 562.
49 Zu deren Europarechtskonformität EuGH, Urt. v. 23.1.2014, Rs. C-371/12 – *Petillo*, Rn. 45.

posizione, previa deliberazione del Consiglio dei ministri, su proposta del Ministro dello sviluppo economico, di concerto con il Ministro della salute, con il Ministro del lavoro e delle politiche sociali e con il Ministro della giustizia, si provvede alla predisposizione di una specifica tabella unica su tutto il territorio della Repubblica:

a) delle menomazioni all'integrità psico-fisica comprese tra dieci e cento punti;

b) del valore pecuniario da attribuire a ogni singolo punto di invalidità comprensivo dei coefficienti di variazione corrispondenti all'età del soggetto leso.

(2) La tabella unica nazionale è redatta, tenuto conto dei criteri di valutazione del danno non patrimoniale ritenuti congrui dalla consolidata giurisprudenza di legittimità, secondo i seguenti principi e criteri:

a) agli effetti della tabella, per danno biologico si intende la lesione temporanea o permanente all'integrità psico-fisica della persona, suscettibile di accertamento medico-legale, che esplica un'incidenza negativa sulle attività quotidiane e sugli aspetti dinamico-relazionali della vita del danneggiato, indipendentemente da eventuali ripercussioni sulla sua capacità di produrre reddito; […]

(3) Qualora la menomazione accertata incida in maniera rilevante su specifici aspetti dinamico-relazionali personali documentati e obiettivamente accertati, l'ammontare del risarcimento del danno, calcolato secondo quanto previsto dalla tabella unica nazionale di cui al comma 2, può essere aumentato dal giudice, con equo e motivato apprezzamento delle condizioni soggettive del danneggiato, fino al 30 per cento.

*Deutsch*:[50]

Art. 138 CAP

(1) Um das Recht von Unfallopfern auf volle Entschädigung des tatsächlich erlittenen immateriellen Schadens zu gewährleisten und die Kosten für das Versicherungssystem und die Verbraucher zu rationalisieren, ist, mit Dekret des Präsidenten der Republik, das innerhalb von 120 Tagen nach Inkrafttreten dieser Bestimmung nach Beratung durch den Ministerrat auf Vorschlag des Ministers für wirtschaftliche Entwicklung in Absprache mit dem Gesundheitsminister, dem Minister für Arbeit und Soziales sowie dem Justizminister angenommen werden soll, die Erstellung einer einheitlichen Tabelle für das gesamte Gebiet der Republik vorgesehen:

a) für Beeinträchtigungen der geistig-körperlichen Unversehrtheit zwischen zehn und einhundert Punkten;

b) den Geldwert, der jedem einzelnen Invaliditätspunkt zuzuordnen ist; einschließlich der Variationskoeffizienten, die dem Alter des Geschädigten entsprechen.

(2) Die einheitliche nationale Tabelle wird unter Berücksichtigung der Kriterien für die Bewertung von immateriellen Schäden erstellt, die von der etablierten höchstrichterlichen Rechtsprechung nach den folgenden Grundsätzen und Kriterien als angemessen erachtet werden:

a) Als Gesundheitsschaden im Sinne der Tabelle gilt die rechtsmedizinisch feststellbare vorübergehende oder dauerhafte Beeinträchtigung der geistig-körperlichen Un-

---

50 Übersetzung des Gutachters.

versehrtheit der Person, die sich auf die täglichen Aktivitäten und die dynamisch-zwischenmenschlichen Aspekte des Lebens des Geschädigten negativ auswirkt, unabhängig von etwaigen Auswirkungen auf seine Erwerbsfähigkeit. […]

(3) Sollte die festgestellte Beeinträchtigung durch bestimmte dokumentierte und objektiv festgestellte persönliche dynamisch-relationale Aspekte erheblich beeinflusst werden, kann die Höhe des Schadensersatzes, die nach den Bestimmungen der in Absatz 2 genannten einheitlichen nationalen Tabelle berechnet wurde, vom Richter mit einer gerechten und begründeten Einschätzung der subjektiven Bedingungen des Geschädigten um bis zu 30 Prozent erhöht werden.

Art. 139 CAP

(1) Il risarcimento del danno biologico per lesioni di lieve entità, derivanti da sinistri conseguenti alla circolazione dei veicoli a motore e dei natanti, è effettuato secondo i criteri e le misure seguenti:

a) a titolo di danno biologico permanente, è liquidato per i postumi da lesioni pari o inferiori al nove per cento un importo crescente in misura più che proporzionale in relazione ad ogni punto percentuale di invalidità; tale importo è calcolato in base all'applicazione a ciascun punto percentuale di invalidità del relativo coefficiente secondo la correlazione esposta nel comma 6. L'importo così determinato si riduce con il crescere dell'età del soggetto in ragione dello zero virgola cinque per cento per ogni anno di età a partire dall'undicesimo anno di età. Il valore del primo punto è pari ad euro settecentonovanta euro e trentacinque centesimi;

b) a titolo di danno biologico temporaneo, è liquidato un importo di euro quarantasei euro e dieci centesimi per ogni giorno di inabilità assoluta; in caso di inabilità temporanea inferiore al cento per cento, la liquidazione avviene in misura corrispondente alla percentuale di inabilità riconosciuta per ciascun giorno.

(2) Agli effetti di cui al comma 1 per danno biologico si intende la lesione temporanea o permanente all'integrità psico-fisica della persona suscettibile di accertamento medico-legale che esplica un'incidenza negativa sulle attività quotidiane e sugli aspetti dinamico-relazionali della vita del danneggiato, indipendentemente da eventuali ripercussioni sulla sua capacità di produrre reddito. In ogni caso, le lesioni di lieve entità, che non siano suscettibili di accertamento clinico strumentale obiettivo, ovvero visivo, con riferimento alle lesioni, quali le cicatrici, oggettivamente riscontrabili senza l'ausilio di strumentazioni, non possono dar luogo a risarcimento per danno biologico permanente.

(3) Qualora la menomazione accertata incida in maniera rilevante su specifici aspetti dinamico-relazionali personali documentati e obiettivamente accertati ovvero causi o abbia causato una sofferenza psico-fisica di particolare intensità, l'ammontare del risarcimento del danno, calcolato secondo quanto previsto dalla tabella di cui al comma 4, può essere aumentato dal giudice, con equo e motivato apprezzamento delle condizioni soggettive del danneggiato, fino al 20 per cento. L'ammontare complessivo del risarcimento riconosciuto ai sensi del presente articolo è esaustivo del risarcimento del danno non patrimoniale conseguente a lesioni fisiche.

(4) Con decreto del Presidente della Repubblica, previa deliberazione del Consiglio dei ministri, su proposta del Ministro della salute, di concerto con il Ministro del lavoro e delle politiche sociali, con il Ministro della giustizia e con il Ministro dello sviluppo economico, si provvede alla predisposizione di una specifica tabella delle menomazioni dell'integrità psico-fisica comprese tra 1 e 9 punti di invalidità.

(5) Gli importi indicati nel comma 1 sono aggiornati annualmente con decreto del Ministro dello sviluppo economico, in misura corrispondente alla variazione dell'indice nazionale dei prezzi al consumo per le famiglie di operai e impiegati accertata dall'ISTAT.

(6) Ai fini del calcolo dell'importo di cui al comma 1, lettera a), per un punto percentuale di invalidità pari a 1 si applica un coefficiente moltiplicatore pari a 1, per un punto percentuale di invalidità pari a 2 si applica un coefficiente moltiplicatore pari a 1,1, per un punto percentuale di invalidità pari a 3 si applica un coefficiente moltiplicatore pari a 1,2, per un punto percentuale di invalidità pari a 4 si applica un coefficiente moltiplicatore pari a 1,3, per un punto percentuale di invalidità pari a 5 si applica un coefficiente moltiplicatore pari a 1,5, per un punto percentuale di invalidità pari a 6 si applica un coefficiente moltiplicatore pari a 1,7, per un punto percentuale di invalidità pari a 7 si applica un coefficiente moltiplicatore pari a 1,9, per un punto percentuale di invalidità pari a 8 si applica un coefficiente moltiplicatore pari a 2,1 e per un punto percentuale di invalidità pari a 9 si applica un coefficiente moltiplicatore pari a 2,3.

*Deutsch*:[51]

Art. 139 CAP

(1) Der Gesundheitsschaden durch leichte Verletzungen infolge von Unfällen aufgrund des Betriebs von Kraftfahrzeugen und Wasserfahrzeugen ist nach folgenden Kriterien und in folgendem Umfang zu ersetzen:

a) Für einen permanenten Gesundheitsschaden wird für Verletzungsfolgen bis höchstens 9 % ein Betrag gezahlt, der pro Prozentpunkt der Invalidität überproportional ansteigt; zur Berechnung dieses Betrags wird auf jeden Prozentpunkt der Invalidität der gemäß Abs. 6 damit korrelierende Koeffizient angewandt. Der auf diese Weise ermittelte Betrag wird entsprechend dem Alter der Person um 0,5 % für jedes Lebensjahr ab dem elften Lebensjahr herabgesetzt. Der Wert des ersten Punkts beträgt 790,35 Euro.

b) Für einen vorübergehenden Gesundheitsschaden wird für jeden Tag vollständiger Arbeitsunfähigkeit ein Betrag von 46,10 Euro gezahlt; bei einer vorübergehenden Arbeitsunfähigkeit von unter 100 % erfolgt die Regulierung entsprechend dem anerkannten Prozentsatz der Arbeitsunfähigkeit pro Tag.

(2) Als Gesundheitsschaden im Sinne von Abs. 1 gilt die rechtsmedizinisch feststellbare vorübergehende oder dauerhafte Beeinträchtigung der geistig-körperlichen Unversehrtheit der Person, die sich auf die täglichen Aktivitäten und die dynamisch-zwischenmenschlichen Aspekte des Lebens des Geschädigten negativ auswirkt, unabhängig von etwaigen Auswirkungen auf seine Erwerbsfähigkeit. Jedenfalls können geringfügige Verletzungen, die sich nicht mit objektiven klinischen Instrumenten oder

---

51 Übersetzung des Gutachters, teilw. nach EuGH, Urt. v. 23.1.2014, Rs. C-371/12 – *Petillo*, Rn. 9.

visuell feststellen lassen, wie z. B. Narben, die objektiv und ohne Zuhilfenahme von Instrumenten erkennbar sind, keinen Anspruch auf Entschädigung für bleibende biologische Schäden begründen.

(3) Wenn die festgestellte Beeinträchtigung bestimmte dokumentierte und objektiv festgestellte persönliche dynamische Beziehungsaspekte erheblich beeinträchtigt oder psycho-physische Leiden von besonderer Intensität verursacht oder verursacht hat, kann der Betrag des Schadensersatzes, der nach der Tabelle in Absatz 4 berechnet wird, vom Gericht unter gerechter und begründeter Würdigung der subjektiven Umstände des Geschädigten um bis zu 20 % erhöht werden. Der Gesamtbetrag der nach diesem Artikel zuerkannten Entschädigung erschöpft sich in der Entschädigung für nichtvermögensrechtliche Schäden infolge von Körperverletzungen.

(4) Durch Erlass des Präsidenten der Republik wird nach Beratung im Ministerrat auf Vorschlag des Gesundheitsministers im Einvernehmen mit dem Minister für Arbeit und Sozialpolitik, dem Justizminister und dem Minister für wirtschaftliche Entwicklung eine spezifische Tabelle der Beeinträchtigungen der psycho-physischen Integrität zwischen 1 und 9 Invaliditätspunkten erstellt.

(5) Die in Absatz 1 genannten Beträge werden jährlich durch Erlass des Ministers für wirtschaftliche Entwicklung in einem Umfang aktualisiert, der der vom ISTAT ermittelten Änderung des nationalen Verbraucherpreisindexes für Arbeiter- und Angestelltenhaushalte entspricht.

(6) Bei der Berechnung des in Absatz 1 Buchstabe a) genannten Betrags gilt für einen Invaliditätsgrad von 1 ein Multiplikator von 1, für einen Invaliditätsgrad von 2 ein Multiplikator von 1,1, für einen Invaliditätsgrad von 3 ein Multiplikator von 1,2 und für einen Invaliditätsgrad von 4 ein Multiplikator von 1,3 Für einen Invaliditätsprozentpunkt von 5 gilt ein Multiplikationsfaktor von 1,5, für einen Invaliditätsprozentpunkt von 6 gilt ein Multiplikationsfaktor von 1,7, für einen Invaliditätsprozentpunkt von 7 gilt ein Multiplikationsfaktor von 1,9, für einen Invaliditätsprozentpunkt von 8 gilt ein Multiplikationsfaktor von 2,1 und für einen Invaliditätsprozentpunkt von 9 gilt ein Multiplikationsfaktor von 2,3.

### c) Modalitäten der Berechnung des Schmerzensgeldes

Nach Art. 138, 139 CAP sind auf der Grundlage des Punktesystems der Mailänder Tabellen die Schadensersatzbeträge durch Rechtsverordnung verbindlich festzulegen. Von dieser Möglichkeit hat der italienische Gesetzgeber für die besonders praxisrelevanten leichten Körperverletzungen mit gesundheitlichen Dauerfolgen von weniger als zehn Punkten (*lesioni micropermanenti*) durch Rechtsverordnung Gebrauch gemacht;[52] die Mailänder Tabellen kommen insoweit also nicht zur Anwendung.[53] Schmerzensgeld für Dauerschäden von bis zu neun Punkten kann nach Art. 139 Abs. 2 CAP nur verlangt werden, wenn sie medizinisch objektiviert und objektiv pathologisch fassbar sind.[54] Zur Anpassung an

---

52 Abrufbar etwa hier: www.altalex.com/strumenti/danno-biologico-lieve (abgerufen am 4.2.2023).
53 *Kindler* (oben N. 39), § 17 Rn. 31.
54 Die Vorschrift wurde durch das Gesetzesdekret Nr. 1 vom 24.1.2012 und Gesetzesdekret Nr. 27 vom 24.3.2012 geändert.

die besonderen Umstände des Einzelfalls kann eine Erhöhung um maximal 20 % erfolgen (Art. 139 Abs. 3 CAP).

Für schwerere Körperverletzungen sieht Art. 138 CAP vor, dass durch eine Verordnung einheitliche Entschädigungswerte für die Berechnung solcher Nichtvermögensschäden bestimmt werden sollen. Schwerere Körperverletzungen (*lesioni macropermanenti*) sind solche, die in einer permanenten Invalidität von mehr als 10 % resultieren.[55] Weil bisher noch keine entsprechende Verordnung verabschiedet wurde, werden zur Bemessung des Schadens unter anderem die Mailänder Tabellen herangezogen, die höchstrichterlich anerkannt sind und in ganz Italien Anwendung finden.[56] Sie werden von der italienischen Rechtsprechung als alleiniger Ermessensmaßstab angesehen; ein Rückgriff auf andere Kriterien kommt nur in begründeten Ausnahmefällen in Betracht.[57]

Eine Erhöhung der Tabellenbeträge ist nur unter ganz außergewöhnlichen Umständen möglich; Art. 139 Abs. 3 CAP setzt hierfür eine Obergrenze von 20 % des ansonsten geschuldeten Betrags. Dies hat der Kassationsgerichtshof in einer Leitentscheidung vom 27.3.2018 für den permanenten Gesundheitsschaden deutlich gemacht. Darin heißt es wörtlich:[58]

> „In presenza d'un danno permanente alla salute, la misura standard del risarcimento prevista dalla legge o dal criterio equitativo uniforme adottato dagli organi giudiziari di merito (oggi secondo il sistema c.d. del punto variabile) può essere aumentata solo in presenza di conseguenze dannose de/tutto anomale ed affatto peculiari. Le conseguenze dannose da ritenersi normali e indefettibili secondo l'id quod plerumque accidit (ovvero quelle che qualunque persona con la medesima invalidità non potrebbe non subire) non giustificano alcuna personalizzazione in aumento del risarcimento."

*Deutsch*:[59]

> „Bei Vorliegen eines dauerhaften Gesundheitsschadens kann das gesetzlich vorgesehene Standardmaß der Entschädigung oder das tatrichterlich festgelegte einheitliche Billigkeitskriterium (heute nach dem so genannten variablen Punktesystem) nur dann erhöht werden, wenn die schädigenden Folgen vollständig anomal und in jeder Hinsicht eigentümlich sind. Schadensfolgen, die nach dem Grundsatz id quod plerumque accidit als normal und unabänderlich anzusehen sind (d. h. solche, die jede Person mit der gleichen Beeinträchtigung erleiden müsste), rechtfertigen keine erhöhte Personalisierung der Entschädigung."

Aus der Entscheidung des Kassationsgerichtshofes vom 17.1.2018, n. 901 ergibt sich aus Sicht des Gutachters nicht, dass eine Personalisierung des Schadens über das in Art. 139 Abs. 3 CAP genannte Maß auf bis zu 25–50 % möglich sein könnte. Dort setzt sich das Gericht mit der Entscheidung des Verfassungsgerichtshofs Nr. 235/2014 auseinander, in dem die Verfassungsmäßigkeit von Art. 139 CAP festgestellt wird. An mehreren Stellen

---

55 MüKo-StVR/*Buse* (oben N. 15), Rn. 206, 213.
56 Für eine einheitliche Anwendung der Mailänder Tabellen in ganz Italien s. Cass., 7.6.2011, n. 12408; zur Bedeutung der Mailänder Tabellen siehe auch *Poletti*, in: *Monache/Patti* (Hrsg.), Responsabilità civile – Danno non patrimoniale, 2010, S. 180 ff.
57 MüKo-StVR/*Buse* (oben N. 15), Rn. 200 mit weiteren Nachweisen zur Rechtsprechung.
58 Cass., 27.3.2018, n. 7513.
59 Übersetzung des Gutachters.

wird hierbei auf die dargestellten Grenzen der Personalisierung des Schadens in Art. 138 und 139 CAP (d. h. 30 % bzw. 20 % Erhöhung im Rahmen der „personalizzazione") Bezug genommen; von einer höheren Grenze ist nirgends die Rede. Diese Rechtsprechung wird bestätigt durch nachfolgende Urteile, etwa Cass. n. 25164/2020,[60] das zu Art. 138 CAP ergangen ist. Dort heißt es wörtlich:

> „In caso di positivo accertamento dei presupposti per la personalizzazione del danno, il giudice dovrà procedere all'aumento fino al 30 % del valore del solo danno biologico, depurato, dalla componente morale del danno automaticamente (ma erroneamente) inserita in tabella giusta il disposto normativo di cui all'art. 138, punto 3, del novellato codice delle assicurazioni."

*Deutsch*:[61]

> „Bei positiver Beurteilung der Voraussetzungen für die Personalisierung des Schadens muss der Richter eine Erhöhung von bis zu 30 % des Wertes des bloßen biologischen Schadens vornehmen, bereinigt um die moralische Komponente des Schadens, die automatisch (aber fälschlicherweise) in der Tabelle gemäß der in Art. 138 Abs. 3 des revidierten Versicherungsgesetzes enthaltenen Regelung enthalten ist."

Dem folgen u. a. die Entscheidungen Cass. n. 15733/2022 und Cass. n. 15924/2022. Auch die einschlägige deutschsprachige Literatur teilt diese Einschätzung.[62]

Daran wird zwar verschiedentlich Kritik geäußert. Insbesondere das Tribunale di Milano hat in einer Entscheidung vom 4.10.2022 auf die Mailänder Tabellen[63] Bezug genommen, die für die „personalizzazione" auch oberhalb der in Art. 138 Abs. 3 CAP genannten 30 % Erhöhung richterlichen Spielraum lassen.[64] Die Kritik stützt sich darauf, dass in den Fällen des dort geregelten *danno biologico per lesioni di non lieve entità*, d. h. mehr als 10 % permanenter Invalidität, bisher noch keine entsprechende Verordnung verabschiedet wurde, wie das Art. 138 Abs. 2 CAP vorsieht. Nur diese könne zu einer Verdrängung der zur Bemessung des Schadens herangezogenen Mailänder Tabellen führen. Konsequenterweise könne daher auch die Kappungsgrenze des Art. 138 Abs. 3 CAP nicht zu einer Verdrängung der höheren Werte der Mailänder Tabellen führen, da diese explizit auf Art. 138 Abs. 2 CAP Bezug nehme.[65]

Doch auch das Tribunale die Milano weist darauf hin, dass diese Argumentation ausschließlich innerhalb des Anwendungsbereichs des Art. 138 CAP gelte, nicht jedoch im Rahmen des Art. 139 CAP („salvo i casi di cogente applicazione del citato art. 139 Codice assicurazioni" – „außer in den Fällen der zwingenden Anwendung des zitierten Art. 139 CAP").[66] Da sich der vorliegende Fall nach Aktenlage im Anwendungsbereich dieser letzteren Norm bewegt, sieht der Gutachter von einer Auseinandersetzung mit der an der Anwendung des Art. 138 Abs. 3 CAP geäußerten Kritik ab. Mithin bleibt es dabei,

---

60 Cass., 10.11.2020, n. 25164 m. w. N.; siehe zuvor bereits Cass., 31.5.2019, n. 15084.
61 Übersetzung des Gutachters.
62 MüKo-StVR/*Buse* (oben N. 15), Rn. 212 a. E. („weitere Erhöhungen sind nicht möglich"); *Behr*, Schmerzensgeld und Hinterbliebenengeld im System des Schadensrechts, 2020, S. 155 ff.
63 S. dazu auch *Behr* (oben N. 62), S. 142 ff.
64 Siehe die Gegenüberstellung mit Rechenbeispiel auf der Grundlage des Art. 139 CAP bei *Behr* (oben N. 62), S. 155 ff.
65 Trib. Milano, Sez. X, 5.10.2022, n. 7670.
66 Übersetzung des Gutachters. Trib. Milano, Sez. X, 5.10.2022, n. 7670.

dass sich die „personalizzazione" nach Art. 139 Abs. 3 CAP auf maximal 20 % Erhöhung beläuft.

Bei der Bestimmung des Maßes der Erhöhung kommt es auf jeden Einzelfall an und die jeweils gegebene individuelle Beeinträchtigung durch die Verletzung (*personalizzazione del danno*). Je eher diese sich von einem normalen und zu erwartenden Schadensverlauf abhebt, desto eher ist ein personalisierter „Zuschlag" zuzusprechen. Eine doppelte Entschädigung liegt darin nicht, da die Personalisierung gerade die besonderen psychischen Leiden und Beeinträchtigungen kompensieren soll.[67] Die Rechtsfiguren des *danno morale* oder des *danno esistenziale* lassen sich auf diese Weise in das positive Recht integrieren.[68] Die Personalisierung kann sowohl bei dauerhaften wie bei vorübergehenden Personenschäden zugesprochen werden.[69] Im Lichte der genannten Kriterien wird aber bei vorübergehenden Schäden Zurückhaltung angezeigt sein.

In zeitlicher Hinsicht hat der Kassationsgerichtshof in einer Entscheidung, die den Nichtvermögensschaden wegen des Verlusts der Eltern bei einem Verkehrsunfall zum Gegenstand hatte, den Zeitpunkt einer Schadensersatzleistung vor Urteilsfällung für maßgeblich gehalten.[70] Grundsätzlich erachtet der Kassationsgerichtshof die Mailänder Tabellen jedoch in der Fassung zum Zeitpunkt der Fällung des Urteils für maßgeblich.[71]

### d) Anwendung auf den Fall

Nach dem medizinischen Gutachten des Dr. G liegt in der Person des Klägers ein Schadensgrad von „mindestens 8–9 %" vor. Daher wird für die Zwecke des Gutachtens davon ausgegangen, dass ein *danno di lieve entità* i. S. d. Art. 139 CAP gegeben ist. Auf die Mailänder Tabelle, die nur für die Fälle des Art. 138 CAP gilt, wird daher nicht weiter eingegangen. Sollte das Gericht zu einer anderen Einschätzung kommen, wäre ggf. ein Ergänzungsgutachten einzuholen.

### aa) Vorübergehender Gesundheitsschaden

Das ärztliche Gutachten geht zunächst von einem vorübergehenden Gesundheitsschaden (*danno biologico temporaneo*) i. S. d. Art. 139 Abs. 1 lit. b CAP aus, der innerhalb eines abgegrenzten Zeitraums zu einer vollständigen bzw. teilweisen Arbeitsunfähigkeit führte. Die für einen Punkt maßgebliche Summe betrug zum 1.4.2017 46,88 €;[72] ab dem 1.4.2018 47,07 €;[73] ab 1.4.2019 47,49 €[74] und seit dem 1.4.2022 50,79 €.[75] Legt man die oben genannte Rechtsprechung des Kassationsgerichtshofes zugrunde, ist der Zeitpunkt des Urteilserlasses maßgeblich. Insofern ist der aktuell geltende Tagessatz von 50,79 € zugrunde zu legen. Die tatsächliche Höhe des Schadensersatzes ist Tatfrage. Insofern

---

67 Cass., 17.1.2018, n. 901; s. a. *Behr* (oben N. 62), S. 154.
68 MüKo-StVR/*Buse* (oben N. 15), Rn. 212 m. N.
69 *Feller* (oben N. 16), Rn. 174.
70 Cass., 28.2.2017, n. 5013.
71 Cass., 13.12.2016, n. 25485; Cass., 4.2.2016, n. 2167; Cass., 8.1.2016, n. 125; insb. auch Cass., 11.5.2012, n. 7272; *Behr* (oben N. 62), S. 131 f.; weitere Nachweise bei *Kindler* (oben N. 39), § 17 Rn. 31.
72 Ministerialdekret vom 17.7.2017, G. U. 23.8.2017, n. 196.
73 Ministerialdekret vom 9.1.2019, G. U. 4.2.2019, n. 29.
74 Ministerialdekret vom 22.7.2019, G. U. 13.8.2019. n. 189.
75 Ministerialdekret vom 8.6.2022, G. U. 22.6.2022, n. 144.

wird das anfragende Gericht die vorliegenden Unterlagen zu würdigen haben, insbesondere das ärztliche Gutachten.

### bb) Dauerhafter Gesundheitsschaden

Andererseits stellt das medizinische Gutachten nach dem Verständnis des Gutachters, der insoweit dem Gericht nicht vorgreifen kann und will, auch Dauerschäden fest (*danno biologico micropermanente*).[76] Zu klären ist, ob eine Berücksichtigung beider Positionen im Rahmen der Schadensberechnung dem Verbot der Doppelkompensation widerspricht. Der Kassationsgerichtshof trennt scharf zwischen vorübergehender und dauerhafter Beeinträchtigung.[77] Der Unterschied zwischen den beiden Schadensarten liegt in der Beendigung des Krankheitszustands und dem Beginn eines Zustands der Stabilisierung der Folgeerscheinungen. Ein dauerhafter biologischer Schaden darf daher erst ab dem Zeitpunkt bestimmt werden, an dem der vorübergehende Schaden aufhört; andernfalls würde die gleichzeitige Regulierung beider Positionen zu einer unangemessenen Verdoppelung desselben Schadens führen.[78] Nachdem das ärztliche Gutachten vom 7. Februar 2019 datiert, dürfte diese Voraussetzung erfüllt sein.

Die für einen Punkt i. S. d. Art. 139 Abs. 1 lit. a CAP maßgebliche Summe betrug zum 1.4.2017 803,79 €;[79] ab dem 1.4.2018 807,01 €;[80] ab 1.4.2019 814,27 €[81] und seit dem 1.4.2022 870,97 €.[82] Legt man die oben zitierte Rechtsprechung des Kassationsgerichtshofes zugrunde, ist auch hier der Zeitpunkt des Urteilserlasses maßgeblich. Insofern ist der aktuell geltende Tagessatz von 870,97 € zugrunde zu legen.

Auch hier ist die tatsächliche Höhe des Schadensersatzes Tatfrage. Es gelten die Vorgaben des Art. 139 CAP. Danach wird zunächst der Wert des Basispunktes mit dem in Art. 139 Abs. 6 CAP entsprechend dem Invaliditätsgrad zu ermittelnden Faktor multipliziert, so dass der Betrag pro Prozentpunkt der Invalidität überproportional ansteigt. Diese Summe verringert sich mit zunehmendem Alter des Geschädigten, wobei pro Jahr (beginnend ab dem 11. Lebensjahr) 0,5 % abgezogen werden (Art. 139 Abs. 1 lit. a CAP). Verschiedene, frei zugängliche Datenbanken bieten entsprechende Berechnungstools an.[83] Der Berechnung liegt folgende Formel zugrunde:[84]

$$R = [V_p (IP (x)] \text{ abzüglich } [0,5\,\% (E_v - 10)] \text{ dieses Betrags}$$

R = Entschädigungsbetrag

$V_p$ = Wert (in €) des Basispunktes zum Zeitpunkt der Bemessung

IP = prozentualer Grad der Dauerinvalidität

x = zu multiplizierender Koeffizient nach Art. 139 Abs. 6 CAP

---

76 Gutachten Dr. G, S. 5, vorletzter Absatz.
77 Cass., 18.12.2014, n. 26897; s. a. *Behr* (oben N. 62), S. 132.
78 Weitere Nachweise bei MüKo-StVR/*Buse* (oben N. 15), Rn. 204.
79 Ministerialdekret vom 17.7.2017, G. U. 23.8.2017, n. 196.
80 Ministerialdekret vom 9.1.2019, G. U. 4.2.2019, n. 29.
81 Ministerialdekret vom 22.7.2019, G. U. 13.8.2019. n. 189.
82 Ministerialdekret vom 8.6.2022, G. U. 22.6.2022, n. 144.
83 S. z. B. hier: www.altalex.com/strumenti/danno-biologico-lieve (abgerufen am 4.2.2023) oder hier: www.avvocatoandreani.it/servizi/calcolo_danno_biologico.php (abgerufen am 4.2.2023).
84 Nach *Rossetti*, Il danno alla salute, 2. Aufl. 2017, S. 602 ff.; s. a. *Behr* (oben N. 62), S. 133.

Ev = Alter des Geschädigten zum Unfallzeitpunkt

Danach ergäbe sich hier folgende, nur als Anschauung zu verstehende Rechnung; die eigentliche Kalkulation obliegt selbstverständlich dem anfragenden Gericht:

R = 870,97 x 9 x 2,3 abzüglich 0,5 % x (47 − 10) dieses Betrags

R = 18.029,08 abzüglich 18,5 % von 18.029,08

R = 18.029,08 abzüglich 3335,38

R = 14.693,70

#### cc) Zusätzliche Schadensliquidation?

Ob dem Kläger zusätzlich ein personalisierter Schaden („*danno morale*") zusteht, steht im Ermessen des Gerichts. Es gelten die vorstehend beschriebenen Grundsätze. Diese Schadensposition darf nach Art. 139 Abs. 3 CAP maximal 20 % des nach der Tabelle (Art. 139 Abs. 4 CAP) ermittelten Schadenshöhe betragen. Die Verfassungsmäßigkeit und Unionsrechtskonformität dieser Kappungsgrenze wurde höchstrichterlich bestätigt.[85] In der Entscheidung des Kassationsgerichtshofes vom 17.1.2018, n. 901 wird klargestellt, dass es sich insoweit nicht um eine Doppelentschädigung handelt.[86] Allenfalls im Anwendungsbereich der Mailänder Tabellen ist ein höherer Betrag möglich, der aber im Rahmen der Art. 138 CAP unterfallenden Ansprüche wiederum auf 30 % gedeckelt ist.

### 3. Kosten für ein privates Sachverständigengutachten

Holt der Geschädigte ein privates Sachverständigengutachten zur Bestimmung der Schadenshöhe ein, so können die hierdurch entstandenen Kosten grundsätzlich zum ersatzfähigen Schaden gehören. Sonderregelungen gelten im Rahmen des nach Art. 144 Abs. 1 CAP gegen die Haftpflichtversicherung des Unfallgegners geltend gemachten Direktanspruchs. In diesem Rahmen trifft den Geschädigten nach Art. 148 CAP eine Obliegenheit, dem Versicherer das Fahrzeug und andere beschädigte Sachen, Schadensbilder und Kostenvoranschläge zur Schadensermittlung durch eigene Beauftragte gemäß Art. 156 Abs. 2 CAP zur Verfügung zu stellen.[87]

Darum geht es hier aber nicht. Mithin gelten die allgemeinen Regeln. Die vorprozessuale Schadensermittlung ist regelmäßig sachgerecht und üblich; die hierdurch entstandenen Kosten sind mithin vom Ersatzanspruch bis zur Grenze der Verletzung der Schadensminderungspflicht (Art. 1227 c.c.) erfasst.[88] In Bezug auf die Kosten für das vorprozessuale eingeholte medizinisch-juristische Gutachten wurde in der Rechtsprechung eine Erstattungsfähigkeit angenommen, weil das Gutachten im Hinblick auf die spezifische Notwendigkeit einer glaubwürdigen Darlegung des geltend gemachten Entschädigungsanspruchs tatsächlich notwendig und hilfreich ist.[89]

---

85 Dazu eingehend *Behr* (oben N. 62), S. 158 ff. m.N.
86 Auch dazu *Behr* (oben N. 62), S. 154.
87 Dazu mit Nachweisen MüKo-StVR/*Buse* (oben N. 15), Rn. 163.
88 *Mansel/Teichert*, JbItalR 21 (2008), S. 71, 82.
89 Trib. Trieste, 18.3.2019, n. 160.

### 4. Vorgerichtlich entstandene Anwaltskosten

Die Erstattungsfähigkeit von Kosten der vorgerichtlichen Rechtsverfolgung war im italienischen Recht lange Zeit umstritten.[90] Nach überwiegender Auffassung waren sie bis zur Höhe der gesetzlichen Gebühren erstattungsfähig,[91] sofern sie zur angemessenen Interessenwahrnehmung notwendig und erforderlich waren. Dies ist dann der Fall, wenn die Unfallregulierung besondere rechtliche Schwierigkeiten aufgeworfen oder der Versicherer das Schadensregulierungsverfahren unangemessen betrieben hat und die Schadenshöhe die Erheblichkeitsschwelle erreicht hat.[92]

Die Notwendigkeit einer Inanspruchnahme anwaltlicher Beratung lässt sich wohl bereits durch den Auslandsbezug des Sachverhalts begründen.[93] Dass die vorprozessuale Einschaltung eines Rechtsanwalts jedenfalls wegen Auslandsberührung erforderlich war, hat etwa auch das LG Hannover anerkannt.[94] Dort wurde die Höhe der Gebühren direkt dem RVG entnommen, da die Anwaltskosten beim Geschädigten angefallen seien.[95] Dem ist aus Sicht des Gutachters allenfalls im Ergebnis beizupflichten: Da es sich um eine Schadensposition handelt, ist im Ausgangspunkt auch insoweit kollisionsrechtlich das italienische, nicht das deutsche Recht berufen.[96]

Die Erstattungsfähigkeit vorgerichtlicher Anwaltskosten wurde mittlerweile auch in Art. 18 ff. des Ministerialdekrets Nr. 55 vom 10.3.2014[97] positivrechtlich anerkannt.[98] In Art. 19 dieses Ministerialdekrets wird festgelegt, dass im Einzelfall der Streitgegenstand, der Streitwert, die Anzahl und Bedeutung der behandelten Fragen, der Wert der erbrachten Leistungen, die erzielten Ergebnisse und die dem Mandanten erwachsenden Vorteile (auch nicht wirtschaftlicher Art) sowie eine etwaige Eilbedürftigkeit der Sache zu berücksichtigen sind.[99] Aus deutscher Sicht wird ganz überwiegend § 287 ZPO für

---

90 Zum Streitstand *Neidhart*, Unfall im Ausland, Band 2: West-Europa, 5. Aufl. 2007, S. 151; *Doughan*, JbItalR 26 (2013), S. 173, 174 ff.; *Behme/Eidenmüller*, JbItalR 28 (2015), S. 121, 123 f.
91 Cass., 27.11.2015, n. 24205 unter 5.3; ebenso AG Köln IPRax 2015, 358, 360; *Buse* (oben N. 10), 562 mit dem Hinweis auf die Dokumentationspflicht des Art. 148 Abs. 11 CAP hinsichtlich der durch die Einholung von Rechtsrat verursachten Kosten.
92 Cass., 21.10.2010, n. 997, Mass. giust. civ. 2010, 81 („se la spesa sia stata necessitata e giustificata in funzione dell'attività di esercizio stragiudiziale del diritto al risarcimento"); Cass., 11.11.2008, n. 26973; *Buse* (oben N. 10), 562; *Feller* (oben N. 16), Rn. 141; *Jayme*, JbItalR 30 (2017), S. 59, 61; *Doughan*, JbItalR 26 (2013), S. 173, 174 ff.; a. A. LG Treviso, Urt. v. 15.7.2010, wonach außergerichtliche Anwaltskosten nur zu erstatten sind, sofern eine außergerichtliche Regulierung des Unfalls erfolgt ist.
93 Ebenso *Jayme*, JbItalR 30 (2017), S. 59, 61.
94 LG Hannover DAR 2020, 568, 571.
95 LG Hannover DAR 2020, 568, 571.
96 So auch LG München II, 29.3.2018, Az. 13 O 3787/15, BeckRS 2018, 38784 Rn. 43 f.
97 G. U. 2.4.2014, n. 77. Dieses Dekret ersetzt ohne hier relevante Inhaltsänderung das Ministerialdekret Nr. 140 vom 20.7.2012, s. *Behme/Eidenmüller*, JbItalR 28 (2015), S. 121, 124. Eine deutsche Übersetzung des Dekrets findet sich bei *Strauß*, JbItalR 27 (2014), S. 149; zur Vorgängerversion *ders.*, JbItalR 26 (2013), S. 141.
98 MüKo-StVR/*Buse* (oben N. 15), Rn. 190 f.; *Doughan*, JbItalR 26 (2013), S. 173, 175; *Nissen*, DAR 2013, 568, 570; AG Köln IPRax 2015, 331, juris Rn. 41.
99 Siehe AG Köln IPRax 2015, 331, juris Rn. 42, welches Art. 3 des italienischen Ministerialdekrets Nr. 140 vom 22.7.2012 eine Begrenzung der Höhe des zu erstattenden Betrages auf max. 20 % der für begründet erachteten Streitsumme entnimmt; ebenso *Doughan*, JbItalR 26 (2013), S. 173, 178.

anwendbar erachtet.[100] Für den Fall eines Vergleichs ist dort ferner vorgesehen, dass sich die erstattungsfähigen Gebühren um 40 % erhöhen. Ferner wird auf die Richtwerte der im Anhang des Dekrets enthaltenen Tabelle verwiesen, die im Einzelfall um bis zu 80 % erhöht oder um bis zu 50 % reduziert werden können.[101]

Diskutiert wird eine Deckelung des erstattungsfähigen Betrags durch den Streitwert des gerichtlichen Verfahrens: So sollen die Anwaltskosten maximal in Höhe von 20 % hiervon erstattungsfähig sein.[102] Doch sehen andere insoweit keine zwingende rechtliche Regelung, sondern nur eine gängige Praxis der Versicherungen.[103] Nachdem die hier geltend gemachten Anwaltskosten unter diesem Satz liegen, wird von der Darstellung des Streitstandes abgesehen.

Auszugehen ist daher von Art. 18 ff. des Ministerialdekrets Nr. 55 vom 10.3.2014.[104] Die Tabelle Nr. 15 im Anhang zu diesem Dekret weist bei außergerichtlicher Tätigkeit für einen Gegenstandswert zwischen 52.000,01 € und 260.000,00 € als Durchschnittswert für die Vergütung einen Betrag von 1890,00 € aus; das Minimum liegt bei 945,00 €, das Maximum bei 3042,00 €. Der klägerseitig nach Aktenlage geforderte Betrag in Höhe von 989,13 € liegt innerhalb dieser Spanne, so dass aus Sicht des Gutachters weitere Ausführungen zu den nach Art. 19 des Ministerialdekrets in die gerichtliche Ermessensausübung einzubeziehenden Faktoren unterbleiben können.

### 5. Zinsansprüche für fällige Forderungen

#### a) Fälligkeitszinsen

Fällige und liquide Forderungen sind nach Art. 1282 c. c. ex lege zu verzinsen. Bei diesen Fälligkeitszinsen ist eine gesonderte Inverzugsetzung insoweit nicht erforderlich.[105] Steht eine Forderung dem Grunde oder der Höhe nach in Streit, scheidet dieser Anspruch an sich aus. Doch besteht im Falle der Verurteilung rückwirkend ein Anspruch auf Verzinsung der zugesprochenen Forderung ab Klageantrag, da das Urteil die Forderung unstreitig stellt.[106]

In Bezug auf die vorliegend geltend gemachte Forderung wären mithin für den Fall des klägerischen Obsiegens Fälligkeitszinsen seit Klageerhebung im Mai 2019 geschuldet.[107] Zur Zinshöhe wird unten Stellung genommen.

---

100 LG Saarbrücken NJW-RR 2012, 885; *Eichel*, IPRax 2014, 156; *Doughan*, JbItalR 26 (2013), S. 173, 179. A. A. LG Hanau, Urteil v. 9.6.2011, Az. 4 O 28/09, juris Rn. 42, das die entsprechende Vorschrift zur Schadensschätzung der lex causae anwendet.
101 *Behme/Eidenmüller*, JbItalR 28 (2015), S. 121, 124.
102 Ausführlich mit Nachweisen *Doughan*, JbItalR 26 (2013), S. 173, 177 ff.; s. a. AG Köln IPRax 2015, 358, 360.
103 Keine zwingende rechtliche Regelung sehen darin etwa *Nissen*, DAR 2013, 568, 570; *Buse* (oben N. 10), 562 m. N. zur untergerichtlichen Rechtsprechung.
104 G. U. 2.4.2014, n. 77. Eine deutsche Übersetzung des Dekrets findet sich bei *Strauß*, JbItalR 27 (2014), S. 149.
105 Vgl. auch LG München II, Urt. v. 29.3.2018, 13 O 3787/15 = BeckRS 2018, 38784, Rn. 42; LG Hannover DAR 2020, 568, 571.
106 Siehe auch AG Köln DAR 2014, 470, 473.
107 Hinzuweisen ist auf vereinzelte Stimmen, die von einer Verzinsung bereits ab Unfalltag ausgehen, s. etwa *Feller* (oben N. 16), Rn. 139; ebenso LG Chemnitz BeckRS 2018, 36811 Rn. 21. Dies kommt jedoch nach dem klaren Wortlaut des Art. 1282 c. c. nur für fällige und liquide Forderungen in Betracht.

### b) Verzugszinsen

Daneben (aber nicht kumulativ) bestehen ggf. noch Ansprüche auf Verzugszinsen in der Höhe des gesetzlichen Zinssatzes. Hierfür ist grundsätzlich eine Mahnung erforderlich (Art. 1224 c.c.). Umstritten ist die Verzinsungspflicht in Bezug auf deliktische Ansprüche, da diesbezüglich im italienischen Recht eine § 849 BGB entsprechende Vorschrift fehlt. Die italienische Rechtsprechung ist diesbezüglich uneinheitlich. Teilweise wird auf Art. 1219 Abs. 2 Nr. 1 c.c. abgestellt, wonach sich der Schädiger im Falle einer unerlaubten Handlung ab dem Zeitpunkt des Schadenseintritts in Verzug befindet.[108]

Mehrheitlich wird ein Zinsanspruch diesbezüglich abgelehnt, da es sich um eine Geldwertschuld handele; die für die Bemessung des Schadensersatzanspruchs infolge unerlaubter Handlung geltende Norm des Art. 2056 Abs. 1 c.c. verweise gerade nicht auf den Verzugszinsanspruch aus Art. 1224 c.c.[109] Als Ausgleich kommen unter bestimmten Voraussetzungen unter Billigkeitsaspekten sog. kompensative Zinsen in Betracht.

Der Direktanspruch des Klägers gegen den Versicherer der Schädigerin nach Art. 144 Abs. 1 CAP ist als Geldsummenschuld anzusehen[110] und ist daher bereits mit Verzugseintritt zu verzinsen.[111] Verzug tritt regelmäßig dann ein, wenn der Versicherer seinen Regulierungspflichten nicht nachkommt.[112] Dies ist nach der italienischen Rechtsprechung dann der Fall, wenn die nach Art. 145 Abs. 1 CAP bestehende (bei Sachschäden) sechzigtägige sog. Friedenspflicht nach Anspruchserhebung durch den Geschädigten abgelaufen ist.[113]

Ob sich diese Grundsätze auf Sachverhalte mit Auslandbezug übertragen lassen, ist wegen des prozessualen Charakters des versicherungsrechtlichen Regulierungsverfahren nicht ganz zweifelsfrei. Auf die Frage käme es aber dann nicht an, wenn und soweit eine verzugsbegründende Mahnung des Klägers vorgelegen hat. Diese könnte in der vorgerichtlichen Zahlungsaufforderung des Klägers liegen. Mithin würden Verzugszinsen ab diesem Zeitpunkt geschuldet.

Hinzuweisen ist noch auf die sog. kompensativen Zinsen (*interessi compensativi*). Diese werden von der italienischen Rechtsprechung hinsichtlich deliktischer Ansprüche auf der Grundlage des Art. 1226 c.c., der die Schadensbemessung nach Billigkeit regelt, zum Ausgleich weitergehender Schäden aus der fehlenden Verfügbarkeit des Schadensersatzbetrages zwischen dem Zeitpunkt der Schädigung und dem Urteilserlass zugesprochen.[114] Der Sache nach handelt es sich dabei nicht um einen Zinsanspruch im Rechtssinne, sondern eine Schadensposition,[115] die aber insoweit eine gewisse funktionale Äquivalenz

---

108 Statt vieler Cass., 19.5.1990, n. 2296, Giur. It. 1990, I, 1, 1584; vgl. ferner die Nachweise bei *Kindler* (oben N. 39), § 15 Rn. 26.
109 Vgl. Cass., Sez. Un., 17.2.1995, n. 1712; *Thiene*, in: *Cian/Trabucchi* (Hrsg.), Commentario breve al Codice Civile, 13. Aufl. 2018, Art. 2056, Anm. I Rn. 2.
110 Cass., 11.3.2016, n. 4765; Cass., 18.11.2014, n. 24470; Cass., 31.3.2007, n. 8078.
111 MüKo-StVR/*Buse* (oben N. 15), Rn. 230.
112 Cass., Sez. Un., 18.12.2014, n. 26659; Cass., 11.3.2016, n. 4765; weitere Nachweise bei MüKo-SVR/*Buse* (oben N. 15), Rn. 230.
113 Cass., Sez. Un., 18.12.2014, n. 26659.
114 Grundsatzurteil: Cass., Sez. Un., 17.2.1995, n. 1712.
115 Cass., 10.10.2014, n. 21396.

zum Zinsanspruch aufweist, als sie die Geldentwertung während der Rechtsdurchsetzung auffängt.

Im Rahmen der in Art. 1226 c. c. vorgesehenen richterlichen Ermessensausübung kann als Leitlinie auf den gesetzlichen Zinssatz ab Schadenseintritt abgestellt werden.[116] Teilweise wird in der Rechtsprechung auch eine sog. Halbsummenformel verwendet, wonach der Schädiger einen Mittelwert zwischen dem Ersatzbetrag am Unfalltag und am Tag der Urteilsverkündung als „kompensative Zinsen" schuldet.[117] Die Rechtsprechung verwendet diese Rechtsfigur als Ausgleich dafür, dass deliktische Ansprüche als Geldwertschulden grundsätzlich nicht verzinst werden.

Derlei Ansprüche bestehen nach der italienischen Rechtsprechung nicht bei unerheblichen Schadensbeträgen, die etwa bei 1000 Euro liegen dürften.[118] Unklar ist jedenfalls, ob die kompensativen Zinsen auch hinsichtlich des Direktanspruchs gegen den Versicherer bestehen.[119] In der Rechtsprechung finden sich jedenfalls Hinweise darauf, dass eine Billigkeitsentscheidung nach Umwandlung eines Anspruchs in eine Geldsummenschuld nicht mehr möglich ist.[120]

Ohnehin müsste das anfragende Gericht abwägen, ob eine Billigkeitsentscheidung auf der Grundlage des Art. 1226 c. c. beim vorliegenden Sachverhalt erforderlich ist. Zu berücksichtigen wäre hierbei auch, dass bei der Zuerkennung der „kompensativen Zinsen" vor allem der regelmäßig erheblichen Verfahrensdauer vor italienischen Gerichten Gewicht zukommt;[121] überdies dürfte bei der Herausbildung der einschlägigen Rechtsprechung jedenfalls früher die vor Einführung des Euro vergleichsweise hohe Inflation der italienischen Lira eine Rolle gespielt haben.

c) Zinshöhe

Die Zinshöhe folgt aus Art. 1284 Abs. 1 c. c., danach wird der gesetzliche Zinssatz mit jährlich fünf Prozent festgesetzt. Der Minister für das Staatsvermögen kann jährlich mit Dekret, das spätestens bis zum 15. Dezember jenes Jahres im Gesetzblatt der Republik zu veröffentlichen ist, das dem Jahr vorangeht, auf das sich der Zinssatz bezieht, dessen Höhe auf der Grundlage des jährlichen Bruttodurchschnittsertrages der Staatspapiere mit einer Laufzeit von nicht über zwölf Monaten und unter Berücksichtigung der im Jahr ermittelten Inflationsrate ändern. Klarstellend ist anzufügen, dass sich die per Dekret jeweils zum 1. Januar eines Jahres festgelegten Zinssätze als Jahreszins verstehen.[122] Wird die Höhe des Zinssatzes nicht bis zum 15. Dezember neu festgesetzt, bleibt der bisherige Zinssatz für das folgende Jahr unverändert.

---

116 *Zaccaria*, in: *Cian/Trabucchi* (oben N. 109), Art. 1224, Anm. II Rn. 2.
117 Cass., 10.10.2014, n. 21396.
118 S. Cass., 5.8.2010, n. 18181, wonach etwa 700 € als nicht ausreichend angesehen wurden.
119 *Mansel/Teichert*, JbItalR 21 (2008), S. 71, 89.
120 Cass., 27.7.2001, n. 10300.
121 Hinweis auch bei MüKo-StVR/*Buse* (oben N. 15), Rn. 231.
122 Siehe auch MüKo-StVR/*Buse* (oben N. 15), Rn. 228; LG Hannover DAR 2020, 568, 571 sowie LG München II, Urt. v. 29.3.2018, 13 O 3787/15 = BeckRS 2018, 38784.

Solche Dekrete bestehen für die vergangenen Jahre wie folgt:[123]
– ab 1. Januar 2017: Zinshöhe von 0,1 %
– ab 1. Januar 2018: Zinshöhe von 0,3 %
– ab 1. Januar 2019: Zinshöhe von 0,8 %
– ab 1. Januar 2020: Zinshöhe von 0,05 % p. a.
– ab 1. Januar 2021: Zinshöhe von 0,01 % p. a.
– ab 1. Januar 2022: Zinshöhe von 1,25 % p. a.
– seit 1. Januar 2023: Zinshöhe von 5,00 % p. a.

In intertemporaler Hinsicht erfasst die neu festgesetzte Zinshöhe die Forderung erst ab ihrem jeweiligen Inkrafttreten.[124]

Die Sondervorschrift des Art. 1284 Abs. 4 c. c., wonach ab Rechtshängigkeit erhöhte Zinsen in Höhe von 8 % über dem Basiszinssatz[125] geschuldet werden, gilt nach der Rechtsprechung der Corte di Cassazione nur für vertragliche Forderungen.[126]

### D. Zusammenfassung

1. Art. 144 Abs. 1 CAP gibt dem Geschädigten einen Direktanspruch gegen die Haftpflichtversicherung des Anspruchsgegners. Dieser Anspruch steht neben dem deliktischen Anspruch gegen den Schädiger selbst, der hier auf Art. 2054 Abs. 1 c. c. gestützt werden kann. Die Beweislastverteilung richtet sich nach materiellem Recht.

2. Das italienische Recht basiert auf dem Grundsatz der Totalreparation. Der Schädiger hat dem Geschädigten alle adäquat-kausal durch die schädigende Handlung verursachten Schäden zu ersetzen. Dies gilt für Vermögensschäden wie grundsätzlich auch für Nichtvermögensschäden. Letztere bilden eine einheitliche Kategorie, die im Rahmen der Haftung für Straßenverkehrsunfälle den besonderen Regeln der Art. 137–139 CAP unterstehen.

a) Die vom Kläger geltend gemachten Vermögensschäden sind ersatzfähig. Dies gilt auch für das Fahrradzubehör, sofern zur Überzeugung des Gerichts feststeht, dass dessen Zerstörung adäquat-kausal auf den Unfall zurückging.

b) Die im Wege der Klageerweiterung geltend gemachten Gutachterkosten sind in voller Höhe zu erstatten.

c) Der Schadensersatz wegen persönlichem Vermögensschaden ist grundsätzlich in voller Höhe erstattungsfähig. Ob dies hinsichtlich der geltend gemachten Selbstbeteiligung der Fall ist, ist Tatfrage. Ob wegen der Rückholkosten des Wohnmobils eine billige Entschädigung in Geld zuzusprechen ist, wird das anfragende Gericht nach den oben genannten

---

123 Siehe die Übersicht auf der Website des italienischen Finanzministeriums: https://def.finanze.it/DocTribFrontend/getArticoloDetailFromResultList.do?id={8DDA1101-2627-4659-A07E-A66205121416}&codiceOrdinamento=200128400000000&idAttoNormativo={9E93F1BE-06AE-4F24-8E9D-B838F7E0C2E6} (abgerufen am 9.2.2023).
124 Siehe *Behme/Eidenmüller*, JbItalR 28 (2015), S. 121, 122.
125 Dieser wurde 2017 auf Null gesetzt, vgl. *Zaccaria*, in: *Cian/Trabucchi* (oben N.109), Art. 1284, Anm. V Rn. 1.
126 Cass., 7.11.2018, n. 28409. Ungenau insoweit *Feller* (oben N. 16), Rn. 138.

Kriterien zu entscheiden haben. Die frustrierten Aufwendungen für den Stellplatz des Wohnmobils sind ersatzfähig.

Die Erstattungsfähigkeit des entgangenen Gewinns richtet sich nach Art. 2056 Abs. 2 c. c. i. V. m. Art. 137 CAP. Art. 137 Abs. 1 CAP stellt insoweit eine Vermutung auf, dass das höchste Nettoeinkommen, das der Geschädigte in den letzten drei Jahren für die Zwecke der Einkommensteuererklärung angegeben hat, dem mutmaßlich entgangenen Gewinn entspricht. Das anfragende Gericht wird zu würdigen haben, ob die vom Kläger vorgelegten Unterlagen über (weitere) Schadenspositionen aus abgesagten Aufträgen eine Erschütterung dieser Vermutung nach Art. 137 Abs. 2 CAP herbeiführen.

Bei den Nichtvermögensschäden handelt es sich im italienischen Recht um eine einheitliche Schadensposition. Für Verkehrsunfälle bestehen hinsichtlich des Schadensumfangs Sonderregelungen in Art. 138, 139 CAP. Dabei betrifft Art. 138 CAP Fälle von schwereren Körperverletzungen (*danno biologico per lesioni di non lieve entità*, d. h. 10–100 % permanenter Invalidität) und Art. 139 CAP die darunter liegenden Fälle leichter Körperverletzungen (*danno biologico per lesioni di lieve entità*, d. h. 1–9 % permanenter Invalidität). Eine Erhöhung der Tabellenbeträge ist nur unter ganz außergewöhnlichen Umständen möglich; Art. 139 Abs. 3 CAP setzt hierfür eine Obergrenze von 20 % des ansonsten geschuldeten Betrags. Danach stehen dem Kläger folgende Ansprüche zu:

– Schadensersatz wegen vorübergehendem Gesundheitsschaden; der Umfang ist Tatfrage, wobei der Bemessung der aktuell geltende Tagessatz von 50,79 € zugrunde zu legen ist;
– Schadensersatz wegen dauerhaftem Gesundheitsschaden; der Umfang ist Tatfrage, wobei der aktuell geltende Tagessatz von 870,97 € zugrunde zu legen ist; nach den der Anschauung dienenden Berechnungen des Gutachters besteht ein Anspruch in Höhe von 14.693,70 €;
– eine individualisierte Erhöhung des Ersatzes für immaterielle Schäden um bis zu 20 % steht im Ermessen des Gerichts.

3. Vorgerichtlich entstandene Rechtsanwaltskosten eines Unfallbeteiligten sind nach italienischem Recht von der unfallgegnerischen Versicherung zu erstatten, wenn sie notwendig und gerechtfertigt waren.

4. Nach italienischem Recht sind deliktische Ansprüche grundsätzlich zu verzinsen. Die Zinshöhe wird per Dekret jährlich neu festgelegt.

*Christoph Perathoner*

# Der multimodale Transport:
# Ein immer wichtigeres Transportphänomen im internationalen Recht ohne gesetzliche Regelung in Italien[*]

## I. Einführung

Über siebzig Jahre nach der Erklärung des damaligen französischen Außenministers *Robert Schuman* (1886–1963)[1] am 9.5.1950 in Paris zeigt sich in vielen Bereichen, wie der Prozess der europäischen Integration mit seinem Ziel „einer immer engeren Union der Völker Europas"[2] das Zusammenleben und die Zusammenarbeit auf dem europäischen Kontinent prägen und verbessern konnte. Ein wesentliches Ziel des gemeinsamen politischen Zusammenschlusses bestand dabei in der Schaffung eines Binnenmarktes, der „den freien Verkehr von Waren, Personen, Dienstleistungen und Kapital" gewährleisten sollte.[3]

Für lange Zeit und vor allem zu Beginn des europäischen Integrationsprozesses[4] war jedoch (wohl bewusst[5]) verkannt worden, dass insbesondere der Verkehrssektor ein Mittel

---

[*] Es sei darauf hingewiesen, dass dieser Beitrag teilweise (in abgeänderter oder weiterentwickelter Form) auch Gedanken und Passagen wiedergibt, die in folgendem Beitrag erarbeitet wurden: *Perathoner*, Il trasporto multimodale nel diritto dell'Unione Europea: un fenomeno trasportistico emergente privo di un'adeguata regolamentazione, in: Laimer/Perathoner, Mobilitäts- und Transportrecht in Europa. Bestandsaufnahme und Zukunftsperspektiven, 2022, S. 59–83.

[1] Die deutsche Sprachfassung der Erklärung von *Jean-Baptiste Nicolas Robert Schuman* vom 9.5.1950 kann unter https://european-union.europa.eu/principles-countries-history/history-eu/1945–59/schuman-declaration-may-1950_de (abgerufen am 1.10.2023) eingesehen werden.

[2] Siehe Art. 1 Abs. 2 EUV.

[3] Siehe Art. 26 Abs. 2 AEUV.

[4] Der am 25.3.1957 in Rom unterzeichnete *Vertrag zur Gründung der Europäischen Gemeinschaft* (EGV) widmete dem *Verkehr* den gesamten Titel IV (Art. 74–84).

[5] Bei den Verhandlungen, die zur Unterzeichnung des Vertrags zur Gründung der Europäischen Gemeinschaft am 25.3.1957 führten, setzten sich nur die Niederlande offen für die Schaffung eines liberalisierten und harmonisierten Verkehrsbinnenmarktes ein. Einflussreichere Staaten wie Deutschland und Frankreich tendierten dazu, den Status quo im Verkehrssektor zumindest für eine gewisse Zeit beizubehalten. Dies war zum Teil darauf zurückzuführen, dass der Verkehr in den Händen mächtiger Unternehmen, öffentlicher Gesellschaften oder staatlicher Unternehmen lag – wie der *Société Nationale des Chemins de fer Français*, der Deutschen Bundesbahn oder den *Ferrovie dello Stato Italiane*, die als (Quasi-)Monopolisten in engem Kontakt mit den zuständigen Verkehrsministerien standen und die staatliche Gesetzgebung nach ihren Bedürfnissen zu gestalten beabsichtigten; vgl. *Classen*, Verkehr, in: Oppermann/Classen/Nettesheim, Europarecht, 8. Aufl., München 2018, S. 450. Titel VI (Art. 90 ff.) AEUV, der nunmehr den „Verkehr" regelt, stellt keine wirkliche Rechtsgrundlage dar und ist noch weniger Ausdruck der Vision dieser für die Entwicklung der Union so wichtigen Politik, vgl. *Adam/Tizzano*, Manuale di diritto dell'Unione Europea, 2. Aufl. 2017, S. 586 f. Es war schließlich der EuGH, der der Europäischen Union mit seinem Urt. v. 22.5.1985, Rs. C-13/83 – *Europäisches Parlament/Rat der Europäischen Gemeinschaften* verdeutlichte, im Verkehrssektor aktiver zu werden. Die Entscheidung wurde u. a. besprochen von: *Tufano*, Sui

zur Harmonisierung darstellen und eine immer engere Verbindung ermöglichen könnte. So fehlte es diesbezüglich lange an einer konstruktiven Zusammenarbeit zwischen den Mitgliedstaaten sowie einer angepassten und aufeinander abgestimmten Verkehrspolitik. Erst seit der Unterzeichnung des Vertrags von Maastricht am 7.2.1992 (in Kraft seit dem 1.11.1993)[6] trugen verkehrspolitische Entscheidungen[7] aktiv dazu bei, den sozialen und wirtschaftlichen Zusammenhalt der Union zu festigen, und zwar sowohl im Hinblick auf Mobilität als auch in den Bereichen Beschäftigung und Handel.[8]

Neue Herausforderungen im Verkehrssektor liegen insbesondere in der Globalisierung, der Abwanderung der industriellen Produktion sowie in den Gebieten Nachhaltigkeit und Digitalisierung. Diese erfordern nunmehr sowohl im mitgliedstaatlichen Bereich als auch auf Ebene der Europäischen Union ein immer rascheres Umdenken. Gleichzeitig ist die fortwährende Weiterentwicklung von Verkehrsdienstleistungen und -infrastrukturen mit einer *wettbewerbsfähigen* und *nachhaltigen* europäischen Verkehrspolitik in Einklang zu bringen.[9]

Dass Personen und Waren seit Jahren immer größere Entfernungen in immer kürzerer Zeit zurückzulegen haben, dabei oft mehrere Staaten durchqueren und so vielfach Berührungspunkte zu verschiedenen Rechtssystemen schaffen, machte es schon seit längerem erforderlich, im Transportwesen umzudenken. Insbesondere die zwingende Nutzung verschiedener Verkehrsträger und deren komplexe Kombination zur Schaffung einer effizienten Beförderung konnte hier Abhilfe schaffen. Dies führte in den letzten Jahren verstärkt zum Aufschwung und zur Etablierung eines neuen Transportphänomens – des sog. multimodalen Verkehrs (*multimodal transport*[10]). Auch international konnte dieser immer mehr an Bedeutung gewinnen, eine Entwicklung, auf die auch die Europäische Union aufmerksam geworden war.[11] Manche Mitgliedstaaten, wie Italien, leben diesen neuen Verkehr bereits, ohne ihm jedoch eine (umfassende) gesetzliche Regelung entgegenzustellen oder einen (abschließenden) rechtlichen Rahmen zu geben. Vorliegend

---

ritardi del Consiglio in materia di politica comunitaria dei trasporti, Il Foro italiano 1986, IV, 253–273; *Fennel*, The Transport Policy Case, European Law Review 1985, 264–276; *Erdmenger*, Die EG-Verkehrspolitik vor Gericht – das EuGH-Urteil Rs. 13/83 vom 22.5.1985 und seine Folgen, Europarecht 1985, 375–392; *Arpio Santacruz*, El Parlamento frente al Consejo: la sentencia del Tribunal de Justicia del Tribunal de Justicia en materia de transportes, Revista de Instituciones Europeas 1985, 789–804.

6 Vertrag über die Europäische Union, ABl. EU C 191 vom 29.7.1992.

7 Siehe Art. 4 Abs. 2 lit. g und h sowie Art. 90–100 AEUV. Die Verkehrspolitik zählt zu den geteilten Zuständigkeiten der EU.

8 *Pagliarin*, La governance dei trasporti: nuove prospettive tra integrazione europea e regionalismo differenziato, in: Pagliarin/Perathoner/Laimer, Per una Europa più unita nel settore dei trasporti. Assetti istituzionali, economici e normative. Il diritto dei trasporti nell'Unione Europea, 2020, weist darauf hin, dass die Governance des Verkehrssektors einer jener Aspekte ist, der den Schutz der diesem zugrunde liegenden sozialen, ökologischen und wirtschaftlichen Werte und Interessen am meisten beeinflussen. Vgl. auch *Perathoner*, Il diritto dei trasporti nel mercato interno europeo e nella sua dimensione esterna, in: Pagliarin/Perathoner/Laimer, Per una Europa più unita nel settore dei trasporti. Assetti istituzionali, economici e normative. Il diritto dei trasporti nell'Unione Europea, 2020, S. 1–4.

9 Vgl. Weißbuch, Fahrplan zu einem einheitlichen europäischen Verkehrsraum – Hin zu einem wettbewerbsorientierten und ressourcenschonenden Verkehrssystem, KOM (2011) 144 endgültig, 28.3.2011.

10 Auch: *Multimodality in the transport sector.*

11 Die damalige EU-Verkehrskommissarin *Violeta Bulc* bezeichnete 2018 als das *Jahr der Multimodalität*, siehe https://transport.ec.europa.eu/transport-themes/logistics-and-multimodal-transport/2018-year-multimodality_de (abgerufen am 1.10.2023).

sollen insbesondere die in Italien angewandten Vorschriften vorgestellt und der internationale Rechtsrahmen beleuchtet werden.

## II. Das Konzept der Multimodalität

Das europäische Verkehrsaufkommen, sowohl im Güter- als auch im Personenverkehr, nimmt weiterhin stetig zu.[12] Lange wurden die einzelnen Verkehrsträger – Straße, Schiene, See und Luft – voneinander getrennt betrachtet und reguliert. Dies hemmte die vollständige Verwirklichung einer wettbewerbsfähigen und nachhaltigen Verkehrspolitik. Vor allem im Straßenverkehr, aber nicht nur dort, trugen hohe Verkehrsaufkommen, Staus, Verspätungen, steigende Unfallzahlen und Luftverschmutzung zur Limitierung des Sektors bei. Gearbeitet wurde deshalb an Verkehrssystemen, die die Vorteile der einzelnen Verkehrsträger optimal nutzten, die einzelne Träger je nach zurückzulegender Strecke aufeinander abstimmten und kombinierten, um auf diese Weise Transportzeiten und -kosten zu reduzieren. Auch die Europäischen Kommission erkannte in der *Multimodalität des Verkehrssektors* ein zentrales Mittel zur Schaffung eines zukunftsträchtigen Personen- und Warentransports.[13]

Historisch nahm die Multimodalität, ausgehend von den Vereinigten Staaten und aufgrund des Aufkommens standardisierter (Paletten und später) Container im Bereich des Handels ihren Anfang.[14] Das multimodale Transportmittel[15] diente dabei in erster Linie der Konsolidierung, dem Umschlag und Transfer von Gütern. Ausgangspunkt bildeten die dazugehörigen, neu gedachten Transportkreisläufe und die Einrichtung von Containerterminals in den frühen 1960er Jahren.[16]

Dank der Verlade- und Umschlagmethode konnten Güter über weite Entfernungen hinweg, oft auf dem Seeweg, jedoch unter Nutzung einer Kombination verschiedener Transportmittel (z. B. Lkw–Schiff, Lkw–Zug) effizienter befördert werden. Dies ermöglichte eine rasche Lieferung von „Tür zu Tür",[17] sprich vom Abgangsort oder -lager zum Ort oder Lager des endgültigen Bestimmungsorts.

Sowohl aus technischer als auch aus rechtlicher Sicht konnten dabei drei Transportarten unterschieden werden. Die Trennlinie zwischen diesen verläuft auch heute noch nicht immer scharf. Grundsätzlich differenziert werden können jedoch (a) der *multimodale Verkehr*, (b) der *intermodale Verkehr* und (c) der *kombinierte Verkehr*.

---

[12] Hierzu Europäischer Rechnungshof (Hrsg.), Landscape-Analyse. Hin zu einem optimierten Verkehrssektor in der EU: Welche Herausforderungen gilt es zu bewältigen?, 2018, S. 17. Zugänglich unter www.eca.europa.eu/Lists/ECADocuments/LR_TRANSPORT/LR_TRANSPORT_DE.pdf (abgerufen am 1.10.2023).
[13] Zum *Jahr der Multimodalität* bereits *supra*.
[14] Zur Geschichte auch *Hoeks*, Multimodal Transport Law. The law applicable to the multimodal contract for the carriage of goods, 2010, S. 39 ff.
[15] Betreffend den Eisenbahnverkehr: sog. *piggyback service*; für Schiffe: sog. *fishyback service*; und für Lastkraftwagen: sog. *truck container service*.
[16] Vgl. *Antonini*, Corso di diritto dei trasporti, 3. Aufl. 2015, S. 153.
[17] Vgl. *Casanova/Brignardello*, Diritto dei trasporti. La disciplina contrattuale, 2007, S. 288.

Die Grundlagen der Definition und Abgrenzung dieser Begriffe wurden bereits vor rund dreißig Jahren, am 29.3.1993,[18] von der *Europäischen Verkehrsministerkonferenz* (ECMT) geschaffen.[19] Im Rahmen der Arbeiten zur Förderung der Regulierung des internationalen Verkehrssektors innerhalb der *Organisation für wirtschaftliche Zusammenarbeit und Entwicklung* (OECD), die sich heute hauptsächlich im Rahmen des *International Transport Forum* (ITF) äußert,[20] wurden neue Begriffsbestimmungen entwickelt, die auch heute noch international und insbesondere in Europa Anerkennung finden:

a) So beschreibt der *multimodale* Verkehr nach der ECMT eine Beförderung, die mit mindestens zwei verschiedenen, nicht einander untergeordneten Verkehrsträgern im Rahmen eines einzigen Vertrags und von einem als multimodalem Verkehrsbetreiber (MVB) definierten Unternehmen durchgeführt wird, welches sich in der Regel, jedoch nicht notwendigerweise, einer oder mehrerer Subunternehmen für die Beförderung auf den einzelnen Streckenabschnitten bedient.

b) Zwar stimmen die objektiven Merkmale des *intermodalen* Verkehrs mit jenen des *multimodalen* überein. Jedoch tritt kein sog. Ladungsumbruch auf, dank der Verwendung ein und derselben Ladeeinheit (CU) in der Umschlagphase und damit beim Wechsel von einem Verkehrsträger zum anderen.

c) Der *kombinierte* Verkehr bezeichnet hingegen eine Sonderform des *intermodalen* Verkehrs, bei dem die Hauptstrecke auf dem See-, Schienen- oder Wasserweg, die kürzeren Zu- und Ablaufstrecken jedoch auf der Straße zurückgelegt werden.[21] Die Europäische Union erarbeitete in Art. 1 Abs. 2 der RL 92/106/EWG[22] eine eigene

---

18 *CEMT*, Terminology on combined transport, 1993, S. 1 ff.; siehe auch *Conferenza Europea dei Ministri dei Trasporti*, Trasporto multimodale, intermodale, combinato. Le differenze terminologiche secondo la CEMT, Le Assicurazioni Trasporti, 1995, S. 21, u. a. zitiert in: Antonini (Hrsg.), Trattato breve di diritto marittimo. I contratti di utilizzazione della nave e la responsabilità del vettore, Bd. II, Milano 2008, S. 442 f.

19 Die CEMT (engl. *European Conference of Ministers of Transport*, ECMT; fr. *Conférence Européenne des Ministres des Transports*, CEMT) ist eine institutionalisierte Plattform in Form einer zwischenstaatlichen Organisation. Begründet wurde sie durch das Protokoll vom 17.10.1953 über die Europäische Konferenz der Verkehrsminister, das in Italien durch das Gesetz Nr. 224 vom 9.3.1955, Approvazione ed esecuzione del Protocollo relativo alla Conferenza europea dei ministri dei trasporti, firmato a Bruxelles il 17.10.1953, umgesetzt wurde. Der CEMT gehören derzeit 43 Staaten an, darunter alle EU-Mitgliedstaaten. Auf der Konferenz in Dublin im Mai 2006 beschlossen die Verkehrsminister die Gründung des *International Transport Forum* (ITF), dem alle Staaten der Welt beitreten können, so dass diese neue internationale Organisation teilweise die Nachfolge der CEMT antritt. Der CEMT kommt weiterhin Bedeutung zu, darunter insbesondere der sog. „CEMT-Genehmigung", die es Unternehmen ermöglicht, Güter auf der Straße in allen CEMT-Mitgliedstaaten zu transportieren. Die CEMT-Genehmigung berechtigt nicht zum innerstaatlichen Verkehr innerhalb eines CEMT-Mitgliedstaates oder zum Transport zwischen einem CEMT-Mitgliedstaat und einem Nicht-Mitgliedstaat. Die Genehmigungen werden vom zuständigen Ministerium für Verkehr und Handel erteilt. Für italienische Unternehmen ist die Erteilung von CEMT-Genehmigungen in den Bestimmungen des Ministeriums für Infrastruktur und Verkehr geregelt: Ministerialdekret vom 2.8.2005, Nr. 198, Disposizioni concernenti i criteri di rilascio delle autorizzazioni internazionali al trasporto di merci su strada, und Decreto dirigenziale, 9.7.2013, in: Gazz. Uff. 19.7.2013, n. 168.

20 Das ITF ist eine (zwischenstaatliche) internationale Organisation mit Sitz in Paris, die in ihrer Selbstverwaltung autonom, aber dennoch mit der OECD verbunden ist. Ihr gehören heute 65 Mitgliedstaaten aus der ganzen Welt an, siehe www.itf-oecd.org (abgerufen am 1.10.2023).

21 Vgl. *Antonini* (Hrsg.), Trattato breve di diritto marittimo. I contratti di utilizzazione della nave e la responsabilità del vettore, Bd. 2, Milano, 2008, S. 443.

22 Richtlinie 92/106/EWG des Rates vom 7.12.1992 über die Festlegung gemeinsamer Regeln für bestimmte Beförderungen im kombinierten Güterverkehr zwischen Mitgliedstaaten, ABl. EWG Nr. L 368 S. 38 vom

Definition des kombinierten Verkehrs: „*als „kombinierter Verkehr" [gelten] Güterbeförderungen zwischen Mitgliedstaaten, bei denen der Lastkraftwagen, der Anhänger, der Sattelanhänger mit oder ohne Zugmaschine, der Wechselaufbau oder der Container von mindestens 20 Fuß Länge die Zu- und Ablaufstrecke auf der Straße und den übrigen Teil der Strecke auf der Schiene oder auf einer Binnenwasserstraße oder auf See, sofern diese mehr als 100 km Luftlinie beträgt, zurücklegt, wobei der Straßenzu- oder -ablauf erfolgt:*
- *entweder – für die Zulaufstrecke – zwischen dem Ort, an dem die Güter geladen werden, und dem nächstgelegenen geeigneten Umschlagbahnhof bzw. – für die Ablaufstrecke – zwischen dem nächstgelegenen geeigneten Umschlagbahnhof und dem Ort, an dem die Güter entladen werden.*
- *oder in einem Umkreis von höchstens 150 km Luftlinie um den Binnen- oder Seehafen des Umschlags.*"[23]

Tatsächlich handelt es sich bei allen drei genannten Begriffen um Schlüsselkonzepte innerhalb einer europäischen Verkehrspolitik, die darauf abzielt, Verkehrsträger zunehmend zu integrieren und eine Interoperabilität auf allen Ebenen der Verkehrssysteme herzustellen.

### III. Der multimodale Beförderungsvertrag nach italienischem Recht

Rein technisch stellt der multimodale Verkehr so eine eigenständige Transportart dar.[24] Ob dies auch rechtlich der Fall ist, ist fraglich. Gekennzeichnet wird der Verkehrstyp dabei insbesondere durch folgende Elemente:

(a) die Durchführung der Beförderung von Gütern oder Personen von einem Ort zum anderen, unter Verwendung von mindestens zwei verschiedenen Beförderungsmitteln, sprich, die Beförderung hat auf zwei getrennten Trassen zu erfolgen,

(b) die Verkehrsträger dürfen einander nicht untergeordnet sein,

(c) der Transport hat den Umschlag von einem Beförderungsmittel auf ein anderes zu umfassen,

(d) der gesamte Transport wird durch einen *einzigen Vertrag* geregelt,

(e) und durch einen einzigen Akteur, den sog. *multimodalen Frachtführer (MTO)*, abgewickelt,[25]

(f) der sich gegenüber dem Auftraggeber verpflichtet, den gesamten Transportdienst zu koordinieren und durchzuführen,

(g) auch wenn er tatsächlich, jedoch ohne dazu verpflichtet zu sein, mehrere Subunternehmer für die Abwicklung einzelner Streckenabschnitte nutzt.[26]

---
17.12.1992.
23 Eine ähnliche Definition findet sich im Dekret des Ministers für Verkehr und Schifffahrt vom 15.2.2001, Recepimento della direttiva comunitaria n. 92/106/CEE del 7.12.1992, relativa alla fissazione di norme comuni per taluni trasporti combinati di merci fra Stati membri.
24 Vgl. *La Mattina*, Il trasporto multimodale come „chiave di volta" del sistema dei trasporti internazionali: necessità di una disciplina uniforme, Dir. Maritt. 2006, 1105.
25 Im internationalen Handel ist der engl. Begriff *Multimodal Transport Operator (MTO)* geläufig, der in Italien auch als *vettore multimodale* bezeichnet wird.
26 Siehe *Antonini*, Corso di diritto dei trasporti, 3. Aufl. 2015, S. 154.

Relevant ist dabei vorrangig, wie sich der multimodale Beförderungsvertrag in den vorgegebenen nationalen Rechtsrahmen einfügt und welcher rechtliche Status dem MTO zukommt.

Für Italien ist dabei zunächst festzuhalten, dass der multimodale Beförderungsvertrag nicht schlicht als atypischer Vertrag (Innominatvertrag) zu qualifizieren ist, der seine rechtliche Grundlage bekanntlich in Art. 1322 c. c. und der darin festgeschriebenen Vertragsautonomie findet. Vielmehr sind Verträge über einen multimodalen Transport zunächst anhand der allgemeinen Bestimmungen zu den Beförderungsverträgen *locatio operis* zu prüfen. Vertragsgrund dieses in Art. 1678 c. c. definierten Typus ist die Beförderung von Sachen oder Personen von einem Ort zum anderen. Dies gilt grundsätzlich auch für multimodale Transporte. In Italien handelt es sich bei Beförderungsverträgen um Konsensualverträge mit schuldrechtlichen Wirkungen.[27] Angesichts der Verpflichtung zur Durchführung der Beförderung spricht man von einer Ergebnisverpflichtung, für die in der Regel auch ein Entgelt geschuldet ist; allerdings kann auch ein unentgeltlicher Beförderungsvertrag eingegangen werden,[28] etwa wenn der Beförderer über keine Unternehmensstruktur verfügt.[29]

Jenseits der rechtlichen Definition des Beförderungsvertrags beschränkte sich der Gesetzgeber im Jahr 1942 darauf, weitere Unterarten zu differenzieren. Namentlich handelt es sich dabei um die Beförderung mit nachfolgender Spedition (*trasporto con rispedizione*) gemäß Art. 1699 c. c. und die Beförderung durch mehrere Beförderer (*trasporto cumulativo*) gemäß Art. 1700 c. c. Beide Abwandlungen unterscheiden sich jedoch in Bezug auf Anforderungen und Funktionsweise von der gegenständlich in Augenschein genommenen multimodalen Beförderung. Während im Rahmen des *trasporto con rispedizione* der Beförderer in einer Vielzahl von Verträgen die Haftung des Absenders für die Beförderung über seine eigenen Transportwege hinaus übernimmt, haften beim *trasporto cumulativo* mehrere Beförderer, die alle vertraglich an den Absender gebunden sind, gesamtschuldnerisch gegenüber diesem.[30] Auch unterscheidet sich der multimodale Transport vom *trasporto cumulato*, einem in Rechtsprechung und Schrifttum entwickelten weiteren Untertyp des Beförderungsvertrags. Die auch als Mehrfach- (*trasporto multiplo*) oder segmentierter Transport (*trasporto segmentato*) bezeichnete Verkehrsart sieht anders als der multimodale Transport den Abschluss mehrerer getrennter, rechtlich selbständiger und voneinander unabhängiger Verträge für die einzelnen Streckenabschnitte vor. Eine rechtliche Verbindung zwischen den verschiedenen Beförderern besteht damit nicht; es gelten daher die Vorschriften für den auf dem jeweiligen Streckenabschnitt eingesetzten Verkehrsträger.[31] Zumindest im Hinblick auf die Rechtsfolgen scheint der multimodale Transport schließlich der Beförderung mittels Subunternehmern (*trasporto con subtrasporto*) näher zu stehen, da namentlich der MTO Subunternehmer mit der Durchführung

---

27 Vgl. Art. 1376 c. c.
28 Siehe Art. 1681 Abs. 3 c. c.
29 Vgl. Art. 2082 c. c.
30 Vgl. *Di Bona*, Le sanzioni amministrative in materia di trasporto multimodale, in: Cagnazzo, Sanzioni amministrative. Le sanzioni in materia di trasporto marittimo, aereo, terrestre e codice della strada, 2012, S. 1222.
31 Siehe *Buoncuore*, I contratti di trasporto e di viaggio, 2003, S. 204; *von Hoffmann*, in: Soergel, Kommentar zum Bürgerlichen Gesetzbuch mit Einführungsgesetz und Nebengesetzen, 12. Aufl., Stuttgart 1996, Art. 28 EGBGB, § 469.

einer oder mehrerer Strecken betrauen kann, vorbehaltlich der ausschließlichen Haftung gegenüber dem Absender (im Falle der Güterbeförderung) oder dem Fahrgast (im Falle der Personenbeförderung) und der Möglichkeit eines etwaigen Rückgriffs auf Subunternehmer.[32]

Gänzlich eigenständige Regelungen für den multimodalen Transport fehlten in Italien für eine lange Zeit. Lehre[33] und Rechtsprechung konnten unter Berücksichtigung der im internationalen Handel entstandenen Praxis jedoch neue Wege beschreiten und weitere Unterarten eines multimodalen Transportes erarbeiten. Die Grundstrukturen ähneln dabei jedoch jeweils jenen des *Genus* „Beförderungsvertrag". Erst in 2021 kam es im Rahmen des PNRR zu einer teilweise Regelung des multimodalen Transports. Ausdrücklich definiert wurde die Verkehrsart dabei jedoch nicht.

## IV. Das Haftungsregime des multimodalen Frachtführers

Als Zwischenergebnis lässt sich so zunächst festhalten, dass der multimodale Beförderungsvertrag grundsätzlich einen Beförderungsvertrag *sui generis* darstellt, der eine Reihe von verschiedenen unimodalen Transportarten ergänzt und auch von diesen unabhängig ist.[34] Jedoch erweisen sich die nationalen und internationalen Bereichsvorschriften, die weitestgehend noch immer an die verwendeten Transportmittel anknüpfen, immer öfter als unzureichend. Regelmäßig kann nicht klar bestimmt werden, welche Pflichten und Haftungen den multimodalen Frachtführer tatsächlich treffen.

Grundsätzlich übernimmt der Beförderer in der (Rechtsgestaltungs-)Praxis mit Abschluss eines multimodalen Beförderungsvertrags die volle Haftung für die Dienstleistung und übernimmt so die rechtliche Verantwortung für eine Reihe von Tätigkeiten, etwa für das Beladen, Entladen, den Umschlag und die Versicherung der Güter, die Abwicklung der Zoll-, Verwaltungs- und Steuerangelegenheiten sowie für die Koordinierung der beteiligten Parteien (darunter in erster Linie Subunternehmer). Der dringende Bedarf an länderübergreifenden und einheitlichen Regelungen, die den vielfältigen rechtlichen An-

---

32 Siehe *Antonini*, Corso di diritto dei trasporti, 3. Aufl. 2015, S. 153 f.
33 *Ex multis*, siehe *Berlingieri/Verrucoli*, Il trasporto combinato: nuove problematiche in tema di responsabilità e documentazione, Dir. marit. 1972; *Brignardello*, Il trasporto multimodale, Dir. marit. 2006, 1071; *Busti*, Contratto di trasporto terrestre, in: Trattato di diritto civile e commerciale, già diretto da A. Cicu, F. Messineo, L. Mengoni, continuato da P. Schlesinger, Milano 2007, S. 272 ff.; *Casanova/Brignardello*, Trasporto multimodale, in: Dig. (disc. priv.), sez. comm., Torino 2003, S. 919 ff.; *Ferrara*, Aspetti e problemi del trasporto combinato, Napoli 1973; *La Mattina*, Il trasporto multimodale nei leading cases italiani e stranieri, Dir. marit. 2007, 1010; *La Mattina*, La responsabilità del vettore multimodale: profili ricostruttivi e de iure condendo, Dir. marit. 2005, 29; *Riccomagno*, La risoluzione delle controversie nel trasporto multimodale, Trasp. 1998, 46; *Silingardi/Lana*, il trasporto multimodale, Riv. giur. circ. e tr. 1994; *Verde*, Il contratto di trasporto multimodale, Napoli 1984; *Vermiglio*, La nozione di trasporto multimodale e la sua qualificazione giuridica, in AA.VV., Il trasporto multimodale nella realtà giuridica odierna, Torino 1996; *Vermiglio*, La disciplina del trasporto multimodale, in: AA.VV., Trasporto multimodale e sviluppo dell'economia nell'area del mediterraneo, Messina 1994; *Zunarelli*, La disciplina della responsabilità del vettore nel trasporto multimodale, in: AA.VV., Trasporto multimodale e sviluppo dell'economia nell'area del mediterraneo, Messina 1994, S. 161.
34 So *Di Bona*, Le sanzioni amministrative in materia di trasporto multimodale, in: Cagnazzo, Sanzioni amministrative, Le sanzioni in materia di trasporto marittimo, aereo, terrestre e codice della strada, 2012, S. 1233.

forderungsprofilen Rechnung tragen, mit denen ein MTO in Verbindung kommen kann, lässt sich daher in erster Linie aus Praktikabilitätsgründen ableiten; diese wirken sich wiederum auch auf die Aktivitäten anderer Beteiligter aus.

Versuche, das Phänomen des multimodalen Transports durch ein spezifisches internationales Abkommen einheitlich zu regeln, wie es etwa das von der Generalversammlung der Vereinten Nationen am 20.12.1978 verabschiedete Übereinkommen Nr. 33/1601 forderte, konnten bisher noch nicht fruchten. *Das Übereinkommen über den internationalen multimodalen Transport von Gütern* war auf der Konferenz der Vereinten Nationen im Rahmen eines Treffens in Genf vom 12. bis 30.11.1979 sowie vom 8. bis 24.5.1980 zwar angenommen worden, trat jedoch nie in Kraft, da die erforderliche Anzahl von Ratifizierungen nicht erreicht werden konnte. Bis heute wurde das Übereinkommen nur von elf Staaten ratifiziert.[35]

Das Übereinkommen hätte neue Wege beschritten, auch für Italien. Gemäß Art. 2 hätte es Anwendung gefunden, wenn der Ort der Übernahme der Güter oder der Ort der Auslieferung in einem Vertragsstaat gelegen hätte. Es war im Wesentlichen vorgesehen worden, dass der multimodale Frachtführer (*multimodal trasport operator*, MTO) für Schäden zu haften gehabt hätte, die durch den Verlust, die Beschädigung oder Verspätung ab dem Zeitpunkt der Übernahme bis zur Rücklieferung der Güter entstanden wären, es sei denn, der Beförderer hätte alle vernünftigerweise erforderlichen Maßnahmen zur Vermeidung des Schadens getroffen.[36] Für den Fall, dass die Strecke, auf der der Schaden eingetreten wäre, nicht ermittelt hätte werden können, sah das Übereinkommen Höchstgrenzen für die Entschädigung vor;[37] andernfalls hätten die jeweils höheren Entschädigungsgrenzen gegolten, die in den für die betreffende Teilstrecke anwendbaren internationalen oder nationalen Rechtsvorschriften vorgesehen waren.[38] Bei fahrlässigem Handeln des MTO hätte dieser die Begrenzung verwirkt.[39]

Vermutlich auch aufgrund der geringeren Bedeutung des multimodalen Verkehrs zur Zeit, in der das Übereinkommen unterzeichnet worden war,[40] fehlte es im Ergebnis jedoch an den erforderlichen Ratifizierungen. In Kraft befindet sich das Übereinkommen deshalb noch immer nicht.

---

35 Zum Ratifizierungsstand, siehe https://treaties.un.org/Pages/ViewDetails.aspx?src=TREATY&mtdsg_no=XI-E-1&chapter=11&clang=_en (abgerufen am 1.10.2023).
36 United Nations Convention on International Multimodal Transport of Goods (MTC), Genf, 24.5.1980, Art. 14–16; online unter: https://treaties.un.org/doc/Treaties/1980/05/19800524%2006-13%20PM/Ch_XI_E_1.pdf (abgerufen am 1.10.2023). Unter den Definitionen des Art. 1 enthält das Übereinkommen die folgende Begriffsbestimmung von internationalem multimodalen Verkehr: „'*International multimodal transport' means the carriage of goods by at least two different modes of transport on the basis of a multimodal transport contract from a place in one country at which the goods are taken in charge by the multimodal transport operator to a place designated for delivery situated in a different country. The operations of pick-up and delivery of goods carried out in the performance of a unimodal transport contract, as defined in such contract, shall not be considered as international multimodal transport.*"
37 Siehe Art. 18 MTC.
38 Siehe Art. 19 MTC.
39 Siehe Art. 21 MTC.
40 Vgl. *Brignardello*, Il trasporto multimodale, S. 2 (online unter: www.aidim.org/pdf/rel_brignardello.pdf (abgerufen am 1.10.2023).

Entsprechendes gilt für die sog. *Rotterdam Regeln*,[41] die den Transport vor und nach der Beförderung auf dem Seeweg regeln würden.[42]

Die Vielzahl der auf internationaler Ebene geschlossenen Übereinkommen versuchten so zwar die Rechtsvorschriften für den internationalen Güterverkehr auf der Straße,[43] der Schiene,[44] in der Binnenschifffahrt,[45] im Luftverkehr[46] und im Seeverkehr[47] zu harmonisieren, sie blieben jedoch dennoch auf einen genutzten Verkehrsträger beschränkt; das so entstandene Regelungsvakuum führt dazu, dass der multimodale Beförderer zum Zeitpunkt des Vertragsschlusses nicht zwingend vorhersehen konnte, nach welchem Re-

---

41 Die Generalversammlung der Vereinten Nationen verabschiedete am 11.12.2008 ein Übereinkommen mit dem Titel *United Nations Convention on Contracts for the International Carriage of Goods Wholly or Partly by Sea*, das am 23.9.2009 in Rotterdam zur Zeichnung geboten wurde, und daher von den Vereinten Nationen als *Rotterdam Rules* bezeichnet wurde. Siehe: https://treaties.un.org/doc/Publication/CTC/Ch_XI_D_8.pdf (abgerufen am 1.10.2023). Italien hat das Übereinkommen bis heute weder gezeichnet noch ratifiziert.

42 Vgl. *Maurer*, RabelsZ 2017, 146, 148. Siehe hierzu auch *La Mattina*, Il trasporto multimodale e le Regole di Rotterdam, in: Scritti in onore di Francesco Berlingieri, 2010, S. 643 ff.

43 Siehe *Convention on the Contract for the International Carriage of Goods by Road*, abgekürzt CMR (Genf, 19.5.1956); vgl. auch *Protocol to the Convention on the Contract for the International Carriage of Goods by Road* (Genf, 5.7.1978) sowie *Additional Protocol to the Convention on the Contract for the International Carriage of Goods by Road concerning the Electronic Consignment Note* (Genf, 20.2.2009); siehe *Carr/Kidner*, International Trade Law Statutes and Conventions 2009–2010, 2010, S. 757 ff.; *Laimer*, International Carriage of Goods by Road between Uniform Law and Rome I: Some Recent Austrian Cases, EuLF 2017, 58 ff. Für ein ähnliches, jedoch nicht identisches System, das in den Vereinigten Staaten von Amerika Anwendung findet, siehe *Larsen*, The Uniform Legal Regime Governing Inter-American Contracts for Carriage of Goods by Road, Unif. L. Rev. 2002, 791 ff.

44 *Convention concerning International Carriage by Rail*, abgekürzt COTIF (Bern, 9.5.1980) und deren Anhang betreffend *Uniform Rules concerning the Contract of International Carriage of Goods by Rail*, abgekürzt CIM (Bern, 9.6.1999). Vgl. *Koller*, Die Querbezüge zwischen UN-Kaufrecht und COTIF-Eisenbahngüterbeförderungsrecht (CIM), AJP 2016, 415 ff. Weiterführend *Hoeks*, Multimodal Transport Law. The law applicable to the multimodal contract for the carriage of goods, 2010, S. 261 ff.

45 Siehe *Budapest Convention on the Contract for the Carriage of Goods by Inland Waterways*, abgekürzt CMNI (Budapest, 22.6.2001).

46 Siehe *Convention for the Unification of Certain Rules for International Carriage by Air*, abgekürzt *Montreal Convention* (Montreal, 28.5.1999). Für die Beziehung zwischen dem Übereinkommen und den Quellen des sekundären Unionsrechts, siehe EuGH, Urt. v. 10.1.2006, Rs. C-344/04 – *The Queen, International Air Transport Association, European Low Fares Airline Association/Department for Transport*, Rn. 35 ff. = EuZW, 2006, 112. Eine Anmerkung findet sich bei *Tonner*, Der Luftbeförderungsvertrag zwischen europäischer und globaler Regulierung, NJW 2006, 1854 ff. Für die Staaten, die die *Montreal Convention* ratifiziert hatten, bleibt die *Convention for the Unification of Certain Rules Relating to International Carriage by Air*, abgekürzt *Warsaw Convention* (Warschau, 12.10.1929) in Kraft, siehe *Martiny*, in: Münchener Kommentar zum BGB, 8. Aufl., München 2021, Art. 5 Rom I-VO, Rn. 56. Weiterführend zu den Übereinkommen *Hoeks*, Multimodal Transport Law. The law applicable to the multimodal contract for the carriage of goods, 2010, S. 219 ff.

47 Insbesondere die *International Convention for the Unification of Certain Rules of Law relating to Bills of Lading* (Brüssel, 26.8.1924), abgeändert durch das *First Protocol* (3.2.1968) sowie das *Second Protocol* (21.12.1979; sog. Visby SDR Protocol to the Hague-Visby Rules), die *United Nations Convention on the Carriage of Goods by Sea* (Hamburg Rules) vom 31.3.1978; die *United Nations Convention on Contracts for the International Carriage of Goods Wholly or Partly by Sea* (Rotterdam Rules) vom 11.12.2008 ist hingegen noch nicht in Kraft getreten. Vgl. *Furrer*, Das neue Seehandelsrecht im Kontext internationaler und privater Rechtsvereinheitlichung, RdTW 2014, 85 ff.; *Djadjev*, Law and Practice of the Obligations of the Carrier over the Cargo – The Hague-Visby Rules, 2016; *Salmeron Henriquez*, Freedom of Contract, Bargaining Power and Forum Selection in Bills of Lading, 2016, S. 327 ff.

gelungsregime er für etwaige Schäden zu haften hatte, die an den Gütern oder die dem Reisenden während der gesamten Beförderung potentiell entstanden wären.[48]

Um das Fehlen von einheitlichen Regeln und damit von internationalen Abkommen zur Regelung des multimodalen Verkehrs auszugleichen, wurden daher im Laufe der Jahre drei mögliche Haftungsmodelle entwickelt:

a) Das *einheitliche Haftungssystem*, das auf internationaler Ebene üblicherweise als *uniform liability system* bezeichnet wird. Nach diesem Modell unterliegt der MTO für seine gesamte Tätigkeit einer einzigen Haftungsregelung, die im Allgemeinen in den nationalen Verkehrsvorschriften festgelegt und somit unabhängig von den verschiedenen (auch internationalen) Regelungen ist, die für einzelne Strecken gelten würden. Der Rechtssicherheit einer für die gesamte Beförderung geltenden Regelung steht dabei die Unvereinbarkeit mit verbindlichen Regelungen aus unimodalen Übereinkommen gegenüber.

b) Das *System der Vorrangigkeit*. Nach diesem Modell unterliegt der multimodale Beförderungsvertrag dem Rechtssystem der „vorrangigen" Strecke, so dass die für Nebenstrecken (z. B. Straße) geltenden Regimes von jenem der Hauptstrecke (z. B. Seeverkehr) verdrängt werden. Die Bestimmungen für die multimodale Beförderung werden somit im Wesentlichen vereinheitlicht, indem Nebenstrecken einer eigenen Regelung entzogen werden. Der Fokus liegt im Ergebnis auf dem Hauptverkehrsträger.

c) Das *fragmentierte System*, das international in der Regel als *network liability system* bezeichnet wird. Nach diesem Modell gelten für jede Strecke die entsprechenden Vorschriften, die dieser eigen sind, so dass der Beförderer je nach Strecke, auf der das schädigende Ereignis eingetreten ist, einer anderen Haftungsregelung unterliegt. Der Kompatibilität des Systems mit den verschiedenen unimodalen Übereinkommen steht hier die vor Eintritt des Schadensereignisses herrschende Ungewissheit der anwendbaren Vorschriften gegenüber, ebenso wie das Problem der Verortung des Schadenseintritts selbst.[49]

Die Heterogenität der auch in der Rechtspraxis entstandenen Lösungen führt dabei zwangsläufig zu Rechtsunsicherheit, da es für den MTO, dem vorab nicht bekannt ist, welche Regeln auf die Bestimmung seines Haftungsumfangs Anwendung finden, unzumutbar wird, das von ihm getragene Risiko abzuschätzen.

In Italien scheinen sowohl die Rechtsprechung der unterinstanzlichen Gerichte (von wenigen Ausnahmen abgesehen[50]) als auch jene des Kassationsgerichtshofs (*Corte di Cassazione*) davon auszugehen, dass der multimodale Beförderungsvertrag in Ermangelung

---

48 Vgl. *Laimer*, Trasporto multimodale internazionale di merci: novità della Corte di Giustizia UE in tema di competenza giurisdizionale, in: Pagliarin/Perathoner/Laimer, Per una Europa più unita nel settore dei trasporti. Assetti istituzionali, economici e normative. Il diritto dei trasporti nell'Unione Europea, 2020, S. 89 ff.

49 Vgl. *Antonini*, Corso di diritto dei trasporti, 3. Aufl. 2015, S. 154 ff.; *La Mattina*, Del trasporto – Artt. 1678–1702, in: Il codice civile – Commentario – fondato da Schlesinger e diretto da Busnelli, Milano 2018, S. 54 ff.

50 Siehe beispielsweise Tribunale di Genova, Urteil vom 12.5.1992, zu *Costa Container Line S. r. l./Metrans S. r. l.*, in der das Gericht „den absoluten Vorrang des Seeabschnitts (*l'assoluta prevalenza del tratto marittimo*)" anerkennt. Auf den gesamten Transport für anwendbar erklärt wurde der italienische *Codice della navigazione*, der u. a. den Seehandel regelt.

einer spezifischen Regelung den Bestimmungen des italienischen Zivilgesetzbuchs über den Transportvertrag zu unterliegen habe.[51] Als Argument wurde dabei regelmäßig angeführt, dass es im italienischen, europäischen und internationalen Recht keine speziellen, anwendbaren Vorschriften oder sonstige nationale Sondervorschriften (etwa des *Codice della navigazione*) gäbe, die von den allgemeinen Bestimmungen des Transportvertragsrechts abwichen.[52] Der Kassationsgerichtshof folgt daher auch für die Haftung des multimodalen Beförderers dem Gedanken einer einzigen Regelungsquelle, dem *Codice civile*, und dies unabhängig von der jeweiligen Strecke, auf der der Schaden entstand.[53] Im Rahmen dieser „Einheitstheorie" wurde die Position der MTOs durch eine Reform des Art. 1696c.c erheblich begünstigt.[54] Zumindest bei fehlendem Nachweis von Vorsatz oder grober Fahrlässigkeit kann sich der Beförderer auf eine Entschädigungsgrenze berufen; ein Umstand, der ihm zuvor verwehrt war. Jüngst wurde darüber hinaus ein erster ausdrücklicher Verweis auf den multimodalen Transport in Art. 1696 c.c. eingefügt. Wurde im Rahmen einer Beförderung auf mehrere verschiedene Träger zurückgegriffen und kann nicht festgestellt werden, auf welchem Streckenabschnitt der Schaden eingetreten ist, so wird die Haftung des multimodalen Frachtführers begrenzt. In jedem Falldarf sie bei innerstaatlichen Transporten einen Euro pro Kilogramm des Bruttogewichts des verlorenen oder beschädigten Gutes nicht überschreiten; in Fällen grenzüberschreitender Beförderungen erhöht sich die Summe auf drei Euro pro Kilogramm.[55] Der neue Abs. 3 der Bestimmung betrifft jedoch nur die Haftungsbegrenzung und nur den Fall, in dem der Streckenabschnitt, in dem der Schaden eingetreten ist, nicht bestimmt werden kann. Im Ergebnis kodifiziert die Bestimmung damit die bestehende Rechtsprechung und dehnt die

---

[51] Siehe zuletzt etwa Tribunale Milano, Urt. v. 18.1.2020, n. 458; Corte di Cassazione, Urteil vom 6.8.2013, n. 18657; Tribunale Milano, Urt. v. 30.6.2020, n. 3791.

[52] Vgl. Corte di Cassazione, Urt. v. 6.8.2013, n. 18657, in dem bestätigt wird, dass „*il trasporto multimodale di cose per via marittima e terrestre, sebbene caratterizzato dall'assoluta prevalenza del tratto marittimo, non rientra nell'ambito della normativa speciale prevista dalla convenzione di Bruxelles del 1924 sulla polizza di carico riguardante il solo contratto che si svolge esclusivamente per via marittima, ma rimane regolato dalla disciplina del codice civile.*" Das Internationale Übereinkommen zur einheitlichen Feststellung einzelner Regeln über die Konnossemente sei bei über Straßen- und Wasserwege verlaufenden multimodalen Transporten nicht anwendbar. So auch Tribunale Milano, Urt. v. 30.6.2020, n. 3791.

[53] Vgl. *Casanova/Brignardello*, Corso breve di diritto dei trasporti, 2017, S. 224 f. Auch Tribunale di Genova, Urteil vom 11.1.2011.

[54] Siehe D.lgs. 21.11.2005, n. 286: Disposizioni per il riassetto normative in materia di liberalizzazione regolata dell'esercizio dell'attività di autotrasportatore. Art. 10 dieses gesetzesvertretenden Dekrets änderte Art. 1696 c.c. ab und fügte diesem einen Abschnitt hinzu. Damit wurde die vom Frachtführer zu leistende Entschädigung, beim innerstaatlichen Transport, auf einen Euro pro Kilogramm des Bruttogewichts des verloreneren oder beschädigten Gutes, und, bei einem grenzüberschreitenden Transport, auf den in Art. 23 Abs. 3 des Übereinkommens über den Straßengüterverkehr, ratifiziert durch das Gesetz Nr. 1621 vom 6.12.1960, in geltender Fassung, bestimmten Betrag festgelegt.

[55] Eingeführt mit Art. 30-bis D.L. 6.11.2021, n. 152: Disposizioni urgenti per l'attuazione del Piano nazionale di ripresa e resilienza (PNRR) e per la prevenzione delle infiltrazioni mafiose, in: Gazz. Uff. 6.11.2021, n. 265; mit Änderungen umgewandelt durch L. 29.12.2021, n. 233: Conversione in legge, con modificazioni, del decreto-legge 6 novembre 2021, n. 152, recante disposizioni urgenti per l'attuazione del Piano nazionale di ripresa e resilienza (PNRR) e per la prevenzione delle infiltrazioni mafiose, in: Gazz. Uff. 31.12.2021, n. 310. Siehe hierzu Zampone, Le novità dell'art. 1696 c.c. e la disciplina sostanziale del trasporto multimodale. Forse il legislatore non è così sprovveduto!, Diritto dei trasporti 2023, 144 ff.; Monticelli, Responsabilità del vettore e limiti risarcitori (considerazioni a margine della riforma dell'art. 1696 c.c.), Le Nuove Leggi Civili Commentate 2023, 583, 586 ff.

Haftungsbeschränkungen nach Abs. 2 ausdrücklich auf den multimodalen Transport aus. Eine umfassende Regelung und Definition des multimodalen Transports blieb jedoch aus.

## V. Einheitliche Regelungen durch UNCTAD und ICC

Als Reaktion auf den gescheiterten Versuch der Regulierung durch die *Convention on International Multimodal Transport of Goods* der Vereinten Nationen von 1980 wurden die *United Conference on Trade and Development* (UNCTAD)[56] und die *International Chamber of Commerce* in Paris (ICC)[57] im Bereich des multimodalen Verkehrs tätig.[58] Zwar entstanden so einheitliche Regelungen, jedoch lediglich mit vertraglichem Charakter. Anwendung finden die *UNCTAD/ICC Rules for Multimodal Transport Documents* von 1992[59] demnach nur, wenn sich die Parteien eines Beförderungsvertrags im Rahmen des sie bindenden Vertragsverhältnisses ausdrücklich auf die betreffenden Regelungen berufen. Nur wenn eine entsprechende Klausel vertraglich festgehalten wird, entfalten die Vorschriften für die Parteien demnach auch rechtsverbindliche Wirkungen. Im Wesentlichen war man stark darauf bedacht, praktischen Problemen, die im (internationalen) multimodalen Verkehr auftreten können, detaillierte Lösungsansätze entgegenzusetzen.[60] Die allgemeine Struktur erinnert dabei an das in Genf abgeschlossene Übereinkommen der Vereinten Nationen aus dem Jahr 1980, verschiedentlich jedoch auch an Bestimmungen aus den *Haag-Visby-Regeln*[61] von 1979.[62]

Multimodale Beförderer haften gemäß den Regeln regelmäßig aufgrund eines mutmaßlichen Verschuldens oder aufgrund von Fahrlässigkeit für den Verlust oder die Beschädigung der transportierten Güter sowie für Verzögerungen bei deren Ablieferung. Grundsätzlich besteht jedoch auch die Möglichkeit, das fehlende Verschulden oder die Beachtung der vorgeschriebenen Sorgfaltspflichten nachzuweisen, um sich einer etwaigen Haftung zu entziehen. Für Güter, die auf dem Seeweg oder auf Binnenwasserstraßen befördert werden, sind hingegen besondere Haftungsbefreiungsregeln hinsichtlich des

---

56 Vgl. https://unctad.org (abgerufen am 1.10.2023).
57 Vgl. https://iccwbo.org (abgerufen am 1.10.2023), fr. *Chambre de Commerce Internationale* (CCI), engl. *International Chamber of Commerce* (ICC).
58 Zum Einheitsrecht auch *Jesser-Huß*, Multimodaler Transport, in: HWB-EuP, 2009 (online unter: https://hwb-eup2009.mpipriv.de/index.php/Multimodaler_Transport) (abgerufen am 1.10.2023).
59 Vgl. https://unctad.org/system/files/official-document/tradewp4inf.117_corr.1_en.pdf (abgerufen am 1.10.2023).
60 Die UNCTAD/ICC-Regeln wurden in verschiedenste Dokumente zum internationalen Transport aufgenommen, etwa FIATA Multimodal Bill of Lading, siehe hierzu *Brignardello*, Il trasporto multimodale, S. 2 (online unter: www.aidim.org/pdf/rel_brignardello.pdf (abgerufen am 1.10.2023); der Aufsatz wurde auch veröffentlicht in Dir. Maritt. 2006, 1064 ff.).
61 Internationales Übereinkommen zur einheitlichen Feststellung einzelner Regeln über die Konnossemente, unterzeichnet in Brüssel am 24.8.1924, abgeändert durch die ebenfalls in Brüssel unterzeichneten Protokolle vom 23.2.1968 und 21.12.1979, engl. *International Convention for the Unification of Certain Rules of Law relating to Bills of Lading* (*Hague Rules*) as Amended by the Brussels Protocol 1968 (*Hague-Visby Rules*) and by the Brussels Protocol 1979. Italien hat die Protokolle zur Abänderung des Internationalen Übereinkommens zur einheitlichen Feststellung einzelner Regeln über die Konnossemente (25.8.1924, 23.2.1968) mit Gesetz Nr. 244 vom 12.6.1984 ratifiziert.
62 Diese werden etwa in Rule 5 ausdrücklich erwähnt. Weiterführend *Hoeks*, Multimodal Transport Law. The law applicable to the multimodal contract for the carriage of goods, 2010, S. 297 ff.

nautischen Verschuldens und aufgrund von Bränden vorgesehen.⁶³ Ebenfalls enthalten sind Haftungsobergrenzen. Deren Höhe richtet sich danach, ob der Schaden konkret verortet werden kann und orientiert sich darüber hinaus an den Streckenabschnitten, auf denen es zum Schadensereignis kam.

Die Schwäche der Regeln liegt jedoch darin, dass sie keine abstrakt und allgemein gültigen Bestimmungen darstellen, sondern nur für jene Parteien von Bedeutung sind, die sich beim Abschluss ihrer Beförderungsverträge auch für deren (gänzliche oder teilweise) Anwendung entschieden haben.⁶⁴ Zwar setzen die Regelungen damit eine konkrete Willensübereinkunft voraus. Grundsätzlich besteht so jedoch auch für Verträge, an denen italienische und deutsche Beförderer oder Kunden beteiligt sind, die Möglichkeit, sich den *UNCTAD/ICC*-Regelungen zu unterwerfen.

## VI. Rechtlicher Rahmen auf Unionsebene

### *1. Ursprünge*

Unbeschadet des Fehlens einheitlicher und verbindlicher Regelungen auf dem Gebiet des multimodalen Transports konnte sich die Beförderung über verschiedene Verkehrsträger in Italien bereits seit einiger Zeit etablieren. Der insbesondere auch in Italien bedeutende Seeverkehr etwa stellt weitestgehend nur noch einen Teilabschnitt innerhalb eines übergreifenden multimodalen Beförderungsvertrags dar.⁶⁵ Auch das Aufkommen des Online-Handels sowie die fortschreitende Spezialisierung der Transport- und Logistikunternehmen, die zunehmend auf multimodale Lösungen setzen und verschiedene Transportmittel für die Lieferung und Verteilung von Gütern vom Produktionsort bis zur Haustür miteinander kombinieren, machen deutlich, dass der multimodale Verkehr in Italien ein modernes, zukunftsweisendes und mittlerweile unverzichtbares Transportsystem verkörpert. Angesichts der strategischen Bedeutung, die dem Phänomen in der Praxis zukommt, blieb auch die Europäische Union nicht untätig.

Die Europäische Wirtschaftsgemeinschaft erkannte bereits 1975 in der RL 75/130/EWG, dass die Kombination mehrerer Verkehrsträger, nämlich der Straße und Schiene, als Lösung dafür dienen könnte, *„die Verkehrstechniken entsprechend den technischen Fortschritten durch gegenseitige Ergänzung der Verkehrsträger zu entwickeln"*,⁶⁶ und damit Wirtschaftlichkeit, Sicherheit und geringere Umweltauswirkungen zu sichern.

Später wurden mit der RL 92/106/EWG gemeinsame Vorschriften für den kombinierten Verkehr festgelegt. Dieser wurde dabei als die Beförderung von Gütern zwischen Mitgliedstaaten definiert, bei der ein Lastkraftwagen, Anhänger, Sattelanhänger mit oder

---

63 Siehe Rule 5 sowie Art. 4 der *Haag-Visby-Regeln*.
64 Für den gesamten Absatz siehe *Casanova/Brignardello*, Corso breve di diritto dei trasporti, 2017, S. 225 ff.
65 Vgl. *Antonini*, Corso di diritto dei trasporti, 3. Aufl. 2015, S. 154 ff.; *La Mattina*, Del trasporto – Artt. 1678–1702, in: Il codice civile – Commentario – fondato da Schlesinger e diretto da Busnelli, Milano 2018, S. 55 f.
66 So die einleitenden Erwägungen in der Richtlinie 75/130/EWG des Rates vom 17.2.1975 über die Festlegung gemeinsamer Regeln für bestimmte Beförderungen im kombinierten Güterverkehr Schiene/Straße zwischen Mitgliedstaaten, ABl. EU Nr. L 048 S. 31 vom 22.2.1975. Die Richtlinie ist heute nicht mehr in Kraft.

ohne Zugmaschine, Wechselaufbauten oder Container die Zu- oder Ablaufstrecke auf der Straße und den anderen Teil auf der Schiene, auf Binnenwasserstraßen oder auf dem Meer zurücklegt und diese Strecke nicht mehr als 100 km Luftlinie beträgt.[67] Auch wenn durch eine vorgezeichnete europäische Bereichsregelung die Wettbewerbsfähigkeit des grenzüberschreitenden intermodalen Verkehrs ausgehend von der Dienstleistungsfreiheit oder durch wirtschaftliche Beihilfen erhöht wurde, beinhaltet die soeben erwähnte Richtlinie eine lediglich starre Definition dessen, was unter kombiniertem Verkehr verstanden werden könnte. Auch enthält sie keinerlei Bestimmungen über die Personen oder Unternehmen, die die entsprechenden Tätigkeiten aus rechtlicher Sicht ausüben und erbringen.

Zur weiteren Förderung der Verbreitung von Intermodalität im Transportwesen befasste sich die Union jedoch bereits in einem Weißbuch aus dem Jahr 2001 mit der Thematik *„Die Europäische Verkehrspolitik bis 2010: Weichenstellungen für die Zukunft"*. Die Kommission schlug darin u. a. ein umfangreiches Programm (*Marco Polo*) vor, mit dem Initiativen für die Intermodalität und Alternativen zur Straße bis zu deren kommerziellen Rentabilität unterstützt werden sollten.[68] Die Intermodalität setzte nach Ansicht der Kommission ferner voraus, dass eine Reihe technischer Maßnahmen in Bezug auf Container, Ladeeinheiten und den Beruf des sog. *Güterverkehrskonsolidators* zeitnah umgesetzt würden. Die Auswahl des leistungsfähigsten Verkehrsträgers einer Transportkette sei im Wesentlichen Aufgabe des „Organisators" der Verkehrsströme. In diesem, so das Weißbuch, ließe sich auch ein neues Berufsfeld erkennen, nämlich jenes des Güterverkehrskonsolidators.[69] Der neue Tätigkeitsbereich sollte innerhalb eines einheitlichen, transparenten und leicht anwendbaren Rechtsrahmens entwickelt werden, wobei insbesondere die Verantwortung innerhalb der gesamten Logistik- und Beförderungskette und die Ausstellung entsprechender Beförderungsdokumente hervorgehoben wurde.[70] Es begann sich somit ein Bewusstsein für das Fehlen einer einheitlichen Regelung des rechtlich Verantwortlichen für den multimodalen Verkehr zu entwickeln. Eine konkrete und weiterführende EU-Regelung folgte jedoch nicht.

*2. Ansätze zur Weiterentwicklung des multimodalen Verkehrs in Europa*

Im folgenden Weißbuch aus dem Jahr 2011 „Fahrplan zu einem einheitlichen europäischen Verkehrsraum – Hin zu einem wettbewerbsorientierten und ressourcenschonenden Verkehrssystem" betonte die Kommission darüber hinaus, dass Europa ein wesentliches, in Korridore gegliedertes Netz benötige, das „große, konsolidierte Volumina im Güter- und Personenverkehr" aufnehmen könne, und fügte hinzu, dass dies durch die multimodale Kombination effizienter Verkehrsträger und den Einsatz neuer und fortgeschrittener Technologien erreicht werden könne.[71] Zu diesem Zweck schlug die EU-Kommission unter anderem vor, sicherzustellen, dass die Haftungsregelungen auch den *intermodalen*

---

67 Siehe Art. 1 Richtlinie 92/106/EWG des Rates vom 7.12.1992 über die Festlegung gemeinsamer Regeln für bestimmte Beförderungen im kombinierten Güterverkehr zwischen Mitgliedstaaten, ABl. EU Nr. L 368 S. 38 vom 17.12.1992.
68 Weißbuch, S. 47.
69 Weißbuch, S. 53 f.
70 Vgl. Weißbuch, Die europäische Verkehrspolitik bis 2010: Weichenstellungen für die Zukunft, KOM(2001) 370 endgültig.
71 So unter Rn. 50.

*Verkehr* begünstigen sollten,[72] wobei sie konstatierte, dass die fehlende Harmonisierung der vertraglichen Haftung des MTO ein nicht zu vernachlässigbares Hindernis für die Weiterentwicklung des europäischen und internationalen multimodalen Verkehrs darstelle.[73]

Die Ideen des Weißbuchs aus 2011 wurden zunächst in der Verordnung (EU) Nr. 1315/2013[74] umgesetzt. Diese bot nicht nur eine europäische Definition des multimodalen Verkehrs,[75] sondern bestimmte auch Bestandteile, Anforderungen und Prioritäten für die Schaffung einer multimodalen Verkehrsinfrastruktur. Begleitet wurde die Verordnung von einer weiteren Verordnung (EU) Nr. 1316/2013, die Regelungen über entsprechende finanzielle Mittel bereithielt.[76] Die Verordnungen stellten einen bedeutenden Schritt im Entwicklungsprozess der europäischen Verkehrspolitik dar, da sie Leitlinien für die Entwicklung eines transeuropäischen Netzes,[77] einschließlich eines globalen Netzes und eines Kernnetzes, festlegten und die notwendigen Projekte, Prioritäten und Maßnahmen für dessen Verwirklichung bestimmten.

Die optimale Integration und Verknüpfung aller Verkehrsträger gehörte dabei zu den wichtigsten Mitteln, um die in Art. 4 der Verordnung genannten Ziele zu erreichen; insbesondere im Hinblick auf den multimodalen Verkehr erwies sich die Verwirklichung eines Kernnetzes (*core network*) durch sog. *Korridore* als von besonderer Bedeutung. Die Netze sollten mithilfe (i) der optimalen Integration aller Verkehrsträger, (ii) der Interoperabilität und (iii) des koordinierten Ausbaus von Infrastrukturen, insbesondere in grenzüberschreitenden Abschnitten und bei Engpässen, einen ressourceneffizienten multimodalen Verkehr zur Gewährleistung der territorialen Zusammenarbeit und einer höheren Kohärenz ermöglichen.[78]

Tatsächlich war die Multimodalität bereits in der Definition der Kernnetzkorridore enthalten, die, um als solche zu gelten, mindestens zwei Grenzen zu überschreiten und mindestens drei Verkehrsträger zu umfassen hatten.[79]

---

72 Vgl. Weißbuch, Fahrplan zu einem einheitlichen europäischen Verkehrsraum – Hin zu einem wettbewerbsorientierten und ressourcenschonenden Verkehrssystem, KOM(2011) 144 endgültig, S. 16 ff.
73 Siehe Weißbuch, Fahrplan zu einem einheitlichen europäischen Verkehrsraum – Hin zu einem wettbewerbsorientierten und ressourcenschonenden Verkehrssystem, KOM(2011) 144 endgültig, S. 22 f.
74 Siehe Verordnung (EU) Nr. 1315/2013 des Europäischen Parlaments und des Rates vom 11.12.2013 über Leitlinien der Union für den Aufbau eines transeuropäischen Verkehrsnetzes und zur Aufhebung des Beschlusses Nr. 661/2010/EU, ABl. EU Nr. L 348 S. 1 vom 20.12.2013.
75 In Art. 3 lit. n der Verordnung (EU) Nr. 1315/2013 wird der „multimodale[…] Verkehr" definiert als *„die Beförderung von Personen und/oder Gütern mit zwei oder mehr Verkehrsträgern"*.
76 Verordnung (EU) Nr. 1316/2013 des Europäischen Parlaments und des Rates vom 11.12.2013 zur Schaffung der Fazilität „Connecting Europe", zur Änderung der Verordnung (EU) Nr. 913/2010 und zur Aufhebung der Verordnungen (EG) Nr. 680/2007 und (EG) Nr. 67/2010, ABl. EU Nr. L 348 S. 129 vom 20.12.2013.
77 *Badagliacca*, L'evoluzione della politica europa dei trasporti nell'ottica dello sviluppo sostenibile e dell'integrazione dei trasporti, Rivista di Diritto dell'Economia, dei Trasporti e dell'ambiente 2013, 165.
78 Siehe Art. 42 Verordnung (EU) 1315/2013.
79 Siehe Art. 42 Verordnung (EU) 1315/2013.

## 3. Anforderungen an multimodale Verkehrsinfrastrukturen

In Bezug auf das Gesamtnetz legte die Verordnung jedoch auch genaue Anforderungen, Komponenten und Prioritäten für die Entwicklung der multimodalen Verkehrsinfrastruktur fest; insbesondere mussten multimodale Systeme zur Übermittlung von Echtzeitinformationen über verfügbare Infrastrukturkapazitäten, Verkehrsströme, Ortungen und Rückverfolgbarkeit eingeführt werden, um den Schutz und die Sicherheit von Personen und Gütern zu gewährleisten. Die vorrangig umzusetzenden strategischen Punkte waren daher die effiziente Ergänzung der Infrastrukturen durch Güterterminals und Logistikplattformen, die Beseitigung technischer und administrativer Hindernisse und die Entwicklung eines ununterbrochenen Informationsflusses zwischen den Verkehrsträgern.[80]

Neben der Bereitstellung geeigneter Infrastrukturen spielten bei der Förderung und konkreten Umsetzung eines effizienten multimodalen Verkehrssystems so auch Technologie-, Elektronik- und Telekommunikationsdienste, etwa in den Bereichen Information, Management und intelligente Koordination des Verkehrs, eine zentrale Rolle.

Mit der RL 2010/40/EU[81] hatte die Europäische Union bereits einen allgemeinen Rahmen für die Einführung *intelligenter Verkehrssysteme* (IVS[82]) im Bereich der Beförderung auf der Straße und an den Schnittstellen zu anderen Verkehrsträgern vorgegeben und die Einführung multimodaler Mobilitätsinformationsdienste in der gesamten Union zu einer prioritären Maßnahme erklärt. Die Kommission ergänzte die Vorgaben durch den Erlass der delegierten Verordnung (EU) Nr. 2017/1926.[83] Es sollte diesbezüglich ein harmonisiertes System geschaffen und eine nahtlose Bereitstellung von Dienstleistungen und Informationen zur multimodalen Mobilität ermöglicht werden, bei gleichzeitiger Unterstützung der Interoperabilität in der gesamten Union, u. a. unter Verweis auf bereits bestehende Normen im Bereich des unimodalen Verkehrs.[84] So wurden Verkehrsbehörden und -betreiber sowie Infrastrukturbetreiber und Verkehrsdienstleister nunmehr verpflichtet, auf Anfrage statistische Daten über Mobilität und Verkehr über speziell eingerichtete nationale Zugangsstellen bereitzustellen.[85]

Die Regulierung der einzelnen Verkehrsträger selbst entwickelt sich dabei in Richtung einer immer stärkeren Interoperabilität zwischen verschiedenen Verkehrsträgern. Schrittweise werden nunmehr unionsübergreifend einheitliche Wettbewerbsbedingungen geschaffen und damit mittelbar die immer stärkere Entwicklung der Multimodalität gefördert.[86]

---

80 Siehe Art. 27–29 Verordnung (EU) 1315/2013.
81 Richtlinie 2010/40/EU des Europäischen Parlaments und des Rates vom 7.7.2010 zum Rahmen für die Einführung intelligenter Verkehrssysteme im Straßenverkehr und für deren Schnittstellen zu anderen Verkehrsträgern, ABl. EU Nr. L 207 S. 1 vom 6.8.2010.
82 Auch ITS (*Intelligent Transport Systems* oder auch *Intelligent Transportation Systems*).
83 Delegierte Verordnung (EU) 2017/1926 der Kommission vom 31.5.2017 zur Ergänzung der Richtlinie 2010/40/EU des Europäischen Parlaments und des Rates hinsichtlich der Bereitstellung EU-weiter multimodaler Reiseinformationsdienste, ABl. EU Nr. L 272 S. 1 vom 21.10.2017.
84 Etwa der DATEX II Standard für den Straßenverkehr, die technischen Dokumente TAP-TSI B1, B2, B3, B4, B8, B9 für den Schienenverkehr und IATA SSIM für den Luftverkehr.
85 Siehe Art. 4 Delegierte Verordnung (EU) 2017/1926.
86 Siehe für den Schienenverkehr: Richtlinie (EU) 2016/797 des Europäischen Parlaments und des Rates vom 11.5.2016 über die Interoperabilität des Eisenbahnsystems in der Europäischen Union (Neufassung), ABl. EU Nr. L 138 S. 44 vom 26.5.2016; für den Seeverkehr: Verordnung (EU) 2019/1239 des Europä-

*4. Gefahrengüter*

Deutlich wird die Komplexität des multimodalen Transports auch anhand der Regelungen zur Beförderung von Gefahrgütern wie Gasen, leicht entzündlichen Flüssigkeiten oder ätzenden Stoffen. Die Notwendigkeit, in diesem Sektor ein sehr hohes Sicherheitsniveau zu gewährleisten und Unfälle zu verhindern, die schwerwiegende Auswirkungen auf die menschliche Gesundheit und die Umwelt hätten, führte dazu, dass sowohl auf internationaler als auch auf europäischer Ebene sehr detaillierte Rechtsvorschriften bezüglich der Kriterien zur Klassifizierung von Gütern, zu Verpackungsmethoden, zur Kennzeichnung von Transporteinheiten und zur Erstellung von Beförderungsunterlagen für die einzelnen Verkehrsträger ausgearbeitet wurden.[87]

*5. Die Rolle des EuGH*

Die europäische Rechtsprechung befindet sich im Bereich des multimodalen Transports noch in ihren Anfängen.[88] Zwischenzeitlich konnten jedoch bereits einzelne Entscheidungen des Gerichtshofs, u. a. zur Frage der gerichtlichen Zuständigkeit bei multimodalen Beförderungsverträgen, ergehen.[89] Die Zuständigkeit richtet sich bei grenzüberschreitenden Sachverhalten grundsätzlich nach der Brüssel-Ia-Verordnung,[90] da die unimodalen

---

ischen Parlaments und des Rates vom 20.6.2019 zur Einrichtung eines europäischen Umfelds zentraler Meldeportale für den Seeverkehr und zur Aufhebung der Richtlinie 2010/65/EU, ABl. EU Nr. L 198 S. 64 vom 25.7.2019; für die Binnenschifffahrt: Verordnung (EG) Nr. 414/2007 der Kommission vom 13.3.2007 über die technischen Leitlinien für die Planung, die Einführung und den Betrieb der Binnenschifffahrtsinformationsdienste gemäß Artikel 5 der Richtlinie 2005/44/EG des Europäischen Parlaments und des Rates über harmonisierte Binnenschifffahrtsinformationsdienste (RIS) auf den Binnenwasserstraßen der Gemeinschaft, ABl. EU Nr. L 105 S. 1 vom 23.4.2007.

87 Für den Seeverkehr: *International Maritime Dangerous Goods Code* (IMDG); für den Binnenschifffahrtsverkehr: *International Carriage of Dangerous Goods by Inland Waterways Agreement* (ADN), geschlossen in Genf am 26.5.2000; für den Schienenverkehr: *Règlement concernant le transport international ferroviaire des marchandises dangereuses* (RID), Anhang C des Übereinkommens zum Internationalen Eisenbahnverkehr (COTIF), geschlossen in Vilnius am 3.6.1999; für den Straßenverkehr: Übereinkommen über die internationale Beförderung gefährlicher Güter auf der Straße (ADR), geschlossen in Genf am 30.9.1957. Siehe auch Richtlinie 2008/68/EG des Europäischen Parlaments und des Rates vom 24.9.2008 über die Beförderung gefährlicher Güter im Binnenland, ABl. EU Nr. L 260 S. 13 vom 30.9.2008.

88 Beispielsweise EuGH, Urt. v. 12.11.2015, Rs. C-121/14 – *Vereinigtes Königreich Großbritannien und Nordirland/Europäisches Parlament und der Rat der Europäischen Union*.

89 Beispielsweise EuGH, Urt. v. 11.7.2018, Rs. C-88/17 – *Zurich Insurance plc, Metso Minerals Oy/Abnormal Load Services (International) Ltd.* Für weitere Ausführungen: *Laimer/Perathoner*, Jurisdiction Based on Place of Performance in the Case of Multimodal Transport, The European Legal Forum 2019, 39–42 und *Laimer*, Trasporto multimodale internazionale di merci: novità della Corte di Giustizia UE in tema di competenza giurisdizionale, in: Pagliarin/Perathoner, Laimer, Per una Europa più unita nel settore dei trasporti. Assetti istituzionali, economici e normative. Il diritto dei trasporti nell'Unione Europea, 2020, S. 89–99; *Laimer*, Grenzüberschreitende multimodale Güterbeförderung in der EU: Internationale Gerichtszuständigkeit und anwendbares Vertragsrecht – Ein Überblick, in: *Laimer/Perathoner*, Mobilitäts- und Transportrecht in Europa. Bestandsaufnahme und Zukunftsperspektiven, 2022, S. 45–58.

90 Verordnung (EU) Nr. 1215/2012 des Europäischen Parlaments und des Rates vom 12.12.2012 über die gerichtliche Zuständigkeit und die Anerkennung und Vollstreckung von Entscheidungen in Zivil- und Handelssachen (Neufassung), ABl. EU Nr. L 351 S. 1 vom 20.12.2012 (Brüssel Ia). Anwendbar auf Streitigkeiten, die ab dem 10.1.2015 anhängig sind. *Domej*, Die Neufassung der EuGVVO. Quantensprünge im europäischen Zivilprozessrecht, RabelsZ 2014, 508 ff. Vorherige Streitfälle unterliegen der Brüssel I-VO, Verordnung (EG) Nr. 44/2001 des Rates vom 22.12.2000 über die gerichtliche Zuständigkeit und die

Einheitsrechtsübereinkommen materiell nicht anwendbar sind.[91] Kläger stehen dabei bekanntlich die in den Art. 7–9 Brüssel Ia-VO statuierten besonderen Gerichtsstände offen. Wird die multimodale Güterbeförderung als Dienstleistung im Sinne von Art. 7 Abs. 1 lit. b Brüssel-Ia qualifiziert, folgt daraus in Anbetracht der vertraglich geschuldeten Gegenleistung,[92] dass der besondere Gerichtsstand dem Erfüllungsort der betreffenden Verpflichtung entspricht. Dabei handelt es sich wiederum um den Ort in jenem Mitgliedstaat, in dem die Dienstleistungen nach dem Vertrag tatsächlich erbracht wurden (nach der Erfüllung) oder vertraglich hätten erbracht werden müssen (vor der Erfüllung). Bei mehreren Orten der Leistungserbringung ist jener der Haupterfüllung maßgebend,[93] das heißt, jener Ort, der einen direkten und unmittelbaren Zusammenhang mit den typischen vertraglichen Verpflichtungen aufweist. Der EuGH übertrug damit im Ergebnis seine Rechtsprechung zur Beförderung von Personen auf dem Luftweg[94] auch auf die multimodale Beförderung von Gütern und entschied, dass auch im letztgenannten Fall sowohl der Abgangs- als auch der Bestimmungsort der Güter Hauptleistungsorte und damit alternative Gerichtsstände nach Wahl des Klägers darstellten. Besteht eine vertragliche Verpflichtung darin, die Ware von einem Ort zum anderen zu befördern, ohne diese zu beschädigen, so sind sowohl die Verpackung und der Schutz der Ware am Versandort als auch die Beförderung, der Empfang und die Lagerung derselben am Bestimmungsort als Hauptleistungen anzusehen. Damit kommt den Zwischenstationen für das Umladen und den Umschlag von einem Verkehrsträger auf den nächsten nicht dieselbe Bedeutung zu wie dem Versandort.

### VII. Praktische Auswirkungen und Förderungen der Multimodalität

Wohl auch aufgrund des Fehlens einer einheitlichen Haftungsregelung für die Betreiber multimodaler Verkehrsdienste konnte sich der multimodale Transport noch nicht in allen Teilen (und Verkehrsstraßen) der Europäischen Union und Italiens[95] in ausreichendem Maße verbreiten.[96] Ein Bewusstsein für das Phänomen konnte sich jedoch bereits etablieren. Dies zeigt sich nicht nur in der schrittweisen Realisierung von Kernnetzkorridoren, sondern auch anhand der Durchführung von Projekten, deren Finanzierung u. a. über den *Europäischen Fonds für regionale Entwicklung* (EFRE) und den *Kohäsionsfonds* gesichert wurde, sowie in verschiedenen Studien.

---

Anerkennung und Vollstreckung von Entscheidungen in Zivil- und Handelssachen, ABl. EU Nr. L 12 S. 1 vom 16.1.2001.
91 Vgl. Art. 71 Verordnung (EU) 1215/2012.
92 Vgl. *Junker*, Internationales Zivilprozessrecht, 3. Aufl. 2016, S. 96.
93 Siehe EuGH, Urt. v. 11.3.2010, Rs. C-19/09 – *Wood Floor Solutions Andreas Domberger GmbH/Silva Trade SA*.
94 Siehe EuGH. Urt. v. 9.7.2009, Rs. C-204/08 – *Peter Rehder/Air Baltic Corporation*.
95 Siehe etwa die statistischen Daten des gesamtstaatlichen italienischen Statistikdienstes ISTAT, vgl. http://dati.istat.it/Index.aspx?QueryId=37897 (abgerufen am 1.10.2023) im Bereich des Eisenbahnverkehrs. In den anderen Sparten wird die Intermodalität nicht erwähnt (zumindest nicht ausdrücklich).
96 *Europäischer Rechnungshof* (Hrsg.), Landscape-Analyse. Hin zu einem optimierten Verkehrssektor in der EU: Welche Herausforderungen gilt es zu bewältigen?, 2018, S. 21. Zugänglich unter www.eca.europa.eu/Lists/ECADocuments/LR_TRANSPORT/LR_TRANSPORT_DE.pdf (abgerufen am 1.10.2023).
Zum *Jahr der Multimodalität* bereits *supra* (abgerufen am 1.10.2023).

Im Zusammenhang mit der regionalen und städtischen Entwicklung in der EU wurde 2004 etwa an einem Projekt zur Modernisierung und Entwicklung des Verkehrsnetzes auf der Iberischen Halbinsel gearbeitet, als Anreiz für die Wirtschaft der Makroregion.[97] Anknüpfend an den Erfolg vorangehender transeuropäischer Initiativen, die Ende der 1990er Jahre die Schaffung von drei Korridoren ermöglicht hatte, die den Straßen-, Schienen-, Luft- und Seeverkehr miteinander kombiniert und Lissabon mit mehreren spanischen Städten verbunden hatten, hatten die spanische und die portugiesische Regierung zahlreiche Arbeiten zur Anbindung von Straßenzugängen an Häfen, zum Bau neuer und zur Erweiterung bestehender Flughäfen sowie zur Modernisierung von Eisenbahnstrecken durchgeführt, um einen Großteil des Verkehrs auf die Schiene zu verlagern und stabile Arbeitsplätze zu schaffen. Kofinanziert und unterstützt wurden die Arbeiten durch die Europäische Union.

Vielfach wiesen Projekte auch einen Bezug zu Italien auf. Das Projekt „AlpInnoCT"[98] etwa, war darauf ausgerichtet, die Effizienz des intermodalen Gütertransports, insbesondere auf der Schiene, im Alpenraum zu erhöhen. Neben einer Bestandsaufnahme der aktuellen regionalen Verkehrssituation eröffnete es einen Dialog zwischen den Ländern des Alpenraums (u. a. Italien und Deutschland), ermöglicht durch den Austausch von industriellem *Know-how* und die Schaffung einer Informations- und Orientierungsplattform. Ziel war die Ausarbeitung von Strategien für eine umweltfreundliche Verkehrsnutzung, im Einklang mit dem empfindlichen Ökosystem des Alpenraums.

Ähnlich setzte sich jüngst das Projekt „ADRIPASS" unter der Leitung der zentraleuropäischen Organisation für regionale Zusammenarbeit „Zentraleuropäische Initiative" das Ziel, Engpässe in der Güterverkehrsinfrastruktur in der adriatisch-ionischen Region zu analysieren, zu bewerten und zu beheben und schließlich eine wettbewerbsfähige und effiziente transnationale, *multimodale* Verkehrsstrategie zu entwickeln.[99] Ausgegangen wurde dabei von einem „Bottom-up"-Ansatz, bei dem die Bedürfnissen der Verkehrs- und Logistikunternehmen sowie der betroffenen Gebiete besonders berücksichtigt wurden. So wurden bisher verschiedene Hürden in der Region identifiziert; in einem Bericht wurden ferner vorrangig zu ergreifende Maßnahme zur Verbesserung der Güterströme dargelegt.[100]

Auch die Kommission ließ verschiedene Studien über den multimodalen Personenverkehr erarbeiten. Bereits im Jahr 2014 legte das europäische Exekutivorgan dem Europäischen Wirtschafts- und Sozialausschuss ein Arbeitspapier vor, in dem es seine Absicht zum

---

97 Hierzu das Projekt der Europäischen Kommission „Multimodal Connections", das am 1.1.2004 vorgestellt wurde, siehe https://ec.europa.eu/regional_policy/en/projects/spain/multimodal-connections (abgerufen am 1.10.2023).
98 Hierzu das Projekt der Europäischen Kommission „Intermodal Freight Transport in the Alps", das am 2.11.2018 vorgestellt wurde, siehe https://ec.europa.eu/regional_policy/it/projects/Italy/efficient-intermodal-freight-transport-in-the-alps (abgerufen am 1.10.2023).
99 Weiterführend https://adripass.adrioninterreg.eu (abgerufen am 1.10.2023).
100 Hierzu das Projekt der Europäischen Kommission „ADRIPASS", das am 11.4.2019 vorgestellt wurde, siehe https://ec.europa.eu/regional_policy/it/projects/Italy/improving-cross-border-freight-flow-on-land-and-sea (abgerufen am 1.10.2023).

Ausdruck brachte, den Zugang der europäischen Bürger zu multimodalen Systemen für die Fahrplansuche sowie zu Streckeninformation und zur Preisgestaltung zu erleichtern.[101]

Im Jahr 2019 wurden schließlich zwei weitere Studien veröffentlicht. Angesichts des Fehlens eines einheitlichen Fahrscheins für den multimodalen Verkehr in Europa sowie unterschiedlicher Rechtsrahmen in den verschiedenen Mitgliedstaaten gewährte die erste Studie diesbezüglich einen Überblick über den damaligen *status quo* und künftige Herausforderungen bei der Einführung integrierter Fahrschein- und Zahlungssysteme einschließlich des Datenaustauschs. In dem Dokument wurden mehrere Lösungsansätze diskutiert, die von der Annahme unverbindlicher Maßnahmen wie Verhaltenskodizes für den Datenaustausch und Leitlinien bis hin zu einer Gesetzesinitiative reichten, die u. a. die Bedingungen für den Zugang zu Tarifdaten regeln und den geltenden Rechtsrahmen, insbesondere die delegierte Verordnung (EU) Nr. 2017/1926, ändern sollten.[102]

Die zweite Studie konzentrierte sich hingegen auf Fahrgastrechte im multimodalen Verkehr und hob Schwierigkeiten hervor, die Nutzer solcher Dienste in der Praxis häufig begegneten, etwa unzureichende Informationsdienste vor, nach und während der Reise und die fehlende Harmonisierung in Bezug auf die Haftung des multimodalen Verkehrsbetreibers. Dies führe vor allem zu einer Mobilitätseinschränkung, zusätzlichen Versicherungskosten und im Wesentlichen zu einem mangelnden Interesse der Fahrgäste an der Auswahl eines multimodalen Verkehrsdienstes.

Als mögliche Lösung wurden verschiedene Maßnahmenpakete vorgeschlagen, insbesondere Verhaltenskodizes, Leitlinien und Empfehlungen für Beförderer und Betreiber sowie „Soft-Law"-Gesetzgebungsinstrumente, die für den einheitlichen multimodalen Beförderungsvertrag die günstigste Schutzregelung für Fahrgäste vorsahen.[103]

Förderungen im Bereich der Intermodalität fallen in Italien u. a. in die Zuständigkeit des Ministeriums für Infrastrukturen und Transport (*Ministero delle infrastrutture e dei trasporti*).[104]

## VIII. Fazit

Im Bereich des grenzüberschreitenden Verkehrs konnten sich multimodale Transportsysteme vor allem im letzten halben Jahrhundert auch in Europa und Italien verbreiten. Heute stellt in Italien beinahe der gesamte Seeverkehr lediglich einen Abschnitt innerhalb

---

101 Siehe die Stellungnahme des Europäischen Wirtschafts- und Sozialrats zum Commission Staff Working Document – Towards a roadmap for delivering EU-wide multimodal travel information, planning and ticketing services, SWD(2014) 194 final.
102 Siehe *Europäische Kommission*, Remaining Challenges for EU-Wide Integrated Ticketing and Payment Systems – Executive Summary, 2019.
103 Vgl. *Europäische Kommission*, Exploratory Study on passenger rights in the multimodal context – Executive summary, 2019.
104 Siehe u. a. D. P. C. M. vom 23.12.2020, n. 190, Regolamento recante l'organizzazione del Ministero delle infrastrutture e della mobilità sostenibili, in: Gazz. Uff. 6.3.2021, n. 56 sowie D. P. C. M. vom 24.6.2021, n. 115, Regolamento recante modifiche ed integrazioni al decreto del Presidente del Consiglio dei ministri 23 dicembre 2020, n. 190, concernente il regolamento di organizzazione del Ministero delle infrastrutture e dei trasporti, in: Gazz. Uff. 11.8.2021, n. 191.

eines multimodalen Beförderungsvertrags dar.[105] Trotz der wachsenden Bedeutung des Vertragstypus finden sich jedoch weder in Italien noch auf europäischer oder internationaler Ebene umfassende bzw. ausdrückliche rechtliche Regelungen. Nur wenige Staaten hatten sich dazu entschlossen, eigenständige Vorschriften für den multimodalen Verkehr zu schaffen, mitunter Deutschland (§§ 452–452d HGB) und die Niederlande (Art. 8:41, Art. 8:43 BW).[106]

Obwohl der multimodale Verkehr technisch eine „eigenständige" Transportart darstellt,[107] gelang es in Italien bisher noch nicht, diesbezüglich Vorschriften einzuführen, sodass weiterhin (weitgehend) die allgemeinen Bestimmungen über den Beförderungsvertrag sowie von der Rechtsprechung aufgestellte Grundsätze Anwendung finden. Einheitsrechtlich zeigt sich ein ähnliches Bild. Auf internationaler Ebene wurde bereits 1980 auf Initiative der Vereinten Nationen ein Übereinkommen über den internationalen multimodalen Güterverkehr unterzeichnet. In Kraft trat es jedoch nie.

Wie insbesondere anhand der Aktivitäten der Europäischen Kommission in den letzten Jahrzehnten erkennbar ist, zeigte sich die Union interessiert und bemüht, Grundzüge und Rahmenbedingungen des multimodalen Verkehrs in Europa zu erarbeiten. Dies spiegelt sich in verschiedenen Verordnungen,[108] Richtlinien[109] und Beschlüssen[110] wider, die den

---

105 *La Mattina*, Del trasporto – Artt. 1678–1702, in: Il codice civile – Commentario – fondato da Schlesinger e diretto da Busnelli, Milano 2018, S. 55 f.

106 Siehe *Paschke/Furnell*, Transportrecht, 2011, S. 69 f. Außerhalb der EU wurden etwa China, Indien, Brasilien, Argentinien, Myanmar und Mexiko entsprechend tätig; vgl. United Nations Conference on Trade and Development, Implementation of Multimodal Transport Rules, UNCTAD/SDTE/TLB/2, 27.6.2001 (Report prepared by the UNCTAD secretariat), S. 32–53, online unter: https://unctad.org/system/files/official-document/posdtetlbd2.en.pdf (abgerufen am 1.10.2023).

107 *La Mattina*, Il trasporto multimodale come „chiave di volta" del sistema dei trasporti internazionali: necessità di una disciplina uniforme, Dir. Maritt. 2006, S. 1105.

108 Siehe etwa: Verordnung (EU) Nr. 1300/2014 der Kommission vom 18.11.2014 über die technischen Spezifikationen für die Interoperabilität bezüglich der Zugänglichkeit des Eisenbahnsystems der Union für Menschen mit Behinderungen und Menschen mit eingeschränkter Mobilität, ABl. EU Nr. L 356 S. 110 vom 12.12.2014; Verordnung (EU) Nr. 1305/2014 der Kommission vom 11.12.2014 über die technische Spezifikation für die Interoperabilität zum Teilsystem „Telematikanwendungen für den Güterverkehr" des Eisenbahnsystems in der Europäischen Union und zur Aufhebung der Verordnung (EG) Nr. 62/2006 der Kommission, ABl. EU Nr. L 356 S. 438 vom 12.12.2014; Verordnung (EU) Nr. 164/2010 der Kommission vom 25.1.2010 zu den technischen Spezifikationen für elektronische Meldungen in der Binnenschifffahrt gemäß Artikel 5 der Richtlinie 2005/44/EG des Europäischen Parlaments und des Rates über harmonisierte Binnenschifffahrtsinformationsdienste (RIS) auf den Binnenwasserstraßen der Gemeinschaft, ABl. EU Nr. L 57 S. 1 vom 6.3.2010; Verordnung (EU) Nr. 996/2010 des Europäischen Parlaments und des Rates vom 20.10.2010 über die Untersuchung und Verhütung von Unfällen und Störungen in der Zivilluftfahrt und zur Aufhebung der Richtlinie 94/56/EG, ABl. EU Nr. L 295 S. 35 vom 12.11.2010.

109 Siehe z. B.: Delegierte Richtlinie (EU) 2020/12 der Kommission vom 2.8.2019 zur Ergänzung der Richtlinie (EU) 2017/2397 des Europäischen Parlaments und des Rates in Bezug auf die Standards für Befähigungen und entsprechende Kenntnisse und Fertigkeiten, für praktische Prüfungen, für die Zulassung von Simulatoren und für die medizinische Tauglichkeit, ABl. EU Nr. L 6 S. 15 vom 10.1.2020; Richtlinie 2005/44/EG des Europäischen Parlaments und des Rates vom 7.9.2005 über harmonisierte Binnenschifffahrtsinformationsdienste (RIS) auf den Binnenwasserstraßen der Gemeinschaft, ABl. EU Nr. L 255 S. 152 vom 30.9.2005.

110 Siehe z. B. Entschließung des Rates vom 19.7.1999 zur Beteiligung Europas an einer neuen Generation von Satellitennavigationsdiensten – Galileo-Definitionsphase, ABl. EU Nr. C 221 S. 1 vom 3.8.1999; Durchführungsbeschluss (EU) 2019/1118 der Kommission vom 27.6.2019 über das grenzüberschreitende Projekt „Seine–Schelde" in den Kernnetzkorridoren „Nordsee–Mittelmeer" und „Atlantik" (bekannt

multimodalen Verkehr zumindest in Teilen berücksichtigen. Jedoch fehlt es auch auf Unionsebene – wie auch in den Rechtssystemen der meisten Mitgliedstaaten – bis heute an spezifischen und einheitlichen Vorschriften zur Multimodalität. Dabei scheint es unklar, ob die Union: a) die Regulierung den einzelnen Mitgliedstaaten überlassen will, b) gesetzgeberische Maßnahmen auf internationaler Ebene, etwa auf Initiative der Vereinten Nationen, vorzieht oder c) weiterreichende unionsrechtliche Vorschriften auszuarbeiten gedenkt, um die derzeitige Regelungslücke einheitlich zu schließen.[111]

Global betrachtet konnten andere gemeinsame Märkte, wie der *Mercado Común del Sur* (MERCOSUR),[112] die *Comunidad Andina* (CAN)[113] und die *Asociación Latinoamericana de Integración* (ALADI),[114] bereits seit den 1990er Jahren multilaterale Regelungen in Anlehnung an das Genfer Übereinkommen und die UNCTAD/ICC-Regeln

---

gegeben unter Aktenzeichen C(2019) 4561), ABl. EU Nr. L 176 S. 61 vom 1.7.2019; Durchführungsbeschluss (EU) 2018/1723 der Kommission vom 26.10.2018 über das grenzüberschreitende Projekt „Rail Baltica" im Nord-Ostsee-Kernnetzkorridor (bekannt gegeben unter Aktenzeichen C(2018) 6969), ABl. EU Nr. L 287 S. 32 vom 15.11.2018; Durchführungsbeschluss (EU) 2018/300 der Kommission vom 11.1.2018 über die Vereinbarkeit des von den beteiligten Mitgliedstaaten vorgelegten gemeinsamen Vorschlags einer Verlängerung des Atlantik-Schienengüterverkehrskorridors mit Artikel 5 der Verordnung (EU) Nr. 913/2010 des Europäischen Parlaments und des Rates, ABl. EU Nr. L 56 S. 60 vom 28.2.2018; Beschluss (EU) 2018/768 des Rates vom 22.5.2018 zur Festlegung des Standpunkts, der im Namen der Europäischen Union auf der 55. Tagung des Fachausschusses für die Beförderung gefährlicher Güter der Zwischenstaatlichen Organisation für den Internationalen Eisenbahnverkehr (OTIF) zu bestimmten Änderungen des Anhangs C des Übereinkommens über den internationalen Eisenbahnverkehr zu vertreten ist, ABl. EU Nr. L 129 S. 77 vom 25.5.2018; Delegierter Beschluss (EU) 2017/1474 der Kommission vom 8.6.2017 zur Ergänzung der Richtlinie (EU) 2016/797 des Europäischen Parlaments und des Rates im Hinblick auf spezifische Ziele für die Ausarbeitung, Annahme und Überarbeitung der Technischen Spezifikationen für die Interoperabilität (bekannt gegeben unter Aktenzeichen C(2017) 3800), ABl. EU Nr. L 210 S. 5 vom 15.8.2017; Beschluss (EU) 2016/833 des Rates vom 17.5.2016 zur Festlegung des im Namen der Europäischen Union anlässlich der 54. Sitzung des Fachausschusses für die Beförderung gefährlicher Güter, der durch die Zwischenstaatliche Organisation für den Internationalen Eisenbahnverkehr (OTIF) eingerichtet wurde, hinsichtlich bestimmter Änderungen des Anhangs C des Übereinkommens über den internationalen Eisenbahnverkehr zu vertretenden Standpunkts, ABl. EU Nr. L 140 S. 12 vom 27.5.2016; Durchführungsbeschluss (EU) 2016/209 der Kommission vom 12.2.2016 über einen Normungsauftrag an die europäischen Normungsorganisationen in Bezug auf intelligente Verkehrssysteme (IVS) in städtischen Gebieten zur Unterstützung der Richtlinie 2010/40/EU des Europäischen Parlaments und des Rates zum Rahmen für die Einführung intelligenter Verkehrssysteme im Straßenverkehr und für deren Schnittstellen zu anderen Verkehrsträgern (Bekanntgegeben unter Aktenzeichen C(2016) 808), ABl. EU Nr. L 39 S. 48 vom 16.2.2016; Beschluss der Kommission vom 14.1.2011 zur Ermächtigung der Mitgliedstaaten, gemäß der Richtlinie 2008/68/EG des Europäischen Parlaments und des Rates über die Beförderung gefährlicher Güter im Binnenland bestimmte Ausnahmen zu erlassen (bekannt gegeben unter Aktenzeichen K(2010) 9724) (2011/26/EU), ABl. EU Nr. L 13 S. 64 vom 18.1.2011; Entscheidung der Kommission 2009/240/EG vom 4.3.2009 zur Ermächtigung der Mitgliedstaaten, gemäß der Richtlinie 2008/68/EG des Europäischen Parlaments und des Rates über die Beförderung gefährlicher Güter im Binnenland bestimmte Ausnahmen zu erlassen (bekannt gegeben unter Aktenzeichen K(2009) 1327), ABl. EU Nr. L 71 S. 23 vom 17.3.2009; Entschließung des Rates vom 11.3.1996 über den Kurzstreckenseeverkehr, ABl. EU Nr. C 99 S. 1 vom 2.4.1996; Entscheidung der Kommission 94/980/EG vom 19.10.1994 in einem Verfahren nach Artikel 85 des EG-Vertrags (IV/34.446 – Trans Atlantic Agreement), ABl. EU Nr. L 376 S. 1 vom 31.12.1994.

111 Vgl. *Casanova/Brignardello*, Corso breve di diritto dei trasporti, 2017, S. 223.
112 Neben dieser spanischen Bezeichnung ist auch die portugiesische Bezeichnung *Mercado Comum do Sul* (*Mercosul*) und auf Guaraní Ñemby Ñemuha offiziell; Homepage: www.mercosur.int (abgerufen am 1.10.2023).
113 Offizielle Homepage: www.comunidadandina.org (abgerufen am 1.10.2023).
114 Offizielle Homepage: www.aladi.org/sitioaladi (abgerufen am 1.10.2023).

entwickeln.[115] Dennoch: Die Ratifizierung und damit auch Verbreitung der Übereinkommen blieben beschränkt. Auch deshalb wäre die Ausarbeitung eines einheitlichen internationalen Übereinkommens im Rahmen der Vereinten Nationen wünschenswert, das den gesamten uni- und multimodalen Verkehr in einem einheitlichen und umfassenden Abkommen regeln würde. Dies könnte dazu beitragen, der derzeitigen Segmentierung des internationalen Verkehrsrechts entgegenzuwirken und neue Impulse auch auf innerstaatlicher Ebene setzen.[116]

---

115 Vgl. United Nations Conference on Trade and Development, Implementation of Multimodal Transport Rules, UNCTAD/SDTE/TLB/2, 27.6.2001 (Report prepared by the UNCTAD secretariat, S. 18–28, online unter: https://unctad.org/system/files/official-document/posdtetlbd2.en.pdf (abgerufen am 1.10.2023)).
116 *Brignardello*, Il trasporto multimodale, S. 17 ff. (online unter: www.aidim.org/pdf/rel_brignardello.pdf (abgerufen am 1.10.2023)).

*Paolo Cattaruzza Dorigo*

# Entwicklungsperspektiven des Mikrokredits in der Autonomen Region Trentino-Südtirol aufgrund der Tätigkeit der Bankenstiftungen

## I. Einleitung

Der vorliegende Beitrag möchte die wichtigsten Thesen und Ergebnisse der Dissertation „Microcredito e Fondazioni di origini bancarie" erörtern, welche im Rahmen des Doktoratsstudiums im Italienischen Recht an der Leopold-Franzens-Universität Innsbruck und an der Università degli Studi di Padova in italienischer Sprache unter der Betreuung von Prof. Dr. RA. Francesco A. Schurr und Prof. Avv. Matteo De Poli verfasst worden ist.

Den Ansatz des vertieften Forschungsthemas stellen die langfristigen Folgen der Weltwirtschaftskrise der Jahre 2008–2009 sowie jene der Pandemie aufgrund des Virus Sars-Cov2 und die darauffolgende Energiekrise dar, die eine weitere Verschlimmerung der Wirtschaftskrise in Italien verursacht haben.

Bereits vor dem Ausbruch der Pandemie konnte man beobachten, wie die Kluft zwischen armen und reichen Menschen in Italien immer weiter auseinanderging und wie dies den Rückgang der Mittelschicht, welche die tragende Säule einer Volkswirtschaft darstellt, bewirkte.[1] Dieser äußerst ungünstige volkswirtschaftliche Kontext führt zur finanziellen Ausgrenzung von Personen, welche ihrerseits die soziale Ausgrenzung dieser Menschen zur Folge hat.

## II. Die Krise des Wohlfahrtstaates in Italien

Das italienische staatliche Wohlfahrtssystem der 1980er Jahre fußte auf einer relativ hohen Staatsverschuldung, weshalb sich seit den darauffolgenden 90er Jahren ein stufenweiser Rückgang dieser Herangehensweise des italienischen Staates, insbesondere der Sozialleistungen durch den Staat und die Regionen, abzeichnete. Der Beitritt Italiens zur Währungsunion hat die Eindämmung des Verschuldungsmechanismus weiter verschärft

---

1 Ein Blick auf die Statistiken zeigt ein klares Bild zum Zuwachs der in Armut lebenden Menschen. Laut den Daten des italienischen nationalen Statistikinstitutes (ISTAT) gab es im Jahre 2019 eine Tendenz zur Reduzierung der absoluten Armut und zwar war diese mit 1,7 Mio. Familien bzw. 4,6 Mio. Personen zu beziffern. Im darauffolgenden Jahr 2020 gab es einen Zuwachs, die absolute Armut zählte insgesamt 2 Mio. Familien bzw. 5,6 Mio. Personen und 2021 blieb diese Zahl beinahe unverändert (1,9 Mio. Familien bzw. 5,6 Mio. Personen). Mit Bezug auf das Jahr 2022 liegen keine definitiven Daten und Studien vor, da das italienische nationale Statistikinstitut die Methodologie der Berechnung umgestellt hat und somit mit einer Verzögerung zu rechnen ist. Die genannten Daten sind jedenfalls unter www.istat.it mit Eingabe der Schlüsselworte „povertà assoluta" oder „Report povertà" abrufbar.

und die Kontrolle des öffentlichen Haushaltes, insbesondere durch die Harmonisierung der Haushalte aller öffentlichen Körperschaften, nahm im letzten Jahrzehnt zu. Beispiele dafür bilden das GvD Nr. 118/2011[2], welches die genannte Harmonisierung eingeführt hat, und die Reform des Artikels 117 der italienischen Verfassung durch das Verfassungsgesetz Nr. 1 vom 20. April 2012.[3] Durch das genannte Verfassungsgesetz ist man von der konkurrierenden Gesetzgebungsbefugnis des Staates im Bereich der Harmonisierung der öffentlichen Haushalte zur exklusiven Gesetzgebungsbefugnis des Staates in diesem Bereich übergegangen. Somit hat das Prinzip der Harmonisierung der Haushalte Verfassungsrang erreicht.

Demzufolge ist der zentralste Akteur des italienischen Wohlfahrtssystems (d. h. der Staat) in seinen Absichten und Tätigkeiten durch einen sozusagen gedrosselten Haushalt beschränkt. Es wird somit zunehmend immer schwieriger, den Wohlfahrtsstaat, wie ihn die italienischen Bürger gewohnt waren, aufrechtzuerhalten.

Die genannte Knappheit der finanziellen Ressourcen, die durch den Staat und die Regionen für soziale Zwecke zur Verfügung gestellt werden, bringt die Notwendigkeit mit sich, dass sich zunehmend Akteure aus dem privaten Sektor auch für soziale Belange interessieren müssen. Außerordentliche und innovative soziale Vorhaben müssen demnach zunehmend durch private Akteure bzw. Philanthropen in Angriff genommen und umgesetzt werden.

## III. Wirtschaftliche Nachhaltigkeit und Finanzinstrumente mit ethischem Anspruch

Aufgrund der bereits erwähnten Weltwirtschaftskrise liegt es auf der Hand, dass auch die traditionelle Idee von Wirtschaft, die ausschließlich auf dem quantitativen Wachstum als Maß aller Dinge fußt, zum Teil als überholt gilt. Demnach sollte sich die Wirtschaft umorientieren, und zwar in dem Sinne, dass sich die verschiedenen Akteure um eine nachhaltigere Wirtschaft, in der der Mensch im Mittelpunkt steht, bemühen sollten.[4] Das Thema der Nachhaltigkeit ist in diesem Zusammenhang äußerst aktuell; dies gilt auch für andere Bereiche bzw. abgesehen von jenen, die sich mit der Debatte rund um den Klimawandel und Klimaschutz befassen. Aus diesem Grund sollte im Rahmen der Debatte rund um die Nachhaltigkeit grundsätzlich das Konzept der Entwicklung vor jenem des Wachstums stehen, weshalb man von nachhaltiger Entwicklung sprechen muss.[5]

---

2 Gesetzesvertretendes Dekret (GvD) v. 23.6.2011, Nr. 118, im Amtsblatt der Republik Italien (GU), Nr. 172, 26.7.2011.
3 Verfassungsgesetz v. 20.4.2012, Nr. 1, in GU (oben N. 2) Nr. 95, 23.4.2012.
4 Diesbezüglich muss das vom Ökonomen und Philosophen *Latouche* erarbeitete Konzept der Wachstumsrücknahme (franz. „décroissance" – ital. „decrescita felice") erwähnt werden.
5 Dies ist der Grundgedanke, den *Enrico Giovannini* beim *Festival della Filosofia* „Persona" in Modena im Jahre 2019 zum Ausdruck gebracht hat. Die Kernaussagen seines Interviews lassen sich wie folgt zusammenfassen: Die Entwicklung ist viel mehr als das Wachstum, da es sich hierbei auch um eine Reduzierung handeln kann. Allerdings bestehen ohne ein Wachstum des materiellen Wohlstandes Risiken, da die neuen Technologien immer weniger Arbeit benötigen, um dieselbe Anzahl an Gütern und Dienstleistungen anzubieten. *Giovannini* schlägt durchaus Lösungsansätze vor: Wenn wir ein nachhaltiges wirtschaftliches Wachstum wollen, so müssen wir unser Bruttoinlandsprodukt dematerialisieren und dabei den gesamten Wohlstand berücksichtigen. Dieser besteht aus einer Reihe von Indikatoren bzgl. der Umwelt sowie des Sozialwesens

Um den erwähnten Phänomenen der finanziellen Ausgrenzung und Armut von Bürgern entgegenzuwirken und das Ziel eines möglichst gleichmäßig verteilten Wohlstandes zu erreichen, ist es – nach Ansicht des Autors – notwendig, wirtschaftlich nachhaltige Finanzinstrumente zu entwickeln und in das bestehende System möglichst effizient zu integrieren. Eines der Finanzinstrumente, das dabei ins Auge gefasst wurde, ist der Mikrokredit für Privatpersonen und Jungunternehmer.

Angesichts der Krise des Wohlfahrtsstaates, sind die idealen privaten Akteure – nach Ansicht des Autors – die Bankenstiftungen, da diese von den Kapitalanlagen her als die Schatzkammern Italiens bezeichnet werden können und gemäß geltender Gesetzgebung[6] soziale Zwecke verfolgen müssen.

Die Tätigkeit der Bankenstiftungen darf sich jedoch gemäß der einschlägigen Gesetzgebung nicht mit jener der Banken, die z.T. aus den Banken öffentlichen Rechts der Vergangenheit hervorgingen, überschneiden oder sogar im Interessenskonflikt mit diesen stehen. Gemäß Art. 3 Abs. 2 GvD Nr. 153/1999 (vormals Art. 27 GvD Nr. 356/1990) ist den Bankenstiftungen die Ausübung von Bankentätigkeit strengstens untersagt (ital. „divieto di svolgere attività bancaria").

## IV. Der Mikrokredit

Eine wesentliche Prämisse bei der Präsentation dieses Rechtsinstituts ist, dass es keine einheitliche Begriffsbestimmung des Mikrokredits gibt. Wie die Rechtslehre[7] festgestellt hat, handelt es sich um einen Begriff mit mehreren und verschiedenen Definitionen, die man dem Bericht der Kommission an das Europäische Parlament und den Rat[8] vom 18. Dezember 2012 entnehmen kann.[9] Der Mikrokredit kann weiter als ein innovatives

---

und der gesellschaftlichen Beziehungen, die insgesamt einen gerechten und nachhaltigen Wohlstand bilden. Zudem erhofft sich *Giovannini* im Rahmen der Finanz- und Haushaltsgesetzgebung, dass die Regierung vor und nach der Unterbreitung des Haushaltsgesetzes zur Genehmigung durch das Parlament eine Bewertung bestimmter Indikatoren aufstellt, hinsichtlich des Wohls und zwar nicht nur im wirtschaftlichen Sinne, sondern auch mit Bezug auf die Umwelt, das Sozialwesen, sowie hinsichtlich der Missverhältnisse und Ungleichheiten.
Siehe Interview mit *Giovannini*, www.raicultura.it/filosofia/articoli/2020/07/Enrico-Giovannini-Lo-sviluppo-sostenibile--2e1d25b5-2085-440e-aeb2-3426806e3e37.html (abgerufen am 13.9.2023).
6 Als einschlägige Rechtsnormen zu den Bankenstiftungen in Italien gelten G. 30.7.1990, Nr. 218; GvD 20.11.1990, Nr. 356; G. 29.11.1990, Nr. 387; GvD. 17.5.1999, Nr. 153; MD 18.5.2004, Nr. 150. Es handelt sich um Rechtsquellen beginnend von der Einführung dieser besonderen Körperschaften in die italienische Rechtsordnung durch die Teilung und Umwandlung der Banken öffentlichen Rechts in operative Aktiengesellschaften des Privatrechts, welche Bankentätigkeit ausüben, und Stiftungen des Privatrechts, die allerdings nicht zur Gänze den Regeln des Zivilgesetzbuches, sondern auch einer Sondergesetzgebung unterliegen, bis hin zu den aktuell geltenden Rechtsnormen, auch im Lichte der Interpretation der in der Zwischenzeit ergangenen Rechtsprechung.
7 *Modica*, Microcredito e conto di base (Kapitel 27), in Capobianco, Contratti bancari, Turin 2021, S. 1953–1979.
8 Bericht der Kommission an das Europäische Parlament und den Rat über die Anwendung der Richtlinie 2006/48/EG auf Mikrokredite, https://ec.europa.eu/transparency/documents-register/detail?ref=COM(2012)769&lang=de (abgerufen am 13.9.2023).
9 Im Bericht (oben N. 8) heißt es ausdrücklich: „Für den Mikrokredit gibt es keine einheitliche Definition. Der Begriff bezieht sich in der Regel auf kleine Darlehen, welche an Personen vergeben werden, die vom traditionellen Finanzsystem ausgeschlossen sind oder keinen Zugang zu Banken haben. Damit soll ihnen

Finanzinstrument, das zur Emanzipation, zur Arbeit, zum Wachstum und zum sozialen Aufbau dient, definiert werden, wobei das Endresultat das Gleichgewicht zwischen finanzieller Inklusion und Nachhaltigkeit sein sollte.[10]

Aus der Perspektive des italienischen Rechts handelt es sich hierbei im Wesentlichen um ein Rechtsinstitut, das jenes des Darlehens i. S. d. Art. 1813 Cod. Civ. wiederaufnimmt und aus einem ethischen Standpunkt neu interpretiert und handhabt.[11] Eine zentrale Rolle spielen dabei die Begleitung des Mikrokreditnehmers durch die Strukturen des Mikrokreditgebers, sowie die finanzielle Bildung (sog. *educazione finanziaria*).

In diesem Sinne hat der Mikrokredit eine besonders humane Dimension und dient dazu, den Mikrokreditnehmer in das traditionelle Bankensystem einzuschließen bzw. wiedereinzuschließen. In diesem Zusammenhang muss die Studie der *Banca Etica* aus dem Jahre 2018 erwähnt werden, welche eine Analyse zur Eingliederung in das traditionelle Bankensystem über die Jahre 2012 bis 2016 durchgeführt hat, aus der hervorgeht, dass die Inklusion vor allem in wirtschaftlich schwachen Gebieten, wie beispielsweise Mittel- und Süditalien, ein Problem darstellt.[12] Die Studie hat zudem ergeben, dass die Bankeninklusion im Verhältnis zur physischen Präsenz der Bankinstitute steht.[13]

Es sei des Weiteren erwähnt, dass es im europäischen Raum bereits Bankenkörperschaften mit einer ethischen Ausrichtung gibt – man denke hierbei an die Raiffeisenkassen und an die Sparkassen, wobei bei ersteren der Wesenszug jener des Genossenschaftssystems ist, d. h. die Mitglieder stehen im Mittelpunkt, und bei zweiteren die gegenseitige soziale und solidarische Hilfsbereitschaft einen wichtigen Grundzug darstellen.

Der moderne Mikrokredit, der durch dessen Pionier, der Wirtschaftsprofessor und Nobelpreisträger *Muhammad Yunus*, im Entwicklungsland Bangladesch in den 1970er-Jahren entstand, war in allererster Linie eine Maßnahme gegen den Wucher, der den freien Markt und den Wettbewerb verzerrte.[14] In Bangladesch waren Arbeiter in einen Teufelskreis der Sklaverei geraten. Einerseits gab es für sie keine Möglichkeit, den Preis ihrer produzierten Waren selbst zu bestimmen, andererseits waren sie gleichzeitig beim Ankauf der Rohstoffe auf Wucherer angewiesen.[15] Grundidee des Mikrokredits war es, den Wucherring zu durchbrechen, und zwar nicht durch Spenden, sondern durch die Ge-

---

bei der Gründung oder der Entwicklung von Unternehmen geholfen werden. Die Definition des Mikrokredits variiert jedoch von einem Mitgliedstaat zum anderen und von einer Interessensgruppe zur anderen erheblich. Grund dafür sind das jeweilige Umfeld und die jeweilige Wirtschaftslage sowie die jeweiligen politischen Ziele."

10 *La Torre*, Il microcredito in Italia tra regolamentazione e mercato, in Bancaria (Monatsschrift der Associazione bancaria italiana), Mai 2015, 12.
11 Vgl. *Modica* (oben N. 7), S. 1971; *Nonne*, Microcredito solidale: profili tipologici e proposte disciplinari, in Banca Borsa tit. cred., Vol. 64, Nr. 1, 2011, S. 76.
12 *Schiona/Messina*, L'esclusione finanziaria in Italia: dinamiche determinanti del fenomeno nel periodo 2012–2016, Padova, November 2018, www.bancaetica.it/app/uploads/2022/05/Esclusione-finanziaria-in-Italia_2018_28pag_ ok.pdf (abgerufen 13.9.2023).
13 *Schiona/Messina* (oben N. 12), S. 22–23.
14 Die Geschichte über die Erfindung des modernen Mikrokredits hat dessen Pionier selbst sehr anschaulich in einem autobiographischen Buch dargelegt. Siehe dazu: *Yunus*, Il banchiere dei poveri, 16. Aufl., Mailand 2014. Italienische Übersetzung von *Yunus*, Banker To The Poor: Micro-Lending and the Battle Against World Poverty, 2007, in deutscher Sprache entsprechendes Werk: *Spiegel/Yunus*: Banker der Armen, Gestalter der Zukunft, 2012.
15 *Yunus* (oben N. 14), S. 13–20.

währung von kleinen Darlehen zu fairen Konditionen. So sollte den einzelnen Handwerkern der direkte Ankauf von Rohstoffen ermöglicht werden, wodurch sie den Preis der Fertigprodukte selbst bestimmen können.[16] Aus dieser Idee entstand die *Grameen Bank*, was übersetzt „Bank des kleinen Dorfes" bedeutet.[17] Im Jahre 1998 erfuhr die *Grameen Bank* infolge einer längeren Trockenzeit eine erste Krise, weshalb sich sozusagen eine zweite Generation dieser besonderen Bank entwickelte, die durch die zusätzliche Einrichtung von Pensionsfonds, Sparbriefen, Selbstfinanzierungen und einem Solidaritätsfond ausgebaut wurde.[18]

Die eingehende Vertiefung des Mikrokreditsystems von *Yunus* und der in Europa bestehenden Modelle, mit einem besonderen Augenmerk auf die italienische Rechtsordnung, führen zur Notwendigkeit, einen summarischen Blick auf die einschlägigen Rechtsquellen zu werfen, wobei sich die Forschungsarbeit im Wesentlichen auf drei Ebenen konzentriert hat: a) die internationalen Quellen, b) die europäischen Quellen und c) die nationalen Rechtsquellen der italienischen Rechtsordnung.

a) Internationale Rechtsquellen zum Mikrokredit: Behandelt wurden die Resolutionen der UNO-Generalversammlung Nr. 53/198 vom 25.2.1999, Nr. 58/488 vom 17.12.2003 und Nr. 58/221 vom 19.2.2004. Die Rechtslehre hat sich in diesem Zusammenhang sehr kritisch geäußert, und zwar in dem Sinne, dass eine offizielle Reglementierung in diesem Fachgebiet auf internationaler Ebene fehlt.[19]

b) Rechtsquellen auf unionaler Ebene: Es handelt sich um die Empfehlung der Europäischen Kommission vom 6.5.2003, in welcher die Definition von *KMU* (*PMI – piccole e medie imprese*) enthalten ist, die Richtlinie Nr. 2008/48/EG betreffend den Verbraucherkredit (*credito al consumo*), den Beschluss des Europäischen Parlaments und Rates vom 25.3.2010 betreffend die Einrichtung des europäischen Progress-Mikrofinanzierungsinstruments und die EU-Verordnung Nr. 2019/876 vom 20.5.2019. Die Rechtslehre beklagt die fehlenden gesetzlichen Verweise zum Mikrokredit im Vertrag über die Europäische Union, im Vertrag über die Arbeitsweise der Europäischen Union und in der Grundrechtscharta der EU, sowie das Fehlen spezifischer Richtlinien und Verordnungen zum Mikrokredit.[20]

c) Nationale Rechtsquellen der italienischen Rechtsordnung: Obschon der Mikrokredit nicht namentlich genannt wird, findet man auf verfassungsrechtlicher Ebene relevante Prinzipien zur Förderung und zum Schutz des Mikrokredits: Art. 35 (Schutz der Arbeit), Art. 41 (Freiheit der Privatinitiative in der Wirtschaft), Art. 44 (Unterstützung des kleinen und mittleren Grundeigentums), Art. 45 (Schutz des Genossenschaftswesens und des Handwerks) und Art. 47 (Schutz der Spartätigkeit und der sog. Kleinsparer) stellen sämt-

---

16 *Yunus* (oben N. 14), S. 13–20.
17 *Yunus* (oben N. 14), S. 13–20.
18 *Yunus* (oben N. 14), S. 13–20.
19 *Stefanelli*, L'inadeguatezza della regolamentazione giuridica del microcredito a livello globale e le mancate sfide del sistema creditizio, in CEDAM, Studi di diritto dell'economia e dell'impresa, Padova 2012, S. 657.
20 *Stefanelli* (oben N. 19), S. 657.

liche Prinzipien dar, die direkt oder indirekt mit dem Kerngedanken des Mikrokredits in Zusammenhang stehen.[21]

Andere und spezifische Rechtsquellen zum Mikrokredit sind Art. 111 des Einheitstextes über das Bankenwesen (*TUB – testo unico bancario*)[22] und das Ministerialdekret vom 17.10.2014, Nr. 176.[23]

Der Mikrokredit kann als ein gewöhnliches Darlehen definiert werden, und zwar als eine Finanzierung, die mit einem bestimmten, dynamischen Zweck verbunden ist, welcher die Wiedereingliederung in den Arbeitsmarkt und in die Gesellschaft verfolgt.[24] Der Rechtsgrund dieses Vertrages ist der Kredit, aber er ist mit weiteren Hilfs- bzw. Nebenangeboten ausgestattet, und zwar die Beratung, insbesondere das *Mentoring* und *Coaching*, welche den Kreditgeber zu einer verantwortungsbewussten Kreditgewährung (sog. *responsible lending/prestito responsabile*) verpflichten.

In der italienischen Rechtsordnung gibt es zwei Arten des Rechtsinstituts Mikrokredit, und zwar den Mikrokredit für Existenzgründer (*microcredito imprenditoriale*) und den sozialen Mikrokredit (*microcredito sociale*). Die erste Variante – das eigentliche, von Prof. *Yunus* ausgedachte Modell – gewährt einen Finanzierungsbetrag i. H. v. 40.000 €, während die zweite Variante ein ausgesprochen solidaristisches Ziel verfolgt und einen Betrag i. H.v 10.000 € vorsieht, welcher bei sozialen Härtefällen gewährt wird, damit der Kreditnehmer aufgrund von vorübergehenden Schwierigkeiten nicht riskiert, vom Bankensystem und folglich auch gesellschaftlich-sozial ausgeschlossen zu werden.

Was die Kreditgeber anbelangt, so werden diese in der italienischen Rechtsordnung als Anbieter (*operatori*) definiert, wobei die Gewährung der Mikrokredite sozusagen über drei Kanäle von Anbietern erfolgt, und zwar durch 1) die Anbieter im Sinne von Art. 111 des Einheitstextes über das Bankwesen mit „leichter" Überwachung, 2) beaufsichtigte Vermittler und 3) gemeinnützige Körperschaften ohne Aufsicht (*enti senza scopo di lucro non vigilati*).

Im Rahmen des Forschungsthemas ist auch ein Vergleich mit den deutschsprachigen Ländern Österreich, Deutschland und Liechtenstein aufgestellt worden. Demnach sind die deutschsprachigen Länder in Bezug auf Mikrokredite flexibler, da es auf Gesetzes- und Verordnungsebene keine wirkliche Definition gibt. Der Vorteil einer solchen Lösung liegt auf der Hand, da grundsätzlich die potenzielle Anpassungsfähigkeit des Rechtsinstituts an die Bedürfnisse der Länder höher ist und dies vor allem in Krisenzeiten. In diesem Sinne ist in den deutschsprachigen Ländern eine Stärkung des innovativen Finanzinstruments Mikrokredit schnell und unmittelbar möglich, da die Änderungen des Regelwerks nicht mittels eines Gesetzes erfolgen müssen, wie es hingegen in der italienischen Rechtsordnung der Fall ist. Der Rechtsvergleich mit Österreich und Deutschland hat insbesondere ergeben, dass sich die Rechtsordnungen im deutschsprachigen Raum lediglich auf die Übernahme des von *Yunus* erarbeiteten Konzepts von Mikrokredit beschränkt haben,

---

21 *Falcone*, Microcredito, in Digesto delle Discipline Privatistiche, Aggiornamento A – Z, Torino 2012, S. 494–502.
22 Artikel in geltender Fassung sowie laut Art. 7 GvD. 13.8.2010, Nr. 141, eingeführt und abgeändert durch Art. 16, GvD. 14.12.2010, Nr. 218 und Art. 3 Abs. 1 lit. E) bis i) des GvD. 19.9.2012, Nr. 169.
23 Ministerialdekret (MD) v. 17.10.2014, Nr. 176, in GU (oben N. 2), Nr. 279, 1.12.2014.
24 Vgl. *Modica* (oben N. 7), S. 1971; *Nonne* (oben N. 11), S. 76.

man spricht in diesem Zusammenhang von *Existenzgründung*, weshalb der Mikrokredit in der italienischen Rechtsordnung, wie erwähnt, weitreichender ist. In diesem Sinne, gleicht die Weiterentwicklung des Rechtsinstituts des Mikrokredits (sozialer Mikrokredit) global gesehen die Starre des italienischen Systems durch gesetzliche Vorschriften aus.

Die Forschungsergebnisse zum Thema des Mikrokredits betreffen insbesondere Verbesserungsvorschläge der aktuellen Gesetzgebung, und zwar bzgl. Art. 111 des Einheitstextes über das Bankenwesen.

Laut Ansicht des Autors sollte zum besseren Verständnis und der Genauigkeit halber Absatz 5-bis[25] an den Beginn der Gesetzbestimmung gestellt werden, zumal der Art. 111 des Einheitstextes über das Bankenwesen ausschließlich den Mikrokredit und nicht auch andere Rechtsinstitute betrifft.

Ähnliches gilt auch für andere Teile der Bestimmung und vielmehr für den Gesetzestext selbst. Eine klare und schematisch aufgebaute Gesetzesbestimmung, die mit der Definition der zwei Arten von Mikrokrediten beginnt, hätte mit Sicherheit eine positive Auswirkung auf die Verständlichkeit der Norm sowie auf ihre praktische Anwendung. Dies würde auch die Rechtssicherheit stärken.

Einen weiteren Problempunkt stellt die Unterscheidung zwischen Begünstigten der Mikrokredite dar. Absatz 3-bis[26] sieht vor, dass die Mikrokreditgeber zwingend beide Arten von Mikrokrediten anbieten müssen, also für beide Typologien von Kreditnehmern: sowohl solche für Privatpersonen in Notsituationen als auch solche für angehende Unternehmer bzw. Gründer. Die aktuelle Formulierung der Bestimmung ist nicht besonders treffend, da sie kein ausdrückliches Verbot vorsieht, Anbieter zu gründen, welche im Sinne von Absatz 3 an Privatpersonen in Not Mikrokredite vergeben, sondern es wird vorgesehen, dass dies nicht vorwiegend (*prevalentemente*) erfolgen darf. Zudem ist keine Strafe beim Verstoß gegen die Vorschrift vorgesehen; es handelt sich hierbei nicht um ein ausdrückliches Verbot.

Des Weiteren stellt sich das Problem hinsichtlich der Finanzierungen, die i. S. d. Absatzes 3[27] gewährt werden, jedoch durch Anbieter die keine Mikrokredite i. S. d. Absatzes 1 an Existenzgründer auszahlen. Der Autor ist zum Schluss gekommen, dass es sich hierbei um ein Problem handelt, das den Mikrokreditanbieter betrifft und nicht den Mikrokredit an und für sich zum Gegenstand hat. Ein Problem bestünde, wenn der Mikrokredit nicht den in Absatz 3 enthaltenen Anforderungen entsprechen würde.

Ein ähnliches Problem besteht auch mit Bezug auf Absatz 4, welcher gewisse Rechtssubjekte von der Eintragung in das Verzeichnis der Mikrokreditanbieter freistellt. Es handelt hierbei um Rechtssubjekte ohne Gewinnabsichten (*soggetti senza scopo di lucro*) und so-

---

25 „L'utilizzo del sostantivo microcredito è subordinato alla concessione di finanziamenti secondo le caratteristiche di cui ai commi 1 e 3."

26 „Nel caso di esercizio dell'attività di cui al comma 3, questa attività e quella di cui al comma 1 devono essere esercitate congiuntamente."

27 „I soggetti di cui al comma 1 possono erogare in via non prevalente finanziamenti anche a favore di persone fisiche in condizioni di particolare vulnerabilità economica o sociale, purché i finanziamenti concessi siano di importo massimo di 10.000 €, non siano assistiti da garanzie reali, siano accompagnati dalla prestazione di servizi ausiliari di bilancio familiare, abbiano lo scopo di consentire l'inclusione sociale e finanziaria del beneficiario e siano prestati a condizioni più favorevoli di quelle prevalenti sul mercato."

mit um sog. philanthropische Körperschaften oder solchen des sog. dritten Sektors (*terzo settore*). Diese Kategorien von Anbietern sind ebenso angehalten, beide Typologien von Mikrokrediten anzubieten, allerdings stellt sich in Anbetracht der Tatsache, dass sie nicht in die eigenen Verzeichnisse eingetragen werden müssen, die berechtigte Frage, ob die Behörden, welche die rechtliche Anerkennung und die Kontrolle derselben vornehmen, die Tragweite des Problems kennen und eventuelle fehlende Regelkonformitäten auch aufwerfen.

Zudem muss hervorgehoben werden, dass die Durchführungsbestimmung zum Art. 111 des Einheitstextes über das Bankenwesen[28] zu den Absätzen 3 und 3-bis keine spezifischen Regeln für die Umsetzung der beiden Regeln vorsieht.

Abschließend stellt sich aufgrund der Krise des italienischen Wohlfahrtssystems nicht nur die Frage hinsichtlich der potenziellen Geldgeber bzw. Sponsoren der Mikrokreditangebote, sondern auch, wer das Management der Hilfsangebote, insbesondere *Coachings*, *Mentorings* und allgemein die finanzielle Bildung, übernehmen wird. Die in der Forschungsarbeit erörterte Möglichkeit besteht darin, auf die Bankenstiftungen zurückzugreifen und dies auch im Lichte ihrer notwendigen Entwicklung von den Schatzkammern Italiens hin zu Wächtern von Werten und Schmiedestätten von Innovation.

### V. Die potenziellen Kapitalgeber in der Vergabe von Mikrokrediten: die Bankenstiftungen

Die Bankenstiftungen nach italienischem Recht stellen ein Unikum in der europäischen Gesetzgebung dar, zumal diese aus der Privatisierung des italienischen Bankensystems hervorgingen. Es sei in diesem Zusammenhang kurz erwähnt, dass bis Anfang der 1990er Jahre die einschlägige Gesetzgebung des Bankwesens im Königlichen Dekret Nr. 375/1936 enthalten war, welches zum ersten Mal eine einheitliche Regelung des Banksystems vorsah, im Rahmen dessen die Mehrheit der Banken Körperschaften öffentlichen Rechts war.[29] In der zweiten Hälfte der 70er Jahre nahm aber der Druck der europäischen Gemeinschaften hinsichtlich einer Privatisierung der Banken aufgrund der

---

28 MD 17.10.2014, Nr. 176, in GU (oben N. 2), Nr. 279, 1.12.2014.
29 Umgewandelt in das Gesetz Nr. 141/1938. Das Gesetz begründete die italienische Zentralbank (*Banca d'Italia*) und ordnete alle Rechtsvorschriften, die sich im Laufe der Jahrzehnte angesammelt hatten, wobei die Banktypologien dieselben blieben: Zu unterscheiden sind die privaten Banken (*banche private*), die öffentlichen Banken (*banche pubbliche*) und die privaten Banken in öffentlicher Hand (*banche private in mano pubblica*).
Vgl. Richtlinie Nr. 73/183/EWG des Rates v. 28.6.1973 zur Aufhebung der Beschränkungen der Niederlassungsfreiheit und des freien Dienstleistungsverkehrs für selbständige Tätigkeiten der Kreditinstitute und anderer finanzieller Einrichtungen; Richtlinie Nr. 77/780/EWG des Rates v. 12.12.1977 zur Koordinierung der Rechts- und Verwaltungsvorschriften über die Aufnahme und Ausübung der Tätigkeit der Kreditinstitute; Richtlinie Nr. 89/646/EWG v. 15.12.1989 zur Koordinierung der Rechts- und Verwaltungsvorschriften über die Aufnahme und Ausübung der Tätigkeit der Kreditinstitute und zur Änderung der Richtlinie 77/780/EWG.
Im selben Zeitraum begann Italien mit dem Gesetz Nr. 23/1981 die künftige Reform des Bankenwesens vorzubereiten, was die Rechtslehre als „stille Revolution" (*rivoluzione silenziosa*) bezeichnete.

Prinzipien der unternehmerischen Freizügigkeit und der Freizügigkeit des Dienstleistungsangebots zunehmend zu.[30]

Wie auch von der kritischen Rechtslehre ausführlich dargelegt, erfolgte die Privatisierung der Banken in dem Sinne, dass es eine Spaltung zwischen Aktiengesellschaften, die die Banktätigkeit ausüben, und Stiftungen, die das Vermögen der Banken und die Anteile der Aktiengesellschaft Bank innehaben, erfolgte. Der eigentliche Ursprung des Vermögens der Bankenstiftungen stammt von den Einlagen der Sparer, weshalb es sich bei dieser Dotierung um Vermögen der Allgemeinheit im weitesten Sinne handelt, das zuerst im Eigentum einer öffentlichen Körperschaft war, die dann durch ein Sondergesetz als gemeinnützige Körperschaft in Form einer Stiftung des Privatrechts umgewandelt worden ist.

Bis zum Jahre 1999 war die Qualifizierung der Bankenstiftungen in der italienischen Rechtslehre strittig, da sie die einschlägige Gesetzgebung (GvD Nr. 356/1990) nicht eindeutig definierte. Mit dem GvD Nr. 153/1999 hat der Gesetzgeber durch ein Sondergesetz[31] eine eindeutige und klare Entscheidung getroffen und Position zum privatrechtlichen Wesen der Bankenstiftungen bezogen.[32]

Dieses Regelwerk ist aktuell noch in Kraft und ist bis auf einige Korrekturen, die aufgrund einer Auslegung des Verfassungsgerichts[33] vorgenommen worden sind, weitgehend unverändert geblieben. Allerdings ist immer noch eine Reihe von Regeln hinsichtlich der Übergangsphase von der öffentlich-rechtlichen Körperschaft zur privatrechtlichen Stiftung enthalten, auch wenn mittlerweile mehr als 20 Jahre seit Inkrafttreten dieses Regelwerks und mehr als 30 Jahre seit der Spaltung und Umwandlung der Banken öffentlichen Rechts verstrichen sind.

Laut Ansicht des Autors bräuchte das Regelwerk eine Anpassung in Form einer Novellierung, die den Bedürfnissen der Bankenstiftungen und der Entwicklung ihrer Tätigkeiten Rechnung trägt, dies ist auch im Sinne einer praxisgerechten Gesetzgebung. Insbesondere sollte die Überarbeitung zwei Aspekten Rechnung tragen:

Der erste Aspekt betrifft die eindeutige Definition der Bankenstiftung als besondere Körperschaft des Privatrechts und somit die Bindung derselben an privatrechtliche Vorschriften, mit allen Folgen, die auch im Zusammenhang mit den unterschiedlichen Kontrollen der Körperschaften stehen.[34]

---

30 Vgl. RL Nr. 73/183/EWG; RL Nr. 77/780/EWG; RL Nr. 89/646/EWG; Gesetz Nr. 23/1981 (oben N. 29).
31 Die Rechtslehre spricht in diesem Zusammenhang im Wortlaut von einer *lex specialis*.
32 Eine ausführlichere Zusammenfassung über die Entstehung der Bankenstiftungen in Italien kann man in *Trabucchi*, Istituzioni di diritto civile, Padova 2022, S. 441–442 und in *Galgano*, Trattato di diritto civile, 3. Aufl., 2014, Vol. 3, S. 303–304 nachlesen. Für eine vertiefte Abhandlung des Themas des Wesens der Bankenstiftungen, siehe *Sanasi d'Arpe*, La natura giuridica delle fondazioni di origine bancaria, Bari 2013.
33 Es handelt sich hierbei um die Urteile des italienischen Verfassungsgerichtshofes Nr. 300/2003 und 301/2003. Der Verfassungsgerichtshof erklärte einige Bestimmungen des Haushaltsgesetzes (*legge finanziaria*) Nr. 448/2002 (sog. *Tremonti*-Reform) für verfassungswidrig und bestätigte die privatrechtliche Natur der Bankenstiftungen, insbesondere hinsichtlich ihrer Autonomie und Unabhängigkeit.
34 Es sei diesbezüglich auf die Rechtsprechung des Staatsrates verwiesen, wonach die Definition der Körperschaft sich nach der effektiven Ausübung der Tätigkeit der Körperschaft richtet und nicht nach der gewählten Rechtsform – sog. *nozione cangiante di pubblica amministrazione*. Siehe dazu die Urteile der Verwaltungsgerichtsbarkeit: Consiglio di Stato sez. VI, Urteil v. 26.5.2015, Nr. 2660; Urteil v. 11.7.2016, Nr. 3043.

Der zweite Aspekt betrifft die endgültige Loslösung von der Bankenwelt, damit sich die Bankenstiftungen auf die Verwaltung und das Management ihrer beachtlichen Vermögen spezialisieren können bzw. sich unter Beibehaltung ihrer Unabhängigkeit zu spezialisierten ehrenamtlichen Organisationen für den gemeinnützigen Sektor entwickeln können. Das Ziel sollte eine Neuausrichtung der Bankenstiftungen in ihrer Rolle als „Wächter von Werten und Praktiken, welche den sozialen Zusammenhalt und die lokale Wirtschaft garantieren und entwickeln" (*vedette di valori e pratiche atte a garantire e sviluppare la coesione sociale e l'economia locale*) sein, wobei die Bankenstiftungen nach ihrem Ermessen Kooperationen auch mit privaten und institutionellen öffentlichen Partnern anstreben können.

Die Forschungsarbeit hat in diesem Sinne keine konkreten und punktuellen Gesetzesänderungen *de lege ferenda* ausgearbeitet oder vielmehr formuliert, sondern die bereits erörterte Bestandsaufnahme der Rechtslehre zum Thema durchgeführt, zumal die aktuelle Gesetzeslage die Mitwirkung der Bankenstiftungen im Mikrokreditsystem nicht verbietet.

Mit Bezug auf die Tätigkeiten der Bankenstiftungen ist bereits das Verbot der Ausübung von Bankentätigkeiten (*divieto di esercizio di attività bancaria*) angedeutet worden. Diesbezüglich sind hinsichtlich der Mikrokreditvergabe zwei Auffassungen erörtert worden.

Der ersten Auffassung zufolge ist die Vergabe eines Mikrokredits nicht als Bankentätigkeit zu werten, da sie nicht die Beschaffung und Verwaltung von Kapital zum Gegenstand hat, sondern ein Darlehen oder eine Investition darstellt. Des Weiteren finanzieren sich Bankenstiftungen allein durch eigene Ressourcen oder allenfalls durch den Gewinn mittels eigenem, angelegtem Kapital. In diesem Sinne dürften Bankenstiftungen unmittelbar Mikrokredite anbieten und verwalten.

Die zweite, restriktivere Auffassung stuft den Mikrokredit hingegen als Bankentätigkeit ein, zumal das besagte Rechtsinstitut im Einheitstext zum Bankwesen seine Regelung findet. Allerdings gilt dies nicht für etwaige Unternehmen oder Körperschaften, die für die Bankenstiftungen instrumentell und kontrollbeteiligt sind. Diese Auffassung ergibt sich aus dem einschlägigen Regelwerk der Bankenstiftungen, welches ermöglicht, dass sich die Bankenstiftungen an Bankunternehmen beteiligen. Demnach müssten die von den Bankenstiftungen kontrollbeteiligten Unternehmen und Körperschaften so organisiert und strukturiert sein, dass die Bankenstiftungen selbst keine Bankentätigkeit direkt ausüben.

Das im Forschungsthema ausgearbeitete Modell des Mikrokreditanbieters trägt insbesondere der zweiten Auffassung Rechnung.

Abschließend sei darauf hingewiesen, dass das derzeitig geltende Regelwerk die Bankenstiftungen nicht daran hindert, die Rolle als „Wächter von Werten und Praktiken, welche den sozialen Zusammenhalt und die lokale Wirtschaft garantieren und entwickeln" einzunehmen. Sie können sich als maßgebende Akteure des Mikrokreditsystems etablieren. Die Gesetzeslage kann sich zwar nur schwer weiterentwickeln und entfalten, ohne sich der Kritik auszusetzen, „noch an die Nabelschnur der Banken gebunden" zu

---

Die Anwendung dieser Doktrin hat wichtige Folgen in der Praxis, insbesondere was die Kontrollen der Körperschaft durch den Rechnungshof (*Corte dei conti*) betrifft.

sein. Davon zeugt die äußerst kritische Rechtslehre zu diesem Punkt, welche für eine extreme Lösung, und zwar die Zurückführung der Bankenstiftungen in die Körperschaften öffentlichen Rechts, plädiert.[35]

Die Mehrheit der Rechtslehre befürwortet allerdings eine endgültige Loslösung der Bankenstiftungen von ihrer öffentlich-rechtlichen Vergangenheit und folglich ihre Entwicklung zu Körperschaften des sog. dritten Sektors (*terzo settore*).

Die Studie der Dissertation hat die bereits erwähnten problematischen Punkte, bezüglich derer die Rechtslehre unterschiedliche Lösungsvorschläge vorgeschlagen hat, erörtert. Sämtliche Entwicklungsperspektiven der Tätigkeiten der Bankenstiftungen, die in der Dissertationsarbeit erörtert worden sind, sind allenfalls mit der aktuellen Gesetzeslage voll und ganz kompatibel. Daraus folgt, dass die Bankenstiftungen einen noch größeren Beitrag hinsichtlich ihrer Tätigkeiten im Non-Profit-Sektor leisten könnten, wenn sie vom traditionellen System des *grant-making* (*fondazioni erogazione*) zum sog. *operating* (*fondazioni-organizzazione*) oder einem gemischten System übergehen würden. Demnach ist die Verwaltung dieser besonderen Körperschaften sehr wichtig, da die Bankenstiftungen die Art der Interventionen auswählen, sie definieren, ihnen die notwendigen Impulse geben und die Tätigkeiten der beauftragten bzw. subventionierten Akteure kontrollieren, verfolgen und unterstützen.

Die Begrenztheit der aktuellen Gesetzgebung ist in der Forschungsarbeit erörtert worden. Angesichts der Tatsache, dass sich der Gesetzgeber seit 1999 nicht mehr mit einer Neuregelung der Bankenstiftungen befasst hat, hat der Autor jedoch nach den möglichen Lösungen auf der Ebene des Managements und der Managementmethodik gesucht und diese aufgezeigt. In Ermangelung von gesetzlichen Änderungen kann eine korrekte Verwaltung ohne Interessenskonflikte mögliche Verzerrungen und Ineffizienzen des derzeit geltenden Systems kompensieren. Das Ziel ist, die Bankenstiftungen zu „Wächter[n] von Werten und Praktiken, welche den sozialen Zusammenhalt und die lokale Wirtschaft garantieren und entwickeln" mit konkreten und positiven Auswirkungen auf das Bezugsterritorium zu entwickeln.

Eine sehr umfassende Branche, in der die Bankenstiftungen zu den Hauptakteuren werden können, ist die finanzielle Bildung. In diesem Zusammenhang wäre die Förderung der Mikrokredite sehr passend, zumal es sich um ein innovatives und nachhaltiges Finanzinstrument handelt. Der Ansicht des Autors nach ist die finanzielle Bildung zweifelsohne von Nutzen, einerseits für die Gesellschaft – sie fördert auch die wirtschaftliche Entwicklung des Territoriums – und andererseits für die einzelne Privatperson und dies in zweierlei Hinsicht. Ein erster Aspekt ist jener des Haushaltsbudgets, insbesondere die selbstständige und umsichtige Verwaltung desselben. Der zweite Aspekt betrifft insbesondere junge Menschen und die Perspektive der Existenzgründung, die längerfristig positive Auswirkungen auf das Allgemeinwohl hat, zumal neue Arbeitsplätze geschaffen werden. Somit wird ein äußerst positiver Kreislauf in Gang gesetzt, wobei all jene Bürger, die eine ausgeprägte finanzielle Bildung haben, die finanziellen Engpässe und Notsitua-

---

35 Die (Rück-)Umwandlung der Bankenstiftung in öffentliche Körperschaften ist auch von einem Autor als eine Möglichkeit in den Raum gestellt worden. Siehe dazu: *Mattei*, Riprendiamoci le Fondazioni bancarie, 9.2.2016, in www.eddyburg.it/2016/02/riprendiamoci-le-fondazioni-bancarie.html (abgerufen am 13.9.2022).

tionen selbst stemmen können und nicht den allgemeinen Wohlstand und das öffentliche Wohlfahrtssystem belasten. Gleichzeitig sind finanziell gebildete Unternehmer selbstständig in der Verwaltung ihrer finanziellen Angelegenheiten. Sind sie damit erfolgreich, können sie Personal anstellen und folglich Wohlstand schaffen.

In diese positiv aktivierten Kreisläufe können Bankenstiftungen mit ihren Tätigkeiten dazwischentreten und permanent oder vorübergehend die Situation ihres Einzugsgebiets kontrollieren und eventuell bei Bedarf die Akteure mit gezielten Tätigkeiten unterstützen.

## VI. Die aktuellen Akteure im Mikrokreditwesen – eine Bestandsaufnahme der praktischen Anwendung

Die Forschungsarbeit hat weiter eine Bestandsaufnahme der Akteure des Mikrokreditwesens in Italien durchgeführt, dabei hat sich der Autor auf die Daten und die Erhebung einer akkreditierten Studie[36] gestützt, und zwar jener des italienischen Netzwerkes für Mikrofinanz (*RITMI – Rete Italiana di Microfinanza*[37]).

Die Studie und die weitere Überprüfung und Vertiefung des Autors haben sich insbesondere mit den Mikrokreditanbietern *PerMicro*, *Fidipersona*, *MAG* (*Società Mutua per l'Autogestione*) *Verona* und *Fondazione Risorsa Donna*, sowie *Unicredit-Unigens* und *Fondazione di Venezia* (letztere ist eingestellt worden) befasst.

Die Bestandsaufnahme hat ergeben, dass der Mikrokredit immer zunächst von traditionellen Kreditinstituten ausbezahlt wird, mit denen die Mikrokreditanbieter Abkommen schließen und die dann unmittelbar die einschlägige Gesetzgebung und Reglementierung anwenden. Die Gründe sind praktischer Natur, aber betreffen auch die Wirtschaftlichkeit einer anderen Handhabung, denn wenn die Mikrokreditanbieter selbst die Mikrokredite ausbezahlen müssten, so wäre dies mit relativ hohen Mehrkosten verbunden, um die Erreichung der notwendigen Professionalität der Anbieter zu garantieren. Diese Kosten wären nicht tragbar, um ein Nischenprodukt wie den Mikrokredit anzubieten, obschon dieses durchaus zunehmend Verbreitung finden würde. Der Autor ist demnach von dieser Handhabung überzeugt und hält sie für richtig, zumal die Spezialisierung und die Effizienz der Mikrokredittätigkeit gewährleistet werden.

Die Mikrokreditanbieter können sich somit auf das typische *Know-how* des Mikrokredits konzentrieren, wobei dies nicht nur reine Themen des Bankwesens betrifft, sondern weitreichender ist. Es geht in erster Linie darum, die von Mikrokrediten begünstigten Jungunternehmer und angehenden Unternehmer über all jene Kompetenzen (*skills*) zu informieren und zu belehren, welche für eine unternehmerische Tätigkeit unentbehrlich sind. Dies geschieht vor allem durch typische Methoden und Techniken der Betriebswirtschaftslehre, wie *Business Planning, Mentoring, Coaching* und *Networking*.

Mit Bezug auf die durch den Mikrokredit begünstigten Privatpersonen hat die Begleitung des angehenden Mikrokreditnehmers hauptsächlich und fast ausschließlich die finanzielle Bildung zum Gegenstand, die darauf abzielt, die Verwaltung eines Familienhaushaltes in

---

36 *De Angelis*, Microfinance and start-ups in the EU – Italian country profile, www.european-microfinance.org/ publication/microfinance-and-start-ups-europe-italian-country-profile (abgerufen am 13.9.2023).
37 Rete Italiana di Microfinanza, www.ritmi.org/ (abgerufen am 13.9.2023).

den Griff zu bekommen. Konkret bedeutet dies, den Mikrokreditnehmer in das traditionelle Banken- und Kreditsystem, von der er ausgeschlossen worden bzw. ausgeschlossen ist, wiedereinzuschließen, damit dieser längerfristig die Autonomie in der Verwaltung der eigenen Finanzen erreichen kann. In diesem Zusammenhang spricht man auch von Kreditwürdigkeit (*merito creditizio*), und zwar um die Wiederherstellung derselben bei den traditionellen Bankinstituten.

Angesichts der bereits thematisierten künftigen Rolle der Bankenstiftungen als „Wächter von Werten und Praktiken, welche den sozialen Zusammenhalt und die lokale Wirtschaft garantieren und entwickeln", könnten diese besonderen Körperschaften die wesentlichen Nebenleistungen der Mikrokredite, insbesondere die direkte oder indirekte Förderung des *Business Planning*, *Mentoring*, *Coaching* und *Networking*, übernehmen.

Da sich in der Praxis das Modell behauptet hat, wonach es eine Aufgabenteilung in der Förderung und Ausbezahlung des Mikrokredits gibt, kann dies auch bei der Mitwirkung der Bankenstiftungen der Fall sein und somit bieten sich mehrere Lösungen an.

Demnach können Bankenstiftungen sowohl die Mikrokreditanbieter finanzieren als auch den Mikrokredit konkret fördern, indem sie zusammen mit anderen Promotoren eine weitere Körperschaft gründen, welche von ihnen kontrolliert wird. Diese Körperschaft wird dann mit einer Bank ein Abkommen schließen, damit die Mikrokredite ausgezahlt werden können. Dies stellt ein vereinfachtes Schema eines Modells dar, welches eine nachhaltige Entwicklung mit dem Ziel eines allgemeinen Wohlstandes verfolgt.

## V. Erarbeitung eines eigenen und weiteren Modells einer Mikrokreditanbieterkörperschaft

Die im Zuge der Forschungsarbeit erworbenen theoretischen Kenntnisse und Informationen sowie die in der Dissertation erarbeiteten Lösungen führten zum Bestreben, ein eigenes Modell von Mikrokreditanbietern auf dem Gebiet der Region Trentino-Südtirol zu erarbeiten. In diesem Zuge sind die *Stiftung Südtiroler Sparkasse*[38] und die *Stiftung Sparkasse von Trient und Rovereto (fondazione Cassa di Risparmio di Trento e Rovereto)*[39] im Hinblick auf ihre Besonderheiten beschrieben worden, da diese eine unterschiedliche Entwicklung hatten.

In Hinblick auf die Umsetzung der Reform des Bankenwesens in Italien und der Gründung von Bankenstiftungen hat die *Stiftung Südtiroler Sparkasse* sich der Möglichkeit für kleinere Bankenstiftungen bedient, die Mehrheit der Beteiligungen (Aktien) am Bankunternehmen, nämlich, der *Südtiroler Sparkasse AG*, beizubehalten, während die *Stiftung Sparkasse von Trient und Rovereto* das Gesamtpaket an Aktien an die Bankgesellschaft an den *Credito Italiano* (dessen Rechtsnachfolger die europäische Bankengruppe *Unicredit* ist) abgetreten, weshalb letztere nun seit 2001 vollständig losgelöst von jeglicher Bankgesellschaft ist.

Beide Stiftungen sind im jeweiligen Bezugsgebiet, d. h. jeweils Südtirol und Trentino tätig.

---

38 Stiftung Südtiroler Sparkasse, www.stiftungsparkasse.it (abgerufen am 13.9.2023).
39 Stiftung Sparkasse von Trient und Rovereto, www.fondazionecaritro.it (abgerufen am 13.9.2023).

Wenn man hingegen die beiden Stiftungen auf ihren Funktionsmodus hin prüft, so stellt man fest, dass die *Stiftung Südtiroler Sparkasse* sich vorwiegend zu einer sog. *operating* Stiftung[40] entwickelt hat, während die *Stiftung Sparkasse von Trient und Rovereto* dem *grantmaking* Modell[41] treu bleibt.

Die Dissertation beinhaltet auch eine Machbarkeitsstudie bezüglich der Gründung der *nachhaltigen Solidaritätskasse* (*Cassa della Solidarietà Sonenibile*) durch die beiden Bankenstiftungen – ein Mikrokreditanbieter, der potenziell bis auf die regionale Ebene tätig ist und die Rechtsform einer privatrechtlichen Stiftung (*fondazione*) oder eines privatrechtlichen Vereins (*associazione*) hat.

Der Name dieses Mikrokreditanbieters beinhaltet das Ziel der Körperschaft, und zwar die nachhaltige finanzielle Unabhängigkeit der Begünstigten durch eine Körperschaft, die von der ursprünglichen solidarischen Funktion der Sparkassen inspiriert ist, zu erreichen.

Es handelt sich hierbei im Grunde um eine ehrenamtliche Organisation, welche durch Freiwilligenarbeit unterstützt und weitergetragen wird und darauf abzielt, die finanzielle Inklusion der Begünstigten in das traditionelle Bankensystem zu erreichen. Die zu gründende ehrenamtliche Körperschaft würde nicht in Konkurrenz mit den traditionellen Banken stehen, zumal sie nach dem in der Praxis bewährten Schema in Zusammenarbeit mit diesen durch Konventionen für die direkte Auszahlung der Mikrokredite tätig ist. Die Verwaltung sollte nach den modernsten Prinzipien des ehrenamtlichen (*non-profit*) Managements erfolgen.[42] Eine jener Tätigkeiten, die unmittelbar beginnen könnte, wäre die finanzielle Bildung, da Bildung und Ausbildung gesetzlich festgeschriebene Tätigkeitsfelder beider Bankenstiftungen sind und sowohl von *operating/project making* Stiftungen als auch von *grant making* Stiftungen getragen werden können.

Die Machbarkeitsstudie ist durch die Erarbeitung von zwei Satzungen für die Gründung jeweils einer Mikrokreditanbieterstiftung und eines Mikrokreditanbietervereins vervollständigt worden.

Die Option, die eine oder andere Typologie von Körperschaft zu gründen, wird den potenziell interessierten Gründern überlassen, wobei dies davon abhängt, welches Ziel mit der Gründung verfolgt wird: Handelt es sich hauptsächlich darum, ein Vermögen zweckbestimmten oder eine spezialisierte Körperschaft mit einem gewissen Dotationsfond zu gründen, so ist das Stiftungsmodell als treffend angedacht; handelt es sich hingegen darum, mehrere Akteure zusammenzuführen und die Teilnahme künftiger Interessierter zu fördern, sowie die Kräfte zu bündeln, so ist die Gründung eines Vereins in Betracht zu ziehen.

---

40 Allgemeiner innovativer Funktionsmodus der Stiftungen bei Erbringung von Dienstleistungen und Finanzierung von Initiativen und Projekten.
41 Allgemeiner, klassischer Funktionsmodus der Stiftungen durch Auszahlung von Begünstigungen.
42 Siehe zum Thema: *Boesso/Cerbioni*, Managerialità solidale – governance e strategia nelle fondazioni, Padova 2017.

## VI. Fazit

In anhaltenden Krisenzeiten sind Rechtsinstitute mit hohem ethischem Anspruch, wie der Mikrokredit, besonders begrüßenswert. Dieser verfolgt das Ziel, auch die schwächsten Glieder der Gesellschaft wieder zu inkludieren, dem finanziellen und sozialen Ausschluss von Menschen vorzubeugen und sogar entgegenzuwirken. Aus diesem Grunde sollten die Entscheidungsträger in der Gesellschaft – sowohl im öffentlichen als auch im privaten Sektor – den Mikrokredit sowie weitere ethische Finanzinstrumente weiterhin fördern und unterstützen.

Ähnliches gilt für Bankenstiftungen: Ihr Ursprung und ihre Verbindung mit dem Territorium sollten nicht in Vergessenheit geraten – eine Entwicklung von *grant making* Stiftungen zu *project making/operating* Stiftungen ist in Zeiten der Krise des Wohlfahrtsstaates von großer Relevanz. Als privatrechtliche Körperschaften ist die Entwicklung zu „Wächter[n] von Werten und Praktiken, welche den sozialen Zusammenhalt und die lokale Wirtschaft garantieren und entwickeln" noch nicht ganz vollzogen, aber angesichts der aktuellen wirtschaftlichen Lage notwendig.

Dem ausgearbeiteten Modell auf regionaler Ebene in Trentino-Südtirol könnte man aufgrund des Aufbaus der zu gründenden Stiftung bzw. des zu gründenden Vereins vorhalten, dass ein solches Konstrukt nicht nachhaltig (im weitesten Sinne) sei. Dem ist nicht so, zumal es sich bei beiden Körperschaftsmodellen um ehrenamtliche Organisationen handelt und, vor allem, da die Notwendigkeit besteht, auch im Sinne eines angemessenen Vertretungsprinzips die Teilnahme mehrerer Entscheidungsträger und mit Rechten dotierter Akteure zu gewährleisten.

Allenfalls besteht nach wie vor die Notwendigkeit, die finanzielle Bildung zu fördern und zu unterstützen – in den schulischen Einrichtungen, sowie in externen Bildungsinstitutionen, auch für Erwachsene.

*Silvia Cormaci*

# Die Digitalisierung des italienischen Rechtssystems

## I. Vorwort

Dieser Beitrag soll den Leser zu einer Reflexion über den aktuellen Stand der Digitalisierung der Justiz anregen. Ziel ist es, zu erklären, was die digitale Justiz ist und welche Folgen sie auf sozialer, wirtschaftlicher und politischer Ebene mit sich bringt. Die Unterscheidung zwischen dem Einsatz von KI-Systemen und der Digitalisierung der Justiz wird kurz dargestellt. In einem zweiten Schritt wird ein Überblick über die konkreten Formen der Nutzung von KI-Tools und der Digitalisierung in der Welt gegeben, mit besonderem Augenmerk auf den Fall *Loomis* und die Verwendung von Algorithmen in der strafrechtlichen Entscheidungsfindung mit Überlegungen zu seiner Zulässigkeit im europäischen Strafrecht. Von besonderem Interesse sind die jüngsten Rückgriffe auf die Anwendung von *ChatGPT* bei der Entscheidungsfindung durch Richter oder Rechtsanwälte. Schließlich ist der Kern dieses Beitrags der Darstellung der Digitalisierung der Justiz in Italien gewidmet. Das von den verschiedenen Justizministern immer wieder bekräftigte und durch den nationalen Aufbau- und Resilienzplan „*PNRR*" konkretisierte Ziel ist die Erneuerung, Verschlankung und Beschleunigung der Justiz durch eine Reihe von Reformen, die den Einsatz von Digitalisierungsinstrumenten in den Mittelpunkt des legislativen Handelns stellen.

Einerseits beobachten wir also das Phänomen der Digitalisierung von Prozessen wie Zivil- oder Strafverfahren, angefangen von Pilotprojekten, wie sie in den Gerichten von Brescia, Genua und Venedig durchgeführt wurden, bis hin zu den im Rahmen der *Cartabia*-Reform vorgesehenen Maßnahmen, die die vollständige Digitalisierung der Gerichtsakten und die damit verbundene anonymisierte Erfassung von Justizdaten bis zum 30.6.2024 vorsehen. Auf der anderen Seite sehen wir den Einsatz von KI-Tools für Rechtsanwälte.

Der Beitrag endet mit einem Beispiel von großer Tragweite: *Italgiure*. Dabei handelt es sich um die Datenbank der Urteile des Obersten Gerichtshofs Italiens (Corte di Cassazione), das beste Beispiel für die Digitalisierung der Justiz in Italien, das auf das Jahr 1969 (damals CED) zurückgeht und seit dem 14.6.2023 für alle (auch für Nichtjuristen) zugänglich ist.

## II. Die Justizrevolution

Unsere Gesellschaft benötigt dringend gesetzliche Regelungen, um die verschiedensten technologischen Herausforderungen zu erklären, zu kontrollieren und eine korrekte Benutzung zu ermöglichen.

Die Begriffe der Digitalisierung und der Anwendung von Systemen der künstlichen Intelligenz in der Justiz werden oft in einem Atemzug genannt. Es handelt sich jedoch um zwei unterschiedliche und auf ihre Weise auch komplementäre Konzepte, welche auch als solche behandelt werden müssen, da es schwierig ist, sich ein wirksames KI-Tool ohne eine große Datenbank, die aus einer vorangegangenen Phase der Digitalisierung von Informationen stammt, vorzustellen. Das Verständnis des einen und des anderen Konzepts ist unerlässlich, um im vorliegenden Beitrag das Thema der Digitalisierung der Justiz und insbesondere die Art und Weise, wie diese im italienischen Rechtssystem interpretiert wurde und wird, behandeln zu können.

## 1. KI-Tools und Digitalisierung

Künstliche Intelligenz bezieht sich auf die Fähigkeit einer Maschine, menschliche Fähigkeiten wie Denken, Lernen, Planen und Kreativität zu zeigen. Daher ist es vorzugswürdig, von Systemen mit künstlicher Intelligenz nur dann zu sprechen, wenn diese in der Lage sind, ihre Umgebung zu verstehen, sich auf das zu beziehen, was sie wahrnehmen, mögliche Probleme zu lösen und auf ein bestimmtes Ziel hinzuarbeiten. Kurz gesagt, ein System mit künstlicher Intelligenz (mit seinen Software- und möglicherweise auch Hardware-Komponenten) ist durch den Einsatz des Algorithmus, mit dem es programmiert wurde, in der Lage, sein Verhalten anzupassen, indem es die Auswirkungen früherer Aktionen analysiert und autonom arbeitet.[1]

Der Algorithmus befindet sich wie die Norm (wenn auch auf unterschiedliche Weise) funktional inmitten der „Ordnung und Anpassung der zwischenmenschlichen Beziehungen".[2] Obwohl Algorithmen heute vor allem im kommerziellen Bereich eingesetzt werden, mit der Möglichkeit, Profile von Nutzern zu erstellen, denen sie Werbeaktionen oder direkte Verkaufskampagnen anbieten können, ist es offensichtlich, dass diese Rechenleistung auch im juristischen Bereich eingesetzt wird, auch wenn sie Gegenstand heftiger Debatten über ihre Verwendung ist. Daher stellt sich die Frage, ob und inwieweit Algorithmen in die Gerichtssäle und Anwaltskanzleien Einzug halten und die Welt der Juristen verändern könnten, sowie welche Risiken bzw. Vorteile sie mit sich bringen würden. Was die Entwicklung von Entscheidungsalgorithmen betrifft, so stellen sich zwei Probleme: zum einen die Frage, „wie" ein Algorithmus entwickelt werden kann, und zum anderen, „wer" ihn entwickeln kann. Ein Algorithmus wird als objektives Element betrachtet, das einen Gewinn an Effizienz und Neutralität ermöglicht, sowie die Fehler und Unvollkommenheiten korrigiert, die für die kognitiven Prozesse und die von Menschen getroffenen Entscheidungen charakteristisch sind.[3] Der Algorithmus unterscheidet sich vom Menschen dadurch, dass er frei von Emotionen und Leidenschaften ist und sich in seinem Handeln nicht von irrationalen Entscheidungen leiten lässt; er führt seine Handlungen durch logische Schritte aus, die darauf abzielen, objektive und rationale Entscheidungen zu treffen. Die auf diese Weise getroffenen Entscheidungen sind daher von einer

---
1 Bericht der EU-Kommission „High-Level Expert Group on Artificial Intelligence, A definition of AI: Main capabilities and scientific disciplines", 18.12.2018, https://ec.europa.eu/futurium/en/system/files/ged/ai_hleg_definition_of_ai_18_december_1.pdf (abgerufen am 30.9.2023).
2 *Nuzzo*, Analisi Giuridica dell'Economia Nr. 1, Juni 2019, S. 39, 40.
3 *Romano*, Algoritmi al potere. Calcolo giudizio pensiero, 2018, S. 43, 44.

Aura der Neutralität umhüllt und das Ergebnis mathematischer Berechnungen auf der Grundlage von Daten. Der Automatismus des Algorithmus kollidiert mit dem Risiko der Unvorhersehbarkeit und Ungewissheit seiner Handlungen. Die unzähligen Berechnungen und Entscheidungen, die er trifft, sind oft unverständlich und undurchsichtig. In diesem Sinne plädieren einige dafür, sie ständig zu aktualisieren und zu modifizieren, um sie effizienter zu gestalten und an die neuen kulturellen, politischen und rechtlichen Gegebenheiten anzupassen, die sich im Laufe der Zeit entwickeln und dazu beitragen, dass der Entscheidungsprozess, der ihnen zugrunde liegt, für den Menschen immer weniger verständlich ist.[4] Andere Autoren sind der Ansicht, dass eine solche tägliche Aktualisierung und Änderung zu einem sogenannten *machine learning algorithm*[5] führen würde, dessen Einsatz im Rechtsbereich derzeit als unmöglich angesehen wird. Obwohl Algorithmen im juristischen Bereich sinnvoll eingesetzt werden können, wenn auch mit den erforderlichen Spezifikationen, ist es daher angebracht, sich von der Vorstellung zu lösen, dass der Algorithmus ein wahrheitsgetreues Orakel ist. In der Tat lassen sich vier kritische Punkte identifizieren, die sich wie folgt zusammenfassen lassen.

Der erste bezieht sich auf das Risiko, dass algorithmische Entscheidungen menschliche Fehler verewigen: Fehler, die auftreten, wenn die vom Menschen eingegebenen Daten nicht ausreichend repräsentativ sind oder der Fehler sich auf die Wahl der Bewertungsparameter bezieht. Darüber hinaus werden die Fehler, die sich auf die Daten und ihre Auswahl beziehen, von denen flankiert, die sich auf die Entwicklung des Algorithmus und auf die Wahrnehmung seiner Umgebung durch den Algorithmus beziehen.

Der zweite kritische Punkt betrifft die Verletzung des sogenannten Transparenzprinzips. Da Algorithmen in der Regel von kommerziellen Unternehmen entwickelt werden, haben diese in erster Linie wirtschaftliche Interessen, die sie daran hindern, die Modelle und Quellcodes offenzulegen; dies wirkt sich nicht nur auf die Geheimhaltung der Entscheidung aus, die nicht erklärt werden kann, sondern der gesamte Akt, sich auf einen Algorithmus zu verlassen, kann auf einen bloßen Glaubensakt reduziert werden.

Der dritte kritische Punkt betrifft die Kosten. Die Entwicklung von Geräten erfordert eine Kombination von Informatik, Mechanik, Technik und Telekommunikation, was sich stark auf die wirtschaftliche Seite auswirkt.

Der letzte kritische Punkt hängt mit dem zweiten zusammen, d. h. die Geheimhaltung der Funktionsweise des Algorithmus beeinträchtigt die Verwendbarkeit der Erklärung. Wenn nämlich ein durchschnittlich informierter Benutzer die Entscheidung nicht ohne weiteres nachvollziehen kann, dann wird der Grundsatz der Begründungspflicht verletzt.[6] Wenn sich also das Problem des Algorithmus auf die Person verlagert, die ihn geschaffen hat, dann haben wir es mit einem ethischen, soziologischen und philosophischen Problem zu tun, bevor wir mit einem technischen Problem der Informationstechnologie, der Elektronik und der Physik konfrontiert werden. An diesem Punkt ist das Eingreifen des Juristen erforderlich, der dazu aufgerufen ist, die Regeln zu schreiben, mit denen das soziale

---

[4] *Sassi*, Analisi Giuridica dell'Economia, Nr. 1, Juni 2019, S. 110.
[5] *Lettieri et. al.*, Ex Machina: Analytical platforms, Law and the Challenges of Computational Legal Science, Future Internet – Open Access Journal, 2018, S. 15, 17.
[6] *Nuzzo*, Analisi Giuridica dell'Economia Nr. 1, Juni 2019, S. 39, 43 f.

Leben geregelt werden soll, gemäß dem berühmten Spruch *ubi societas, ubi ius*.[7] Die Juristen müssen verstehen, dass sie die Macht und die Pflicht haben, einzugreifen, um die Regeln zu diktieren, nach denen Algorithmen geschaffen und betrieben werden, damit sie in ihren Entscheidungen objektiv, transparent, nachvollziehbar und nicht diskriminierend sind.[8] Gegenwärtig gibt es keine spezifischen Regeln, Gesetze oder Richtlinien, sondern nur supranationale Projekte.[9]

Auf der anderen Seite haben wir die Digitalisierung, die im engeren Sinne als Entmaterialisierung von traditionell papierbasierten Akten und Dokumenten verstanden wird.

Der Definition folgend kann man das Phänomen der Digitalisierung der Justiz als vollständig verwirklicht betrachten, wenn bereits existierende Gesetzbücher, Urkunden und Gerichtsentscheidungen auf digitale Medien übersetzt oder transkribiert werden und diejenigen, die in Zukunft verwirklicht werden, direkt in einer entmaterialisierten und nicht mehr papierbasierten Version entstehen.

Diese Linie ist jedoch nicht so einfach zu bestimmen. Einige Autoren vertreten die Auffassung, dass der erste Schritt zur Verwirklichung einer digitalisierten Justiz nicht darin besteht, den Juristen durch einen „Roboter" zu ersetzen und auch nicht in der Digitalisierung von Dokumenten/Gesetzen/Codes usw. Vielmehr besteht er in einer massiven Umstrukturierung der Sprache im juristischen Bereich, die so weit geht, dass ein *Thesaurus* erstellt wird, in dem Wörter mit ähnlicher Bedeutung, auch wenn sie textlich sehr weit voneinander entfernt sind, durch ein einziges Wort ersetzt werden können.[10] In jedem Fall erfordert eine rechtliche Regulierung des Entscheidungsalgorithmus eine interdisziplinäre Anstrengung; die Zusammenarbeit mit denjenigen, die die Software und die Algorithmen konzipieren und erstellen ist notwendig, da der Jurist allein Gefahr läuft, einen vom operativen Kontext losgelösten Eingriff vorzunehmen, der daher nutzlos oder wenig performativ ist.

## 2. Die digitale Justiz

Was also ist digitale Justiz? *Garapon* und *Lassègue*, ein Jurist und ein Soziologe, stellen in ihrem Buch *La Justice Digitale* die digitale Justiz als eine echte Revolution dar.[11] Die beiden französischen Autoren argumentieren, dass es sich dabei sowohl um eine grafische als auch um eine soziale und kognitive Revolution handelt.

---

7 *Celotto*, Analisi Giuridica dell'Economia Nr. 1, Juni 2019, S. 50.
8 *Celotto* (oben N. 7), S. 50.
9 Verordnung (EU) 2016/679 des europäischen Parlaments und des Rates v. 27.4.2016 zum Schutz natürlicher Personen bei der Verarbeitung personenbezogener Daten, zum freien Datenverkehr und zur Aufhebung der Richtlinie 95/46/EG, ABl. EU Nr. L 119/1 v. 4.5.2016 (Datenschutz-Grundverordnung); Zivilrechtliche Regelungen im Bereich Robotik – Entschließung des Europäischen Parlaments v. 16.2.2017 mit Empfehlungen an die Kommission zu zivilrechtlichen Regelungen im Bereich Robotik, ABl. EU Nr. C 252/239 v. 418.7.2018 (2015/2103(INL)); Europäische Ethik-Charta über den Einsatz künstlicher Intelligenz in der Justiz und in ihrem Umfeld, verabschiedet von der CEPEJ bei ihrer 31. Vollversammlung, CEPEJ(2018)14 v. 3. – 4.12.2018.
10 *Borruso*, La legge, il giudice, il computer. Un tema fondamentale dell'informatica giuridica, 1997, S. 51, 53.
11 *Garapon/Lassègue*, Justice Digitale, 2018.

In erster Linie handelt es sich um eine grafische Revolution, d. h. um eine Veränderung, die mit dem Aufkommen einer neuen Form der Schrift verbunden ist. *Garapon* und *Lassègue* sind der Meinung, dass man weder Mathematiker noch Informatiker sein muss, um dieses revolutionäre Phänomen zu analysieren, sondern dass es ausreicht, die Beziehung zwischen Recht und Technologie zu untersuchen. Die Autoren begründen, dass der erste Schritt zur Akzeptanz der gegenwärtigen rechtlichen Revolution darin besteht, sie zu verstehen. Die Revolution selbst ist anspruchsvoll, d. h. sie zwingt das Recht, sich mit Disziplinen zu befassen, die ihm fremd waren. Darunter fällt die Informationstechnologie, die z. B. den Juristen unbekannt war.

Die digitale Justiz ist auch eine soziale Revolution, denn die Systeme der künstlichen Intelligenz halten Einzug in die Gerichtssäle. Es handelt sich um ein Phänomen der Rechtsinformatik, das zwar mit Argwohn betrachtet wird, das aber dennoch eine immer größere Rolle spielen wird und nicht ignoriert werden kann, weil es alle Rechtsbereiche betrifft.[12] Die digitale Justiz ist ein Phänomen, das dazu bestimmt ist, die soziale Ordnung, so wie sie normalerweise verstanden wird, zu verändern. Die Digitalisierung eröffnet Szenarien, die undenkbar und vielleicht zunächst weder nachvollziehbar noch akzeptabel sind. Sie wird neue Probleme aufwerfen, die angegangen und gelöst werden müssen. Einige Veränderungen sind, wie erwähnt, bereits im Gange, andere haben bereits stattgefunden und wir können nicht ausschließen, dass es in Zukunft neue Realitäten geben wird. Das erste große Problem, das es zu lösen gilt, ist eine angemessene Definition des Begriffs der digitalen Gerechtigkeit zu entwickeln.

Als kognitive Revolution beschreiben *Goody*[13] und *Herrenschmidt*[14] die digitale Justiz als eine transversale Revolution, die alle Bereiche des Rechts berührt. Die digitale Justiz wird sich durch Schnelligkeit auszeichnen, durch eine systematische Ermittlung der Gesetze und der Rechtsprechung, die auf den konkreten Fall anzuwenden sind und schließlich als intelligentes Instrument, das in der Lage ist, den Grad der Erfolgswahrscheinlichkeit des spezifischen Rechtsstreits zu ermitteln.[15]

Zusammenfassend lässt sich sagen, dass die digitale Justiz ein modernes, sich ständig wandelndes und in ständiger Entwicklung befindliches Konzept ist, das daher schwer zu definieren ist. Viele Autoren haben nach einer Erklärung gesucht, haben versucht, seine Grenzen zu ziehen, aber bis heute gibt es keine einheitliche Definition.

## 3. Beispiele der digitalen Justiz in der Welt

Im Jahr 1983 wurde das Internet ins Leben gerufen. Für viele war es dem sicheren Tod geweiht, für andere hingegen würde dieses Instrument die Gesellschaft erheblich verändern; heute besteht kein Zweifel, dass letztere Recht hatten. Seit dem letzten Jahrzehnt des 20. Jahrhunderts hat die Technologie alle Bereiche und Disziplinen der Gesellschaft erobert. Die digitale Revolution gilt heute als ein allgegenwärtiges Phänomen, das sich in den letzten 20 Jahren immer schneller entwickelt hat. So wurde 2016 im Vorfeld der

---

12 *Faini/Pietropaoli*, Scienza giuridica e tecnologie informatiche, 1. Aufl. 2017, S. 1, 14.
13 *Goody*, La Raison Graphique. La domestication de la pensée sauvage, trad. Fr. *Bazin/Bnesa*, 1979.
14 *Herrenschmidt*, Les Trois Écritures: Langue, nombre, code, 2007.
15 *Otter*, Lettre d'ADELI Nr. 113, Herbst 2018, S. 24, 30.

US-Präsidentschaftswahlen der Kandidat *Watson* vorgestellt, der sich später als „nur" ein von der Firma *IBM*[16] entwickelter Supercomputer herausstellte. Im Juli desselben Jahres in *State of Wisconsin* v. *Eric L. Loomis*[17] entschieden die Richter zu einer sechsjährigen Haftstrafe aufgrund des Ergebnisses des *COMPAS*-Algorithmus (Correctional offender management profiling for alternative sanctions).[18] In den Vereinigten Staaten spricht man bereits von prädiktiver Justiz, indem man die Verwendung von Algorithmen bei der Entscheidungsfindung und deren Einsatz im Bereich der Strafjustiz zulässt.

In Europa galt es lange Zeit als unzulässig, künstliche Intelligenz bei strafrechtlichen Entscheidungen einzusetzen, da die Bedeutung der damit verbundenen Rechte nur schwer mit den Schwierigkeiten zu vereinbaren ist, die sich aus der unvollständigen Kenntnis der Funktionsweise solcher Maschinen und der von ihnen ausgehenden Risiken ergeben.[19] Allerdings wird Künstliche Intelligenz im Strafrecht immer häufiger eingesetzt, da sie verspricht, bestimmte Arten von Straftaten zu reduzieren und eine objektivere Entscheidungsfindung zu fördern.[20]

Auf der Grundlage des von der Europäischen Kommission erstellten und am 13.7.2021 veröffentlichten Berichts über künstliche Intelligenz im Strafrecht und ihre Nutzung durch Strafverfolgungs- und Justizbehörden in Strafsachen hat die künstliche Intelligenz das Potenzial, ein integraler Bestandteil des europäischen Strafrechtsökosystems zu werden, indem sie Ermittlungsanalysen und -unterstützung bietet.[21] Dennoch wird ein ausdrückliches Verbot des Einsatzes künstlicher Intelligenz und verwandter Technologien für den Erlass gerichtlicher Entscheidungen von der Kommission selbst ausdrücklich bekräftigt.[22]

Am 3.11.2022 wurde die erste Beta-Version von *ChatGPT* (pre-trained transformative generator) veröffentlicht und seitdem wird das KI-System ständig aktualisiert.[23] Seit Januar 2023 wird es von Richtern und Anwälten in verschiedenen Ländern der Welt bei der Entscheidungsfindung und Verteidigung eingesetzt. Erwähnenswert sind die in Kolumbien und Peru ergangenen Entscheidungen, in denen dieses Instrument verwendet wurden. Im ersten Fall nutzte der kolumbianische Richter *Padilla* am Arbeitsgericht des Kreises Cartagena die Chatbot-Software bei der Abfassung eines zweitinstanzlichen Urteils. Obwohl der Richter die Arbeit selbständig erledigte, wurde er bei der Abfassung des Urteils von der Chatbot-Software zur Begründung der Entscheidung unterstützt. Auf diese Weise wurde ein Präzedenzfall in Lateinamerika geschaffen. Interessanterweise verteidigte Richter *Padilla* selbst seine Entscheidung, das Programm zu nutzen, indem er erklärte, dass ein Richter, der es einsetzt, dies nicht mit dem Ziel tut, durch Technologie

---

16 *Soro*, Tagung: „Uomini e Macchine. Protezione dati per un'etica del digitale", 30.1.2018, S. 3, 10.
17 *State of Wisconsin* v. *Eric L. Loomis*, Supreme Court of Wisconsin, 2016, Nr. 2015AP157–CR.
18 *Carrer*, Giurisprudenza Penale Web, 24.4.2019, www.giurisprudenzapenale.com/2019/04/24/lamicus-curiae-unalgoritmo-chiacchierato-caso-loomis-alla-corte-suprema-del-wisconsin/ (abgerufen am 30.9.2023).
19 *Meneceur/Barbaro*, Questione Giustizia, Magistratura e società, 16.5.2020, www.questionegiustizia.it/articolo/ intelligenza-artificiale-e-memoria-della-giustizia-il-grande-malinteso_16–05-2020.php (abgerufen am 20.11.2023).
20 *Vitanov*, Bericht: Künstliche Intelligenz im Strafrecht und ihre Verwendung durch die Polizei und Justizbehörden in Strafsachen (2020/2016(INI)), www.europarl.europa.eu/doceo/document/A-9–2021-0232_DE.pdf (abgerufen am 30.9.2023), S. 5.
21 *Vitanov* (oben N. 20), S. 5.
22 *Vitanov* (oben N. 20), S. 11.
23 https://openai.com/blog/chatgpt (abgerufen am 30.9.2023).

„ersetzt" zu werden, sondern um die Qualität und die Geschwindigkeit seiner Leistung zu verbessern. Die Nutzung von KI-Tools in einem Urteil ersetzt seiner Ansicht nach keineswegs die Entscheidung des Richters, der nach wie vor mit der Aufgabe betraut ist, die abstrakte allgemeine Regel auf den konkreten Fall anzuwenden, sondern dient lediglich der Optimierung der für die Abfassung von Urteilen benötigten Zeit.[24]

Im zweiten Fall erließ der peruanische Richter *García* am Übergangs-Zivilgericht von San Juan de Miraflores, das für Familienangelegenheiten zuständig ist, eine Unterhaltsverfügung, bei der er das KI-Tool zur Berechnung der Höhe des Unterhalts nutzte, den der Vater an seine Tochter zu zahlen hatte. Mit Hilfe von *ChatGPT* wandte der Richter die Technik der mathematischen Proportion an, um den Beitrag zu ermitteln, den jeder Elternteil auf der Grundlage seines Einkommens zur Deckung der Unterhaltskosten für die Tochter leisten muss. In seiner Begründung führte er aus, dass er Chatbots zur Durchführung der mathematischen Berechnung verwendet hat.[25] Die große Neuerung besteht darin, dass die Software die von ihr vorgenommenen Berechnungen genau angibt und damit den Schleier der Geheimhaltung beseitigt, der im Fall *Loomis* bei der Anwendung der Software *COMPAS* zur Erstellung der Entscheidung, die dann von den Richtern für die Abfassung des Urteils angenommen wurde, zu finden war.

Ein weiteres Beispiel stammt aus den Vereinigten Staaten, wo eine bekannte Anwaltskanzlei *ChatGPT* nutzte, um ihre Verteidigung aufzubauen – mit einem katastrophalen Ergebnis. Dies ist der Fall *Roberto Mata* v. *Avianca Inc.* Der klägerseits beauftragte Rechtsanwalt nutzte das KI-Tool *ChatGPT*, allerdings in Unkenntnis der Tatsache, dass die damit erzielten Ergebnisse falsch waren. Die gesamte Beweistätigkeit beruhte also auf einer Reihe falscher Ergebnisse. Trotz der erklärten Entschuldigungen und der kundgegebenen Reue bestehen nach wie vor zahlreiche Unsicherheiten hinsichtlich der Wahrhaftigkeit der von der *OpenAI*-Software „produzierten" Informationen.[26]

Die angeführten Beispiele führen uns jedoch zu einigen Überlegungen. Während gegen den Einsatz von Systemen der künstlichen Intelligenz bei alltäglichen Handlungen (wie z. B. Online-Shopping, Verwaltungsdienste oder Buchhaltung) keine Bedenken mehr bestehen, bleiben diese bei der Anwendung von maschineller Intelligenz in der Justiz bestehen.

### III. Die digitale Justiz in Italien

Welches Gesicht hat die italienische Justiz? Diese Frage, die die Juristen schon immer beschäftigt hat, drängt sich in letzter Zeit immer häufiger und stärker auf und ist nicht dazu bestimmt, eine eindeutige Antwort zu finden. In diesem Zusammenhang wurde

---

24 *Martorana*, „ChatGPT, l'Intelligenza Artificiale usata in un tribunale colombiano", www.altalex.com/documents/news/2023/02/21/chatgpt-intelligenza-artificiale-utilizzata-tribunale-colombiano (abgerufen am 30.9.2023).

25 *Foti*, „Innovazione in materia di diritto di famiglia e uso di ChatGPT: il caso peruviano", www.altalex.com/ documents/news/2023/05/02/innovazione-materia-diritto-famiglia-uso-chat-gpt-caso-peruviano (abgerufen am 30.9.23).

26 Jurios, „Präzedenzfälle frei Haus? ChatGPT erfindet Gerichtsurteile, Anwalt fällt darauf rein", 2.6.2023, https://jurios.de/2023/06/02/praezedenzfaelle-frei-haus-chatgpt-erfindet-gerichtsurteile-anwalt-faellt-darauf-rein/ (abgerufen am 30.9.2023).

der Versuch unternommen, zu ermitteln, welche „Übel" im Justizapparat lauern, um zu verstehen, wie sich technologische Innovationen auf seine Qualität auswirken könnten.[27] Wenn wir die Probleme des italienischen Rechtssystems kurz darstellen wollen, so sind diese auf die übermäßig lange Verfahrensdauer[28] zurückzuführen, die nicht nur zu Rückständen führt, sondern vor allem zur Unvorhersehbarkeit der Entscheidungen und zu den Kosten der Justiz beiträgt.[29] Das italienische Justizsystem ist Gegenstand zahlreicher Kritiken, sowohl von Bürgern, die sich über eine „Überschwemmung" beklagen und die Justiz als unzuverlässige Maschine wahrnehmen,[30] als auch von den Richtern des Europäischen Gerichtshofs für Menschenrechte in Straßburg, die das italienische System wegen Verstößen gegen Artikel 6 der Europäischen Konvention zum Schutze der Menschenrechte und Grundfreiheiten (EMRK) verurteilten. In der Tat hat die Dauer der Verfahren im Laufe der Jahre pathologische Ausmaße angenommen.[31] Heutzutage wartet man durchschnittlich bei Zivilverfahren drei Jahre auf das erstinstanzliche Urteil, zwei Jahre auf das Berufungsurteil und ein Jahr auf das Kassationsurteil.[32]

Die Verletzung des Grundsatzes der angemessenen Verfahrensdauer gilt als das gefährlichste aller Übel, das die Justiz kennzeichnet, weil sie Träger einer wachsenden und allgemeinen Desillusionierung gegenüber der Fähigkeit des Staates ist, seine Hauptaufgabe zu erfüllen.[33] Die überlange Verfahrensdauer in Italien hängt mit der Krise des italienischen Justizsystems zusammen, die seit langem selbst von den höchsten Stellen des Systems beklagt wird.[34] Die Langsamkeit der Justiz muss unter drei Gesichtspunkten betrachtet werden: die Zahl der eingetretenen Fälle, die die Nachfrage der Bürger nach Gerechtigkeit an die Verwaltung darstellt; die Zahl der abgeschlossenen Fälle, die die Reaktion des Justizapparats misst und schließlich die Zahl der anhängigen Fälle, die den Grad der Ineffizienz des Justizapparats im Hinblick auf die gesellschaftlichen Erwartungen offenbart.[35] Nach dieser Aufschlüsselung wäre die volle Effizienz der Gerichte erreicht, wenn die Zahl der abgeschlossenen Fälle der Anzahl der anhängigen Fälle entspricht.[36] Neben dem Kriterium der Effizienz gibt es das Kriterium der Effektivität, mit dem der Grad der Zielerreichung gemeint ist. Auch wenn die Indizes für Effizienz und Effektivität einen ausgezeichneten Ausgangspunkt für die Bewertung der Leistung der Gerichte bieten, muss eine Vielzahl von Elementen berücksichtigt werden, wie z. B. die

---

27 *Consolo*, Parolechiave, Nr. 1, Januar-Juni 2015, S. 109.
28 Der Bericht „Doing Business 2020", der von einer Reihe supranationaler Wirtschaftsinstitutionen, die in der Weltbankgruppe zusammengeschlossen sind, erstellt wurde, zeigt, dass die durchschnittliche Dauer erstinstanzlicher Verfahren in Italien 1120 Tage beträgt (im Vergleich zu einem Durchschnitt in den OECD-Ländern von 589,6 Tagen), www.doingbusiness.org/en/reports/global-reports/doing-business-2020 (abgerufen am 30.9.2023).
29 *Covelli*, in: Carleo (Hrsg.), Decisione Robotica, 2019, S. 125.
30 *Perilli/Dellasega*, Giustizia ed Economia, Giustizia Insieme, Nr. 2, 3, 2009, S. 171.
31 *Gasperini*, Annali della Facoltà Giuridica dell'Università di Camerino, Nr. 6, 2017, S. 136.
32 Europarat, European Judicial Systems – Efficiency and Quality of Justice, 2018, www.coe.int/en/web/cepej (abgerufen am 30.9.2023); Monitoraggio della giustizia civile – anni 2003 – II trimestre 2023, www.giustizia.it/ giustizia/it/mg_1_14_1.page?contentId=SST1287132&previsious Page=mg_%202_9_13 (abgerufen am 30.9.2023).
33 *Consolo* (oben N. 27), S. 109.
34 *Bianco/Giacomelli/Giorgiantonio/Palumbo/Szego*, Rivista di Politica Economica, Volume Nr. 97, Band III, Dossier IX-X, 2007.
35 *Musy/Simongini/Pizzetti*, Biblioteca della libertà, XXXIV (1999), Mai/August Nr. 150, S. 69, 93.
36 *Musy/Simongini/Pizzetti* (oben N. 35), S. 69, 93.

von einem Amt eingesetzten wirtschaftlichen und personellen Ressourcen, um ein vollständiges Bild der tatsächlichen Erledigungsquote und damit der Einhaltung der Grundsätze der Effizienz, Effektivität und Wirtschaftlichkeit zu erhalten.

Bezüglich der Kosten der Justiz sollte hervorgehoben werden, wie oft das Problem der Funktionsfähigkeit des Justizapparats auf die Finanzierung zurückgeführt wird, weil man glaubt, dass diese nicht ausreicht, um die Menge der anhängigen Fälle zu bewältigen. Der Bericht über die Wirksamkeit der Justiz vom Europarat aus dem Jahr 2018 ergibt, dass Italien durchschnittliche Beträge für seine Gerichte ausgibt,[37] sodass die Qualität der Justiz insgesamt als hoch und im Einklang mit europäischen Standards angesehen wird.[38] Kritische Punkte bleiben jedoch bestehen und sind in der Qualität der Investitionen selbst zu finden. So werden 80 % der Gesamtkosten der Justiz für die Bezahlung des Personals aufgewendet; da es sich um große Mengen von Fällen handelt, die von wenigen[39] Richtern[40] gelöst werden müssen. Darüber hinaus werden diese Richter auffallend gut bezahlt[41] und gehören deshalb zu den bestbezahlten in Europa.[42]

Um den oben genannten kritischen Aspekten zu begegnen, wurden wichtige Reformen durchgeführt, die sich auf die Verfahrensregeln, die wirtschaftlichen und personellen Ressourcen und schließlich auf die Justizbehörden auswirken.[43]

1. Das Thema der alternativen Streitbeilegungsmodelle[44] rückt in den Vordergrund, da es sich hierbei um ein sich ständig weiterentwickelndes Instrument mit enormen Vorteilen handelt, einschließlich der Fähigkeit, die „opportunistische" Inanspruchnahme der Justiz einzudämmen.[45] Dazu gehören ADR-Instrumente oder alternative Streitbeilegungsverfahren (wie Schiedsverfahren, Mediation, unterstützte Verhandlungen oder ODR – Online Dispute Resolution). Das gemeinsame Merkmal ist die außergerichtliche Lösung des Konflikts.[46]

2. Als wirtschaftliche Maßnahme wurde der sogenannte „contributo unificato di iscrizione a ruolo" schrittweise erhöht, um Formen des Missbrauchs des Widerstands vor Gericht entgegenzuwirken.[47]

---

37 Europarat, European Judicial Systems – Efficiency and Quality of Justice (oben N. 32).
38 *Frattola*, Osservatorio sui Conti Pubblici Italiani, 18.3.2020, S. 1.
39 Europarat, European Judicial Systems – Efficiency and Quality of Justice (oben N. 32); Corte Suprema di Cassazione, Relazione sull'amministrazione della giustizia nell'anno 2019 del Primo Presidente Dott. Giovanni Mammone, S. 23, www.cortedicassazione.it/cassazioneresources/resources/cms/documents/Relazione_Primo_Presidente_Cassazione_Cassazione_2020.pdf (abgerufen am 14.7.2020).
40 Europarat, European Judicial Systems – Efficiency and Quality of Justice (oben N. 32), S. 107.
41 *Contini/Viapiana*, Questione Giustizia, Leggi e istituzioni, 17.2.2020, www.questionegiustizia.it/articolo/quanto-costa-la-giustizia-i-tribunali-italiani-tra-efficacia-ed-efficienza_17–02-2020.php (abgerufen am 20.11.2023).
42 *Contini/Viapiana* (oben N. 41).
43 *Bianco/Giacomelli/Giorgiantonio/Palumbo/Szego* (oben N. 34), S. 3.
44 *Consolo* (oben N. 27), S. 117, 118.
45 *Giacomelli/Mocetti/Palumbo/Roma*, Questioni di Economia e Finanza, Nr. 401, Oktober 2017. S. 5.
46 *Frisco*, I metodi di A.D.R.: tipologia, natura, prospettive, 24.3.2011, www.diritto.it/i-metodi-a-d-r-tipologia-natura-prospettive/ (abgerufen am 30.9.2023).
47 *Castelli/Piana*, Giusto processo e intelligenza artificiale, 2019, S. 26.

3. Um die kritische Situation bei der Organisation der Justizämter zu bewältigen, wurde eine Neuverteilung der Ämter durchgeführt;[48] es kam zu einer Neuordnung der Justizgeographie.

Einige Autoren sind der Meinung, dass die Lösung für die Probleme der italienischen Justiz im Dialog (zwischen den Ämtern, den Gerichten und den dort arbeitenden Menschen) zu finden ist, während andere Autoren der Meinung sind, dass es notwendig ist, technologische Instrumente in den Justizbehörden zu implementieren oder sogar *ex novo* einzuführen.[49] Sie sind der Auffassung, dass die Technologie vom Menschen für den Menschen eingesetzt werden sollte, um die Justiz wieder zu stärken. Die Tragweite dieses Wandels ist enorm und in unserem Rechtssystem weitgehend unbekannt.

*1. Die digitalen Antworten*

Die erste digitale Antwort auf die kritischen Aspekte der Justiz geht auf die 1990er Jahre zurück, als es eine praktische Anwendung der Rechtsprechung im italienischen Rechtssystem gab, die in den Gerichtssälen der Jugendgerichte von Mailand und Lecce erprobt wurde.[50] Die komplexe Tätigkeit der Auswahl der optimalen Adoptiveltern, die jedes Jugendgericht bei der Übergabe von Minderjährigen, die sich in einem Zustand des Verlassenseins befinden und deren Schicksal für den Rest ihres Lebens bestimmt wird, ausüben muss, stellt die Richter vor eine schwierige Situation. Auf der einen Seite hat der Richter eine kurze Liste von Kindern, die in Pflegefamilien untergebracht werden sollen, auf der anderen Seite hat er eine viel längere Liste von Eltern, die adoptieren wollen. Nachdem die Jugendgerichte von Mailand und Lecce durch den Richter die optimalen Voraussetzungen festgelegt haben, die ein Paar haben sollte, um ein Kind zu bekommen, sucht der Computer mit Hilfe einer speziell entwickelten Software aus der Liste der Eltern dasjenige mit der höchsten Übereinstimmung heraus. Mit der juristischen Anwendung wurde das Sorgerecht nicht mehr durch eine langsame und zufällige Suche übertragen, sondern anhand wissenschaftlicher Präzision, die auf konstanten, vorbestimmten Merkmalen beruhte.[51] Obwohl zum Zeitpunkt der Abfassung dieses Beitrags keine Informationen darüber vorliegen, ob es noch in Kraft ist oder nicht, findet sich eine Bestätigung für die Nützlichkeit eines solchen Instruments in dem politisch-institutionellen Richtungsakt für das Jahr 2020, der die Schaffung einer integrierten nationalen digitalen Datenbank über Familienpflegeverhältnisse vorsieht.[52]

Eine weitere wichtige Erfahrung wurde 2007 von der Abteilung für Statistik der Universität Florenz mit der Entwicklung eines Modells für die Berechnung der Unterhaltsbeihilfe (*MoCAM*) gemacht, das vom Gericht von Florenz angewendet wurde. Das *MoCAM* ist ein Berechnungssystem, das unter Berücksichtigung der gesetzlichen Vorgaben und der Kontextvariablen eine auf den konkreten Fall bezogene Schätzung der Unterhaltsbeihilfe für Kinder bei Trennung, Scheidung oder Auflösung einer faktischen Ehe und, wenn die Voraussetzungen gegeben sind, des Beitrags zugunsten des Ehegatten erstellt. Das

---

48 *Bianco/Giacomelli/Giorgiantonio/Palumbo/Szego* (oben N. 34), S. 3.
49 *Perilli/Dellasega* (oben N. 30), S. 181.
50 *Borruso* (oben N. 10).
51 *Borruso* (oben N. 10), S. 76, 78.
52 www.giustizia.it/giustizia/it (abgerufen am 30.9.2023).

Modell wurde von den Planern so angelegt, dass die beiden aus der Trennung resultierenden Haushalte den gleichen „Lebensstandard" haben, so dass der daraus resultierende wirtschaftliche Verlust gerecht verteilt ist. Zur Bewertung des Lebensstandards der von der Trennung betroffenen Personen schlägt das *MoCAM* zwei verschiedene Kriterien vor, die zum einen auf dem Einkommen und zum anderen auf den Verbrauchsausgaben der Haushalte basieren.[53] Das *MoCAM* schlägt eine Schätzung vor, aber die Entscheidung darüber, welches Szenario vorzuziehen ist, bleibt den Parteien oder dem Richter überlassen; das Modell erhebt also nicht den Anspruch, den Richter oder den Willen der Parteien zu ersetzen, sondern bietet lediglich eine Orientierungshilfe, die in Bezug auf den konkreten Fall und in Übereinstimmung mit diesem anzuwenden ist.[54] Das Modell ist auf einer Website implementiert, die es registrierten Nutzern gegen Zahlung einer Gebühr ermöglicht, Daten zu einem bestimmten Fall einzugeben und einen vollständigen Bericht zu erhalten, der eine Zusammenfassung der eingegebenen Informationen und die Berechnung des entsprechenden Unterhaltsbetrags enthält.[55]

Eine weitere Anwendung ist die Beta-Version der Anwendung (Smartphone-App) *Civil Justice*, die im November 2012 vom Justizministerium veröffentlicht wurde, während die endgültige Version seit Januar 2013 verfügbar ist. Die App ermöglicht es Anwälten, aber auch normalen Bürgern, direkt von ihrem mobilen Gerät aus[56] die laufenden Zivilverfahren in den Büros des Berufungsgerichts, des ordentlichen Gerichts, der (ehemaligen) Abteilung, des Friedensrichters und des Jugendgerichts einzusehen, ohne die Kanzlei aufsuchen zu müssen. Es handelt sich um ein Instrument,[57] das von großer Bedeutung ist: Einerseits ermöglicht es eine beträchtliche Zeitersparnis, andererseits trägt es zur Gewährleistung der Transparenz des Verfahrensablaufs bei. Um eine Akte zu suchen, muss zunächst die zuständige Justizbehörde ausgewählt werden, was anhand mehrerer Kriterien geschehen kann.[58] Sobald die betreffende Akte identifiziert ist, kann man ihre Details einsehen, wie z. B. ihren Status, ihren Verlauf und die Verhandlungstermine. Außerdem ist es möglich, die Akte auf dem mobilen Gerät zu speichern, so dass sie jederzeit auch ohne Internetverbindung eingesehen werden kann.[59] Die Vorteile sind sowohl für den privaten Nutzer als auch für den Anwalt unbestreitbar. Im Vergleich zu den klassischen Instrumenten spart diese App nämlich Zeit, da der Zugang zur Justiz schneller erfolgt und der Zugang und die Nutzung in Ermangelung eines Passwortschlüssels (me-

---

53 *Donati*, Rivista AIC – Associazione Italiana dei Costituzionalisti, Nr. 1/2020, 419.
54 *Maltagliati/Marliani*, Dipartimento di Statistica, Università di Firenze, S. 1, www.studiocataldi.it/articoli/mocam.pdf (abgerufen am 30.9.2023).
55 www.mocam.net/index.php (abgerufen am 14.7.2020).
56 Es ist möglich, die Daten aller Akten einzusehen, mit Ausnahme der Namen der Parteien und Anwälte, die durch Sternchen ausgeblendet sind.
57 Sie wurde direkt vom Justizministerium implementiert, die Anwendung wurde ausschließlich mit internen Ressourcen der CISIA (d. h. *Coordinamento Interdistrettuale per i Sistemi Informativi Automatizzati*) in Palermo konzipiert und entwickelt, während für die Veröffentlichung im Android und Apple Store Mitarbeiter von außerhalb des Ministeriums hinzugezogen werden mussten und geringe Kosten von etwa 120 Euro entstanden.
58 Allgemeine Registernummer, Urteilsnummer, Rechtsmittelnummer für die einstweilige Verfügung, Datum der Eintragung und der Verkündung (Möglichkeit der Angabe des Richters), Datum der Ladung und der ersten Verhandlung (der Name des Richters muss angegeben werden), Datum der nächsten Verhandlung (der Name des Richters).
59 *Gualmini*, PCT: La APP „Giustizia Civile", Marzo 2014, www.marcogualmini.it/file/Guida_app_giustizia_civile_pct.pdf (abgerufen am 14.7.2020).

chanischer Schutz) unabhängig vom Aufenthaltsort des Nutzers erfolgen. Darüber hinaus führt dies zu einer Entlastung der Justizämter, zu einer Verringerung der Kosten für den Informationszugang der Bürger, aber vor allem zu einer direkten, schnellen und unmittelbaren Beziehung mit der öffentlichen Verwaltung (einfache und intuitive Schnittstelle, kostenlose App, geeignet für alle Betriebssysteme).[60]

Ein weiteres innovatives Tool des *PNRR* ist das sogenannte *SEND* (Servizio Notifiche Digitali), d. h. der digitale Benachrichtigungsdienst, der die rechtswirksame Zustellung vereinfacht, ein Instrument, das im Rahmen der Digitalisierung der Justiz die Übermittlung von Verwaltungsakten ermöglicht und die Funktion der rechtswirksamen Zustellung erfüllt.[61]

## 2. Vorhersehbarkeit der Justiz

Richterin *Papoff* der zweiten Zivilabteilung des Gerichts von Rom hat einen gemeinsamen Ordner mit allen interessierten Zivilrichtern über das Cloud-System *One Drive* erstellt, um allen Richtern die Möglichkeit zu geben, die telematischen Zivilprozessmaßnahmen, die nach und nach eingeführt werden, sowie die Muster von Anordnungen und Verhandlungsprotokollen in den Ordner einzugeben. Das Ziel besteht darin, dass jeder Richter, selbst in einem so großen Gericht wie dem von Rom, rechtzeitig Kenntnis von den Leitlinien hat, die nach und nach erstellt werden und dass er die Verhandlungspraktiken und die Gründe für die wichtigsten Arten von Maßnahmen, die von verschiedenen Kollegen getroffen werden, überprüfen kann. Die gemeinsame Nutzung ist das wichtigste Instrument, um allen Richtern die Art und Weise, wie sie arbeiten und urteilen, bewusst zu machen; sie ist eine wesentliche Voraussetzung für die Suche nach gemeinsamen Lösungen.[62] Mit dem Ziel, solche Praktiken zu vervollkommnen und in ganz Italien zu verbreiten, wurden in einigen italienischen Gerichten und Berufungsgerichten ähnliche Projekte durchgeführt, nachdem die enorme Bedeutung der Vorhersehbarkeit[63] als gültiges Instrument zur Beseitigung von Rechtsunsicherheiten, aber auch als Faktor der Stabilität und Rechtssicherheit erkannt wurde.[64]

Zu den bekanntesten gehört das Projekt „*prevedibilità delle decisioni*"[65] der dritten Zivilabteilung des Berufungsgerichts von Bari, das am 5.10.2016 genehmigt wurde. Es zielt darauf ab, „*schede tematiche sulla giurisprudenza consolidata*" (thematische Merkblätter)[66] der Sektion zu wiederkehrenden Themen und Fällen zu erstellen.

Im Jahr 2018 wurden nach dem Berufungsgericht von Bari auch an anderen Berufungsgerichten ähnliche Initiativen ergriffen. Derzeit sind die Initiativen am Berufungsgericht

---

60 www.forumpa.it/pa-digitale/giustizia-civile-tutte-le-informazioni-senza-andare-in-tribunale/ (abgerufen am 14.7.2020).
61 https://innovazione.gov.it/notizie/articoli/al-via-send-il-servizio-notifiche-digitali-che-semplifica-le-comunicazioni-a-valo/ (abgerufen am 30.9.2023).
62 *Quarta*, Giustizia e predizione: l'algoritmo che legge il futuro, 10.3.2019, www.giustiziainsieme.it/it/cultura-e-societa/600-giustizia-e-predizione-l%20algoritmo-che-legge-il-futuro (abgerufen am 30.9.2023).
63 *Quarta* (oben N. 62).
64 *Perfetti*, Parte prima – Dottrina, Rassegna Forense, Nr. 2/2013, S. 433, 434.
65 www.corteappello.bari.it/allegati_sito/progetto_prevedibilita_decisioni.pdf (abgerufen am 30.9.2023).
66 www.giustizia.bari.it/buone_prassi_4.aspx (abgerufen am 30.9.2023).

von Venedig[67], Brescia[68] und Genua dokumentiert. Über einen Link kann man jederzeit die ständige Rechtsprechung bezüglich der wiederkehrenden Themen recherchieren. Für das Projekt in Brescia wurden in erster Linie Themen aus den Bereichen Gesellschaftsrecht (Unternehmen, Industrie), Auftragsvergabe, Bankverträge, Entlassungen, Sozialversicherung und Arbeitsrecht ausgewählt.[69] Für das Projekt in Genua wurden die Themen Trennung oder Scheidung und Entschädigung für immaterielle Schäden (z. B. Schadenersatz für Stress und Mobbing) ausgewählt. Die Wahl des Gerichts ist nicht zufällig, sondern hängt damit zusammen, dass das Gericht von Genua das erste war, welches sich dem telematischen Zivilprozess angeschlossen hat und daher bereits über das gesamte für das Funktionieren des Algorithmus erforderliche Material in digitalisierter Form verfügte.

Solche Initiativen sind zwar nützlich, weisen aber offensichtliche Grenzen auf. Erstens beschränken sich die thematischen Merkblätter, die im Rahmen der genannten Projekte zur Verfügung gestellt werden, darauf, Hinweise auf die Rechtsprechung in bestimmten Angelegenheiten zu geben. Diese können aber nicht die Besonderheiten des konkreten Falles des einzelnen Nutzers, der die Website aufruft, berücksichtigen. Zweitens müssten die Merkblätter ständig auf den neuesten Stand der Rechtsprechung gebracht werden, insbesondere in Bezug auf die Orientierungen des Obersten Gerichtshofs, des Verfassungsgerichts und der internationalen Gerichte.

### 3. Die Digitalisierung der Justiz in Italien

Der *PNRR* sieht die sogenannte Digitalisierung der Justiz vor. Dabei werden zwei primäre Ziele genannt, zum einen die Digitalisierung von 1 Mio. Akten der Gerichte[70], Berufungsgerichte und des Kassationsgerichtshofs und zum anderen die Realisierung des sogenannten *Banca Dati*, der sechs integrierte Datenwissenssysteme umfasst. Zur Erreichung dieser beiden Ziele wurden insgesamt 133,20 Mio. € investiert. Darüber hinaus sieht die Reform vor, dass die folgenden Ziele bis Ende 2023 erreicht werden: die obligatorische Einführung des elektronischen Dossiers[71] und dass alle auf diese Weise eingereichten Dokumente digital signiert werden[72] sowie die Einführung einer kostenlosen, vollständig zugänglichen und durchsuchbaren Datenbank für Zivilurteile gemäß den gesetzlichen Bestimmungen.

#### a) Ziviljustiz

Der telematische Zivilprozess *PCT* (Processo Civile Telematico)[73] ist ein weiteres digitales Instrument, das im italienischen Rechtssystem eingeführt wurde und es ermöglicht hat, eine Reihe von Verfahren, die traditionell auf Papier abgewickelt werden, zu verein-

---

67 www.corteappello.venezia.it/giurisprudenza-predittivaper_198.html (abgerufen am 14.7.2020).
68 www.giustiziabrescia.it/giustizia_predittiva.aspx (abgerufen am 30.9.2023).
69 Vereinbarung „Giustizia Predittiva", Corte di Appello di Brescia, Tribunale ordinario di Brescia und Università degli Studi di Brescia, 6.4.2018, S. 3.
70 4 Mio. vor dem 30.6.2024, www.altalex.com/documents/news/2023/01/30/giustizia-insights-digitalizzazione (abgerufen am 30.9.2023).
71 Art. 196-quater, disp. di att. del c. p. c.
72 Art. 196-quinquies, disp. di att. del c. p. c.
73 *Faini/Pietropaoli* (oben N. 12), S. 262, 263.

fachen. Es wurde 2013 versuchsweise in das Rechtssystem eingeführt. Nach einer langen Probephase muss seit dem 30.6.2014 die Einreichung von Verfahrenshandlungen und -unterlagen durch die Anwälte der Parteien in Zivilverfahren, streitigen Verfahren und Verfahren der freiwilligen Gerichtsbarkeit vor dem Gericht zwingend und ausschließlich auf telematischem Wege erfolgen. Seit dem 30.6.2015 betrifft die Pflicht zur telematischen Einreichung ebenso die Verfahren vor Berufungsgerichten.[74] Insbesondere seit ihrer Einführung und in Verbindung mit dem Phänomen der Digitalisierung ist es zu einer Beschleunigung der Abfrage, Erstellung, Zustellung und Einreichung von Schriftstücken und gerichtlichen Akten gekommen.[75]

Seit dem 30.6.2023 ist in Anwendung der *Cartabia*-Reform die telematische Einreichung von Urkunden und Schriftstücken beim *Giudice di Pace* obligatorisch. Die Richter können die Unterzeichnung von Entscheidungen durch eine digitale Signatur vorsehen.

Der *PNRR* bekräftigt die Notwendigkeit, bestimmte Verfahrensregeln zu stabilisieren, die während der Pandemie-Notstandsphase angenommen wurden und sich bewährt haben (Ziel ist eine Vereinfachung der Verfahrensformen durch Verbesserung der digitalen Modalitäten), darunter die Anhörungen mit Fernverbindung und die Ersetzung bestimmter Anhörungen durch einen Austausch schriftlicher Notizen, wobei die Anhörungszeit entfällt.

### b) Strafjustiz

Die Digitalisierung des erstinstanzlichen Strafverfahrens, mit Ausnahme der Vorverhandlung, ist vorgesehen. Im Rahmen der Reform des Strafverfahrens ist die Einführung und Verbreitung eines Telematikinstruments für die Einreichung von Akten und Dokumenten sowie für bestimmte Arten von Mitteilungen und Benachrichtigungen (computergestütztes Strafregister) vorgesehen.[76]

Seit dem 18.7.2023 ist die obligatorische telematische Einreichung von mehr als 103 Maßnahmen des Strafverfahrens vorgesehen. Beispiele für einige Maßnahmen sind: die Bestellung eines Verteidigers, Beitritt von Nebenklägern, Schriftsätze und besondere Vollmachten, Mitteilungen über den erklärten Wohnsitz, Anträge auf abgekürzte Verfahren, Plädoyers, sofortige Hauptverhandlung, Ersetzung der Strafe durch gemeinnützige Arbeit, Einspruch gegen das Strafurteil, aber auch Zeugenlisten, die Berufung, die Kassationsbeschwerde, der Antrag auf Bewilligung von Prozesskostenhilfe und der Antrag auf Zahlung der Verteidigergebühren.[77]

### c) Insolvenz

Die Reform des Insolvenzrahmens zielt darauf ab, den Vollstreckungsprozess zu digitalisieren und zu verbessern, und zwar durch Frühwarnmechanismen im Vorfeld der Insolvenz und die Spezialisierung der gerichtlichen und vorgerichtlichen Stellen für eine

---

74 Ufficio Parlamentare di Bilancio (UPB), Focus Tematico Nr. 5, 22.7.2016, S. 12.
75 *Giacomelli/Mocetti/Palumbo/Roma* (oben N. 45), S. 8.
76 www.giustizia.it/giustizia/it/mg_2_20_3.page (abgerufen am 30.9.2023).
77 www.altalex.com/documents/news/2023/07/19/deposito-obbligatorio-atti-penali-difensore-protesta-camere-penali (abgerufen am 30.9.2023).

effizientere Verwaltung aller Phasen des Vollstreckungsverfahrens, sowie durch die Ausbildung und Spezialisierung des Justiz- und Verwaltungspersonals.

Konkret sieht die im *PNRR* enthaltene Justizreform zum einen die allgemeine Digitalisierung von Restrukturierungs- und Insolvenzverfahren vor und andererseits die Schaffung einer Online-Plattform für die außergerichtliche Streitbeilegung insbesondere in der vorinsolvenzlichen Phase, deren Nutzung zur Entlastung der Justiz gefördert werden soll (vorinsolvenzliche Sanierungsanträge, Förderung multilateraler Sanierungen, die Möglichkeit vorab genehmigter automatisierter Verfahren und Beschlüsse für Fälle mit geringen Beträgen). Die Gewährleistung der Interoperabilität mit den IT-Systemen der Banken sowie mit anderen Behörden und Datenbanken dient dem schnellen elektronischen Austausch von Unterlagen und Daten zwischen Schuldnern und Gläubigern.

### d) Steuergerechtigkeit

Im Bereich der Steuerjustiz ist seit Juli 2019 das telematische Steuerverfahren (das sogenannte *PTT* d. h. *processo tributario telematico*) vorgesehen, das für erst- und zweitinstanzliche Urteile, die ab dem 1.7.2019 zugestellt wurden, obligatorisch ist: Die *PTT*-Dienste sind an sieben Tagen in der Woche und rund um die Uhr verfügbar.

Um das telematische Steuerverfahren nutzen zu können, müssen sich die Parteien zunächst im Informationssystem der Steuerjustiz (*SIGIT*) registrieren. Die Parteien können für die Zustellung von Berufungen und Rekursen das zertifizierte elektronische Postfach (*PEC*) nutzen und die anschließende telematische Einreichung bei der zuständigen Steuerkommission über die Anwendung PTT vornehmen.

Seit dem 11.11.2020 ist es zulässig, Anhörungen (öffentliche und kammeröffentliche Sitzungen) aus der Ferne *a regime* durchzuführen – über die Plattform *Skype for Business*.[78]

Zusammenfassend lässt sich sagen, dass die Digitalisierung nicht durch eine Gesetzesvorschrift herbeigeführt werden kann, sondern Infrastruktur, Software, Design und Kapazitäten zur Aufnahme neuer Entwicklungen erfordert.

### 4. KI–Tools für die Rechtsanwälte in Italien

Italien, das den Vereinigten Staaten hinterherhinkt, führt auch einen Roboter-Anwalt ein: Er heißt *Ross* und hat die Aufgabe, den von den Anwaltskanzleien oft als lästig und ermüdend empfundenen Papierkram zu erledigen. *Ross* (der ursprünglich von der amerikanischen Kanzlei *Baker & Hostetler* eingestellt wurde) ist eine Software, die auf den Technologien von *Watson*, dem kognitiven Computer von *IBM* basiert und von der Universität Toronto entwickelt wurde. Er ist der erste Roboter, der einen Anwalt ersetzen kann. *Ross* ist in der Lage, Texte und juristische Dokumente zu verarbeiten, zu lesen, zu recherchieren, Stellungnahmen und Lösungen zu verfassen, sich über neue Urteile zu informieren oder Hypothesen zu formulieren. Es handelt sich um ein attraktives KI-Tool, nicht nur wegen seiner geringen Kosten – der monatliche Mietpreis liegt unter dem Gehalt eines Praktikanten –, sondern auch, weil es sehr effizient ist. Um aktiviert zu werden, muss man nur eine Frage in englischer Sprache stellen und er ist in der Lage, eine

---

[78] www.ipsoa.it/wkpedia/processo-tributario-telematico (abgerufen am 30.9.2023).

prompte Antwort zu geben, indem er alle Informationen scannt. *Ross* beantwortet nicht nur die Frage, sondern kann gegebenenfalls auch Vorschläge machen. Seine Effizienz wird mit dem Äquivalent von 50 Anwälten gemessen.[79] *Ross* ist nicht die einzige künstliche Intelligenz, die in der Anwaltschaft arbeitet, denn nach seinem Vorbild wurden weitere „Kollegen" entwickelt.

Eine Neuheit aus Italien ist schließlich, dass der Rechtsanwalt *Martelli* eine Software, *Diogene*, entwickelt hat, welche die öffentlichen Daten aus der „Giudice di Pace"-Datenbank abfragt, um Informationen über die Fälle zu erhalten, wie z. B. in welchen Fällen der Anwalt aufgetreten ist, die territoriale Verteilung, die durchschnittliche Abrechnung und schließlich die Ergebnisse der Fälle selbst.[80]

### 5. Die Datenbank des Corte di cassazione: Italgiureweb

Bevor wir zur Darstellung von *Italgiureweb*, der Datenbank der Corte di Cassazione, übergehen, ist es angebracht, kurz das Phänomen der italienischen „Massimizzazione" zu erwähnen, aus dem sich die Idee ergibt, eine Plattform einzurichten, die in der Lage ist, eine möglichst rasche und umfassende Kenntnis rechtlicher Maximen zu erlangen, zu organisieren und sie wirklich nutzbar zu machen.[81] Die „Massimizzazione" wird definiert als das Mittel, wodurch die Rechtsprechung unterstützt wird, indem sie den als *regula iuris* bezeichneten Rechtsgrundsatz herausarbeitet, der aus den Äußerungen der Richter hervorgeht und das Ergebnis des Rechtsstreits darstellt.

In den 1960er und 1970er Jahren schuf das Elektronische Dokumentationszentrum (*CED*) die erste Rechtsprechungsdatenbank für Italien. Das *CED* bietet eine automatisierte Organisation der Maximen der Corte di Cassazione, die im Laufe der Jahre umgestaltet wurde und heute den Namen *Italgiure* trägt. Heute enthält die Datenbank über 35 Mio. Dokumente und ist in vier Abschnitte gegliedert: Rechtsprechung, Gesetzgebung, Doktrin und Systeme.[82] Die größte der vier Rubriken ist die Rubrik Rechtsprechung, die wiederum aus 17 Rubriken besteht. Es lohnt sich zu verstehen, wie die Dokumente funktionieren und wie man sie auf der Plattform abrufen und einsehen kann. Die Urteile werden innerhalb von 48 Stunden nach ihrer Veröffentlichung in die Plattform eingestellt. In einigen Fällen kann diese Frist verkürzt und auf eine Eingabe innerhalb von 24 Stunden vorgezogen werden. Die Umsetzung erfolgt normalerweise durch die Richter des Obersten Gerichtshofs.[83] Der Zugang wird mittels eines persönlichen Benutzercodes und eines Passworts allen Richtern gewährt. Der Zugang ist gebührenfrei.[84]

---

79 rossintelligence.com (abgerufen am 30.9.2023).
80 *Morelli*, „PCT dei giudici di pace, caos alla partenza", www.altalex.com/documents/news/2023/07/10/pct-giudici-pace-caos-partenza#p4 (abgerufen am 30.9.2023).
81 *Vincenti*, Questione Giustizia, Nr. 4/2018, S. 147, 152.
82 *Di Cerbo*, Questione Giustizia, Nr. 3/2017, S. 94.
83 *Di Cerbo* (oben N. 82), S. 94.
84 *Castelli/Piana* (oben N. 47).

Nach einer mehrmonatigen Sperrung der Plattform *Italgiure* (aufgrund der Anonymisierung der Daten der veröffentlichten Urteile), wurde diese am 14.6.2023[85] wieder nutzbar, wenn auch nicht ohne einige Schwierigkeiten und anhaltende Kritikpunkte.

Zusammenfassend ist man sich einig, dass *Italgiure(web)* eine enorm wichtige nationale Rechtsprechungsplattform ist, die einzige in Hinsicht Datenmenge und Genauigkeit. Sie war und ist ein gültiges Instrument für die Verwirklichung der sogenannten *funzione nomofilattica* des Obersten Gerichtshofs – seiner Funktion, die Einhaltung des Gesetzes, seine einheitliche Auslegung und die Einheit des Rechts zu gewährleisten.[86]

## IV. Schlussworte

Künstliche Intelligenz, Maschinen und Algorithmen haben eine wachsende innovative Tragweite, müssen definiert und verstanden werden und erfordern eine interdisziplinäre Zusammenarbeit. In den letzten Jahren sind sie dank zweier wichtiger Faktoren mit Macht in unser Leben getreten: zum einen durch die Verfügbarkeit riesiger Datenmengen und zum anderen durch immer leistungsfähigere Computer, die diese riesigen Datenmengen schnell verarbeiten können. Das wachsende Misstrauen gegenüber dem Justizapparat, seinen langen Wartezeiten und hohen Kosten hat dazu geführt, dass die Maschinen mit den Gerichtsverfahren verflochten werden. Die oft erwähnte Geschwindigkeit, mit der sich dieses Thema verändert, erfordert ein Nachdenken über ihre Funktion als Hilfsmittel, die den Menschen unterstützen oder ersetzen können. Die italienische Rechtsordnung scheint dabei ein interessantes Beispiel zu sein, in dem sowohl die Digitalisierung als auch die konkrete Nutzung von KI-Tools in der Praxis bereits vorhanden sind.

---

85 *Di Tullio D'Elisiis*, „Cassazione italgiure è ritornato a funzionare", www.diritto.it/cassazione-italgiure-quando -tornera-a-rifunzionare (abgerufen am 30.9.2023).
86 *Di Cerbo* (oben N. 82), S. 1.

**Anna Reis, Die Bedeutung des Schweigens im Privatrecht. Ein deutsch-italienischer Rechtsvergleich unter Berücksichtigung des Internationalen Privatrechts, 2022,** Mohr Siebeck Tübingen, Studien zum ausländischen und internationalen Privatrecht, Band 481, 422 Seiten, 84 €, ISBN 978-3-16-161233-6

„Jedes Wort hat Konsequenzen. Jede Stille auch."[1] – diese Worte *Jean Paul Sartres* erinnern uns an den kommunikativen Gehalt des Schweigens, der auch die Rechtsgeschäftslehre heute wie gestern beschäftigt. Der besondere Reiz der Thematik liegt sicherlich darin, dass der Erklärungsgehalt des Schweigens nicht nur praktisch außergewöhnlich relevant ist, sondern auch Verbindungslinien zu ganz grundlegenden (rechts-)philosophischen, (rechts-)linguistischen und rechtstheoretischen Fragen aufweist. Auch in der juristischen Ausbildung nimmt die Auseinandersetzung mit dem Schweigen eine prominente Rolle ein, schließlich lässt sich hieran das Verständnis der Willenserklärung hervorragend schärfen.[2] So sind dann auch die Ausnahmen vom herrschenden Grundsatz, wonach Schweigen kein Erklärungswert zukommt (etwa das berühmt-berüchtigte kaufmännische Bestätigungsschreiben), regelmäßige Gäste in deutschen Examens- und Übungsklausuren. Ebenso intensiv ist seit jeher die wissenschaftliche Diskussion zur privatrechtlichen Bedeutung des Schweigens;[3] die sogar schon verschiedene rechtsvergleichende Werke, etwa zum englischen und schottischen[4] oder georgischen[5] Recht, hervorgebracht hat. Ist damit schon alles gesagt? Mitnichten, wie die Arbeit von *Anna Reis* zeigt: Ihre Dissertation beeindruckt mit einer außergewöhnlich detaillierten und umfangreichen Darstellung sowie Vergleichung der italienischen Rechtslage, die zudem durchweg hervorragend lesbar und anschaulich geschrieben ist.

Die Arbeit beginnt mit der zutreffenden Feststellung, dass ein Rechtsvergleich aufgrund der zahlreichen Verknüpfungen zwischen dem deutschen und italienischen Recht besonders lohnenswert ist (S. 2). Dies betrifft insbesondere die gemeinsamen Grundlagen im römischen Recht, die im zweiten Kapitel mit regelmäßigen Rückbezügen zur entsprechenden Rezeption im modernen deutschen und italienischen Recht dargestellt werden (S. 18 ff.). Hierbei wird sinnvollerweise durchgehend zwischen Schweigen als Verpflichtungsgrund und Schweigen als Ursache eines Rechtsverlusts unterschieden. Hervorzuheben ist neben der guten wissenschaftlichen Aufarbeitung der Thematik die lesbare und anschauliche Aufarbeitung anhand zahlreicher Beispiele aus den Primärquellen. So erfährt man etwa, dass im römischen Recht ein Nachbar gegen ein Bauvorhaben Einspruch erheben musste, wenn durch das neue Bauvorhaben verursachtes Regenwasser das eigene Grundstück zu beeinträchtigen drohte. Tat er dies nicht, war die Klagemöglichkeit verwirkt (S. 25).

Das Herzstück der Arbeit ist die detaillierte Darstellung der Bedeutung des Schweigens im italienischen Zivilrecht (§ 3), die wiederum der Unterscheidung zwischen Schweigen als Ursache einer Verpflichtung bzw. eines Rechtserwerbs einerseits und Schweigen als Grund eines Rechtsverlusts andererseits folgt. Die umfassende Betrachtung zeichnet ein hoher Differenzierungsgrad sowie eine außergewöhnliche Detailtiefe aus. So werden nicht nur die anerkannten Kategorien eines normierten Schweigens (*silenzio con valore legale*) und beredten Schweigens (*silenzio circostanziato*) gewöhnlich erörtert; auch die in der italienischsprachigen Rechtswissenschaft vertretenen dogmatischen Grundlagen werden eingehend und kritisch betrachtet. Hierbei erfährt man, dass insbesondere über die Herleitung der Rechtsfolgen des Schweigens als Erwerbs- oder Verpflichtungsgrund keinesfalls Einigkeit herrscht: Während zwar eine Mehrheit der Stimmen das Schweigen als Willenserklärung einordnet (S. 81 ff., ebenso grds. die Autorin auf S. 221 ff.), greifen manche auch auf die Rechtsfigur des einseitigen Rechtsgeschäfts oder Versprechens (S. 93 ff.), des Verzichts auf eine

---

1 *Sartre*, Les Temps Modernes 1945, 1, 5 („[...] *chaque parole a des retentissements. Chaque silence aussi.*").
2 S. hierzu nur *Köhler*, BGB Allgemeiner Teil, 47. Auflage 2023, § 6 Rn. 5 ff.
3 Statt vieler *Canaris*, Schweigen im Rechtsverkehr als Verpflichtungsgrund, in: Walter Wilburg zum 70. Geburtstag: Festschrift, 1975, S. 77–99.
4 *Basse*, Das Schweigen als rechtserhebliches Verhalten im Vertragsrecht, 1986.
5 *Kupraschwili*, Schweigen beim Vertragsabschluss, 2006.

Zustimmung des Schweigenden (S. 96 ff.), der Pflicht- oder Obliegenheitsverletzung (S. 100 ff.) oder auf Treu und Glauben (S. 103 ff.) zurück. Besonders interessant ist hierbei auch, dass sich diese dogmatischen Erklärungsversuche allesamt, wenn auch mit Unterschieden in Randbereichen, in der deutschen Dogmatik wiederfinden (S. 195 ff., 272).

Die gebotene thematische Fokussierung beweist die Autorin sodann im anschließenden Abschnitt zur Bedeutung des Schweigens im deutschen Privatrecht (§ 4), die nicht etwa als lehrbuchartige Darstellung der deutschen Rechtslage nach dem Vorbild des vorangegangenen Abschnitts, sondern unmittelbar im Rechtsvergleich zum italienischen Recht erfolgt. Hierbei stellt die Autorin im Bereich des normierten und beredten Schweigens überraschend weitgehende Parallelen zwischen italienischem und deutschem Recht fest, die sie sicherlich zutreffend mit den weitgehend identischen Schutzzwecken (insb. Treu und Glauben, Verkehrsschutz, Rechtssicherheit) erklärt (S. 175). Unterschiede bestehen dagegen insbesondere im Bereich des kaufmännischen Bestätigungsschreibens (S. 190 ff.), welches jedoch entgegen der anderslautenden herrschenden Erzählung im italienischen Recht durchaus existiert (S. 69 ff., 191). Der Rechtsvergleich mündet in einer lesenswerten Synthese, in der die Autorin verschiedene Fallgruppen entwickelt: So gebe es in beiden Rechtsordnungen im Bereich des beredten Schweigens sogenannte „Konkludenzindizien", wozu etwa die fehlende Nachteilhaftigkeit des Schweigens oder aber auch ein zu Lasten des Schweigenden bestehender Kontrahierungszwang gehört (S. 270 ff.). Gewichtige Unterschiede stellt die Autorin hingegen beim normierten Schweigen als Ursache eines Rechtsverlusts fest (S. 273).

Zu einer binationalen Perspektive gehört freilich auch die rechtsanwendungsrechtliche Ebene, der sich die Autorin umfänglich im folgenden Kapitel (§ 5) widmet. Hierbei setzt sie zurecht einen Schwerpunkt bei Art. 10 Abs. 2 Rom I-VO, der als spezielle Rechtsanwendungsnorm („Sonderanknüpfung") für die Behauptung einer Partei, sie habe dem Vertrag nicht zugestimmt, das Aufenthaltsrecht beruft. Dies betrifft natürlich insbesondere die Rechtsfolgen eines Schweigens (S. 281), sodass sich die höchst umstrittene[6] Frage stellt, wann eine Anwendung der lex causae nach Art. 10 Abs. 1 Rom I-VO im Sinne des zweiten Absatzes „nicht gerechtfertigt" wäre (S. 292 ff.). Hierbei erörtert die Autorin die Relevanz kollisionsrechtlicher Irrtümer zum anwendbaren Recht ebenso wie die Verkehrssitte, die Erfahrung der Vertragsparteien sowie die Folgen des Rechtsgeschäfts, sodass die Arbeit in dieser Hinsicht zugleich einen wertvollen Beitrag zu Art. 10 Abs. 2 Rom I-VO verkörpert. Hierbei wird auch die Frage der analogen Anwendbarkeit des Art. 10 Abs. 2 Rom I-VO in anderen internationalprivatrechtlichen Rechtsgebieten erörtert und im Ergebnis abgelehnt (S. 313 ff.). Interessant wäre in diesem Zusammenhang auch eine detailliertere Besprechung der Frage gewesen, ob Art. 10 Abs. 2 Rom I-VO gerade im Hinblick auf die weitreichenden materiellrechtlichen Gemeinsamkeiten in der rechtlichen Behandlung des Schweigens in Deutschland und Italien als reformbedürftig zu betrachten sein könnte.

Im letzten Kapitel (§ 6) formuliert die Autorin sodann nach einem kurzen Überblick über vergangene Modellgesetze und Vereinheitlichungsprojekte (S. 341 ff.) vier Thesen für zukünftige Harmonisierungsversuche (S. 346 ff.): So sei festzustellen, dass sowohl das italienische als auch das deutsche Recht das Schweigen nur im Rahmen einer objektivierten Willensbetrachtung als Verpflichtungsgrund anerkennen. Auch sei die dogmatische Verankerung des beredten Schweigens als Willenserklärung in beiden Rechtsordnungen grundsätzlich zustimmungswürdig, wohingegen die Regelung des Rechtsverlusts durch Schweigen in beiden Rechtsordnungen weiterhin unterschiedlich behandelt würde. Auch seien beide Rechtsordnungen in der Lage, Vertragsschlüsse mithilfe neuer Technologien zu bewältigen. Die Arbeit endet mit dem Vorschlag, die Regelungen des *Codice Civile* für zukünftige Vereinheitlichungsprojekte zum Vorbild zu nehmen, wobei sich hier gerade auch im Hinblick auf das vierte Kapitel und die weitgehenden Übereinstimmungen zwischen deutschem und italienischem Recht die leider unbeantwortete Frage aufdrängt, ob eine derart einseitige Bevorzugung einer nationalen Kodifikation sinnvoll wäre.

---

6 Hierzu statt vieler *Weller*, in: Gsell et. al, BeckOGK, Ed. 01.09.2023, Art. 10 Rom I-VO Rn. 78 ff.

Ein kleiner Wermutstropfen ist insgesamt die Kürze der rechtsvergleichenden Fallgruppenbildung (S. 269 ff., 346 ff.), die angesichts der umfangreichen Betrachtung der italienischen und deutschen Rechtslage sicherlich noch detaillierter und differenzierter hätte erfolgen können; im Hinblick auf konkrete Ansatzpunkte für zukünftige materiellrechtliche Harmonisierungsprojekte (oder eine Kritik bereits bestehender europäischer Modellgesetze), welche die Autorin auch selbst befürwortet (S. 341 ff.), fällt der Ertrag daher geringer aus als erwartet. Interessant wäre auch eine vertiefte Auseinandersetzung mit außerrechtlichen Gründen für die Bindungswirkung des Schweigens gewesen; diese werden im Hinblick auf die antike Philosophie nur angedeutet (S. 18). Moderne philosophische oder linguistische Einordnungen des Kommunikationswertes von Schweigen[7] werden demgegenüber nicht beleuchtet. Dies hätte insbesondere im Hinblick auf die rechtsvergleichende Synthese möglicherweise neue Perspektiven eröffnen können.

Der ansonsten äußerst positive Gesamteindruck wird hierdurch jedoch kaum getrübt. Eine Lektüre der Arbeit ist insbesondere deutschsprachigen Wissenschaftlern und Praktikern zu empfehlen, die sich vertieft mit der italienischen Rechtsprechung und Dogmatik zur privatrechtlichen Behandlung des Schweigens auseinandersetzen möchten.

*Adrian Hemler, Konstanz*

---

[7] Zur linguistischen Forschung (Schweigen als Parasprache) s. etwa *DeVito*, Et cetera 1989, 153 ff.

# III. Entscheidungen

### Nr. 1   EuGH, Urteil vom 14.9.2023, C-27/22 – *Volkswagen ./. AGCM (Bußgeld im „Dieselskandal"; ne bis in idem)*

Verletzt die Durchführung eines Bußgeldverfahrens in Italien wegen unlauterer Geschäftspraktiken den unionsrechtlichen Grundsatz *ne bis in idem*, wenn gegen die betreffende juristische Person bereits in Deutschland eine Geldbuße verhängt wurde?

**Tenor:**

1. Art. 50 der Charta der Grundrechte der Europäischen Union ist dahin auszulegen, dass eine in den nationalen Rechtsvorschriften vorgesehene Verwaltungsgeldbuße, die von der für den Verbraucherschutz zuständigen nationalen Behörde gegen eine Gesellschaft wegen unlauterer Geschäftspraktiken verhängt wird, eine strafrechtliche Sanktion im Sinne dieser Bestimmung darstellt, obwohl sie in den nationalen Rechtsvorschriften als Verwaltungssanktion eingestuft wird, wenn sie eine repressive Zielsetzung verfolgt und einen hohen Schweregrad aufweist.

2. Der in Art. 50 der Charta der Grundrechte der Europäischen Union verankerte Grundsatz ne bis in idem ist dahin auszulegen, dass er einer nationalen Regelung entgegensteht, die es erlaubt, eine gegen eine juristische Person wegen unlauterer Geschäftspraktiken verhängte Geldbuße strafrechtlicher Natur aufrechtzuerhalten, wenn diese Person wegen derselben Tat in einem anderen Mitgliedstaat strafrechtlich verurteilt worden ist, auch wenn diese Verurteilung nach dem Erlass der Entscheidung, mit der die Geldbuße verhängt wurde, erfolgt ist, aber rechtskräftig geworden ist, bevor über den gerichtlichen Rechtsbehelf gegen diese Entscheidung rechtskräftig geurteilt worden ist.

3. Art. 52 Abs. 1 der Charta der Grundrechte der Europäischen Union ist dahin auszulegen, dass er eine Einschränkung der Anwendung des in Art. 50 der Charta verankerten Grundsatzes ne bis in idem zulässt, um eine Kumulierung von Verfahren oder Sanktionen wegen derselben Tat zu ermöglichen, sofern die in Art. 52 Abs. 1 der Charta vorgesehenen Voraussetzungen, wie sie von der Rechtsprechung näher bestimmt wurden, erfüllt sind, nämlich erstens, dass diese Kumulierung keine übermäßige Belastung für die betreffende Person darstellt, zweitens, dass es klare und präzise Regeln gibt, anhand deren sich vorhersehen lässt, bei welchen Handlungen und Unterlassungen eine Kumulierung in Frage kommt, und drittens, dass die betreffenden Verfahren in hinreichend koordinierter Weise und in einem engen zeitlichen Zusammenhang geführt wurden.

*Urteil (Auszug)*

1   Das Vorabentscheidungsersuchen betrifft die Auslegung von Art. 50 der Charta der Grundrechte der Europäischen Union (im Folgenden: Charta), von Art. 54 des am 19. Juni 1990 in Schengen unterzeichneten und am 26. März 1995 in Kraft getretenen Übereinkommens zur Durchführung des Übereinkommens von Schengen vom 14. Juni 1985 zwischen den Regierungen der Staaten der Benelux-Wirtschaftsunion, der Bundesrepublik Deutschland und der Französischen Republik betreffend den schrittweisen Abbau der Kontrollen an den gemeinsamen Grenzen (ABl. 2000, L 239, S. 19) (im Folgenden: SDÜ) sowie von Art. 3 Abs. 4 und Art. 13 Abs. 2 Buchst. e der Richtlinie 2005/29/EG des Europäischen Parlaments und des Rates vom 11. Mai 2005 über unlautere Geschäftspraktiken von Unternehmen gegenüber Verbrauchern im Binnenmarkt und zur Änderung der Richtlinie 84/450/EWG des Rates, der Richtlinien 97/7/EG, 98/27/EG und 2002/65/EG des Europäischen Parlaments und des Rates sowie der Verordnung (EG) Nr. 2006/2004 des Europäischen Parlaments und des Rates (ABl. 2005, L 149, S. 22, berichtigt in ABl. 2009, L 253, S. 18).

2   Dieses Ersuchen ergeht im Rahmen eines Rechtsstreits zwischen der Volkswagen Group Italia SpA (im Folgenden: VWGI) und der Volkswagen Aktiengesellschaft (im Folgenden: VWAG) auf der einen sowie der Autorità Garante della Concorrenza e del Mercato (Wettbewerbs- und Markt-

aufsichtsbehörde, Italien) (im Folgenden: AGCM) auf der anderen Seite wegen deren Entscheidung, gegen diese Gesellschaften eine Geldbuße wegen unlauterer Geschäftspraktiken zu verhängen.

*Rechtlicher Rahmen*

*Unionsrecht*

SDÜ

3   Das SDÜ wurde geschlossen, um die Durchführung des am 14. Juni 1985 in Schengen unterzeichneten Übereinkommens zwischen den Regierungen der Staaten der Benelux-Wirtschaftsunion, der Bundesrepublik Deutschland und der Französischen Republik betreffend den schrittweisen Abbau der Kontrollen an den gemeinsamen Grenzen (ABl. 2000, L 239, S. 13) sicherzustellen.

4   Art. 54 in Titel III („Polizei und Sicherheit") Kapitel 3 („Verbot der Doppelbestrafung") des SDÜ lautet:

„Wer durch eine Vertragspartei rechtskräftig abgeurteilt worden ist, darf durch eine andere Vertragspartei wegen derselben Tat nicht verfolgt werden, vorausgesetzt, dass im Fall einer Verurteilung die Sanktion bereits vollstreckt worden ist, gerade vollstreckt wird oder nach dem Recht des Urteilsstaats nicht mehr vollstreckt werden kann."

*Richtlinie 2005/29*

5   Im zehnten Erwägungsgrund der Richtlinie 2005/29 heißt es:

„Es muss sichergestellt werden, dass diese Richtlinie insbesondere in Fällen, in denen Einzelvorschriften über unlautere Geschäftspraktiken in speziellen Sektoren anwendbar sind[,] auf das geltende Gemeinschaftsrecht abgestimmt ist. ... Diese Richtlinie gilt dementsprechend nur insoweit, als keine spezifischen Vorschriften des Gemeinschaftsrechts vorliegen, die spezielle Aspekte unlauterer Geschäftspraktiken regeln, wie etwa Informationsanforderungen oder Regeln darüber, wie dem Verbraucher Informationen zu vermitteln sind. Sie bietet den Verbrauchern in den Fällen Schutz, in denen es keine spezifischen sektoralen Vorschriften auf Gemeinschaftsebene gibt, und untersagt es Gewerbetreibenden, eine Fehlvorstellung von der Art ihrer Produkte zu wecken. Dies ist besonders wichtig bei komplexen Produkten mit einem hohen Risikograd für die Verbraucher, wie etwa bestimmten Finanzdienstleistungen. Diese Richtlinie ergänzt somit den gemeinschaftlichen Besitzstand in Bezug auf Geschäftspraktiken, die den wirtschaftlichen Interessen der Verbraucher schaden."

6   Art. 1 dieser Richtlinie sieht vor:

„Zweck dieser Richtlinie ist es, durch Angleichung der Rechts- und Verwaltungsvorschriften der Mitgliedstaaten über unlautere Geschäftspraktiken, die die wirtschaftlichen Interessen der Verbraucher beeinträchtigen, zu einem reibungslosen Funktionieren des Binnenmarkts und zum Erreichen eines hohen Verbraucherschutzniveaus beizutragen."

7   Art. 3 („Anwendungsbereich") der Richtlinie bestimmt in Abs. 4:

„Kollidieren die Bestimmungen dieser Richtlinie mit anderen Rechtsvorschriften der Gemeinschaft, die besondere Aspekte unlauterer Geschäftspraktiken regeln, so gehen die Letzteren vor und sind für diese besonderen Aspekte maßgebend."

8   Art. 13 („Sanktionen") der Richtlinie lautet:

„Die Mitgliedstaaten legen die Sanktionen fest, die bei Verstößen gegen die nationalen Vorschriften zur Umsetzung dieser Richtlinie anzuwenden sind, und treffen alle geeigneten Maßnahmen, um ihre Durchsetzung sicherzustellen. Diese Sanktionen müssen wirksam, verhältnismäßig und abschreckend sein."

*Richtlinie (EU) 2019/2161*

9   Mit der Richtlinie (EU) 2019/2161 des Europäischen Parlaments und des Rates vom 27. November 2019 zur Änderung der Richtlinie 93/13/EWG des Rates und der Richtlinien 98/6/EG, 2005/29/EG und 2011/83/EU des Europäischen Parlaments und des Rates zur besseren Durchsetzung und Modernisierung der Verbraucherschutzvorschriften der Union (ABl. 2019, L 328, S. 7) wurde Art. 13 der Richtlinie 2005/29 mit Wirkung vom 28. Mai 2022 wie folgt geändert:

(1) Die Mitgliedstaaten erlassen Vorschriften über Sanktionen, die bei Verstößen gegen die gemäß dieser Richtlinie erlassenen nationalen Vorschriften zu verhängen sind, und treffen alle für die Anwendung der Sanktionen erforderlichen Maßnahmen. Die vorgesehenen Sanktionen müssen wirksam, verhältnismäßig und abschreckend sein.

(2) Die Mitgliedstaaten stellen sicher, dass bei der Verhängung der Sanktionen folgende als nicht abschließend zu verstehende und beispielhafte Kriterien, sofern zutreffend, berücksichtigt werden:

a) die Art, die Schwere, der Umfang und die Dauer des Verstoßes;

b) Maßnahmen des Gewerbetreibenden zur Minderung oder Beseitigung des Schadens, der Verbrauchern entstanden ist;

c) frühere Verstöße des Gewerbetreibenden;

d) vom Gewerbetreibenden aufgrund des Verstoßes erlangte finanzielle Vorteile oder vermiedene Verluste, wenn dazu die entsprechenden Daten verfügbar sind;

e) Sanktionen, die gegen den Gewerbetreibenden für denselben Verstoß in grenzüberschreitenden Fällen in anderen Mitgliedstaaten verhängt wurden, sofern Informationen über solche Sanktionen im Rahmen des aufgrund der Verordnung (EU) 2017/2394 des Europäischen Parlaments und des Rates [vom 12. Dezember 2017 über die Zusammenarbeit zwischen den für die Durchsetzung der Verbraucherschutzgesetze zuständigen nationalen Behörden und zur Aufhebung der Verordnung (EG) Nr. 2006/2004 (ABl. 2017, L 345, S. 1)] errichteten Mechanismus verfügbar sind;

f) andere erschwerende oder mildernde Umstände im jeweiligen Fall.

(3) Die Mitgliedstaaten stellen sicher, dass im Rahmen der Verhängung von Sanktionen nach Artikel 21 der Verordnung (EU) 2017/2394 entweder Geldbußen im Verwaltungsverfahren verhängt werden können oder gerichtliche Verfahren zur Verhängung von Geldbußen eingeleitet werden können oder beides erfolgen kann, wobei sich der Höchstbetrag solcher Geldbußen auf mindestens 4 % des Jahresumsatzes des Gewerbetreibenden in dem (den) betreffenden Mitgliedstaat(en) beläuft."

*Italienisches Recht*

10   Art. 20 Abs. 1 des Decreto legislativo n. 206 – Codice del consumo, a norma dell'articolo 7 della legge 29 luglio 2003, n. 229 (Decreto legislativo Nr. 206 über das Verbrauchergesetzbuch nach Art. 7 des Gesetzes Nr. 229 vom 29. Juli 2003) vom 6. September 2005 (Supplemento ordinario zur GURI Nr. 235 vom 8. Oktober 2005) in seiner auf das Ausgangsverfahren anwendbaren Fassung (im Folgenden: Verbrauchergesetzbuch) sieht vor, dass unlautere Geschäftspraktiken verboten sind.

11   Art. 20 Abs. 2 des Verbrauchergesetzbuchs bestimmt:

„Eine Geschäftspraxis ist unlauter, wenn sie der beruflichen Sorgfalt widerspricht und in Bezug auf das jeweilige Produkt das wirtschaftliche Verhalten des Durchschnittsverbrauchers, den sie erreicht oder an den sie sich richtet, oder des durchschnittlichen Mitglieds einer Gruppe von Verbrauchern, wenn sich eine Geschäftspraxis an eine bestimmte Gruppe von Verbrauchern richtet, spürbar beeinflusst oder dazu geeignet ist, es spürbar zu beeinflussen."

12   Nach Art. 20 Abs. 4 des Verbrauchergesetzbuchs sind unlautere Geschäftspraktiken insbesondere irreführende Praktiken gemäß den Art. 21 bis 23 des Gesetzbuchs und aggressive Praktiken, die in den Art. 24 bis 26 des Gesetzbuchs erwähnt werden.

13   In Art. 21 Abs. 1 des Verbrauchergesetzbuchs heißt es:

„Eine Geschäftspraxis gilt als irreführend, wenn sie Angaben enthält, die nicht der Wirklichkeit entsprechen oder wenn sie in irgendeiner Weise, einschließlich sämtlicher Umstände ihrer Präsentation, selbst mit sachlich richtigen Angaben den Durchschnittsverbraucher in Bezug auf einen oder mehrere der nachstehend aufgeführten Punkte täuscht oder ihn zu täuschen geeignet ist und ihn in jedem Fall tatsächlich oder voraussichtlich zu einer geschäftlichen Entscheidung veranlasst, die er ansonsten nicht getroffen hätte:

b) die wesentlichen Merkmale des Produkts wie Verfügbarkeit, Vorteile, Risiken, Ausführung, Zusammensetzung, Zubehör, Kundendienst und Beschwerdeverfahren, Verfahren und Zeitpunkt der Herstellung oder Erbringung, Lieferung, Zwecktauglichkeit, Verwendung, Menge, Beschaffenheit, geographische oder kommerzielle Herkunft oder die von der Verwendung zu erwartenden Ergebnisse oder die Ergebnisse und wesentlichen Merkmale von Tests und Untersuchungen, denen das Produkt unterzogen wurde; […]"

14   Art. 23 Abs. 1 Buchst. d des Verbrauchergesetzbuchs lautet:

„Folgende Geschäftspraktiken gelten unter allen Umständen als irreführend:

[…]

d) Die nicht der Wirklichkeit entsprechende Behauptung, dass ein Gewerbetreibender, seine Geschäftspraktiken oder eines seiner Produkte von einer öffentlichen oder privaten Stelle bestätigt, genehmigt oder gebilligt worden seien oder dass den Bedingungen für die Bestätigung, Genehmigung oder Billigung entsprochen worden sei."

15   Art. 27 Abs. 9 des Verbrauchergesetzbuchs sieht vor:

„Zusammen mit der Maßnahme, die die unlautere Geschäftspraxis untersagt, verhängt die [AGCM] unter Berücksichtigung der Schwere und der Dauer des Verstoßes eine Verwaltungsgeldbuße in Höhe von 5 000 Euro bis 5 000 000 Euro. In Fällen unlauterer Geschäftspraktiken nach Art. 21 Abs. 3 und 4 beträgt die Geldbuße mindestens 50 000 Euro."

*Ausgangsrechtsstreit und Vorlagefragen*

16   Mit Entscheidung vom 4. August 2016 (im Folgenden: streitige Entscheidung) verhängte die AGCM gegen die VWGI und die VWAG gesamtschuldnerisch eine Geldbuße in Höhe von 5 Mio. Euro wegen unlauterer Geschäftspraktiken im Sinne von Art. 20 Abs. 2, Art. 21 Abs. 1 Buchst. b und Art. 23 Abs. 1 Buchst. d des Verbrauchergesetzbuchs.

17   Diese unlauteren Geschäftspraktiken betrafen das Inverkehrbringen von Dieselfahrzeugen in Italien ab dem Jahr 2009, in die eine Software eingebaut war, mit der die Messung der Stickoxid (NOx)-Emissionswerte bei der Überprüfung von Schadstoffemissionen im Rahmen des sogenannten Typgenehmigungsverfahrens, in dem eine Genehmigungsbehörde bescheinigt, dass ein Fahrzeugtyp den einschlägigen Verwaltungsvorschriften und technischen Anforderungen genügt, verändert werden konnte. Außerdem wurde der VWGI und der VWAG vorgeworfen, Werbung verbreitet zu haben, die trotz des Einbaus der Software Informationen über die angebliche Aufmerksamkeit dieser Gesellschaften in Bezug auf Schadstoffemissionen und über die angebliche Einhaltung der gesetzlichen Emissionsnormen durch die fraglichen Fahrzeuge enthielten.

18   Die VWGI und die VWAG erhoben gegen die streitige Entscheidung Klage beim Tribunale Amministrativo Regionale per il Lazio (Regionales Verwaltungsgericht Latium, Italien).

19 Während diese Klage bei Gericht anhängig war, verhängte die Staatsanwaltschaft Braunschweig (Deutschland) (im Folgenden: deutsche Staatsanwaltschaft) mit Bescheid vom 13. Juni 2018 (im Folgenden: deutsche Entscheidung) gegen die VWAG eine Geldbuße in Höhe von 1 Mrd. Euro aufgrund eines Verfahrens wegen der Manipulation von Abgasen bestimmter Dieselmotoren des Volkswagen-Konzerns, bei denen Ermittlungen ergeben hatten, dass die Emissionsnormen umgangen worden waren. In dieser Entscheidung wurde klargestellt, dass mit einem Teil der Geldbuße, und zwar einem Betrag in Höhe von 5 Mio. Euro, das von der Entscheidung erfasste Verhalten geahndet werde, und dass der restliche Betrag dazu bestimmt sei, der VWAG den wirtschaftlichen Vorteil zu entziehen, den sie aus dem Einbau der in Rn. 17 des vorliegenden Urteils genannten Software gezogen habe.

20 Die deutsche Entscheidung beruhte auf der Feststellung, dass die VWAG in Bezug auf die Entwicklung der in Rn. 17 des vorliegenden Urteils genannten Software und deren Einbau in 10,7 Millionen weltweit verkaufte Fahrzeuge, davon etwa 700 000 Fahrzeuge in Italien, gegen die Bestimmungen des Gesetzes über Ordnungswidrigkeiten, die die fahrlässige Verletzung der Aufsichtspflicht bei der Tätigkeit von Unternehmen ahnden, verstoßen habe. Diese Software sei als eine nach Art. 5 Abs. 2 der Verordnung (EG) Nr. 715/2007 des Europäischen Parlaments und des Rates vom 20. Juni 2007 über die Typgenehmigung von Kraftfahrzeugen hinsichtlich der Emissionen von leichten Personenkraftwagen und Nutzfahrzeugen (Euro 5 und Euro 6) und über den Zugang zu Reparatur- und Wartungsinformationen für Fahrzeuge (ABl. 2007, L 171, S. 1) unzulässige Abschalteinrichtung anzusehen.

21 Aus dieser Entscheidung geht hervor, dass die deutsche Staatsanwaltschaft ferner feststellte, die fehlende Aufsicht über die Entwicklung und den Einbau der Software sei eine der Ursachen gewesen, die zu weiteren Verstößen der VWAG weltweit zwischen 2007 und 2015 bei der Beantragung der Typgenehmigung, der Werbung für Fahrzeuge und deren Verkauf an Endabnehmer beigetragen hätten, insbesondere weil diese Fahrzeuge trotz des Vorhandenseins der unzulässigen Software der Öffentlichkeit als Fahrzeuge mit umweltfreundlicher Dieseltechnologie, d. h. als besonders emissionsarme Fahrzeuge, präsentiert worden seien.

22 Die deutsche Entscheidung wurde am 13. Juni 2018 rechtskräftig, da die VWAG die darin festgesetzte Geldbuße zahlte und förmlich auf die Einlegung eines Rechtsbehelfs gegen diese Entscheidung verzichtete.

23 Im Rahmen des beim Tribunale Amministrativo Regionale per il Lazio (Regionales Verwaltungsgericht Latium) anhängigen Verfahrens machten die VWGI und die VWAG u. a. geltend, dass die streitige Entscheidung in der Folge wegen Verstoßes gegen den in Art. 50 der Charta und Art. 54 SDÜ geregelten Grundsatz ne bis in idem rechtswidrig geworden sei.

24 Mit Urteil vom 3. April 2019 wies dieses Gericht die Klage der VWGI und der VWAG u. a. mit der Begründung ab, dass der Grundsatz ne bis in idem der Aufrechterhaltung der in der streitigen Entscheidung vorgesehenen Geldbuße nicht entgegenstehe.

25 Die VWGI und die VWAG legten gegen dieses Urteil ein Rechtsmittel beim Consiglio di Stato (Staatsrat, Italien), dem vorlegenden Gericht, ein.

26 Nach Ansicht des vorlegenden Gerichts ist die Frage, ob der Grundsatz ne bis in idem im vorliegenden Fall Anwendung findet, vorab zu entscheiden.

27 Aus der Rechtsprechung des Gerichtshofs, insbesondere aus dessen Urteil vom 20. März 2018, Garlsson Real Estate u. a. (C-537/16, EU:C:2018:193, Rn. 63), gehe hervor, dass Art. 50 der Charta dahin auszulegen sei, dass er einer nationalen Regelung entgegenstehe, nach der es zulässig sei, gegen eine Person ein Verfahren zur Verhängung einer Geldbuße als Verwaltungssanktion strafrechtlicher Natur wegen rechtswidriger Marktmanipulationen fortzusetzen, wegen denen sie bereits rechtskräftig strafrechtlich verurteilt worden sei, sofern diese Verurteilung unter Berücksichtigung

des der Gesellschaft durch die begangene Straftat zugefügten Schadens geeignet sei, die Straftat wirksam, verhältnismäßig und abschreckend zu ahnden.

28   Was erstens die mit der streitigen Entscheidung verhängte Sanktion angeht, so fragt sich das vorlegende Gericht, wie diese einzustufen ist. Es ist der Auffassung, dass diese Sanktion als Verwaltungsgeldbuße strafrechtlicher Natur eingestuft werden kann. Aus der Rechtsprechung des Gerichtshofs ergebe sich nämlich, dass eine Verwaltungssanktion strafrechtlicher Natur sei, wenn sie, wie im vorliegenden Fall, nicht nur den durch die Straftat entstandenen Schaden ersetzen solle, sondern auch eine repressive Zielsetzung habe.

29   Zweitens führt das vorlegende Gericht nach dem Hinweis auf die Rechtsprechung des Gerichtshofs zum Grundsatz ne bis in idem an, dass dieser Grundsatz verhindern solle, dass ein Unternehmen erneut mit einer Sanktion belegt oder verfolgt werde, was voraussetze, dass das betreffende Unternehmen in einer früheren, nicht mehr anfechtbaren Entscheidung mit einer Sanktion belegt oder für nicht verantwortlich erklärt worden sei. Was die Frage betrifft, ob die streitige Entscheidung und die deutsche Entscheidung denselben Sachverhalt betreffen, führt das vorlegende Gericht insoweit die „Analogie, wenn nicht gar Identität" und die „Homogenität" der von den beiden Entscheidungen erfassten Verhaltensweisen an.

30   Ferner sei zu berücksichtigen, dass die in der streitigen Entscheidung vorgesehene Sanktion zwar vor der in der deutschen Entscheidung vorgesehenen Sanktion verhängt worden sei, letztere Entscheidung aber vor der erstgenannten Entscheidung rechtskräftig geworden sei.

31   Drittens und letztens gehe aus der Rechtsprechung des Gerichtshofs hervor, dass eine Einschränkung der Anwendung des in Art. 50 der Charta verbürgten Grundsatzes ne bis in idem nach Art. 52 Abs. 1 der Charta gerechtfertigt werden könne. Nach Ansicht des vorlegenden Gerichts stellt sich daher auch die Frage, ob die in der streitigen Entscheidung angewandten Bestimmungen des Verbrauchergesetzbuchs, die die Richtlinie 2005/29 umsetzten und den Verbraucher schützen sollten, im Hinblick auf Art. 52 der Charta relevant sein könnten.

32   Das vorlegende Gericht weist insoweit darauf hin, dass nach dieser Rechtsprechung etwaige Einschränkungen von Art. 50 der Charta nur zulässig seien, wenn sie eine Reihe von Voraussetzungen erfüllten. Insbesondere müssten solche Einschränkungen dem Gemeinwohl dienende Zielsetzungen verfolgen, die eine Kumulierung von Sanktionen rechtfertigen könnten, durch klare und präzise Vorschriften geregelt werden, eine Koordinierung der Verfahren gewährleisten und den Grundsatz der Verhältnismäßigkeit der Strafe wahren. Im vorliegenden Fall scheine es aber keine klare und bestimmte Vorschrift zu geben, die die Kumulierung von Sanktionen vorhersehbar mache, keine Koordinierung der fraglichen Verfahren vorgesehen zu sein und im Rahmen dieser Verfahren die höchstmögliche Sanktion verhängt worden zu sein.

33   Unter diesen Umständen hat der Consiglio di Stato (Staatsrat) beschlossen, das Verfahren auszusetzen und dem Gerichtshof folgende Fragen zur Vorabentscheidung vorzulegen:

1. Sind die wegen unlauterer Geschäftspraktiken verhängten Sanktionen im Sinne der nationalen Rechtsvorschriften zur Umsetzung der Richtlinie 2005/29 als Verwaltungssanktionen strafrechtlicher Natur einzustufen?

2. Ist Art. 50 der Charta dahin auszulegen, dass er einer nationalen Regelung entgegensteht, die es erlaubt, eine Verwaltungsgeldbuße strafrechtlicher Natur gegen eine juristische Person wegen rechtswidriger Handlungen in Form unlauterer Geschäftspraktiken gerichtlich zu bestätigen und rechtskräftig werden zu lassen, wegen derer diese Person in der Zwischenzeit in einem anderen Mitgliedstaat rechtskräftig strafrechtlich verurteilt worden ist, wobei die zweite Verurteilung rechtskräftig geworden ist, bevor über die gerichtliche Anfechtung der ersten Verwaltungsgeldbuße strafrechtlicher Natur rechtskräftig entschieden worden ist?

3. Können die Bestimmungen der Richtlinie 2005/29, insbesondere Art. 3 Abs. 4 und Art. 13 Abs. 2 Buchst. e, eine Abweichung vom Verbot des „ne bis in idem" nach Art. 50 der Charta und Art. 54 SDÜ rechtfertigen?

*Zur Zuständigkeit des Gerichtshofs und zur Zulässigkeit der Vorlagefragen*

*[nicht abgedruckt]*

*Zu den Vorlagefragen*

*Zur ersten Frage*

43  Mit seiner ersten Frage möchte das vorlegende Gericht im Wesentlichen wissen, ob Art. 50 der Charta dahin auszulegen ist, dass eine in den nationalen Rechtsvorschriften vorgesehene Verwaltungsgeldbuße, die von der für den Verbraucherschutz zuständigen nationalen Behörde gegen eine Gesellschaft wegen unlauterer Geschäftspraktiken verhängt wird, eine strafrechtliche Sanktion im Sinne dieser Bestimmung darstellt, obwohl sie in den nationalen Rechtsvorschriften als Verwaltungssanktion eingestuft wird.

44  Art. 50 der Charta bestimmt, dass „[n]iemand wegen einer Straftat, derentwegen er bereits in der Union nach dem Gesetz rechtskräftig verurteilt oder freigesprochen worden ist, in einem Strafverfahren erneut verfolgt oder bestraft werden [darf]". Der Grundsatz ne bis in idem verbietet somit eine Kumulierung von Verfolgungsmaßnahmen und Sanktionen, die strafrechtlicher Natur im Sinne dieses Artikels sind, gegenüber derselben Person wegen derselben Tat (Urteil vom 22. März 2022, bpost, C-117/20, EU:C:2022:202, Rn. 24 und die dort angeführte Rechtsprechung).

45  Was die Beurteilung der strafrechtlichen Natur der im Ausgangsverfahren fraglichen Verfolgungsmaßnahmen und Sanktionen betrifft, so geht aus der Rechtsprechung hervor, dass dabei drei Kriterien maßgebend sind: erstens die rechtliche Einordnung der Zuwiderhandlung im innerstaatlichen Recht, zweitens die Art der Zuwiderhandlung und drittens der Schweregrad der dem Betroffenen drohenden Sanktion (Urteil vom 4. Mai 2023, MV – 98, C-97/21, EU:C:2023:371, Rn. 38 und die dort angeführte Rechtsprechung).

46  Zwar ist es Sache des vorlegenden Gerichts, anhand der genannten Kriterien zu beurteilen, ob die im Ausgangsverfahren fraglichen straf- und verwaltungsrechtlichen Verfolgungsmaßnahmen und Sanktionen im Sinne von Art. 50 der Charta strafrechtlicher Natur sind, doch kann der Gerichtshof in seiner Vorabentscheidung Klarstellungen vornehmen, um dem nationalen Gericht eine Richtschnur für seine Auslegung zu geben (Urteil vom 20. März 2018, Garlsson Real Estate u. a., C-537/16, EU:C:2018:193, Rn. 29 und die dort angeführte Rechtsprechung).

47  Im vorliegenden Fall geht hinsichtlich des ersten Kriteriums aus der Vorlageentscheidung hervor, dass nach Art. 27 Abs. 9 des Verbrauchergesetzbuchs die Sanktion und das Verfahren, das zur Verhängung einer solchen Sanktion führt, als verwaltungsrechtlich eingestuft werden.

48  Die Anwendung von Art. 50 der Charta beschränkt sich jedoch nicht allein auf Verfolgungsmaßnahmen und Sanktionen, die im nationalen Recht als „strafrechtlich" eingestuft werden, sondern erstreckt sich – unabhängig von einer solchen innerstaatlichen Einordnung – auf Verfolgungsmaßnahmen und Sanktionen, die nach den beiden anderen in Rn. 45 des vorliegenden Urteils angeführten Kriterien strafrechtlicher Natur sind (Urteil vom 4. Mai 2023, MV – 98, C-97/21, EU:C:2023:371, Rn. 41 und die dort angeführte Rechtsprechung).

49  Das zweite Kriterium, das sich auf die Art der Zuwiderhandlung bezieht, erfordert die Prüfung, ob mit der fraglichen Sanktion u. a. eine repressive Zielsetzung verfolgt wird, unbeschadet des Umstands, dass mit ihr auch eine präventive Zielsetzung verfolgt wird. Es liegt nämlich in der Natur strafrechtlicher Sanktionen, dass sie sowohl auf die Repression als auch auf die Prävention rechtswidriger Verhaltensweisen abzielen. Dagegen ist eine Maßnahme, die nur den durch die Zu-

widerhandlung entstandenen Schaden ersetzen soll, nicht strafrechtlicher Natur (Urteil vom 4. Mai 2023, MV – 98, C-97/21, EU:C:2023:371, Rn. 42).

50   Im vorliegenden Fall scheint aus dem Wortlaut von Art. 27 Abs. 9 des Verbrauchergesetzbuchs hervorzugehen, dass die in dieser Bestimmung vorgesehene Sanktion zwangsläufig zu den anderen Maßnahmen hinzukommt, die die AGCM gegen unlautere Geschäftspraktiken ergreifen kann und zu denen, wie die italienische Regierung in ihren schriftlichen Erklärungen ausgeführt hat, u. a. die Untersagung der Fortsetzung oder Wiederholung der fraglichen Praktiken gehört.

51   Obwohl die italienische Regierung in ihren schriftlichen Erklärungen geltend macht, dass die Repression unlauterer Geschäftspraktiken durch diese Untersagung gewährleistet sei und dass die in Art. 27 Abs. 9 des Verbrauchergesetzbuchs vorgesehene Sanktion folglich nicht darauf abziele, ein rechtswidriges Verhalten zu ahnden, sondern dem betreffenden Unternehmen den ungerechtfertigten Wettbewerbsvorteil zu entziehen, den es aufgrund seines Fehlverhaltens gegenüber den Verbrauchern erlangt habe, ist festzustellen, dass ein solches Ziel in der fraglichen Bestimmung in keiner Weise erwähnt wird.

52   Auch wenn das Ziel dieser Bestimmung darin bestünde, dem betroffenen Unternehmen den ungerechtfertigten Wettbewerbsvorteil zu entziehen, ändert dies darüber hinaus nichts daran, dass die Geldbuße je nach Schwere und Dauer des fraglichen Verstoßes variiert, was eine gewisse Abstufung und Progression bei der Festlegung der Sanktionen erkennen lässt, die verhängt werden können. Im Übrigen könnte, wenn dies das Ziel der Bestimmung wäre, der Umstand, dass diese vorzusehen scheint, dass die Geldbuße einen Höchstbetrag von 5 Mio. Euro erreichen kann, dazu führen, dass das Ziel nicht erreicht wird, wenn der ungerechtfertigte Wettbewerbsvorteil diesen Betrag übersteigt. Umgekehrt würde der Umstand, dass die Geldbuße nach Art. 27 Abs. 9 Satz 2 des Verbrauchergesetzbuchs bei bestimmten unlauteren Geschäftspraktiken offenbar nicht weniger als 50 000 Euro betragen darf, bedeuten, dass die Geldbuße für diese Praktiken den Betrag des ungerechtfertigten Wettbewerbsvorteils übersteigen kann.

53   Zum dritten Kriterium, nämlich dem Schweregrad der im Ausgangsverfahren fraglichen Maßnahmen, ist darauf hinzuweisen, dass der Schweregrad nach Maßgabe der in den einschlägigen Bestimmungen vorgesehenen Höchststrafe beurteilt wird (Urteil vom 4. Mai 2023, MV – 98, C-97/21, EU:C:2023:371, Rn. 46).

54   Insoweit genügt die Feststellung, dass eine Verwaltungsgeldbuße, die einen Betrag von 5 Mio. Euro erreichen kann, einen hohen Schweregrad aufweist, der geeignet ist, die Analyse zu stützen, nach der diese Sanktion strafrechtlicher Natur im Sinne von Art. 50 der Charta ist.

55   Nach alledem ist auf die erste Frage zu antworten, dass Art. 50 der Charta dahin auszulegen ist, dass eine in den nationalen Rechtsvorschriften vorgesehene Verwaltungsgeldbuße, die von der für den Verbraucherschutz zuständigen nationalen Behörde gegen eine Gesellschaft wegen unlauterer Geschäftspraktiken verhängt wird, eine strafrechtliche Sanktion im Sinne dieser Bestimmung darstellt, obwohl sie in den nationalen Rechtsvorschriften als Verwaltungssanktion eingestuft wird, wenn sie eine repressive Zielsetzung verfolgt und einen hohen Schweregrad aufweist.

*Zur zweiten Frage*

56   Mit seiner zweiten Frage möchte das vorlegende Gericht im Wesentlichen wissen, ob der in Art. 50 der Charta verankerte Grundsatz ne bis in idem dahin auszulegen ist, dass er einer nationalen Regelung entgegensteht, die es erlaubt, eine gegen eine juristische Person wegen unlauterer Geschäftspraktiken verhängte Geldbuße strafrechtlicher Natur aufrechtzuerhalten, wenn diese Person wegen derselben Tat in einem anderen Mitgliedstaat strafrechtlich verurteilt worden ist, auch wenn diese Verurteilung nach dem Erlass der Entscheidung, mit der die Geldbuße verhängt wurde, erfolgt ist, aber rechtskräftig geworden ist, bevor über den gerichtlichen Rechtsbehelf gegen diese Entscheidung rechtskräftig geurteilt worden ist.

57 Aus der Rechtsprechung geht hervor, dass die Anwendung des Grundsatzes ne bis in idem zweierlei voraussetzt, nämlich zum einen, dass es eine frühere endgültige Entscheidung gibt (Voraussetzung „bis"), und zum anderen, dass bei der früheren Entscheidung und bei den späteren Verfolgungsmaßnahmen oder Entscheidungen auf denselben Sachverhalt abgestellt wird (Voraussetzung „idem") (Urteil vom 22. März 2022, bpost, C-117/20, EU:C:2022:202, Rn. 28).

*Zur Voraussetzung „bis"*

58 Was die Voraussetzung „bis" anbelangt, ist es für die Annahme, dass eine gerichtliche Entscheidung über den einem zweiten Verfahren unterliegenden Sachverhalt endgültig entschieden hat, nicht nur erforderlich, dass diese Entscheidung rechtskräftig geworden ist, sondern auch, dass sie nach einer Prüfung in der Sache ergangen ist (Urteil vom 22. März 2022, bpost, C-117/20, EU:C:2022:202, Rn. 29).

59 Zwar setzt die Anwendung des Grundsatzes ne bis in idem das Vorliegen einer früheren endgültigen Entscheidung voraus, doch folgt daraus nicht zwangsläufig, dass es sich bei den späteren Entscheidungen, denen der Grundsatz entgegensteht, nur um solche handeln kann, die nach der früheren endgültigen Entscheidung ergangen sind. Dieser Grundsatz schließt nämlich aus, dass bei Vorliegen einer endgültigen Entscheidung eine Strafverfolgung wegen derselben Tat eingeleitet oder aufrechterhalten werden kann.

60 Im vorliegenden Fall geht zum einen aus den Angaben des vorlegenden Gerichts hervor, dass die deutsche Entscheidung am 13. Juni 2018, d. h. nach dem Erlass der streitigen Entscheidung, rechtskräftig wurde. Zwar konnte die deutsche Entscheidung, solange sie nicht rechtskräftig geworden war, nicht angeführt werden, um im Hinblick auf den Grundsatz ne bis in idem dem von der AGCM geführten Verfahren und der streitigen Entscheidung entgegenzutreten, dies änderte sich aber, wenn sie zu einem Zeitpunkt rechtskräftig wurde, zu dem die streitige Entscheidung dies noch nicht war.

61 Entgegen dem Vorbringen der AGCM in ihren schriftlichen Erklärungen kann der Umstand, dass die deutsche Entscheidung rechtskräftig wurde, nachdem die VWAG die darin festgesetzte Geldbuße zahlte und auf ihre Anfechtung verzichtete, diese Beurteilung nicht in Frage stellen. Der in Art. 50 der Charta verankerte Grundsatz ne bis in idem findet nämlich Anwendung, sobald eine Entscheidung strafrechtlicher Natur rechtskräftig geworden ist, unabhängig davon, wie sie Rechtskraft erlangt hat.

62 Zum anderen scheint es, vorbehaltlich einer Überprüfung durch das vorlegende Gericht, dass die deutsche Entscheidung nach einer Prüfung in der Sache ergangen ist.

63 Unter diesen Umständen und vorbehaltlich einer Überprüfung durch das vorlegende Gericht zeigt sich somit, dass das Verfahren, das zum Erlass der deutschen Entscheidung geführt hat, durch eine endgültige Entscheidung im Sinne der in Rn. 58 des vorliegenden Urteils angeführten Rechtsprechung beendet wurde.

*Zur Voraussetzung „idem"*

64 Was die Voraussetzung „idem" betrifft, ergibt sich schon aus dem Wortlaut von Art. 50 der Charta, dass dieser es verbietet, dieselbe Person mehr als einmal wegen derselben Straftat in einem Strafverfahren zu verfolgen oder zu bestrafen (Urteil vom 22. März 2022, bpost, C-117/20, EU:C:2022:202, Rn. 31).

65 Wie das vorlegende Gericht in seinem Vorabentscheidungsersuchen ausführt, betreffen sowohl die streitige Entscheidung als auch die deutsche Entscheidung dieselbe juristische Person, nämlich die VWAG. Dass die streitige Entscheidung darüber hinaus die VWGI betrifft, vermag diese Feststellung nicht in Frage zu stellen.

66 Für die Beurteilung, ob es sich um dieselbe Straftat handelt, ist nach gefestigter Rechtsprechung das Kriterium der Identität der materiellen Tat maßgebend, verstanden als das Vorliegen einer Gesamtheit konkreter, unlösbar miteinander verbundener Umstände, die zum Freispruch oder zur rechtskräftigen Verurteilung des Betroffenen geführt haben. Art. 50 der Charta verbietet es somit, wegen derselben Tat mehrere Sanktionen strafrechtlicher Natur am Ende verschiedener zu diesem Zweck durchgeführter Verfahren zu verhängen (Urteil vom 22. März 2022, bpost, C-117/20, EU:C:2022:202, Rn. 33 und die dort angeführte Rechtsprechung).

67 Ferner sind nach der Rechtsprechung des Gerichtshofs die rechtliche Einordnung der Tat nach nationalem Recht und das geschützte Rechtsgut für die Feststellung, ob dieselbe Straftat vorliegt, nicht erheblich, da die Reichweite des in Art. 50 der Charta gewährten Schutzes nicht von einem Mitgliedstaat zum anderen unterschiedlich sein kann (Urteil vom 22. März 2022, bpost, C-117/20, EU:C:2022:202, Rn. 34 und die dort angeführte Rechtsprechung).

68 Im vorliegenden Fall zielt das vorlegende Gericht, wie bereits in Rn. 41 des vorliegenden Urteils ausgeführt, mit seiner zweiten Frage auf eine Situation ab, in der gegen eine juristische Person wegen derselben Tat im Rahmen zweier unterschiedlicher Verfahren Sanktionen strafrechtlicher Natur verhängt werden. Folglich scheint das vorlegende Gericht im Ausgangsrechtsstreit die Voraussetzung „idem" als erfüllt anzusehen.

69 Wie sich aus der Vorlageentscheidung ergibt und wie in Rn. 29 des vorliegenden Urteils ausgeführt, bezieht sich dieses Gericht jedoch auch auf die „Analogie" und die „Homogenität" der fraglichen Handlungen.

70 Insoweit ist darauf hinzuweisen, dass, wie sich aus Rn. 66 des vorliegenden Urteils ergibt, der in Art. 50 der Charta geregelte Grundsatz ne bis in idem nur dann Anwendung finden kann, wenn die Taten, auf die sich die beiden fraglichen Verfahren bzw. Sanktionen beziehen, identisch sind. Es genügt nicht, dass der Sachverhalt ähnlich ist (vgl. in diesem Sinne Urteil vom 22. März 2022, bpost, C-117/20, EU:C:2022:202, Rn. 36).

71 Es ist zwar Sache des vorlegenden Gerichts, im Licht von Rn. 66 des vorliegenden Urteils zu beurteilen, ob die Verfolgungsmaßnahmen der deutschen Staatsanwaltschaft und der AGCM sowie die in der deutschen Entscheidung und in der streitigen Entscheidung gegen die VWAG verhängten Sanktionen denselben Sachverhalt und damit denselben Verstoß betreffen, doch kann der Gerichtshof in seiner Vorabentscheidung Klarstellungen vornehmen, um dem nationalen Gericht eine Richtschnur für seine Auslegung zu geben.

72 Insoweit ist erstens darauf hinzuweisen, dass, wie die niederländische Regierung in ihren schriftlichen Erklärungen ausgeführt hat, die von der deutschen Entscheidung erfasste Nachlässigkeit bei der Aufsicht über die Tätigkeiten einer in Deutschland ansässigen Organisation ein Verhalten ist, das sich vom Inverkehrbringen von Fahrzeugen in Italien, die mit einer im Sinne der Verordnung Nr. 715/2007 unzulässigen Abschalteinrichtung ausgestattet sind, und von der Verbreitung irreführender Werbung in diesem Mitgliedstaat, die Gegenstand der streitigen Entscheidung sind, unterscheidet.

73 Zweitens ist, soweit die deutsche Entscheidung das Inverkehrbringen von Fahrzeugen mit einer solchen unzulässigen Abschalteinrichtung, einschließlich in Italien, sowie die Verbreitung unrichtiger Werbung in Bezug auf den Verkauf dieser Fahrzeuge betrifft, klarzustellen, dass die bloße Tatsache, dass eine Behörde eines Mitgliedstaats in einer Entscheidung, mit der ein Verstoß gegen das Unionsrecht und die entsprechenden Bestimmungen des Rechts dieses Mitgliedstaats festgestellt wird, einen tatsächlichen Umstand erwähnt, der sich auf das Hoheitsgebiet eines anderen Mitgliedstaats bezieht, nicht für die Annahme ausreichen kann, dass dieser tatsächliche Umstand der Grund für die Verfolgungsmaßnahmen ist oder von dieser Behörde als einer der Umstände angesehen wurde, die diesen Verstoß tatbestandlich begründen. Zu prüfen ist darüber hinaus, ob die besagte Behörde auf diesen tatsächlichen Umstand in der Tat eingegangen ist, um den Verstoß sowie die Verantwortlichkeit des Beschuldigten dafür festzustellen und gegebenenfalls eine Sank-

tion gegen ihn zu verhängen, damit davon auszugehen ist, dass der Verstoß das Hoheitsgebiet dieses anderen Mitgliedstaats umfasst (vgl. in diesem Sinne Urteil vom 22. März 2022, Nordzucker u. a., C-151/20, EU:C:2022:203, Rn. 44).

74  Drittens geht jedoch aus der deutschen Entscheidung hervor, dass der Verkauf dieser Fahrzeuge in anderen Mitgliedstaaten, einschließlich der Italienischen Republik, von der deutschen Staatsanwaltschaft bei der Berechnung des Betrags von 995 Mio. Euro berücksichtigt wurde, der gegen die VWAG als Abschöpfung des aus ihrem rechtswidrigen Verhalten gezogenen wirtschaftlichen Vorteils verhängt wurde.

75  Viertens hat die deutsche Staatsanwaltschaft in der deutschen Entscheidung ausdrücklich ausgeführt, dass der im deutschen Grundgesetz verankerte Grundsatz ne bis in idem der Verhängung weiterer strafrechtlicher Sanktionen gegen den Volkswagen-Konzern in Deutschland in Bezug auf die fragliche Abschalteinrichtung und deren Verwendung entgegenstehe. Nach Ansicht der Staatsanwaltschaft handelt es sich nämlich bei dem Sachverhalt, der von der deutschen Entscheidung erfasst werde und demjenigen, auf den sich die streitige Entscheidung beziehe, um denselben Sachverhalt im Sinne der Rechtsprechung des Gerichtshofs, da der Einbau der Abschalteinrichtung, die Erteilung der Typgenehmigung sowie die Werbung für die betreffenden Fahrzeuge und deren Verkauf eine Gesamtheit konkreter, unlösbar miteinander verbundener Umstände darstellten.

76  Sollte das vorlegende Gericht zur Feststellung gelangen, dass der Sachverhalt, der Gegenstand der beiden im Ausgangsverfahren fraglichen Verfahren war, identisch ist, würde die Kumulierung der gegen die VWAG verhängten Sanktionen die Anwendung des in Art. 50 der Charta verankerten Grundsatzes ne bis in idem einschränken.

77  Nach alledem ist auf die zweite Frage zu antworten, dass der in Art. 50 der Charta verankerte Grundsatz ne bis in idem dahin auszulegen ist, dass er einer nationalen Regelung entgegensteht, die es erlaubt, eine gegen eine juristische Person wegen unlauterer Geschäftspraktiken verhängte Geldbuße strafrechtlicher Natur aufrechtzuerhalten, wenn diese Person wegen derselben Tat in einem anderen Mitgliedstaat strafrechtlich verurteilt worden ist, auch wenn diese Verurteilung nach dem Erlass der Entscheidung, mit der die Geldbuße verhängt wurde, erfolgt ist, aber rechtskräftig geworden ist, bevor über den gerichtlichen Rechtsbehelf gegen diese Entscheidung rechtskräftig geurteilt worden ist.

*Zur dritten Frage*

78  Mit seiner dritten Frage ersucht das vorlegende Gericht den Gerichtshof um Auslegung von Art. 3 Abs. 4 und Art. 13 Abs. 2 Buchst. e der Richtlinie 2005/29 sowie von Art. 50 der Charta und Art. 54 SDÜ, um die Frage zu beantworten, unter welchen Voraussetzungen Einschränkungen der Anwendung des Grundsatzes ne bis in idem gerechtfertigt sein können.

79  In diesem Zusammenhang ist darauf hinzuweisen, dass es im Rahmen des durch Art. 267 AEUV eingeführten Verfahrens der Zusammenarbeit zwischen den nationalen Gerichten und dem Gerichtshof dessen Aufgabe ist, dem nationalen Gericht eine für die Entscheidung des bei ihm anhängigen Rechtsstreits sachdienliche Antwort zu geben. Hierzu hat der Gerichtshof die ihm vorgelegten Fragen gegebenenfalls umzuformulieren (Urteil vom 21. Dezember 2021, Randstad Italia, C-497/20, EU:C:2021:1037, Rn. 42 und die dort angeführte Rechtsprechung).

80  Im vorliegenden Fall ist festzustellen, dass Art. 54 SDÜ sowie Art. 3 Abs. 4 und Art. 13 Abs. 2 Buchst. e der Richtlinie 2005/29, auf die sich die dritte Frage ausdrücklich bezieht, für die Entscheidung des Ausgangsrechtsstreits unerheblich sind.

81  Erstens wird nach der Rechtsprechung mit Art. 54 SDÜ das Ziel verfolgt, einem Betroffenen zu garantieren, dass er sich, wenn er in einem Mitgliedstaat verurteilt worden ist und die Strafe verbüßt hat oder gegebenenfalls endgültig freigesprochen worden ist, im Schengen-Gebiet bewegen kann, ohne befürchten zu müssen, dass er in einem anderen Mitgliedstaat wegen derselben Tat ver-

folgt wird (vgl. in diesem Sinne Urteile vom 29. Juni 2016, Kossowski, C-486/14, EU:C:2016:483, Rn. 45, und vom 28. Oktober 2022, Generalstaatsanwaltschaft München [Auslieferung und ne bis in idem], C-435/22 PPU, EU:C:2022:852, Rn. 78).

82   Da die Möglichkeit, sich frei zu bewegen, im Ausgangsverfahren nicht in Frage steht, da es zwei Unternehmen betrifft, von denen eines in Deutschland und das andere in Italien ansässig ist, ist eine Auslegung von Art. 54 SDÜ für die Entscheidung des Ausgangsrechtsstreits nicht erforderlich.

83   Zweitens gehen nach Art. 3 Abs. 4 der Richtlinie 2005/29, wenn die Bestimmungen dieser Richtlinie mit anderen Rechtsvorschriften der Union, die besondere Aspekte unlauterer Geschäftspraktiken regeln, kollidieren, die Letzteren vor und sind für diese besonderen Aspekte maßgebend. Bereits aus dem Wortlaut von Art. 3 Abs. 4 der Richtlinie 2005/29 sowie aus deren zehntem Erwägungsgrund ergibt sich, dass diese Richtlinie nur insoweit gilt, als keine spezifischen Vorschriften des Unionsrechts vorliegen, die spezielle Aspekte unlauterer Geschäftspraktiken regeln, und dass diese Bestimmung ausdrücklich die Kollision von Unionsregelungen und nicht von nationalen Regelungen betrifft (vgl. in diesem Sinne Urteil vom 13. September 2018, Wind Tre und Vodafone Italia, C-54/17 und C-55/17, EU:C:2018:710, Rn. 58 und 59 sowie die dort angeführte Rechtsprechung).

84   Aus der Vorlageentscheidung geht jedoch nicht hervor, dass im vorliegenden Fall eine Kollision zwischen den Vorschriften des Unionsrechts vorliegt. Da Art. 3 Abs. 4 der Richtlinie 2005/29 gerade eine Kumulierung von Verfahren und Sanktionen verhindern soll, ist diese Bestimmung jedenfalls für die Beantwortung der Frage unerheblich, unter welchen Umständen Abweichungen vom Grundsatz ne bis in idem möglich sind.

85   Drittens ist Art. 13 Abs. 2 Buchst. e dieser Richtlinie in zeitlicher Hinsicht nicht auf den Ausgangsrechtsstreit anwendbar, da diese Bestimmung durch die Richtlinie 2019/2161 in die Richtlinie 2005/29 eingefügt wurde und erst ab dem 28. Mai 2022 anwendbar ist.

86   Unter diesen Umständen ist davon auszugehen, dass das vorlegende Gericht mit seiner dritten Frage im Wesentlichen wissen möchte, unter welchen Voraussetzungen Einschränkungen der Anwendung des in Art. 50 der Charta verankerten Grundsatzes ne bis in idem gerechtfertigt werden können.

87   Eine Einschränkung der Anwendung dieses Grundsatzes kann auf der Grundlage von Art. 52 Abs. 1 der Charta gerechtfertigt werden (vgl. in diesem Sinne Urteil vom 22. März 2022, bpost, C-117/20, EU:C:2022:202, Rn. 40 und die dort angeführte Rechtsprechung).

88   Nach Art. 52 Abs. 1 Satz 1 der Charta muss jede Einschränkung der Ausübung der in der Charta anerkannten Rechte und Freiheiten gesetzlich vorgesehen sein und den Wesensgehalt dieser Rechte und Freiheiten achten. Nach Art. 52 Abs. 1 Satz 2 dürfen Einschränkungen dieser Rechte und Freiheiten unter Wahrung des Grundsatzes der Verhältnismäßigkeit nur vorgenommen werden, wenn sie erforderlich sind und den von der Union anerkannten dem Gemeinwohl dienenden Zielsetzungen oder den Erfordernissen des Schutzes der Rechte und Freiheiten anderer tatsächlich entsprechen.

89   Im vorliegenden Fall ist es Sache des vorlegenden Gerichts, zu prüfen, ob es, wie aus den dem Gerichtshof vorliegenden Akten hervorzugehen scheint, gesetzlich vorgesehen war, dass jede der betreffenden nationalen Behörden tätig wird, was – wie geltend gemacht wird – zu einer Kumulierung von Verfolgungsmaßnahmen und Sanktionen geführt habe.

90   Diese Möglichkeit, Verfolgungsmaßnahmen und Sanktionen zu kumulieren, wahrt den Wesensgehalt von Art. 50 der Charta, sofern die betreffenden nationalen Regelungen es nicht ermöglichen, denselben Sachverhalt aufgrund desselben Verstoßes oder zur Verfolgung desselben Ziels zu verfolgen und zu ahnden, sondern nur die Möglichkeit einer Kumulierung von Verfolgungsmaß-

nahmen und Sanktionen aufgrund unterschiedlicher Regelungen vorsehen (Urteil vom 22. März 2022, bpost, C-117/20, EU:C:2022:202, Rn. 43).

91 Zur Frage, ob die Einschränkung der Anwendung des Grundsatzes ne bis in idem einer dem Gemeinwohl dienenden Zielsetzung entspricht, ist festzustellen, dass mit den beiden im Ausgangsverfahren fraglichen nationalen Regelungen verschiedene legitime Ziele verfolgt werden.

92 Wie nämlich der Generalanwalt in Nr. 88 seiner Schlussanträge ausgeführt hat, soll die nationale Bestimmung, auf deren Grundlage die deutsche Entscheidung erlassen wurde, sicherstellen, dass sich Unternehmen und ihre Beschäftigten gesetzeskonform verhalten, und ahndet daher fahrlässige Verstöße gegen die Überwachungspflicht im Bereich einer unternehmerischen Tätigkeit, während die von der AGCM angewandten Bestimmungen des Verbrauchergesetzbuchs die Richtlinie 2005/29 umsetzen und ihr Zweck gemäß Art. 1 dieser Richtlinie darin besteht, ein hohes Verbraucherschutzniveau sicherzustellen und zugleich zum reibungslosen Funktionieren des Binnenmarkts beizutragen.

93 Zur Wahrung des Grundsatzes der Verhältnismäßigkeit ist festzustellen, dass nach diesem Grundsatz die in der nationalen Regelung vorgesehene Kumulierung von Verfolgungsmaßnahmen und Sanktionen nicht die Grenzen dessen überschreiten darf, was zur Erreichung der mit dieser Regelung zulässigerweise verfolgten Ziele geeignet und erforderlich ist; stehen mehrere geeignete Maßnahmen zur Auswahl, ist die am wenigsten belastende zu wählen, und die durch sie bedingten Nachteile müssen in angemessenem Verhältnis zu den angestrebten Zielen stehen (Urteil vom 22. März 2022, bpost, C-117/20, EU:C:2022:202, Rn. 48 und die dort angeführte Rechtsprechung).

94 Hierzu ist darauf hinzuweisen, dass die Behörden berechtigt sind, auf bestimmte für die Gesellschaft schädliche Verhaltensweisen einander ergänzende rechtliche Antworten zu geben, indem in verschiedenen Verfahren in zusammenhängender Weise unterschiedliche Aspekte des betreffenden sozialen Problems behandelt werden, sofern diese kombinierten rechtlichen Antworten keine übermäßige Belastung für die betreffende Person darstellen. Die Tatsache, dass mit zwei Verfahren unterschiedliche dem Gemeinwohl dienende Zielsetzungen verfolgt werden, deren kumulierter Schutz legitim ist, kann daher im Rahmen der Prüfung der Verhältnismäßigkeit einer Kumulierung von Verfolgungsmaßnahmen und Sanktionen als Faktor zur Rechtfertigung dieser Kumulierung berücksichtigt werden, sofern diese Verfahren komplementär sind und die zusätzliche Belastung durch diese Kumulierung somit durch die beiden verfolgten Ziele gerechtfertigt werden kann (Urteil vom 22. März 2022, bpost, C-117/20, EU:C:2022:202, Rn. 49).

95 Hinsichtlich der zwingenden Erforderlichkeit einer solchen Kumulierung von Verfolgungsmaßnahmen und Sanktionen ist zu prüfen, ob es klare und präzise Regeln gibt, anhand deren sich vorhersehen lässt, bei welchen Handlungen und Unterlassungen eine Kumulierung von Verfolgungsmaßnahmen und Sanktionen in Frage kommt, und die eine Koordinierung zwischen den verschiedenen Behörden ermöglichen; weiter ist zu prüfen, ob die beiden Verfahren in hinreichend koordinierter Weise und in einem engen zeitlichen Zusammenhang geführt wurden und ob die gegebenenfalls im Rahmen des chronologisch zuerst geführten Verfahrens verhängte Sanktion bei der Bestimmung der zweiten Sanktion berücksichtigt wurde, so dass die Belastungen, die sich aus einer solchen Kumulierung für die Betroffenen ergeben, auf das zwingend Erforderliche beschränkt bleiben und die Gesamtheit der verhängten Sanktionen der Schwere der begangenen Straftaten entspricht (Urteil vom 22. März 2022, bpost, C-117/20, EU:C:2022:202, Rn. 51 und die dort angeführte Rechtsprechung).

96 Daraus folgt, dass eine Kumulierung von Verfahren oder Sanktionen wegen derselben Tat insbesondere drei Voraussetzungen erfüllen muss, um als gerechtfertigt angesehen zu werden, nämlich erstens, dass diese Kumulierung keine übermäßige Belastung für die betreffende Person darstellt, zweitens, dass es klare und präzise Regeln gibt, anhand deren sich vorhersehen lässt, bei welchen Handlungen und Unterlassungen eine Kumulierung in Frage kommt, und drittens, dass die

betreffenden Verfahren in hinreichend koordinierter Weise und in einem engen zeitlichen Zusammenhang geführt wurden.

97 Zur ersten dieser Voraussetzungen ist darauf hinzuweisen, dass die streitige Entscheidung eine Geldbuße von 5 Mio. Euro festsetzt, die zu der mit der deutschen Entscheidung gegen die VWAG verhängten Geldbuße in Höhe von 1 Mrd. Euro hinzukäme. Angesichts dessen, dass die VWAG die Geldbuße in Höhe von 1 Mrd. Euro akzeptiert hat, ist nicht ersichtlich, dass die mit der streitigen Entscheidung verhängte Geldbuße, deren Betrag nur 0,5 % der in der deutschen Entscheidung festgesetzten Geldbuße entspricht, dazu geführt hätte, dass die Kumulierung dieser Sanktionen eine übermäßige Belastung für diese Gesellschaft darstellt. Unter diesen Umständen ist es unerheblich, dass nach den Angaben des vorlegenden Gerichts die höchstmögliche in den einschlägigen Rechtsvorschriften vorgesehene Sanktion verhängt wurde.

98 Was die zweite Voraussetzung betrifft, hat das vorlegende Gericht zwar keine deutschen oder italienischen Bestimmungen angeführt, die speziell die Möglichkeit vorsehen, dass bei einem Verhalten wie dem von der streitigen Entscheidung und der deutschen Entscheidung erfassten, selbst wenn es sich um dasselbe Verhalten handelt, eine Kumulierung von Verfahren oder Sanktionen in verschiedenen Mitgliedstaaten in Frage kommt, jedoch lässt nichts die Annahme zu, dass die VWAG nicht hätte vorhersehen können, dass dieses Verhalten in mindestens zwei Mitgliedstaaten zu Verfahren und Sanktionen führen könnte, die entweder auf die für unlautere Geschäftspraktiken geltenden Vorschriften oder auf andere Vorschriften wie die des Gesetzes über Ordnungswidrigkeiten gestützt würden, deren jeweilige Klarheit und Präzision im Übrigen nicht in Frage gestellt worden zu sein scheinen.

99 Was drittens die in Rn. 96 des vorliegenden Urteils genannte Voraussetzung der Koordinierung der Verfahren betrifft, so zeigt sich, auch unter Berücksichtigung der Informationen, die die VWAG in der mündlichen Verhandlung vor dem Gerichtshof vorgelegt hat, dass zwischen der deutschen Staatsanwaltschaft und der AGCM keine Koordinierung stattgefunden hat, obwohl die fraglichen Verfahren einige Monate lang parallel geführt worden zu sein scheinen und die deutsche Staatsanwaltschaft den vorgelegten Informationen zufolge bei Erlass ihrer eigenen Entscheidung von der streitigen Entscheidung Kenntnis hatte.

100 Wie der Generalanwalt in Nr. 107 seiner Schlussanträge ausgeführt hat, sah die Verordnung (EG) Nr. 2006/2004 des Europäischen Parlaments und des Rates vom 27. Oktober 2004 über die Zusammenarbeit zwischen den für die Durchsetzung der Verbraucherschutzgesetze zuständigen nationalen Behörden („Verordnung über die Zusammenarbeit im Verbraucherschutz") (ABl. 2004, L 364, S. 1), die durch die Verordnung 2017/2394 ersetzt wurde, zwar ein Instrument für die Zusammenarbeit und Koordinierung der für die Umsetzung der Verbraucherschutzvorschriften zuständigen nationalen Behörden vor, jedoch gehört die deutsche Staatsanwaltschaft im Unterschied zur AGCM nicht zu diesen Behörden.

101 Zwar scheint die deutsche Staatsanwaltschaft, wie aus den von der VWAG in der mündlichen Verhandlung vor dem Gerichtshof vorgelegten Informationen hervorgeht, Schritte bei der Agentur der Europäischen Union für justizielle Zusammenarbeit in Strafsachen (Eurojust) unternommen zu haben, um in Bezug auf den von der deutschen Entscheidung erfassten Sachverhalt eine Kumulierung von Strafverfahren gegen die VWAG in mehreren Mitgliedstaaten zu verhindern, aus den vorgelegten Informationen ergibt sich aber, dass die italienischen Behörden nicht auf die Strafverfolgung gegen die VWAG verzichtet haben und dass die AGCM an diesem Koordinierungsversuch bei Eurojust nicht mitgewirkt hat.

102 Soweit die italienische Regierung im Wesentlichen vorträgt, dass es, um in einer Situation wie der des Ausgangsverfahrens eine Kumulierung von Verfahren und Sanktionen wegen derselben Tat als gerechtfertigt anzusehen, lediglich erforderlich sei, zu prüfen, ob der Grundsatz ne bis in idem in seiner „materiellen Dimension", wie es diese Regierung formuliert, beachtet werde, d. h., zu prüfen, ob die Gesamtsanktion, die sich aus den beiden fraglichen Verfahren ergebe, nicht

offensichtlich unverhältnismäßig sei, ohne dass eine Koordinierung dieser Verfahren erforderlich wäre, ist darauf hinzuweisen, dass die Voraussetzungen, die von der in Rn. 95 des vorliegenden Urteils angeführten Rechtsprechung aufgestellt worden sind und unter denen eine solche Kumulierung als gerechtfertigt angesehen werden kann, die Möglichkeit eingrenzen, die Anwendung des Grundsatzes ne bis in idem einzuschränken. Folglich können diese Voraussetzungen nicht von Fall zu Fall variieren.

103 Zwar kann sich die Koordinierung von Verfahren oder Sanktionen, die denselben Sachverhalt betreffen, als schwieriger erweisen, wenn die betreffenden Behörden, wie im vorliegenden Fall, zu verschiedenen Mitgliedstaaten gehören. Auch wenn die praktischen Beschränkungen, die einem solchen grenzüberschreitenden Kontext eigen sind, zu berücksichtigen sind, können sie es jedoch, wie der Generalanwalt in den Nrn. 114 und 115 seiner Schlussanträge ausgeführt hat, nicht rechtfertigen, dass das Koordinierungserfordernis relativiert oder darauf verzichtet wird.

104 Eine solche Koordinierung von Verfahren oder Sanktionen kann ausdrücklich durch das Unionsrecht geregelt werden, wie das Koordinierungssystem zeigt, das in der Verordnung Nr. 2006/2004 vorgesehen war und nunmehr in der Verordnung 2017/2394 vorgesehen ist, auch wenn es auf unlautere Geschäftspraktiken beschränkt ist.

105 Was die von der Europäischen Kommission in ihren schriftlichen Erklärungen und in der mündlichen Verhandlung angesprochene Gefahr betrifft, dass jemand eine strafrechtliche Verurteilung in einem Mitgliedstaat allein zu dem Zweck anstrebt, sich vor Verfolgungsmaßnahmen und Sanktionen wegen derselben Tat in einem anderen Mitgliedstaat zu schützen, enthalten die dem Gerichtshof vorgelegten Akten keine Anhaltspunkte dafür, dass sich eine solche Gefahr im Rahmen des Ausgangsrechtsstreits verwirklichen könnte. Insbesondere können die in Rn. 97 des vorliegenden Urteils genannten Umstände ein solches Vorbringen nicht stützen.

106 Nach alledem ist auf die dritte Frage zu antworten, dass Art. 52 Abs. 1 der Charta dahin auszulegen ist, dass er eine Einschränkung der Anwendung des in Art. 50 der Charta verankerten Grundsatzes ne bis in idem zulässt, um eine Kumulierung von Verfahren oder Sanktionen wegen derselben Tat zu ermöglichen, sofern die in Art. 52 Abs. 1 der Charta vorgesehenen Voraussetzungen, wie sie von der Rechtsprechung näher bestimmt wurden, erfüllt sind, nämlich erstens, dass diese Kumulierung keine übermäßige Belastung für die betreffende Person darstellt, zweitens, dass es klare und präzise Regeln gibt, anhand deren sich vorhersehen lässt, bei welchen Handlungen und Unterlassungen eine Kumulierung in Frage kommt, und drittens, dass die betreffenden Verfahren in hinreichend koordinierter Weise und in einem engen zeitlichen Zusammenhang geführt wurden.

Nr. 2    Bundesgerichtshof, Beschluss vom 26.4.2023, XII ZB 187/20 (italienische Privatscheidung)

Müssen einvernehmliche Ehescheidungen vor dem italienischen Zivilstandsbeamten bei Anwendbarkeit der Brüssel IIa-VO gem. § 107 I FamFG anerkannt werden?

**Leitsatz:**
**Einvernehmliche Ehescheidungen vor dem italienischen Zivilstandsbeamten bedürfen auch unter Geltung der Brüssel IIa-Verordnung zu ihrer Eintragung im Eheregister keiner Anerkennung nach § 107 I 1 FamFG (im Anschluss an EuGH ECLI:EU:C:2022:879 = NJW 2023, 143 = FamRZ 2023, 21).**

*Zum Sachverhalt*

Gegenstand des Verfahrens ist die Frage, ob die in Italien durch übereinstimmende Erklärungen der Ehegatten vor dem Zivilstandsbeamten erfolgte Beendigung der Ehe der Bet. zu 3 und 4 ohne weiteres Anerkennungsverfahren im deutschen Eheregister zu beurkunden ist. Die Bet. zu 3 hat die deutsche und die italienische Staatsbürgerschaft, der Bet. zu 4 ist italienischer Staatsbürger. Die beiden schlossen am 20.9.2013 vor dem Standesamt Mitte von Berlin die Ehe, was im Eheregister beurkundet wurde. Am 30.3.2017 erschienen die Ehegatten vor dem Standesamt (Ufficio di Stato Civile) in Parma und erklärten, keine minderjährigen, pflegebedürftigen volljährigen, schwerbehinderten volljährigen oder wirtschaftlich unselbstständigen volljährigen Kinder zu haben, untereinander keine Vereinbarungen zur Übertragung von Vermögen zu treffen und die einvernehmliche Trennung zu wollen. Diese Erklärung bestätigten sie am 11.5.2017 persönlich vor dem Standesamt.

Am 15.2.2018 erschienen sie dort erneut, nahmen auf ihre Erklärungen vom 30.3.2017 Bezug und erklärten, sie wünschten die Auflösung ihrer Ehe. Ein Verfahren sei diesbezüglich nicht anhängig. Nachdem sie diese Erklärungen gegenüber dem Standesamt Parma am 26.4.2018 bestätigt hatten, stellte dieses der Bet. zu 3 am 2.7.2018 eine Bescheinigung gem. Art. 39 VO (EG) Nr. 2201/2003 aus, in der die Scheidung der Ehe mit Wirkung vom 15.2.2018 bestätigt wird. Die Bet. zu 3 hat das Standesamt Mitte von Berlin (Bet. zu 1) ersucht, diese Scheidung im deutschen Eheregister einzutragen. Das Standesamt hat die Sache wegen Zweifeln, ob die Beurkundung zunächst eine Anerkennung nach § 107 FamFG voraussetzt, über die Standesamtsaufsicht (Bet. zu 2) dem AG zur Entscheidung vorgelegt.

Das AG Berlin-Schöneberg hat das Standesamt mit Beschluss vom 1.7.2019 (71 a III 15/19, BeckRS 2019, 41460) angewiesen, „die am 15.2.2018 erfolgte außergerichtliche Privatscheidung (…) erst nach erfolgter Anerkennung durch die Senatsverwaltung für Justiz, Verbraucherschutz und Antidiskriminierung gem. § 107 I 1 FamFG dem Eheregistereintrag (…) beizuschreiben". Den daraufhin gestellten Anerkennungsantrag der Bet. zu 3 wies die Senatsverwaltung für Justiz, Verbraucherschutz und Antidiskriminierung mit der Begründung zurück, es handele sich nicht um eine anerkennungsbedürftige Entscheidung. Über die hiergegen von der Bet. zu 3 eingelegte Beschwerde wurde vom KG – soweit ersichtlich – noch nicht entschieden. Auf die von der Bet. zu 3 gegen den Beschluss des AG vom 1.7.2019 eingelegte Beschwerde hat das KG (FamRZ 2020, 1215 = BeckRS 2020, 6463) den amtsgerichtlichen Beschluss abgeändert und das Standesamt angewiesen, „die Fortführung des Eheregistereintrags (…) nicht von der vorherigen Anerkennung der in Italien erfolgten Scheidung der Ehe der Bet. zu 3 und 4 durch die Senatsverwaltung für Justiz, Verbraucherschutz und Antidiskriminierung abhängig zu machen". Hiergegen richtete sich die zugelassene Rechtsbeschwerde der Bet. zu 2, mit der diese die Wiederherstellung des amtsgerichtlichen Beschlusses erstrebte. Der Senat hat das Verfahren durch Beschluss vom 28.10.2020 (NJW 2021, 344 Ls. = BeckRS 2020, 32498) ausgesetzt und dem EuGH zur Auslegung von Art. 1 I Buchst. a, Art. 2 Nr. 4, Art. 21 I, Art. 46 VO (EG) Nr. 2201/2003 des Rates vom 27.11.2003 über die Zuständigkeit und die Anerkennung und Vollstreckung von Entscheidungen in Ehesachen und in Verfahren betreffend die elterliche Verantwortung und zur Aufhebung der VO (EG) Nr. 1347/2000 (Brüssel IIa-VO) die Frage zur Vorabentscheidung vorgelegt, ob es sich bei einer Eheauflösung auf der Grundlage von Art. 12 des italienischen Gesetzesdekrets (Decreto Legge) Nr. 132 vom 12.9.2014 (DL Nr. 132/2014) um eine Entscheidung über die Scheidung einer Ehe im Sinne der Brüssel IIa-VO handelt. Der EuGH hat diese Frage mit Urteil vom 15.11.2022 (ECLI:EU:C:2022:879 = NJW 2023, 143 = FamRZ 2023, 21) bejaht. Die Rechtsbeschwerde der Bet. zu 2 hatte keinen Erfolg.

*Aus den Gründen*

II. (…) 1. Das BeschwGer. hat zur Begründung seiner Entscheidung ausgeführt, bei der Vereinbarung der Eheleute über die Auflösung ihrer Ehe vor dem italienischen Zivilstandsbeamten nach Maßgabe des Art. 12 I des italienischen Gesetzesdekrets Nr. 132 vom 12.9.2014 (DL Nr. 132/2014) handele es sich um eine Entscheidung iSd Art. 21 I Brüssel IIa-VO, weil diese nach Art. 12 III 4 des Dekrets an die Stelle einer gerichtlichen Entscheidung trete und konstitutive Wirkung habe. Einer Anerkennung nach § 107 I 1 FamFG bedürfe es daher gem. § 97 I 2 FamFG iVm Art. 21 II Brüssel IIa-VO für die Eintragung in das Eheregister nicht. Dem stehe die Entscheidung des EuGH vom 20.12.2017 (ECLI:EU:C:2017:988 = NJW 2018, 447) nicht entgegen, wonach es sich bei Privatscheidungen nicht um Entscheidungen im Sinne der VO (EG) Nr. 1259/2010 (Rom III) und der Brüssel IIa-VO handele, weil hierunter nur Scheidungen zu verstehen seien, die entweder von einem staatlichen Gericht oder von einer öffentlichen Behörde bzw. unter deren Kontrolle ausgesprochen würden. Letzteres sei indes bei einer Ehescheidung nach Art. 12 des italienischen Gesetzesdekrets Nr. 132 vom 12.9.2014 der Fall, weil die Mitwirkung eines Zivilstandsbeamten in einem solchen Verfahren zwingend sei. Dessen Aufgabe gehe über eine bloße Warn-, Klarstellungs-, Beweis- oder Beratungsfunktion hinaus, weil er Kontrollpflichten hinsichtlich des Vorliegens der Voraussetzungen der Scheidung habe.

2. Diese Ausführungen halten rechtlicher Nachprüfung stand.

Die Eintragung der Ehescheidung der Bet. zu 3 und 4 in das Eheregister ist nicht von einer Anerkennung durch die Landesjustizverwaltung gem. § 107 I 1 FamFG abhängig.

a) Gemäß § 5 I PStG sind Registereinträge fortzuführen, indem sie nach den Vorschriften des Personenstandsgesetzes durch Folgebeurkundungen und Hinweise ergänzt und berichtigt werden. Dies gilt auch für das Eheregister als einem der vom Standesamt geführten Personenstandsregister (§ 3 I 1 Nr. 1, § 16 PStG). In dieses ist nach § 16 I 1 Nr. 3 PStG als Folgebeurkundung zum Eheeintrag auch eine spätere Aufhebung oder Scheidung der Ehe aufzunehmen. Lehnt das Standesamt die Vornahme einer Amtshandlung ab, so kann es gem. § 49 I PStG auf Antrag der Beteiligten oder der Aufsichtsbehörde durch das Gericht dazu angewiesen werden. Als Ablehnung gilt dabei auch, wenn das Standesamt in Zweifelsfällen von sich aus die Entscheidung des Gerichts darüber herbeiführt, ob eine Amtshandlung vorzunehmen ist (§ 49 II PStG).

Grundlage für eine Folgebeurkundung iSd § 16 I 1 Nr. 3 PStG kann auch eine im Ausland ergangene rechtskräftige Entscheidung sein. Eine Entscheidung, durch die eine Ehe im Ausland für nichtig erklärt, aufgehoben, dem Ehebande nach oder unter Aufrechterhaltung des Ehebandes geschieden oder durch die das Bestehen oder Nichtbestehen einer Ehe zwischen den Beteiligten festgestellt wird, wird nach § 107 I 1 FamFG in Deutschland grundsätzlich allerdings nur anerkannt, wenn die zuständige Landesjustizverwaltung festgestellt hat, dass die Voraussetzungen für die Anerkennung vorliegen (zu den Anerkennungshindernissen vgl. § 109 FamFG). Dieses Anerkennungsverfahren ist jedenfalls dann, wenn – wie vorliegend – eine ausländische Behörde entsprechend den von ihr zu beachtenden Normen in irgendeiner Form, und sei es auch nur registrierend, mitgewirkt hat, auch für sogenannte Privatscheidungen eröffnet (vgl. Senat BGHZ 226, 365 = NJW 2020, 3592 = FamRZ 2020, 1811 Rn. 17 mwN). Im Heimatstaat beider Ehegatten durchgeführte Auslandsscheidungen – auch Privatscheidungen – sind dabei zwar gem. § 107 I 2 FamFG vom obligatorischen

Anerkennungsverfahren ausgenommen. Die Anwendung dieser Norm ist aber von vornherein ausgeschlossen, wenn – wie hier – wenigstens einer der beiden Ehegatten neben der gemeinsamen Staatsangehörigkeit des ausländischen Entscheidungsstaats auch die deutsche Staatsangehörigkeit besitzt (vgl. Senat BGHZ 226, 365 = NJW 2020, 3592 = FamRZ 2020, 1811 Rn. 19 mwN).

Eines Anerkennungsverfahrens bedarf es hingegen nicht, wenn die betreffende Auslandsentscheidung in einem Mitgliedstaat der Europäischen Union (außer Dänemark, vgl. Art. 2 Nr. 3 Brüssel IIa-VO) ergangen ist. Denn gem. § 97 I 2 FamFG bleiben Regelungen in Rechtsakten der Europäischen Union von den Vorschriften des Gesetzes über das Verfahren in Familiensachen und in den Angelegenheiten der freiwilligen Gerichtsbarkeit (FamFG) unberührt. Liegt daher eine Entscheidung iSv Art. 21 I Brüssel IIa-VO vor, wird sie in Deutschland anerkannt, ohne dass es hierfür eines besonderen Verfahrens bedarf. Zur Fortführung des Eheregisters genügt dann die Vorlage einer Bescheinigung nach Art. 39 Brüssel IIa-VO. Die Brüssel IIa-Verordnung ist vorliegend nach den Übergangsbestimmungen in Art. 100 I und II VO (EU) 2019/1111 des Rates vom 25.6.2019 über die Zuständigkeit, die Anerkennung und Vollstreckung von Entscheidungen in Ehesachen und in Verfahren betreffend die elterliche Verantwortung und über internationale Kindesentführungen (ABl. 2019 L 178, 1 – Brüssel IIb-Verordnung) anwendbar, weil die Bescheinigung nach Art. 39 Brüssel IIa-VO über die Vereinbarung der Ehescheidung der Bet. zu 3 und 4 vor dem 1.8.2022 ausgestellt wurde.

b) Um eine Entscheidung im Sinne der Brüssel IIa-VO handelt es sich bei der hier verfahrensgegenständlichen einvernehmlichen Ehescheidung vor dem italienischen Zivilstandsbeamten nach Maßgabe des Art. 12 des italienischen Gesetzesdekrets Nr. 132 vom 12.9.2014.

aa) Der EuGH hat hierzu auf den Vorlagebeschluss des Senats in seinem Urteil vom 15.11.2022 ausgeführt, Art. 2 Nr. 4 der Brüssel IIa-VO sei – namentlich für die Anwendung von Art. 21 I dieser Verordnung – dahin auszulegen, dass die von einem Standesbeamten eines Mitgliedstaats iSv Art. 2 Nr. 3 Verordnung errichtete Scheidungsurkunde über die Vereinbarung der Ehegatten über die Ehescheidung, die sie vor dem Standesbeamten gemäß der in diesem Mitgliedstaat geltenden Rechtsvorschriften bestätigt haben, eine „Entscheidung" im Sinne der Verordnung darstelle, wenn dem Standesbeamten nicht nur die Aufgabe der Dokumentation der Erklärung zukomme, sondern er eine Prüfungspflicht hinsichtlich der gesetzlichen Voraussetzungen der Ehescheidung habe (EuGH ECLI:EU:C:2022:879 = NJW 2023, 143 = FamRZ 2023, 21 Rn. 53 ff.).

(1) Aus Art. 1 I Buchst. a iVm Art. 2 Nr. 1, 3 und 4 Brüssel IIa-VO ergebe sich, dass auch die Entscheidung einer Behörde eines Mitgliedstaats iSv Art. 2 Nr. 3 Verordnung über eine Ehescheidung ohne Rücksicht auf ihre Bezeichnung eine Entscheidung in Ehescheidungssachen sein könne, sofern das Recht des Mitgliedstaats auch nicht gerichtlichen Behörden Zuständigkeiten in Ehescheidungssachen zuweise (EuGH ECLI:EU:C:2022:879 = NJW 2023, 143 = FamRZ 2023, 21 Rn. 47 ff.).

Allerdings gelte die Brüssel IIa-VO nur für Ehescheidungen, die entweder von einem staatlichen Gericht oder von einer öffentlichen Behörde oder unter deren Kontrolle ausgesprochen würden. Reine Privatscheidungen wie etwa solche, die durch einseitige Erklärung eines Ehegatten vor einem geistlichen Gericht erfolgten, seien hingegen nicht erfasst. Voraussetzung sei auch bei einvernehmlichen Ehescheidungen, dass die zuständige Behörde oder das Gericht nach dem nationalen Verfahrensrecht eine Prüfung der Scheidungsvoraussetzungen anhand des nationalen Rechts vornehme und feststelle, ob ein von freiem Willen der Ehegatten getragenes, wirksames Einvernehmen über die Scheidung gegeben sei (EuGH ECLI:EU:C:2022:879 = NJW 2023, 143 = FamRZ 2023, 21 Rn. 53 ff.).

(2) Diesen Anforderungen genüge das Verfahren der Eheauflösung nach Art. 12 des italienischen Gesetzesdekrets (Decreto Legge) Nr. 132 vom 12.9.2014 (DL Nr. 132/2014). Denn der auf dieser Grundlage tätige Standesbeamte habe sich zu vergewissern, dass das von den Eheleuten erklärte Einvernehmen zur Scheidung gültig, von freiem Willen getragen und in Kenntnis der Sach-

lage erteilt worden sei. Er prüfe den Inhalt der Scheidungsvereinbarung anhand der geltenden Rechtsvorschriften auf das Vorliegen der Voraussetzungen für eine solche Privatscheidung. Aus Art. 12 des Gesetzesdekrets Nr. 132/2014 gehe auch hervor, dass der Standesbeamte die Ehescheidung nur aussprechen dürfe, wenn die Voraussetzungen hierfür zweifelsfrei vorlägen (EuGH ECLI:EU:C:2022:879 = NJW 2023, 143 = FamRZ 2023, 21 Rn. 63 ff.).

bb) Dem schließt sich der Senat an. Die Fortschreibung des Eheregisters durch Eintragung der Ehescheidung der Bet. zu 3 und 4 ist damit, wie das KG zutreffend entschieden hat, ohne vorherige Anerkennung nach § 107 I 1 FamFG vorzunehmen.

**Nr. 3    Bundesgerichtshof, Beschluss vom 19.5.2022, IX ZB 58/20 (Bedeutung der Bescheinigung nach Art. 53 Brüssel Ia-VO)**

Ist es für die Versagung der Vollstreckung eines Urteils von Belang, ob die Bescheinigung nach Art. 53 Brüssel Ia-VO ordnungsgemäß ausgestellt worden ist?

**Redaktionelle Leitsätze:**
1. **Ob die Bescheinigung nach Art. 53 Brüssel Ia-VO ordnungsgemäß ausgestellt und dem Antragsteller zugestellt worden ist, ist für die beantragte Versagung der Vollstreckung des Urteils nicht von Belang.**
2. **Die Gesetzesbegründung verdeutlicht, dass die Bescheinigung nur den Bestand und die Vollstreckbarkeit des Titels dokumentieren soll; im Streitfall kann sie als Beweismittel dienen (ebenso BGH BeckRS 2018, 10445).**

*Gründe*

I.

In einem in Italien geführten Rechtsstreit streiten die Parteien um näher bezeichnete Bakterienstämme, die im Leibniz-Institut in Braunschweig verwahrt werden. Mit nicht rechtskräftigem Urteil vom 26. Juli 2019 ordnete das italienische Gericht die Rückgabe der Stämme an die Antragsgegnerin an. Das vom Antragsteller angestrengte Rechtsmittelverfahren ist noch nicht abgeschlossen. Am 29. Oktober 2019 pfändete die Antragsgegnerin den Anspruch des Antragstellers gegen das Leibniz-Institut auf Herausgabe der Stämme.

Der Antragsteller hat die Versagung der Vollstreckung des Urteils vom 26. Juli 2019 beantragt. Das Landgericht hat den Antrag abgelehnt. Die sofortige Beschwerde des Antragstellers ist erfolglos geblieben. Mit seiner Rechtsbeschwerde verfolgt der Antragsteller den Antrag auf Versagung der Vollstreckung weiter.

II.

Die Rechtsbeschwerde ist nach § 574 Abs. 1 Satz 1 Nr. 1 ZPO, § 1115 Abs. 5 Satz 3 ZPO statthaft. Sie ist jedoch unzulässig. Die Rechtssache hat keine grundsätzliche Bedeutung und weder die Fortbildung des Rechts noch die Sicherung einer einheitlichen Rechtsprechung erfordert eine Entscheidung des Rechtsbeschwerdegerichts (§ 574 Abs. 2 ZPO).

1. Auf das Verfahren ist die Verordnung (EU) Nr. 1215/2012 des Europäischen Parlaments und des Rates vom 12. Dezember 2012 über die gerichtliche Zuständigkeit und die Anerkennung und Vollstreckung von Entscheidungen in Zivil- und Handelssachen (fortan: Brüssel Ia-VO) anzuwenden. Diese Verordnung gilt vom 10. Januar 2015 an für Verfahren, die am 10. Januar 2015 oder danach eingeleitet worden sind (Art. 81, 66 Brüssel Ia-VO).

2. Gemäß Art. 46 Brüssel Ia-VO wird die Vollstreckung einer Entscheidung auf Antrag des Schuldners versagt, wenn festgestellt wird, dass einer der in Artikel 45 Brüssel Ia-VO genannten Gründe gegeben ist. Das Vorliegen dieser Gründe: hat das Beschwerdegericht verneint, ohne dass insoweit ein Zulässigkeitsgrund (§ 574 Abs. 2 ZPO) ersichtlich ist. Die Vollstreckung des Urteils vom 26. Juli 2019 widerspricht insbesondere nicht der inländischen öffentlichen Ordnung (ordre public; Art. 45 Abs. 1 lit. a Brüssel Ia-VO).

a) Hinsichtlich des Urteils selbst hat der Antragsteller keine Tatsachen vorgetragen, die den Schluss auf einen Verstoß gegen den inländischen ordre public zuließen. Der Begründung der angefochtenen Entscheidung zufolge hat das italienische Gericht unter Wahrung der prozessualen Rechte des Antragstellers entschieden. Das zieht die Rechtsbeschwerde auch nicht in Zweifel.

b) Ob die Bescheinigung nach Art. 53 Brüssel Ia-VO ordnungsgemäß ausgestellt und dem Antragsteller zugestellt worden ist, ist für die beantragte Versagung der Vollstreckung des Urteils vom 26. Juli 2019 nicht von Belang. Entscheidungserhebliche Grundsatzfragen, die einer Klärung durch das Rechtsbeschwerdegericht bedürften, stellen sich nicht. Schon der Wortlaut des Art. 53 Brüssel Ia-VO zeigt, dass Bestand und Wirkung der Entscheidung des Ursprungsgerichts nicht von der formwirksamen Erteilung und Zustellung der Bescheinigung abhängen. Die Bescheinigung wird nur auf Antrag erteilt. Wird kein Antrag gestellt, ändert dies nichts an der Wirksamkeit der Entscheidung des Ursprungsgerichts. Ein Vergleich mit den Vorschriften der §§ 1110, 1111 ZPO, welche die Bescheinigung über inländische Titel regeln, bestätigt diesen Befund. Gemäß § 1111 Abs. 2 ZPO kann die Erteilung der Bescheinigung gesondert, unabhängig von der Rechtskraft der Hauptsacheentscheidung, angefochten werden. Die Gesetzesbegründung verdeutlicht, dass die Bescheinigung nur den Bestand und die Vollstreckbarkeit des Titels dokumentieren soll (BT-Drucks. 18/823, S. 20 zu § 1110 ZPO-E). Im Streitfall kann sie als Beweismittel dienen (MünchKomm-ZPO/Gottwald, 6. Aufl., Art. 53 Brüssel Ia-VO Rn. 3; vgl. auch BGH, Beschluss vom 26. April 2018 IX ZB 15/16, FamRZ 2018, 1253 Rn. 6 ff zu Art. 54 Abs. 2 EuGVVO aF). Auf den Bestand und die Vollstreckbarkeit des Titels kann die Bescheinigung sich nicht auswirken.

c) Verfahrensgrundrechte des Antragstellers wurden nicht verletzt. Das gilt insbesondere für das Recht des Antragstellers auf rechtliches Gehör (Art. 103 Abs. 1 GG). Das Beschwerdegericht hat auch das als übergangen gerügte Vorbringen des Antragstellers zur Kenntnis genommen und sachlich beschieden. Dass es daraus nicht die vom Antragsteller für richtig gehaltenen Schlüsse gezogen hat, begründet keinen Gehörsverstoß.

3. Von einer weiteren Begründung wird gemäß § 577 Abs. 6 Satz 3 ZPO abgesehen.

**Nr. 4        OLG Frankfurt a. M., Beschluss vom 1.12.2022, 26 Sch 4/22 (Beweiswürdigung durch Schiedsgericht und ordre public)**

Kann die Anerkennung eines Schiedsspruchs unter Verweis auf den ordre public-Vorbehalt abgelehnt werden, weil das Schiedsgericht den Beweiswert einzelner Indizien nicht offengelegt hat?

**Amtlicher Leitsatz:**
**Ein Verstoß gegen den verfahrensrechtlichen ordre public international kann nicht damit begründet werden, dass ein Schiedsgericht bei einer Beweiswürdigung nicht angibt, welchen konkreten Beweiswert es einzelnen Indizien beigemessen hat.**

*Gründe (Auszug)*

I.

Die Parteien streiten um die Vollstreckbarerklärung eines ausländischen Schiedsspruchs.

Gegenstand des Schiedsverfahrens war der Verkauf sämtlicher Aktien der im Chemiesektor tätigen C S. p. A., einer Aktiengesellschaft italienischen Rechts mit Sitz in Stadt1 in der Provinz1 in der Region1 an die Antragsgegnerin zu 1. Die Antragstellerinnen zu 1 bis 3 waren Gesellschafter der C S. p. A.

Die Vertragsverhandlungen, die im Ergebnis zum Abschluss des Anteilskaufvertrags führten, wurden im Juni 2008 auf der Grundlage eines im Auftrage der Antragstellerinnen von D verfassten „Confidential Information Memorandum" eingeleitet, in dem sich u. a. auch folgende Ausführungen befinden:

„[…] in preparation for the proposed transaction, an environmental consulting firm is conducting a review of the plant. The review is continuing, but so far the Seller is not aware of any significant environmental issues at the Stadt1 site […]. The seller commissioned environmental assessments of the soil at the site in 1996, 2004 and 2008 (still in progress), in order to maintain a good level of pollutant monitoring of the soil and groundwater […]."

Die Parteien schlossen am 19. Dezember 2008 den Anteilskaufvertrag („SPA"). Dieser enthielt in Art. 13.2 eine umfassende Schiedsklausel. Die Anteile wurden durch die Antragsgegnerin zu 1 erworben, während die Antragsgegnerin zu 2 das Vertragswerk als Garantiegeberin unterzeichnete. Der dingliche Vollzug des Anteilskaufvertrags erfolgte sodann am 5. Februar 2009.

Im Juni 2017, also etwa neun Jahre nach Abschluss des Anteilskaufvertrags, erstellte die Nucleo Operativo Ecologico („NOE"), eine Untereinheit für Umweltschutz der Carabinieri, einen nichtöffentlichen Untersuchungsbericht wegen der Verschmutzung durch PFAS (Per- und Polyfluoralkyl-Stoffe). Die finale Version datiert auf den 17. Juni 2017 („NOE-Bericht"). Der NOE-Bericht basierte nicht auf eigenen Untersuchungen, sondern stellt eine Zusammenfassung und Analyse vorheriger Untersuchungen dar. Im Laufe der Ermittlungen wurden im März bis Mai 2017 bestimmte Dokumente und Berichte beschlagnahmt, die nach Ansicht der Antragsgegnerinnen „Beweise" dafür liefern würden, dass Verantwortliche der C S. p. A. und auch die Antragstellerinnen von der Ursache der Verschmutzung gewusst hätten.

Im NOE-Bericht wird der Inhalt der Ergebnisse wie folgt zusammengefasst (deutsche Übersetzung):

„Aus den durchgeführten Untersuchungen geht hervor, dass C in den Jahren 1990, 1996, 2004, 2008 und 2009 Beratungsunternehmen, die im Umweltsektor führend sind, mit Untersuchungen beauftragt hat, die darauf abzielten, den Verschmutzungsgrad des Standorts zu bewerten und mögliche Lösungen für die Eindämmung der festgestellten Kontaminationen zu finden. C, die gesetzlich verpflichtet war, die zuständigen Stellen (Region, Provinz und Gemeinde) über die Feststellungen zu informieren, hat die oben genannten Untersuchungen bisher nicht weitergeleitet.

Kurz gesagt wurde von 1990 bis 2009 eine Verschmutzung des Bodens und des Grundwassers vor allem durch Verbindungen aus der Familie der Benzotrifluoride (BTF) festgestellt. Die Untätigkeit des Betreibers, die 1990 begann und bis heute anhält, hat dazu geführt, dass sich die Verschmutzung durch PFAS (und möglicherweise auch durch andere, nicht untersuchte Stoffe wie BTF) über Kilometer hinweg auf den Grundwasserspiegel ausgebreitet hat, was zu einer Verschlechterung der Umwelt und des Ökosystems sowie zu wahrscheinlichen Auswirkungen auf die Gesundheit der ansässigen Bevölkerung geführt hat, die möglicherweise jahrelang unwissentlich kontaminiertes Wasser getrunken hat."

Am 12. April 2018 beantragten die Antragsgegnerinnen auf Grundlage der Schiedsklausel nach Art. 13.2 des Anteilskaufvertrags die Einleitung eines Schiedsverfahrens (Az. ICC 23550/GR).

In der Sache beantragten die Antragsgegnerinnen im Schiedsverfahren, die Nichtigkeit des Anteilskaufvertrags vom 19. Dezember 2008 sowie der Anteilsübertragung vom 5. Februar 2009 gemäß Art. 1439 des italienischen Zivilgesetzbuches wegen Arglist festzustellen und die Antragstellerinnen zum Schadensersatz in Höhe von mindestens € 1.699.267,82 zuzüglich Zinsen zu verurteilen.

Die Antragsgegnerinnen vertraten dabei im Schiedsverfahren die Ansicht, dass der Anteilskaufvertrag wegen Betrugs seitens der Antragstellerinnen für nichtig erklärt werden sollte, da die Antragstellerinnen einige wichtige Informationen über die Umweltbedingungen auf dem Gelände von C verschwiegen oder sogar verändert hätten.

Das Schiedsverfahren fokussierte sich u. a. auf bestimmte Umweltberichte, die von der F Italia S. r. L. („F") und der G S. p. A. („G"), jeweils Beratungsbüros für Nachhaltigkeit, verfasst worden waren, und auf einzelne Nachrichten, die zwischen einigen Mitarbeitern der Antragstellerinnen und den Managern von F ausgetauscht worden waren.

Die Antragsgegnerinnen haben im Schiedsverfahren die Auffassung vertreten, aus dem NOE-Bericht lasse sich u. a. sowohl die Kenntnis der Antragstellerinnen von einer schweren Umweltverschmutzung als auch die „Täuschung" zum Nachteil der Antragsgegnerinnen schlussfolgern. In diesem Zusammenhang verwiesen die Antragsgegnerinnen auf E-Mails, in denen die F aufgefordert worden sei, die Schlussfolgerungen der Umweltberichte zu ändern, um den potenziellen Käufer nicht zu verunsichern.

Die Antragstellerinnen bestritten im Schiedsverfahren die Behauptungen der Antragsgegnerinnen. Die Antragstellerinnen erhoben überdies zahlreiche Einwände, u. a. dass der Anspruch auf Nichtigerklärung des Anteilskaufvertrags wegen Betrugs verjährt sei, da seit dem Abschluss des Anteilskaufvertrags und jedenfalls seit dem Zeitpunkt, zu dem die Tatsachen bekannt geworden seien, auf deren Grundlage die Nichtigerklärung geltend gemacht werde, mehr als fünf Jahre verstrichen seien.

Nach der Konstituierung des Schiedsgerichts und der Bestätigung durch die International Chamber of Commerce (ICC) fand am 16. September 2019 die erste Verhandlung vor dem Schiedsgericht statt.

Am 13. Oktober 2020 erließ das Schiedsgericht den verfahrensgegenständlichen Schiedsspruch. Das Schiedsgericht wies in dem Schiedsspruch sowohl den Antrag auf Feststellung der Nichtigkeit des Anteilskaufvertrags wegen Anfechtung aufgrund einer möglichen Täuschung als auch den auf Zahlung von Schadensersatz gerichteten Klageantrag nach dem anwendbaren italienischen Recht ab (Ziff. 2 des Tenors). Zugleich wurden die Antragsgegnerinnen verurteilt, Kosten der Antragstellerinnen in Höhe von USD 130.000,00 auszugleichen (Ziff. 3 des Tenors). Ferner verurteilte das Schiedsgericht die Antragsgegnerinnen, an die Antragstellerinnen € 450.000,00 (Anwaltsgebühren) sowie weitere € 62.126,62 (Auslagen) und Sozialversicherungsabgaben in einer Höhe von 4 % zu zahlen (Ziff. 4 des Tenors).

Zur Frage der arglistigen Täuschung und der insoweit gesetzlich geregelten Verjährung heißt es in der Begründung des Schiedsspruchs u. a. wie folgt:

„Italian law considers „fraud" (dolo) to be a reason justifying the „annulment" (or „voidance") (annullamento) of the affected contract: the party that gave its consent to a contract because it was misled by the other party's fraudulent means can seek (and obtain) the setting aside of such contract. Article 1439 CC [„Fraud"] in fact provides, so far as it is relevant in this arbitration, that:

Fraud causes the annulment of the contract when the fraudulent means used by one of the parties were such that, without them, the other party would not have negotiated the contract. [...] The right to obtain the voidance of a contract is however subject to a limitation period of 5 years, past which no action for the annulment of a „voidable" contract can be entertained.

[...] As a result, in the case relevant to this arbitration, the limitation period is intended to start only when the party entitled to seek the annulment of the contract for fraud is in the position to realize that it was misled [...]"

Zum Beginn der 5-jährigen Verjährungsfrist hielt das Schiedsgericht fest:

„In regard of the foregoing, therefore, the Tribunal agrees with the Claimants' interpretation of the relevant rules. [...] what is relevant is the discovery of the fraud, i. e. of the fraudulent means used by the other party to induce to the conclusion of the contract."

Dies vorausgeschickt stellte das Schiedsgericht fest, dass der Zeitpunkt des „discovery of the fraud" subjektiv aus der Perspektive des Anfechtenden zu ermitteln sei:

„The verification of the starting moment of the limitation period has to be conducted „with reference to the party's contentions about the elements which, according to its assumption, are constitutive of the fraud, since only in relation to these contentions can it be referred to as «discovery» (which is a subjective fact) of the fraud."

In der Folge analysierte das Schiedsgericht den Vortrag der Antragsgegnerinnen und hielt fest:

„The question therefore turns now on whether the Claimants had knowledge before the NOE Report was issued of the elements described in the NOE Report itself which would evidence that the Sellers were aware of the pollution at the Site when they declared in the CIM [Confidential Information Memorandum] that they were „not aware of any significant environmental issues", and more specifically of the full set of the environmental reports collected over the years, from 1990 to 2009. [...] The question is whether after the SPA was signed and the Shares transferred the Claimants had obtained knowledge of those reports, as the combined reading of them would make it possible to understand (from their perspective) that a fraud had been committed and therefore that a claim could be brought against the Respondents."

Sodann heißt es in dem Schiedsspruch:

„[...] to the Tribunal it appears that C had the same knowledge of the Site's conditions as H, at the time such knowledge was formed (and that, according to the Claimants, was then concealed when the SPA was negotiated)."

Auf dieser Grundlage formulierte das Schiedsgericht die folgende Feststellung:

„The question is whether the fact that such documents, whose examination could „unveil" the fraud, were in the possession of H proves their knowledge by the Claimants."

Weiter hieß es in dem Schiedsspruch:

„The Tribunal fully understands that C and its controlling sole shareholder are separate entities, with distinct legal personality, and that therefore from a strictly legal perspective a „subjective" condition of the former (C) cannot be per se attributed to the latter (L IV)." [...] However, from a factual point of view, a different conclusion can be reached, if sufficient elements exist proving that a factual condition of the controlled entity was known to the controlling entity."

Das Schiedsgericht identifizierte sodann die folgenden Indizien (Tz. 263):

„i. the „historical" contamination of the Site, due to the Rimar activities, was in the public knowledge;

ii. the I had been informed in the CIM that „environmental assessments of the soil at the site in 1996, 2004, and 2008 (still in progress)" had been commissioned, and that a „pump & treat" system had been put in place. In other words, the I knew that prior environmental reports (however undisclosed at the time of the negotiation) existed;

iii. the I and C had two key directors (Mr J and Mr K) in common. Mr J and Mr K acted as representatives of the Purchaser and the Purchaser Guarantor when the SPA was signed;

iv. the Claimants belong to a group of companies which is, through local subsidiaries, active in the field of chemicals production, which has environmental issues as one of its key risks;

v. in an intimation of 14 June 2019 (Exhibit R-17), the Provinz1 Province noted, with reference to C and its shareholders, that:

„as clarified by jurisprudence, the activity of subsidiaries must be seen within their group structure, subsidiaries are 'carriers' of business decisions of the group and, therefore, operate substantially as organs of the group, not releasing the group, specifically the head of the group, from the responsibilities arising from negligence, omission or failures in the exercise of its activities in relation to the pollution detected. In the present case, the decision-making role coincides with corporate control; all the more so because the pollution is of such a magnitude" and therefore identified also the Claimants as two of the entities responsible for the pollution of the Site, noting the following (Annex to Exhibit R-17) with respect to L SE, and its contention that it was not aware of the Site's pollution before the NOE Report was issued:

„The NOE Report, in contrast, clearly shows full knowledge of the environmental problems.

The defence argument that there was no inference nor operational control over C cannot be accepted in that it held 100 % of the shares since 2016 and, without a break in continuity, from 01/05/2017 completely controlled L1 srl which held all of C spa's shares.

It is noted that the activity of subsidiaries must be seen within their group structure, subsidiaries are 'carriers' of business decisions of the group and, therefore, operate substantially as organs of the group, not releasing the group, specifically the head of the group, from the responsibilities arising from negligence, omission or failures in the exercise of its activities in relation to the pollution detected."

Auf dieser Basis stellte das Schiedsgericht sodann fest, dass H bewiesen habe, dass

„[…] the Claimants, contrary to their allegation, were in a position to appreciate what they describe as a fraud well before the NOE Report was issued."

Diesen Beweis haben die Schiedsbeklagten nach Auffassung des Schiedsgerichts

„[…] on the basis of serious, precise and concurring circumstances",

geführt.

Zusammenfassend führte das Schiedsgericht aus:

„In summary, it appears to the Tribunal that the Claimants were in a position to discover what they allege in this arbitration to constitute the fraud committed by the Vendors to their detriment […]. Once the F Report 2009 was received, all elements were available to identify that (C and) H knew what the real condition of the Site was and evaluate whether the Vendors' behaviour at the time of the negotiation, and chiefly the declaration in the CIM, amounted to a lie."

Wegen der weiteren Einzelheiten der Begründung des Schiedsgerichts wird auf den in beglaubigter Abschrift zu den Akten gereichten Schiedsspruch Bezug genommen.

Der Schiedsspruch wurde den Parteien jeweils am 1. November 2021 übermittelt.

Die Antragsgegnerinnen zu 1 und zu 2 haben mit Schriftsatz vom 8. Januar 2021 vor dem C. A. von M. die Nichtigerklärung des in Rede stehenden Schiedsspruches nach Art. 829 Abs. 1 Nr. 5 in Verbindung mit Art. 823 Abs. 2 Nr. 5 des Codice di procedura civile beantragt (Aktenzeichen 136/2021). Eine erste mündliche Verhandlung vor dem C. A. von M. hat am 7. Juli 2021 stattgefunden.

Die Antragstellerinnen begehren nunmehr die Vollstreckbarerklärung des Schiedsspruchs.

Sie sind der Ansicht, ein Aufhebungsgrund nach Art. V New Yorker UN-Übereinkommen („UNÜ"), welcher der Vollstreckbarerklärung entgegenstehen könnte, bestünde nicht. Insbesondere liege kein Verstoß gegen § 1061 Abs. 1 Satz 1 ZPO in Verbindung mit Art. V Abs. 2 lit. b UNÜ (ordre public) vor. Die Einwendungen der Antragsgegnerinnen griffen nicht durch. Denn sie stützten sich in der Sache nicht auf eine Verletzung des verfahrensrechtlichen ordre public, sondern auf eine angeblich unzutreffende Sachentscheidung. Damit begehrten die Antragsgegnerinnen jedoch eine révision au fond, die im Vollstreckbarerklärungsverfahren unzulässig sei.

Auch eine Aussetzung des Vollstreckbarerklärungsverfahrens bis zu einer rechtskräftigen Entscheidung des C. A. von M. in dem Verfahren mit dem Aktenzeichen 136/2021 komme nicht in Betracht. Erfolgsaussichten der Antragsgegnerinnen bestünden auch im italienischen Aufhebungsverfahren nicht. Eine Aufhebung des Schiedsspruchs auf der Grundlage von Art. 829 Abs. 1 Nr. 5 in Verbindung mit Art. 823 Abs. 2 Nr. 5 Codice di procedura civile durch den Corte d'Appello sei vielmehr nahezu auszuschließen. Denn auch im italienischen Recht sei eine révision au fond ausgeschlossen.

Wegen der weiteren Einzelheiten des Vorbringens der Antragstellerinnen wird auf die Anwaltsschriftsätze vom 31. März 2022 (Bl. 3 ff. d. A.) und vom 21. Juni 2022 (Bl. 99 ff. d. A.) Bezug genommen.

Die Antragstellerinnen beantragen:

1. den nach der ICC-Schiedsgerichtsordnung am 13. Oktober 2020 in M., Italien, erlassenen Schiedsspruch des Schiedsgerichts bestehend aus … unter dem Aktenzeichen der ICC 23550/GR mit folgendem Inhalt für vollstreckbar zu erklären:

a) die Antragsgegnerinnen haben an die Antragstellerinnen USD 130.000, zu zahlen;

b) die Antragsgegnerinnen haben an die Antragstellerinnen € 450.000, sowie weitere € 62.126,62 sowie weitere € 20.485,06 (Sozialversicherungsabgaben) zu zahlen;

2. den Antrag der Antragsgegnerinnen auf Aussetzung des Verfahrens nach Art. VI UNÜ

a) zurückzuweisen;

b) hilfsweise für den Fall einer Aussetzung, den Antragsgegnerinnen die Leistung einer angemessenen Sicherheit, mindestens jedoch in Höhe von € 750.000,-, binnen angemessener Frist aufzuerlegen.

Nachdem die Antragsgegnerinnen zunächst beantragt hatten, den gegen die Antragsgegnerin zu 1 gerichteten Antrag als unzulässig zu verwerfen, hilfsweise kostenpflichtig zurückzuweisen (1a), den gegen die Antragsgegnerin zu 2 gerichteten Antrag kostenpflichtig zurückzuweisen (1b) und hilfsweise das Verfahren bis zur rechtskräftigen Entscheidung der C. A. von M. (Az. 136/2021) über den Antrag der Antragsgegnerinnen gerichtet auf die Feststellung der Nichtigkeit des Schiedsspruchs vom 13. Oktober 2020 (Az. ICC 23550/GR) auszusetzen (2), beantragen sie nunmehr, den mit Schriftsatz der Antragstellerinnen vom 21. Juni 2022 ergänzten Antrag nach Ziff. 1 kostenpflichtig zurückzuweisen, hilfsweise das Verfahren bis zur rechtskräftigen Entscheidung der C. A.

von M. (Az. 136/2021) über den Antrag der Antragsgegnerinnen gerichtet auf die Feststellung der Nichtigkeit des Schiedsspruchs vom 13. Oktober 2020 (Az. ICC 23550/GR) auszusetzen.

Die Antragsgegnerinnen sind der Auffassung, die Anerkennung und Vollstreckung des Schiedsspruches sei nach § 1061 Abs. 1 Satz 1 ZPO in Verbindung mit Art. V Abs. 2 lit. b UNÜ zu versagen, da die Anerkennung oder Vollstreckung des Schiedsspruches der öffentlichen Ordnung der Bundesrepublik Deutschland widersprechen würde.

Die von dem Schiedsgericht im Zusammenhang mit dem Indizienbeweis vorgenommene Beweiswürdigung sei in einem solchem Umfang „widersprüchlich, unklar und lückenhaft", dass in Verbindung mit den weitergehend feststellbaren Verstößen gegen Denkgesetze und Erfahrungssätze davon auszugehen sei, dass die Begründung des Schiedsspruchs in einem solchem Ausmaße mangelhaft sei, dass die Ratio der Entscheidung nicht erkennbar sei, weil „die Argumentation aus dialektischer Sicht völlig inakzeptabel" sei und auf eine nur scheinbare Begründung hinauslaufe.

Es bleibe vollkommen offen, weshalb das abstrakte Wissen um eine historische Kontamination den Schluss auf die konkrete Kenntnis vom „full set of the environmental reports collected over the years, from 1990 to 2009" (= Haupttatsache) zulassen solle, warum das bloße Wissen um die bloße Existenz der F-Berichte 1996 bis 2008 den Schluss auf die konkrete Kenntnis vom „full set of the environmental reports collected over the years, from 1990 to 2009" zulassen solle, wenn gleich wie die Antragstellerinnen erklärt hätten, aus den Berichten seien relevante Umweltprobleme nicht zu ersehen, und warum die bloße Präsenz der Herren J und K im Verwaltungsrat den Schluss auf die konkrete Kenntnis vom „full set of the environmental reports collected over the years, from 1990 to 2009" zulassen solle. Ebenso bleibe offen, warum das abstrakte Wissen um Umweltrisiken in der Chemiebranche den Schluss auf die konkrete Kenntnis vom „full set of the environmental reports collected over the years, from 1990 to 2009" zulassen solle. Unklar sei auch, warum die (angefochtene) Verfügung einer italienischen Behörde aus dem Jahre 2019 den Schluss auf die konkrete Kenntnis vom „full set of the environmental reports collected over the years, from 1990 to 2009" zulassen solle.

Das Schiedsgericht habe davon abgesehen, auch mit nur einem Wort zu begründen, warum die genannten Indizien den Schluss zuließen, dass die Schiedsklägerinnen und Antragsgegnerinnen Kenntnis vom „full set of the environmental reports collected over the years, from 1990 to 2009" gehabt hätten.

Alle vom Schiedsgericht bemühten Begründungsansätze im Rahmen des Indizienbeweises zeichneten sich dadurch aus, dass der Syllogismus (Obersatz – Untersatz – Konklusion) unvollständig sei. Die Schiedsrichter erläuterten nicht, auf welcher Grundlage die Obersätze

– das abstrakte Wissen um eine historische Kontamination;
– das bloße Wissen um die bloße Existenz der (unstreitig nicht offen gelegten) F-Berichte 1996–2008;
– die bloße Präsenz der Herren J und K im Verwaltungsrat;
– das abstrakte Wissen um Umweltrisiken in der Chemiebranche und
– die (angefochtene) Verfügung einer italienischen Behörde aus dem Jahre 2019

die Konklusion auf die konkrete Kenntnis vom „full set of the environmental reports collected over the years, from 1990 to 2009" (= Haupttatsache) zulassen sollten. Es seien dies Fehlschlüsse aufgrund von „Sprüngen im Schließen".

Zugleich enthalte der Gedankengang des Schiedsgerichts den Denkfehler der petitio principii, da er Indizien als bewiesen annehme, die selbst des Beweises bedürftig seien. Die Annahme, das Wissen um die Haupttatsache sei bewiesen, weil die Herren J und K im Verwaltungsrat der C vertreten gewesen seien, stelle sich als petitio principii dar, da die „Lebenserfahrung", alle Mitglieder der Geschäftsführung hätten Kenntnis von allen die Gesellschaft betreffenden (auch den zeitlich vor dem Amtsantritt liegenden) Vorgängen, ohne weitere Beweisführung als bewiesen angenommen worden sei.

Der Hinweis des Schiedsgerichts auf die behördliche Verfügung aus dem Jahre 2019 verkenne, dass behördliche Verfügungen als solche keine Garantie für Wahrheit darstellten. Es handele sich folglich nicht um eine logisch zwingende Schlussfolgerung, sondern allenfalls einen sog. „Beweis durch Ehrfurcht" oder ein Autoritätsargument, denen jedoch erkennbar keine juristische Qualität zukomme.

Überdies leide die Begründung des Schiedsspruchs an einem inneren Widerspruch, der im unbegründeten Wechsel des Bewertungsmaßstabs der Kenntnis zu sehen sei.

Abweichend von dem in Tz. 260 definierten Maßstab der tatsächlichen Kenntnis der Antragsgegnerinnen („had knowledge", „had obtained knowledge") habe das Schiedsgericht in den zusammenfassenden Erwägungen ohne jegliche Begründung die bloße Möglichkeit der Kenntniserlangung (= Wissenmüssen) für den Beginn des Laufs der Verjährung ausreichen lassen (Tz. 265). Dieser Eindruck werde durch den Schlusssatz der Begründung noch verstärkt. Diese abschließende Begründung sei offenkundig widersinnig, weil der F-Bericht 2009 in der gesamten Begründung des Schiedsspruchs nicht einmal erwähnt werde. Das alleinige Abstellen auf den F-Bericht 2009 stehe im Widerspruch zu den Ausführungen des Schiedsgerichts in Tz. 260, nach Maßgabe derer auf das „full set of the environmental reports collected over the years, from 1990 to 2009" abzustellen sei.

Hilfsweise – sei sollte der Antrag nicht bereits als unbegründet zurückgewiesen werden – das vorliegende Verfahren auf Vollstreckbarerklärung jedenfalls nach Art. VI UNÜ bis zur Entscheidung der C. A. von M. (Az. 136/2021) über die Frage der Nichtigkeit des Schiedsspruchs vom 13. Oktober 2020 (Az. ICC 23550/GR) auszusetzen.

Nach der gefestigten italienischen Rechtsprechung sei anerkannt, dass eine Anfechtung wegen Nichtigkeit des Schiedsspruchs gem. Art. 829 Abs. 1 Nr. 5 in Verbindung mit Art. 823 Abs. 2 Nr. 5 Codice di procedura civile nicht nur bei vollständig fehlender Begründung, sondern auch bei einer bloß oberflächlichen, lückenhaften Begründung möglich sei, welche den Gedankengang der Schiedsrichter nicht nachvollziehbar erscheinen und die hinter der Entscheidung stehenden Erwägungen nicht erkennen lasse. Aus den oben genannten Gründen leide der Schiedsspruch auch nach dem italienischem Zivilverfahrensrecht an offenkundigen schwerwiegenden Begründungsmängeln.

Wegen der näheren Einzelheiten der Argumentation der Antragsgegnerinnen wird auf die Anwaltsschriftsätze vom 29. April 2022 (Bl. 16 ff. d. A.) und vom 31. Oktober 2022 (Bl. 157 ff. d. A.) Bezug genommen.

Mit Beschluss vom 25. August 2022 (Aktenzeichen 11 SV 30/22, Bl. 137 ff. d. A., BeckRS 2022, 23018) hat der 11. Zivilsenat des Oberlandesgerichts Frankfurt am Main das Oberlandesgericht Frankfurt am Main entsprechend § 36 Abs. 1 Nr. 3 ZPO „als das gemeinsam zuständige Gericht bestimmt".

II.

Der Antrag auf Vollstreckbarerklärung des ausländischen Schiedsspruchs ist zulässig (1) und begründet (2).

1. Der Antrag ist nach den §§ 1025 Abs. 4, 1061 Abs. 1 Satz 1 ZPO in Verbindung mit den Regeln des UNÜ statthaft und auch im Übrigen zulässig.

Der angerufene Senat ist für die Entscheidung über die Vollstreckbarerklärung des ausländischen Schiedsspruchs nach den §§ 1061, 1062 Abs. 1 Nr. 4, Abs. 2 ZPO in Verbindung mit den Bestimmungen des UNÜ zuständig.

Insoweit ist der erkennende Senat an den Beschluss des 11. Zivilsenats des Oberlandesgerichts Frankfurt am Main vom 25. August 2022 (Aktenzeichen 11 SV 30/22, Bl. 137 ff. d. A.) gebunden, mit dem der 11. Zivilsenat das Oberlandesgericht Frankfurt am Main entsprechend § 36 Abs. 1 Nr. 3 ZPO „als das gemeinsam zuständige Gericht bestimmt" hat.

2. Der Antrag ist auch begründet.

a. Die formellen Voraussetzungen für die Vollstreckbarerklärung sind erfüllt.

Der englischsprachige Schiedsspruch wurde in beglaubigter Abschrift („Certified True Copy of the Original") vorgelegt.

Im Übrigen sind die Existenz der Schiedsvereinbarungen und des Schiedsspruchs selbst zwischen den Parteien unstreitig (vgl. zur Bedeutung dieser Umstände etwa Geimer, in: Zöller, ZPO, 34. Aufl. 2022, Art. IV UNÜ, Rn. 2 m. w. N.).

b. Auch die materiellen Voraussetzungen für die Vollstreckbarerklärung des Schiedsspruchs liegen vor. Anerkennungshindernisse nach Art. V Abs. 1 UNÜ sind nicht gegeben.

Dem Schiedsspruch ist die Anerkennung und Vollstreckung auch nicht deshalb zu versagen, weil er etwa gegen die öffentliche Ordnung (ordre public) verstieße (Art. V Abs. 2 Buchst. b UNÜ).

Die öffentliche Ordnung (ordre public) steht der Anerkennung und Vollstreckung eines Schiedsspruchs in der Bundesrepublik Deutschland entgegen, wenn seine Anerkennung oder Vollstreckung zu einem Ergebnis führt, das mit wesentlichen Grundsätzen des deutschen Rechts offensichtlich unvereinbar ist. Dies ist der Fall, wenn der Schiedsspruch eine Norm verletzt, die die Grundlagen des staatlichen oder wirtschaftlichen Lebens regelt, oder zu deutschen Gerechtigkeitsvorstellungen in einem unerträglichen Widerspruch steht (vgl. etwa BGH, Beschluss vom 06.10.2016, I ZB 13/15, NJW-RR 2017, 313, 319). Danach ist einem Schiedsspruch beispielsweise die Anerkennung zu versagen und der Antrag auf Vollstreckbarerklärung abzulehnen, wenn der Schiedsspruch durch Verfahrensbetrug erwirkt wurde und der Restitutionsgrund des § 580 Nr. 4 ZPO vorliegt oder wenn die Erwirkung des Schiedsspruchs oder das Gebrauchmachen von diesem Titel als sittenwidrige vorsätzliche Schädigung im Sinne des § 826 BGB zu werten ist (vgl. etwa BGH, Beschluss vom 06.10.2016, I ZB 13/15, NJW-RR 2017, 313, 319).

Ist wie hier über die Anerkennung und Vollstreckbarerklärung eines ausländischen Schiedsspruchs zu entscheiden, gilt im Interesse des internationalen Handelsverkehrs der gegenüber dem ordre public interne weniger strenge Prüfungsmaßstab des ordre public international. Danach kann einem ausländischen Schiedsspruch unter dem Gesichtspunkt des deutschen verfahrensrechtlichen ordre public nur dann die Anerkennung und Vollstreckung versagt werden, wenn das schiedsgerichtliche Verfahren an einem schwerwiegenden, die Grundlagen des staatlichen und wirtschaftlichen Lebens berührenden Mangel leidet (vgl. etwa BGH, Beschluss vom 06.10.2016, I ZB 13/15, NJW-RR 2017, 313, 319). Ein Verstoß gegen den verfahrensrechtlichen ordre public international scheidet danach regelmäßig aus, wenn kein Verstoß gegen den verfahrensrechtlichen ordre public interne vorliegt.

Danach kann im Streitfall von einem Verstoß gegen den ordre public international keine Rede sein.

Dies gilt selbst dann, wenn man an die Begründung eines ausländischen Schiedsspruchs ebenso strenge Anforderungen anlegen wollte wie an die Begründung eines inländischen Schiedsspruchs.

Es ist allgemein anerkannt, dass an die Fassung und Begründung von inländischen Schiedssprüchen nicht die Maßstäbe angelegt werden, die für Urteile staatlicher Gerichte gelten. Dies hängt u. a. damit zusammen, dass die Begründung eines Schiedsspruchs nicht seine – ohnehin eingeschränkte – Überprüfung durch ein staatliches Gericht sicherstellen soll, sondern im Interesse der Parteien erfolgt (vgl. etwa BGH, Beschluss vom 09.12.2021, I ZB 21/21, NJOZ 2022, 495, 501). Soweit die Parteien nichts Anderes vereinbaren, muss die Begründung eines Schiedsspruchs lediglich gewissen Mindestanforderungen entsprechen. Sie darf nicht offenbar widersinnig sein oder im Widerspruch zur Entscheidung stehen und sich nicht auf inhaltsleere Redensarten beschränken (vgl. etwa BGH, Beschluss vom 26.11.2020 – I ZB 11/20 -, BeckRS 2020, 39395; Beschluss vom 09.12.2021 I ZB 21/21, NJOZ 2022, 495, 501). Es genügt, wenn das Schiedsgericht in seiner Begründung eine kurze Zusammenfassung der den Schiedsspruch tragenden Erwägungen gibt (vgl. BGH, Beschluss vom 09.12.2021, I ZB 21/21, NJOZ 2022, 495, 501, m. w. N.). Auf die aus seiner Sicht für den Ausgang des Schiedsverfahrens zentralen Fragen muss das Schiedsgericht aber eingehen. Darüber hinaus muss es in seiner Begründung zu den wesentlichen Verteidigungsmitteln der Parteien Stellung nehmen, sich aber nicht mit jedem Punkt des Parteivorbringens befassen (vgl. BGH, Beschluss vom 09.12.2021, I ZB 21/21, NJOZ 2022, 495, 501; in diesem Sinne für Art. 5 Abs. 2 lit. b UNÜ auch Wolff, in: ders. (Hrsg.), New York Convention, 2. Aufl. 2019, Art. V, Rn. 558).

Hiervon unberührt bleiben die Begründungsanforderungen, die dem Schiedsgericht im Einzelfall aus dem Anspruch der Parteien auf rechtliches Gehör (Art. 103 Abs. 1 GG) erwachsen können. Soweit der wesentliche Kern des entscheidungserheblichen Vorbringens einer Partei zu einer Frage von zentraler Bedeutung für das Verfahren betroffen ist, lässt dessen Nichterwähnung in der Begründung des Schiedsspruchs regelmäßig auf dessen Nichtberücksichtigung schließen (vgl. etwa BGH, Beschluss vom 09.12.2021, I ZB 21/21, NJOZ 2022, 495, 501, m. w. N.).

Im Streitfall hat sich das Schiedsgericht insbesondere in den Tz. 245 bis 265 ganz ausführlich mit den Argumenten beider Parteien zu der Frage der Verjährung auseinandergesetzt und ist auf der Basis einer recht umfangreichen Beweiswürdigung unter Heranziehung zahlreicher Indizien (s. Tz. 263) zu dem Ergebnis gelangt, dass die Antragstellerinnen den Beweis geführt hätten, dass die Antragsgegnerinnen nach Erhalt des F Report 2009 hätten wissen können, dass C und die Antragstellerinnen um den wahren Zustand des Geländes („site") gewusst hätten und damit hätten überprüfen konnten, ob das Verhalten der Verkäufer in den Vertragsverhandlungen betrügerisch gewesen sei oder nicht. Das Schiedsgericht hat in diesem Zusammenhang betont, dass die Antragsgegnerinnen bereits zu dem genannten Zeitpunkt gegen die Antragstellerinnen hätten gerichtlich vorgehen und die Annullierung des Anteilkaufvertrags hätten verlangen können (Tz. 265).

Die gegen die Beweiswürdigung des Schiedsgerichts vorgetragenen Einwände der Antragsgegnerinnen sind nicht stichhaltig.

Zum einen verkennen die Antragsgegnerinnen, dass für die Rechtsanwendung und Beweiswürdigung des Schiedsgerichts das Verbot einer révision au fond gilt, so dass die Beweiswürdigung des Schiedsgerichts im Vollstreckbarerklärungsverfahren von dem staatlichen Gericht grundsätzlich nicht durch eine eigene Beweiswürdigung ersetzt werden kann (vgl. etwa Senat, Beschluss vom 02.02.2017, 26 Sch 3/16, NJOZ 2018, 584, 590; Beschluss vom 16.01.2020, 26 Sch 14/18, juris; Beschluss vom 14.07.2022, 26 Sch 19/21, juris; OLG Köln, Beschluss vom 23.12.2011, 19 Sch 27/10, juris; Geimer, in: Zöller, ZPO, 34. Aufl. 2022, § 1059 ZPO, Rn. 53; Geimer/Hammer, in: Eberl (Hrsg.), Beweis im Schiedsverfahren, 1. Aufl. 2015, § 10, Rn. 73).

Zum anderen geht der Einwand der Antragsgegnerinnen fehl, das Schiedsgericht habe nicht erläutert, auf welcher Grundlage verschiedene „Obersätze" (etwa das abstrakte Wissen um eine historische Kontamination oder das Wissen um die bloße Existenz der nicht offen gelegten F-Berichte 1996–2008) die Konklusion auf die konkrete Kenntnis vom „full set of the environmental reports collected over the years, from 1990 to 2009" (= Haupttatsache) zulassen sollten. Damit überspannen die Antragsgegnerinnen die Anforderungen an die Würdigung von einzelnen Indizien im Rahmen einer Beweiswürdigung ganz erheblich. Ein Verstoß gegen den verfahrensrechtlichen ordre public international kann nicht damit begründet werden, dass ein Schiedsgericht bei einer Beweiswürdigung nicht kleinteilig angibt, welchen konkreten Beweiswert es einzelnen Indizien beigemessen hat (vgl. BGH, Urteil vom 28.03.1989, VI ZR 232/88, NJW 1989, 3161, 3162: „Im Rahmen der Würdigung von Indizien wird der Tatrichter [...] im allgemeinen, insbesondere wenn wie im Streitfall keine einigermaßen gesicherten empirischen statistischen Daten zur Verfügung stehen, im Rahmen der von ihm vorzunehmenden Beweiswürdigung nicht sogenannte Anfangswahrscheinlichkeiten in Prozentsätzen ausweisen und mit diesen dann Berechnungen anstellen müssen"). Im Übrigen verkennen die Antragsgegnerinnen, dass es bei einem Indizienbeweis ja gerade darum geht, alle Indizien im Rahmen einer Gesamtschau zu würdigen (vgl. in diesem Zusammenhang für den Strafprozess etwa BGH, Urteil vom 03.06.2015 – 5 StR 55/15 -, NStZ-RR 2015, 255, 256: Indizien können, auch wenn sie einzeln betrachtet nicht zum Nachweis der Täterschaft ausreichen, doch in ihrer Gesamtheit dem Gericht die entsprechende Überzeugung vermitteln).

Auch der Einwand, der Hinweis des Schiedsgerichts auf die behördliche Verfügung aus dem Jahre 2019 sei keine logisch zwingende Schlussfolgerung und verkenne, dass behördliche Verfügungen als solche keine Garantie für Wahrheit darstellten, ist nicht stichhaltig. Entgegen der Ansicht der Antragsgegnerinnen ist es im Rahmen eines Indizienbeweises gerade nicht erforderlich, dass ein bestimmtes Indiz logisch zwingend mit der Haupttatsache verknüpft ist.

Ebenso unzutreffend ist auch das Argument der Antragsgegnerinnen, die Begründung des Schiedsspruchs leide an einem inneren Widerspruch, der im unbegründeten Wechsel des Bewertungsmaßstabs der Kenntnis zu sehen sei. Entgegen der Ansicht der Antragsgegnerinnen liegt ein solcher „unbegründeter Wechsel des Bewertungsmaßstabs" gar nicht vor. In Tz. 248 erläutert das Schiedsgericht, dass die Verjährungsfrist dann zu laufen beginnt, wenn die Partei „is in the position to realize that it was misled". Dieser rechtliche Maßstab des Schiedsgerichts umfasst sowohl Fälle, in denen die betreffende Partei die tatsächlichen Umstände positiv kennt als auch diejenigen Fälle, in denen sie diese kennen könnte. Vor diesem Hintergrund begegnet es unter dem hier anzuwendenden Maßstab keinen Bedenken, dass das Schiedsgericht in Tz. 260 von der stärkeren Form der Kenntnis der tatsächlichen Kenntnis der Antragsgegnerinnen („had knowledge", „had obtained knowledge") gesprochen hat. Es kommt noch hinzu, dass das Schiedsgericht in Tz. 263 sprachlich wie inhaltlich deutlich wieder auf seinen in Tz. 248 angesprochenen Bewertungsmaßstab zurückgekommen ist („were in the position to appreciate what they describe as fraud").

Soweit sich die Antragsgegnerinnen daran stören, dass in der zusammenfassenden Begründung in Tz. 265 der F-Bericht 2009 angesprochen wird, der in der gesamten vorherigen Begründung des Schiedsspruchs nicht einmal erwähnt worden sei, trägt auch dies nicht die Annahme eines Begründungsmangels, der auch nur ansatzweise einen Verstoß gegen den verfahrensrechtlichen ordre public international ausfüllen könnte. Es steht einem Schiedsgericht frei, ob es einzelne Argumente erst im Rahmen einer „Zusammenfassung" gebraucht oder nicht.

Nach alledem kann im Streitfall von einer „offenbar widersinnigen" Begründung des Schiedsspruchs keine Rede sein. Die Begründung des Schiedsspruchs steht auch nicht im Widerspruch zur Entscheidung. Ebenso wenig beschränkt sie sich auf inhaltsleere Redensarten.

c. Auch der Hilfsantrag der Antragsgegnerinnen ist nicht begründet.

Eine Aussetzung des Verfahrens (Art. VI UNÜ) im Hinblick auf den noch anhängigen Aufhebungsantrag in Italien kommt nach derzeitigem Verfahrensstand nicht in Betracht. Allein die Einleitung eines Aufhebungsverfahrens im Heimatstaat des Schiedsspruchs führt nicht dazu, dass das Vollstreckbarerklärungsverfahren ausgesetzt werden müsste (vgl. OLG München, Beschluss vom 20.12.2019 – 34 Sch 14/18 -, SchiedsVZ 2020, 145, 146; Adolphsen, in: Münchener Kommentar zur ZPO, 6. Aufl. 2022, UNÜ Art. VI, Rn. 2). Erforderlich ist vielmehr auch, dass der Antragsgegner die von ihm im Aufhebungsverfahren im Heimatstaat des Schiedsspruchs geltend gemachten Aufhebungsgründe im Vollstreckbarerklärungsverfahren vorträgt und diese Gründe auch erfolgsversprechend erscheinen (vgl. Adolphsen, in: Münchener Kommentar zur ZPO, 6. Aufl. 2022, UNÜ Art. VI Rn. 2 m. w. N.).

So liegt es hier aber nicht.

Nach Art. V Abs. 1 lit. e UNÜ ist der Antrag auf Aufhebung eines Schiedsspruchs im Heimatstaat gerade nicht ausreichend, um eine Vollstreckbarerklärung zu versagen. Das UNÜ erkennt damit ausdrücklich an, dass allein die Anhängigkeit eines Aufhebungsverfahrens die Vollstreckung in anderen Staaten nicht unterbinden soll.

Das Hauptanliegen des UNÜ ist die Bereitstellung eines effektiven, internationalen Regelwerks, welches eine Anerkennung und Vollstreckung internationalen Schiedssprüchen und abreden gewährleistet. Auch im Rahmen der Abwägungsentscheidung über einen Aussetzungsantrag ist daher das Ziel des UNÜ zu wahren, die Anerkennung von Schiedssprüchen zu erleichtern.

Auch § 1061 Abs. 3 ZPO spricht konzeptionell gegen eine Aussetzung. Hiernach kann die Aufhebung der Vollstreckbarerklärung beantragt werden, wenn der Schiedsspruch, nachdem er für vollstreckbar erklärt worden ist, im Ausland aufgehoben wurde. Mit dieser Befugnis zur Aufhebung der Vollstreckbarerklärung nach Aufhebung des Schiedsspruchs im Ausland hat der Gesetzgeber eine Vollstreckbarerklärung trotz laufenden oder noch möglichen Aufhebungsverfahrens gerade vorausgesetzt.

Nach dem unwidersprochenen Vortrag der Antragstellerinnen ist auch im italienischen Recht eine révision au fond ausgeschlossen.

Zudem haben die Antragstellerinnen – ebenfalls unwidersprochen – vorgetragen, dass nach der Rechtsprechung der italienischen Gerichte bei der Anfechtung von Schiedssprüchen ein Begründungsmangel nur dann als Fehler im Sinne Art. 829 Abs. 1 Nr. 5 in Verbindung mit Art. 823 Abs. 2 Nr. 3 Codice di procedura civile erkannt werden kann, wenn überhaupt keine Gründe für den Schiedsspruch vorliegen oder wenn sie so unvollständig sind, dass sie es nicht erlauben, den von den Schiedsrichtern verfolgten Argumentationsweg zu verstehen und die ratio für die getroffene Entscheidung zu erkennen. Wie oben ausführlich erläutert, liegt es hier so aber nicht.

Von positiven Erfolgsaussichten des italienischen Aufhebungsverfahrens kann nach alledem keine Rede sein.

Die nach dem Schluss der mündlichen Verhandlung eingereichten Schriftsätze vom 21. November 2022 sowie vom 24. November 2022, die sich zuvörderst mit der Frage beschäftigen, ob in dem Verfahren vor dem C. A. von M. mit dem Aktenzeichen 136/2021 mittlerweile eine den Aufhebungsantrag abweisende Entscheidung vorliegt, geben keinen Anlass, die mündliche Verhandlung wiederzueröffnen.

3. Die Kostenentscheidung folgt aus § 91 Abs. 1 ZPO.

4. Der Ausspruch zur vorläufigen Vollstreckbarkeit beruht auf § 1064 Abs. 2 ZPO. Das Gesetz sieht in diesem Zusammenhang – entgegen der Ansicht der Antragsgegnerinnen – keine Abwendungsbefugnis vor (vgl. etwa OLG München, Beschluss vom 14.11.2011 – 34 Sch 10/11 -, SchiedsVZ 2012, 43, 47; Voit, in: Musielak/Voit (Hrsg.), ZPO, 19. Aufl. 2022, § 1064, Rn. 3).

**Nr. 5** Kammergericht, Beschluss vom 22.9.2022, 1 W 348/22 (Europäisches Nachlasszeugnis; unbekannte Erbschaftsfolgen)

Genügt im Falle der Anwendbarkeit italienischen Erbrechts die Zuweisung eines Grundstücks an einen von mehreren Erben im Europäischen Nachlasszeugnis, obwohl das deutsche Recht einen Direktübergang des Eigentums an einem einzelnen Nachlassgegenstand nicht kennt?

**Amtlicher Leitsatz:**
**Die Zuweisung eines Grundstücks an einen von mehreren Erben in Anlage IV Ziffer 9 eines Europäischen Nachlasszeugnisses ist bei italienischem Erbstatut hinreichende Grundlage für eine berichtigende Eintragung des Erben als Alleineigentümer im Grundbuch.**

*Gründe*

Das Rechtsmittel ist zulässig (§§ 71 ff. GBO) und hat auch in der Sache Erfolg.

Der Beteiligte ist gemäß § 22 GBO antragsgemäß berichtigend als Alleineigentümer im Grundbuch einzutragen, denn er hat mit dem vorgelegten Europäischen Nachlasszeugnis vom 13. April 2022 der Notarin Dr. M. A. in Mx (Register Nr. …, Urkundenrolle Nr. …) nachgewiesen, dass das Grundbuch unrichtig und anstelle der eingetragenen Eigentümerin nunmehr der Beteiligte Alleineigentümer des im Beschlusseingang bezeichneten Wohnungseigentums ist.

Ausweislich des Europäischen Nachlasszeugnisses ist die eingetragene Eigentümerin des verfahrensgegenständlichen Wohnungseigentums verstorben und aufgrund gewillkürter Erbfolge von dem Beteiligten und … beerbt worden. Das Nachlasszeugnis weist in Anhang A (Formblatt V Anlage IV) unter Ziffer 9 ferner aus, dass (nur) dem Beteiligten „die Immobilieneinheit, gelegen in: S. Straße ., WE ., 1xx B. (Deutschland), im Grundbuch von F. eingetragen unter der Nummer …" zugewiesen wurde.

Auf die Rechtsnachfolge findet gemäß Art. 21 Abs. 1 EuErbVO italienisches Recht Anwendung, weil die Erblasserin zum Zeitpunkt ihres Todes ihren gewöhnlichen Aufenthalt in Italien hatte (Ziffer 8 des Europäischen Nachlasszeugnisses). Das italienische Erbrecht sieht vor, dass auch einem Erben ein (Voraus) Vermächtnis zugewandt werden kann. Ist Gegenstand eines Vermächtnisses das Eigentum an einer bestimmten Sache oder ein anderes dem Erblasser zustehendes Recht, so geht das Eigentum oder das Recht mit dem Tode des Erblassers von diesem auf den Vermächtnisnehmer über, ohne dass es dazu einer Annahme bedarf (Art. 649 Abs. 1 und 2 CC). Bei Einsetzung mehrerer Erben kann der Erblasser eine Teilungsanordnung treffen, die die Erben nur schuldrechtlich bindet (Art. 733 CC), oder er kann den Nachlass gemäß Art. 734 CC mit dinglicher Wirkung selbst teilen. Im letzteren Fall geht das Eigentum an den Einzelgegenständen im Augenblick der Erbschaftsannahme unmittelbar auf die als Erben bestimmten Personen über, ohne dass vorher eine Erbengemeinschaft eingetreten wäre (Ferid/Firsching/Hausmann, Internationales Erbrecht, Italien, Rdn. 670).

Vor diesem Hintergrund ist die Zuweisung des verfahrensgegenständlichen Wohnungseigentumsrechts an den Beteiligten in Ziffer 9 des Anhang A des Europäischen Nachlasszeugnisses ein hinreichender Beleg dafür, dass der Beteiligte durch den Erbfall, jedenfalls aber mit der in Ziffer 2 des Anhangs A nachgewiesenen Annahme der Erbschaft, Alleineigentümer des Wohnungseigentumsrechts geworden ist, ohne dass es hierfür einer Auseinandersetzung der Erbengemeinschaft bedurfte. Gemäß Art. 63 Abs. 2 lit. b EuErbVO soll ein Europäisches Nachlasszeugnis als Nachweis für die Zuweisung eines bestimmten Vermögenswertes des Nachlasses an die in dem Zeugnis als Erbe oder gegebenenfalls als Vermächtnisnehmer genannte Person verwendet werden können. Da die Bescheinigung der Erbquote bereits in Art. 63 Abs. 2 lit. a EuErbVO geregelt ist, muss sich der Begriff des „Vermögenswerts" im Sinne von Art. 63 Abs. 2 lit. b auf einen anderen Aspekt beziehen. Wie aus anderen Sprachfassungen hervorgeht, sind mit „Vermögenswerten" einzelne Nachlassgegenstände gemeint (Fornasier in Dutta/Weber, Internationales Erbrecht, 2. Aufl., Art. 63 EuErbVO Rdn. 34). Die betreffenden Gegenstände sind gemäß Art. 68 lit. l, m EuErbVO im Zeugnis anzugeben (Fornasier a. a. O. Rdn. 37). Eintragungen hierzu sind im Formblatt V Anlage IV Ziffer 9 bzw. Anlage V Ziffer 5 vorzunehmen. Wie bereits im Rahmen des Art. 63 Abs. 2 lit. a EuErbVO sind die Begriffe „Erben" und „Vermächtnisnehmer" im Sinne des Art. 63 Abs. 1 EuErbVO zu verstehen und beziehen sich somit nur auf Erben, auf die der Nachlass unmittelbar von Todes wegen ohne rechtsgeschäftliche Übertragungsakte übergeht, sowie auf Empfänger dinglich wirkender Vermächtnisse (OLG München, ZEV 2017, 580; OLG Nürnberg ZEV 2017, 579; Fornasier a. a. O. Rdn. 34). Bei einer Eintragung in Formblatt V Anlage IV Ziffer 9 bzw. Anlage V Ziffer 5 kann es sich deshalb nicht um einen nur schuldrechtlichen Anspruch auf entsprechende Auseinandersetzung einer Erbengemeinschaft oder Übertragung eines Vermächtnisgegenstands handeln, sofern die Eintragung nicht ausdrücklich anderes kenntlich macht.

Es ist auch nicht anzuzweifeln, dass sich die in Formblatt V Anlage IV Ziffer 9 ausgewiesene Zuweisung auf das Eigentum an der Immobilie bezieht. Die Erblasserin war Eigentümerin des Wohnungseigentumsrechts. Mangels erkennbarer Einschränkungen beziehen sich Angaben über Zuweisungen „der Immobilie" im Europäischen Nachlasszeugnis auf dieses Vollrecht. Es entspricht auch etwa im Falle der Übertragung allgemeinem Sprachgebrauch, dass mit der Übertragung einer Immobilie das Eigentum an dieser gemeint ist.

Gemäß Art. 69 Abs. 2 EuErbVO wird vermutet, dass das Europäische Nachlasszeugnis die festgestellten Sachverhalte zutreffend ausweist. Diese Vermutung ist hier anders als in der von dem Grundbuchamt zitierten Entscheidung des OLG München vom 29. September 2020 (FGPrax 2020, 265) nicht widerlegt. Nach dem jener Entscheidung zugrundeliegenden Sachverhalt ergab sich aus dem Vortrag der Antragstellerin im Grundbuchverfahren, dass ein dinglicher Übergang des Eigentums an dem Nachlassgegenstand nicht schon mit dem Tode des Erblassers, sondern erst mit dem Abschluss eines Auseinandersetzungsvertrages erfolgt ist. Derartige Anhaltspunkte für eine Unrichtigkeit des Europäischen Nachlasszeugnisses liegen hier nicht vor.

Der dem deutschen Recht unbekannte direkte Übergang des Eigentums an einem einzelnen Nachlassgegenstand auf einen von mehreren Erben ohne rechtsgeschäftliche Auseinandersetzung der Erbengemeinschaft ist aufgrund der Nachweise durch das Europäische Nachlasszeugnis für die Eintragung im deutschen Grundbuch anzuerkennen. Nach der Rechtsprechung des Europäischen Gerichtshofs (Urteil vom 12. Oktober 2017 – C-218/16) sind Art. 1 Abs. 2 lit k und l sowie Art. 31 EuErbVO dahin auszulegen, dass die Anerkennung der dinglichen Wirkung des Vindikationslegats, das dem anzuwendenden Erbstatut bekannt ist, von den Mitgliedstaaten nicht mit der Begründung abgelehnt werden kann, dass die Rechtsordnung des Belegenheitsstaates des betroffenen Grundstücks das Institut des Vermächtnisses mit unmittelbarer dinglicher Wirkung im Zeitpunkt des Eintritts des Erbfalls nicht kennt. Der Europäische Gerichtshof begründet dies mit der Einheitlichkeit des auf die Rechtsfolge von Todes wegen anzuwendenden Rechts gemäß Art. 23 Abs. 1 EuErbVO und mit dem 37. Erwägungsgrund der EuErbVO. Die Bereichsausnahmen in Art. 1 Abs. 2 lit k und l EuErbVO beziehen sich nicht auf materiellrechtliche Vorschriften über Art und Weise des Übergangs dinglicher Rechte. Auch Art. 31 EuErbVO betrifft nicht die Modalitäten des Übergangs dinglicher Rechte, sondern nur die Wahrung ihres Inhalts bei der Rezeption in der lex rei sitae (EuGH, NJW 2017, 3767). Nichts anderes kann dann für eine unmittelbar dinglich wirkende Teilungsanordnung wie hier nach Art. 734 CC gelten. Diese bewirkt ebenso wie ein Vindikationslegat den direkten Eigentumserwerb des Erben, dem der Nachlassgegenstand zugewiesen wurde. Auch in diesem Fall wird kein dem deutschen Recht unbekanntes dingliches Recht begründet, sondern sind nur die Modalitäten des Eigentumsübergangs in anderer Weise als im deutschen Recht geregelt.

# IV. Rechtsprechungsübersicht

(im Anschluss an die Übersicht in Band 35,
vornehmlich aus dem Publikationszeitraum 2022 und 2023)

## 1. SCHULD-, SACHEN-, HANDELS- UND WIRTSCHAFTSRECHT

**1.1 GBO §§ 22, 35; EuErbVO Art. 1 Abs. 2, Art. 23, 31, 63 Abs. 2, Art. 69 Abs. 2; ital. Codice Civile Art. 649, 733, 734**

1. Die Zuweisung eines Grundstücks an einen von mehreren Erben in Anl. IV Ziff. 9 eines Europäischen Nachlasszeugnisses ist bei italienischem Erbstatut hinreichende Grundlage für eine berichtigende Eintragung des Erben als Alleineigentümer im Grundbuch. (amtl. Ls.)
2. Der dem deutschen Recht unbekannte direkte Übergang des Eigentums an einem einzelnen Nachlassgegenstand auf einen von mehreren Erben ohne rechtsgeschäftliche Auseinandersetzung der Erbengemeinschaft ist aufgrund der Nachweise durch das ENZ für die Eintragung im deutschen Grundbuch anzuerkennen. (n. amtl. Ls.)

KG, Beschl. v. 22.9.2022 – 1 W 348/22, NJW-RR 2023, 80 = FamRZ 2023, 79 = FuR 2023, 104 = MDR 2022, 1552 = NotBZ 2023, 301 = RNotZ 2023, 423 = RPfleger 2022, 677 = ZEV 2022, 674 = FGPrax 2022, 196 = ErbR 2023, 304 = MittBayNot 2023, 291 = BWNotZ 2022, 290; im Volltext abgedruckt in diesem Band, S. 167.

**1.2 BGB § 932 Abs. 1, 2, § 929 S. 1, § 952; ZPO § 286; EGBGB Art. 43 Abs. 1**

Beruft sich der Erwerber eines gebrauchten Fahrzeugs auf den gutgläubigen Erwerb, trägt derjenige, der den guten Glauben in Abrede stellt, die Beweislast dafür, dass der Erwerber sich die Zulassungsbescheinigung Teil II zur Prüfung der Berechtigung des Veräußerers nicht hat vorlegen lassen. Den Erwerber trifft allerdings regelmäßig eine sekundäre Darlegungslast hinsichtlich der Vorlage und Prüfung der Zulassungsbescheinigung Teil II.

Der Einbehalt der Zulassungsbescheinigung Teil II durch den Veräußerer kann die Gutgläubigkeit des Erwerbers ausschließen, wenn es dafür an einem plausiblen Grund fehlt. Vorliegend hat es das Berufungsgericht für plausibel gehalten, dass – wie in dem Kaufvertrag vereinbart – das deutsche Autohaus die Zulassungsbescheinigung Teil II einbehalten hat, um sicherzustellen, dass die italienische Klägerin die Gelangensbestätigung (§ 17a Abs. 2 Nr. 2 UStDV) übersendet, mit der bei innergemeinschaftlichen Lieferungen die Umsatzsteuerfreiheit nachgewiesen werden kann. Diese tatrichterliche Würdigung kann durch das Revisionsgericht nur darauf überprüft werden, ob der maßgebliche Rechtsbegriff der groben Fahrlässigkeit verkannt worden ist oder ob Verstöße gegen § 286 ZPO, gegen Denkgesetze oder Erfahrungssätze vorliegen. Einen solchen Rechtsfehler vermag die Revision nicht aufzuzeigen.

BGH, Urt. v. 23.9.2022 – V ZR 148/2, NJW 2023, 781 = BB 2022, 2575 = JuS 2023, 459 = EWiR 2023, 177 = MDR 2022, 1541 = VersR 2022, 1513 = ZfS 2023, 74.

**1.3 BGB § 826**

Die Tatbestandswirkung der italienischen Typengenehmigung für ein Fahrzeug schließt im Rahmen der Herstellerhaftung die Prüfung nicht aus, ob diese Typengenehmigung durch ein arglistiges Vorgehen erschlichen wurde.

OLG Dresden, Urt. v. 14.3.2023 – 4 U 577/22, juris.

## 2. FAMILIENRECHT

**2.1 PStG §§ 5 I, 16 I 1 Nr. 3; FamFG §§ 107 I 1 u. 2, 97 I 2; Brüssel IIa-VO Art. 1 Buchst. a, 2 Nr. 4, 21 I u. II, 39**

Einvernehmliche Ehescheidungen vor dem italienischen Zivilstandsbeamten bedürfen auch unter Geltung der Brüssel IIa-Verordnung zu ihrer Eintragung im Eheregister keiner Anerkennung nach § 107 I 1 FamFG (im Anschluss an EuGH ECLI:EU:C:2022:879 = NJW 2023, 143 = FamRZ 2023, 21).

BGH, Beschl. v. 26.4.2023 – XII ZB 187/20, NJW 2023, 2341 = FamRZ 2023, 1103 = MDR 2023, 913 = NJW-Spezial 2023, 484 = NZFam 2023, 811 = StAZ 2023, 241; im Volltext abgedruckt in diesem Band, S. 150.

**2.2  IntFamRVG § 40 Abs. 2 S. 2; KiEntfÜbk Haag Art. 3**

Die statthafte Beschwerde gegen die Anordnung der Rückführung eines Kindes nach Italien auf Grundlage des HKÜ ist unzulässig und deshalb zu verwerfen, wenn sie nicht innerhalb der zweiwöchigen Frist des § 40 Abs. 2 Satz 2 IntFamRVG begründet wird.

OLG München, Beschl. v. 28.10.2022, 12 UF 1046/22, juris.

## 3. ZIVILVERFAHRENS- UND INSOLVENZRECHT

**3.1  UNÜ Art. V Abs. 2 Buchst. b; ZPO § 1061; ital. Codice Civile Art. 1439**

Ein Verstoß gegen den verfahrensrechtlichen ordre public international kann nicht damit begründet werden, dass ein Schiedsgericht bei einer Beweiswürdigung zum Vorliegen eines Betrugs nach Art. 1439 Codice Civile nicht angibt, welchen konkreten Beweiswert es einzelnen Indizien beigemessen hat.

OLG Frankfurt a. M., Beschl. v. 1.12.2022 – 26 Sch 4/22, EWiR 2023, 351; im Volltext abgedruckt in diesem Band, S. 156.

## 4. STEUERRECHT

**4.1  KraftStG § 5 Abs. 4 S. 2, § 5 Abs. 1 S. 1, § 7 Nr. 1; FZV § 14 Abs. 1; BGB § 121 Abs. 1 S. 1; FGO § 155; ZPO § 294**

1. Ein Fahrzeug ist nach den für die Kraftfahrzeugsteuer maßgeblichen verkehrsrechtlichen Vorschriften erst dann nicht mehr zum Verkehr zugelassen, wenn sowohl die Kennzeichen entstempelt wurden als auch die Außerbetriebsetzung in die Zulassungsbescheinigung eingetragen wurde.
2. Wenn der Steuerschuldner glaubhaft macht, dass das Fahrzeug ab einem bestimmten Zeitpunkt nicht mehr benutzt worden ist und er die Abmeldung des Fahrzeugs nicht schuldhaft verzögert hat, dann ist der frühere Zeitpunkt zu Grunde zu legen.
3. Das Tatbestandsmerkmal „nicht schuldhaft verzögert" in § 5 Abs. 4 S. 2 KraftStG ähnelt dem Begriff „unverzüglich" in § 121 Abs. 1 S. 1 BGB.
4. Unverzüglich erfolgt nach der Rechtsprechung eine Handlung nur, wenn sie innerhalb einer nach den Umständen des Einzelfalls zu bemessenden Prüfungs- und Überlegungsfrist vorgenommen wird.
5. Die Anforderungen an das Verhalten bei der Prüfung des Merkmals „nicht schuldhaft verzögert" i. S. des § 5 Abs. 4 S. 2 KraftStG sind im Gesetz nicht definiert. Um die Kraftfahrzeugsteuerpflicht zu beenden, muss das Fahrzeug bei der Zulassungsbehörde außer Betrieb gesetzt werden. Den Fahrzeughalter trifft kein Verschulden an der verzögerten Abmeldung des Fahrzeugs, wenn dieses nach einem Unfall in Italien von der dortigen Polizei beschlagnahmt wurde.

FG Münster, Urt. v. 14.4.2023 – 10 K 824/22 KfZ, BeckRS 2023, 10016.

**4.2 DBA-Italien 1989 Art. 7 Abs. 1, Art. 24 Abs. 3 Buchst. a, Protokoll Abschn. 16 Buchst. d; EG Art. 43, Art. 48; AEUV Art. 49, Art. 54; EUGrdRCh Art. 20; GG Art. 3 Abs. 1**

1. Die qualifizierte Rückfallklausel des Abschn. 16 Buchst. d des Protokolls zum DBA-Italien 1989, nach der die Einkünfte einer in einem Vertragsstaat ansässigen Person (nur dann) als aus dem anderen Vertragsstaat stammend gelten, wenn sie im anderen Vertragsstaat in Übereinstimmung mit dem Abkommen effektiv besteuert worden sind, ist auch auf negative Einkünfte anzuwenden. Von einer effektiven Besteuerung durch den anderen Staat ist im Falle von Verlusten jedenfalls dann auszugehen, wenn der andere Staat die Verluste in die steuerliche Bemessungsgrundlage einbezieht und einen Ausgleich mit positiven Einkünften eines anderen Veranlagungszeitraums ermöglicht. Nicht erforderlich ist hingegen, dass es zu irgendeinem Zeitpunkt tatsächlich zu einem solchen Ausgleich kommt.

2. Der auf einem DBA (hier: DBA-Italien 1989) beruhende Ausschluss der Berücksichtigung von Verlusten einer in einem anderen Mitgliedstaat belegenen Betriebsstätte (sog. Symmetriethese) verstößt auch im Hinblick auf endgültige („finale") Verluste weder gegen die unionsrechtliche Niederlassungsfreiheit (Anschluss an EuGH W v. 22.9.2022 – C-538/20, EU:C:2022:717, DStR 2022, 1993 mAnm Ismer; Bestätigung der Senatsrechtsprechung) noch gegen Art. 20 der Charta der Grundrechte der EU und das verfassungsrechtliche Gleichbehandlungsgebot.

BFH, Urt. v. 12.4.2023 – I R 44/22 (I R 49/19, I R 17/16), IStR 2023, 505 = BB 2023, 1701.

## 5. ÖFFENTLICHES RECHT

**5.1 VO Nr. 604/2013 (Dublin-III-VO); GG Art. 19 Abs. 4 S. 1; BVerfGG § 23 Abs. 1 S. 2, § 92; VwGO § 80 Abs. 7 S. 2, § 86 Abs. 1 S. 1**

[…] b. Der verwaltungsgerichtlichen Sachaufklärungspflicht (§ 86 Abs. 1 S. 1 VwGO) kann – bezogen auf Asylverfahren – besonders dann verfassungsrechtliches Gewicht zukommen, wenn hinreichend substantiierte Behauptungen von Schutzsuchenden oder andere für das Verfahren relevante Erkenntnisse auf Umstände zielen, die, ihr Vorliegen unterstellt, für die Verwirklichung hochrangiger grundrechtlicher Gewährleistungen von ausschlaggebender Bedeutung sind.

c. Eine entsprechende Verpflichtung der Gerichte ist etwa bei Abschiebezielstaaten im Dublin-System anzunehmen, wenn dort eine häufig und in erheblichem Umfang wechselnde politische Situation im Hinblick auf die Aufnahme und Unterbringung von Flüchtlingen besteht, die sich über Einzelaspekte hinaus auf die generelle Fähigkeit oder Bereitschaft auswirkt, den Verpflichtungen im Rahmen des Dublin-Systems zu entsprechen. […]

d. Im vorliegenden Fall (Abschiebung eines syrischen Flüchtlings nach Italien als für den Asylantrag zuständigen Staat) hat das VG insb. versäumt, sich – auch unabhängig vom Vortrag der Beschwerdeführerin – im Rahmen der Amtsermittlung über die aktuelle Aufnahmesituation in Italien zu informieren und verfügbare Mitteilungen hinsichtlich des Aufnahmestopps zu berücksichtigen, obwohl dies zur Gewährung effektiven Rechtsschutzes erforderlich gewesen wäre. Denn Italien gehört zu denjenigen Dublin-Staaten, die in besonderer Weise von häufig und in erheblichem Umfang wechselnden politischen Rahmenbedingungen im Hinblick auf die Aufnahme und Unterbringung von Flüchtlingen betroffen sind, die sich über Einzelaspekte hinaus auf die generelle Fähigkeit oder Bereitschaft auswirken, den Verpflichtungen im Rahmen des Dublin-Systems zu entsprechen.

BVerfG, Beschl. v. 2.8.2023, 2 BvR 593/23, juris.

**5.2 VO Nr. 604/2013 (Dublin-III-VO) Art. 3 Abs. 2, Art. 29 Abs. 2; EUGrdRCh Art. 4; AsylG § 29**

Die Zuständigkeit Italiens für die Durchführung des Asylverfahrens der Kläger ist nicht mehr gegeben, weil gemäß Art. 3 Abs. 2 Unterabs. 3 Dublin III-VO Deutschland für das Asylverfahren der Kläger zuständig geworden ist. Das Asylsystem Italiens weist systemische Mängel auf, die eine Gefahr einer unmenschlichen oder entwürdigenden Behandlung im Sinne von Art. 4 GRCh mit sich bringen, weil die italienischen Behörden den Zugang zu Asylverfahren und Aufnahmebedingungen insgesamt verweigern. Der Senat geht nicht davon aus, dass es sich um ein vorübergehendes Aussetzen von Überstellungen handelt, sondern um die diplomatisch verklausulierte Weigerung der Aufnahme von Dublin-Rückkehrern auf „unbestimmte Zeit". Nähere Informationen über die Dauer der Aussetzung der Überstellungen sind nicht bekannt. Unter Berücksichtigung der regelmäßigen Überstellungsfrist von sechs Monaten nach Art. 29 Abs. 2 Dublin III-VO, kann nicht davon ausgegangen werden, ob und ggfs. wann Überstellungen wieder ermöglicht werden sollen. Dass die italienischen Behörden Auf- und Wiederaufnahmersuchen weiterhin zustimmen, führt zu keiner anderen Beurteilung, da diese offensichtlich keinen Einfluss auf die tatsächliche Übernahmebereitschaft Italiens haben.

OVG Nordrhein-Westphalen, Beschl. v. 7.6.2023, 11 A 2343/19.A, 7467585, juris.

**5.3 VO Nr. 604/2013 (Dublin-III-VO) Art. 3 Abs. 2, Art. 29 Abs. 2; EUGrdRCh Art. 4; AsylG § 29**

Asylanträge von in Italien anerkannt Schutzberechtigten, die arbeitsfähig und nicht vulnerabel sind, sind nach § 29 Abs. 1 Nr. 2 AsylG unzulässig. Auch wenn diesem Personenkreis unmittelbar nach Rückkehr Obdachlosigkeit droht, geht damit nicht zwingend eine mit Art. 4 GRCh unvereinbare Situation extremer materieller Not einher; denn für anerkannt Schutzberechtigte ist unter Zuhilfenahme von vorhandenen Unterbringungs- und Unterstützungsangeboten grundsätzlich ein Lebensstandard erreichbar, der die Erfüllung der elementarsten Bedürfnisse ermöglicht.

Bayerischer VGH, Beschl. v. 25.5.2023, 24 B 22.30954, juris.

**5.4 VO Nr. 604/2013 (Dublin-III-VO) Art. 3 Abs. 2, Art. 29 Abs. 2; EUGrdRCh Art. 4; EMRK Art. 3; AsylG § 29**

Es ist zwar zuzugeben, dass Asylsuchende im Einzelfall während der Bearbeitung ihres Asylantrages in Italien auf sich allein gestellt sind. Die im Bereich der Unterbringung und Versorgung der Asylantragsteller weiterhin feststellbaren Mängel und Defizite sind aber weder für sich genommen noch insgesamt als so gravierend zu bewerten, dass ein grundlegendes systemisches Versagen der italienischen Behörden vorliegen würde, welches für einen Dublin-Rückkehrer nach dem Prognosemaßstab der beachtlichen Wahrscheinlichkeit eine Rechtsverletzung im Schutzbereich von Art. 3 EMRK oder Art. 4 GRCh mit dem dafür notwendigen Schweregrad nahelegte.

OVG Sachsen-Anhalt, Beschl. v. 27.6.2023, 7 B 170/23 MD, 9635544, juris.

**5.5 VO Nr. 604/2013 (Dublin-III-VO) Art. 3 Abs. 2, Art. 29 Abs. 2; EUGrdRCh Art. 4; EMRK Art. 3; AsylG § 29, § 29a**

Das Gericht gelangt zum Ergebnis, dass anerkannt Schutzberechtigten in Italien, die keine besonderen Vulnerabilitäten aufweisen, trotz einer drohenden Obdachlosigkeit die dann notwendigen Hilfsangebote durch staatliche und vor allem nichtstaatliche Stellen noch in hinreichenden Maße zur Verfügung stehen. Insbesondere existieren auch außerhalb der staatlichen Strukturen zahlreiche private Unterbringungsmöglichkeiten – namentlich Schlafplätze und Notunterkünfte –, betrieben etwa von Kirchen und Freiwilligenorganisationen sowie zahlreiche regionale und kommunale Angebote einer temporären Unterkunft. In Anbetracht dieser Hilfsangebote der verschiedensten Akteure gelangt der Senat zur Überzeugung, dass anerkannt Schutzberechtigte, die im Falle ihrer Rückkehr von Obdachlosigkeit betroffen sind, eine jedenfalls derzeit noch hinlängliche Unterstützung erfahren, sodass in der Gesamtschau keine beachtliche Wahrscheinlichkeit dafür besteht, dass sie ihr Existenzminimum nicht i. S. d. Art. 4 GRCh sichern können. Soweit in Italien regionale Unterschiede bei der Verfügbarkeit und/oder Auslastung dieser Angebote bestehen, ist es den anerkannt Schutzberechtigten sowohl möglich als auch zumutbar, sich darüber zu informieren, an welchem Ort noch Kapazitäten bestehen und ihren Aufenthalt schließlich dorthin zu verlagern. Ergänzend weist der Senat noch darauf hin, dass landesweit auch eine Anzahl an informellen Siedlungen besteht, die jedenfalls die Möglichkeit bieten, einen hinreichenden Schutz vor extremen Witterungsverhältnissen zu finden. Im Umfeld einzelner informeller Siedlungen sind zudem auch NROs aktiv, die insbesondere vulnerablen Personengruppen und auch Frauen eine feste Unterkunft zur Verfügung stellen.

OVG Rheinland-Pfalz, Beschl. v. 27.3.2023, 13 A 10948/22.OVG, 7286234, juris.

### 5.6 VO Nr. 604/2013 (Dublin-III-VO) Art. 3 Abs. 2; EUGrdRCh Art. 4; EMRK Art. 3; AsylG § 78 Abs. 4

Rückkehrer werden derzeit in Italien grundsätzlich weder im Zeitpunkt der Rücküberstellung noch während des Asylverfahrens und auch nicht nach Zuerkennung von internationalem Schutz unabhängig von ihrem Willen und ihren persönlichen Entscheidungen durch systemische Schwachstellen gem. Art. 3 Abs. 2 UAbs. 2 EUV 604/2013 oder sonstige Umstände dem „real risk" einer unmenschlichen oder entwürdigenden Behandlung im Sinne von Art. 4 EUGrdRCh bzw. Art. 3 EMRK ausgesetzt.

OVG Saarland, Beschl. v. 25.1.2023, 2 A 11/22, juris.

### 5.7 VO Nr. 604/2013 (Dublin-III-VO) Art. 3 Abs. 2; EUGrdRCh Art. 4; AsylG § 29, § 34a Abs. 1 S. 1

Das Fehlen einer Übernahmebereitschaft lässt keinen Rückschluss darauf zu, ob in diesem Land systemische Mängel bestehen. Ebenso ist es für die Annahme systemischer Mängel regelmäßig unbeachtlich, ob das Land seine Übernahmebereitschaft erklärt hat. Abgesehen davon dürften die Schreiben der italienischen Behörden vom 5. und 7. Dezember 2022, in denen Italien mitteilt, für eine ordnungsgemäße Unterkunft und Versorgung der Flüchtlinge zu sorgen, eher gegen die Annahme systemischer Mängel sprechen.

Hessischer VGH, Beschl. v. 27.7.2023, 2 A 377/23.Z.A, 8315956, juris.

### 5.8 VO Nr. 604/2013 (Dublin-III-VO) Art. 3 Abs. 2; EUGrdRCh Art. 4; EMRK Art. 3; AsylG § 29

Im Rahmen einer Abweichung von der grundsätzlich geltenden Annahme, dass Schutzberechtigten in Italien keine Art. 4 GRCh bzw. Art. 3 EMRK widersprechende Behandlung droht, besteht keine verallgemeinerungsfähige Aussage über die Situation von zurückkehrenden Familien mit minderjährigen Kindern, vielmehr beschränkt sich die Schutzbedürftigkeit insoweit auf Fälle, wie sie etwa bei der notwendigen Sorge für unterstützungsbedürftige Familienangehörige vorliegen. Maßgeblich ist auf die Umstände des Einzelfalles abzustellen.

OVG Schleswig-Holstein, Beschl. v. 10.3.2023, 4 LA 4/23, juris.

## 6. UNIONSRECHT

**6.1 VO (EU) Nr. 492/2011 Art. 3 Abs. 1; AEUV Art. 45**

Art. 45 AEUV und Art. 3 Abs. 1 Buchst. b der VO (EU) Nr. 492/2011 des Europäischen Parlaments und des Rates vom 5.4.2011 über die Freizügigkeit der Arbeitnehmer innerhalb der Union sind dahin auszulegen, dass sie einer nationalen Regelung entgegenstehen, die vorsieht, dass nur Bewerber, die eine bestimmte Berufserfahrung an nationalen öffentlichen Hochschuleinrichtungen für Kunst, Musik und Tanz erworben haben, zu einem Verfahren zur Aufnahme in Ranglisten, die erstellt werden, um mittels unbefristeter und befristeter Arbeitsverträge Personal in diese Einrichtungen einzustellen, zugelassen werden können und die somit verhindert, dass für die Zwecke der Zulassung zu diesem Verfahren die in anderen Mitgliedstaaten erworbene Berufserfahrung berücksichtigt wird.

EuGH (Sechste Kammer), Urt. v. 15.6.2023, C-132/22 – *Ministero dell'Istruzione, dell'Università e della Ricerca*, Vorlage des Tribunale amministrativo regionale per il Lazio (Regionales Verwaltungsgericht Latium, Italien), EuZW 2023, 761 = ZAR 2023, 267.

**6.2 RL 2014/25/EU Art. 60, Art. 62; RL 2007/46/EG Art. 10 Abs. 2, Art. 19 Abs. 1, Art. 28 Abs. 1; RL 2004/17/EG**

1. Art. 10 Abs. 2 RL 2007/46/EG, Art. 19 Abs. 1 RL 2007/46/EG und Art. 28 Abs. 1 RL 2007/46/EG des Europäischen Parlaments und des Rates vom 5.9.2007 zur Schaffung eines Rahmens für die Genehmigung von Kraftfahrzeugen und Kraftfahrzeuganhängern sowie von Systemen, Bauteilen und selbstständigen technischen Einheiten für diese Fahrzeuge (Rahmenrichtlinie) sind dahin auszulegen, dass sie es einem öffentlichen Auftraggeber verwehren, im Rahmen einer Ausschreibung für die Lieferung von Ersatzteilen für Omnibusse, die für den öffentlichen Verkehr bestimmt sind, ein Angebot zu akzeptieren, mit dem Bauteile angeboten werden, die unter einen Bauteiltyp fallen, auf den sich die in Anhang IV RL 2007/46/EG aufgeführten Rechtsakte beziehen, ohne dass eine Bescheinigung beigefügt ist, die die Genehmigung dieses Bauteiltyps belegt, und ohne dass Informationen über das tatsächliche Bestehen einer solchen Genehmigung erteilt werden, sofern diese Rechtsakte eine solche Genehmigung vorsehen.

2. Die Art. 60, 62 RL 2014/25/EU des Europäischen Parlaments und des Rates vom 26.2.2014 über die Vergabe von Aufträgen durch Auftraggeber im Bereich der Wasser-, Energie- und Verkehrsversorgung sowie der Postdienste und zur Aufhebung der RL 2004/17/EG sind dahin auszulegen, dass sie es in Anbetracht der Definition des Begriffs „Hersteller" in Art. 3 Nr. 27 RL 2007/46/EG einem öffentlichen Auftraggeber verwehren, im Rahmen einer Ausschreibung für die Lieferung von Ersatzteilen für Omnibusse, die für den öffentlichen Verkehr bestimmt sind, als Nachweis der Gleichwertigkeit von Bauteilen, die unter die in Anhang IV RL 2007/46/EG aufgeführten Rechtsakte fallen und vom Bieter angeboten werden, eine von diesem Bieter abgegebene Erklärung der Gleichwertigkeit zu akzeptieren, wenn dieser Bieter nicht als Hersteller dieser Bauteile angesehen werden kann.

EuGH (Sechste Kammer), Urt. v. 27.10.2022, C-68/21, C-84/21 – *Iveco Orecchia SpA/APAM Esercizio SpA, Brescia Trasporti SpA*, Vorlage des Consiglio di Stato (Staatsrat, Italien), NZBau 2023, 250 = ZfBR 2023, 390 = VergabeR 2023, 152 = VPR 2023, 2041 = IBR 2023, 3005.

**6.3 AEUV Art. 49**

Art. 49 AEUV ist dahin auszulegen, dass er einer nationalen Regelung nicht entgegensteht, wonach der Grund für den Ausschluss von der Anwendung der Regelung über die Verhinderung von Steuervermeidung durch Mantelgesellschaften nur Gesellschaften erfasst, deren Anteile auf den regulierten nationalen Märkten gehandelt werden, wohingegen andere – nationale oder ausländische – Gesellschaften, deren Anteile nicht auf den regulierten nationalen

Märkten gehandelt werden, die aber von an regulierten ausländischen Märkten notierten Gesellschaften und Einheiten kontrolliert werden, vom Geltungsbereich dieses Ausschlussgrundes ausgenommen sind.

EuGH (Achte Kammer), Urt. v. 6.10.2022, C-433/21, C-434/21 – *Agenzia delle Entrate/Contship Italia SpA*, Vorlage der Corte suprema di cassazione (Kassationsgerichtshof, Italien), NZG 2023, 434 = WM 2023, 73 = ZIP 2022, 2128.

### 6.4 RL 2000/78/EG Art. 2 Abs. 2, Art. 4 Abs. 1, Art. 6 Abs. 1; EUGrdRCh Art. 21

Art. 2 Abs. 2, Art. 4 Abs. 1 und Art. 6 Abs. 1 RL 2000/78/EG des Rates vom 27.11.2000 zur Festlegung eines allgemeinen Rahmens für die Verwirklichung der Gleichbehandlung in Beschäftigung und Beruf sind im Licht von Art. 21 der Charta der Grundrechte der Europäischen Union dahin auszulegen, dass sie einer nationalen Regelung entgegenstehen, wonach für die Teilnahme an einem Auswahlverfahren zur Einstellung von Polizeikommissaren eine Höchstaltersgrenze von 30 Jahren gilt, soweit die von den Polizeikommissaren tatsächlich wahrgenommenen Aufgaben keine besondere körperliche Eignung erfordern, oder, wenn sie eine solche Eignung erfordern, eine solche Regelung zwar ein legitimes Ziel verfolgt, aber eine unangemessene Anforderung aufstellt, was zu prüfen Sache des vorlegenden Gerichts ist.

EuGH (Siebte Kammer), Urt. v. 17.11.2022, C-304/21 – *Ministero dell'Interno*, Vorlage des Consiglio di Stato (Staatsrat, Italien), DÖV 2023, 84 = AP R 2000/78/EG Nr. 64.

### 6.5 VO (EU) Nr. 473/2013; VO (EU) Nr. 549/2013; RL 2011/85/EU; EUV Art. 19 Abs. 1; EUGrdRCh Art. 47

Die Verordnung (EU) Nr. 473/2013 des Europäischen Parlaments und des Rates vom 21. Mai 2013 über gemeinsame Bestimmungen für die Überwachung und Bewertung der Übersichten über die Haushaltsplanung und für die Gewährleistung der Korrektur übermäßiger Defizite der Mitgliedstaaten im Euro-Währungsgebiet, die Verordnung (EU) Nr. 549/2013 des Europäischen Parlaments und des Rates vom 21. Mai 2013 zum Europäischen System Volkswirtschaftlicher Gesamtrechnungen auf nationaler und regionaler Ebene in der Europäischen Union, die Richtlinie 2011/85/EU des Rates vom 8. November 2011 über die Anforderungen an die haushaltspolitischen Rahmen der Mitgliedstaaten und Art. 19 Abs. 1 Unterabs. 2 EUV sind in Verbindung mit Art. 47 der Charta der Grundrechte der Europäischen Union sowie den Grundsätzen der Äquivalenz und der Effektivität dahin auszulegen, dass sie einer nationalen Rechtsvorschrift, die die Zuständigkeit des Rechnungshofs beschränkt, über die sachliche Richtigkeit der Aufnahme einer Einrichtung in die Liste staatlicher Einheiten zu befinden, nicht entgegenstehen, vorausgesetzt, dass die praktische Wirksamkeit dieser Verordnungen und dieser Richtlinie sowie der vom Unionsrecht vorgeschriebene effektive gerichtliche Rechtsschutz gewährleistet sind.

EuGH (Erste Kammer), Urt. v. 13.7.2023, C-363/21, C364/21 – *Ferrovienord SpA*, Vorlage der Corte dei conti (Rechnungshof, Italien), BeckRS 2023, 16916.

### 6.6 VO (EG) Nr. 507/2006 Art. 1, Art. 4; AEUV Art. 168 Abs. 7; EUGrdRCh Art. 3, Art. 35, Art. 41, Art. 49

Das Vorabentscheidungsersuchen betrifft die Auslegung von Art. 4 der Verordnung (EG) Nr. 507/2006 der Kommission vom 29. März 2006 über die bedingte Zulassung von Humanarzneimitteln, die unter den Geltungsbereich der Verordnung (EG) Nr. 726/2004 des Europäischen Parlaments und des Rates fallen (ABl. 2006, L 92, S. 6), der Verordnung (EU) 2021/953 des Europäischen Parlaments und des Rates vom 14. Juni 2021 über einen Rahmen für die Ausstellung, Überprüfung und Anerkennung interoperabler Zertifikate zur Bescheinigung von COVID-19-Impfungen und -Tests sowie der Genesung von einer COVID-19-Infektion (digitales COVID-Zertifikat der EU) mit der Zielsetzung der Erleichterung der Freizügigkeit während der COVID-19-Pandemie (ABl. 2021, L 211, S. 1) und der Art. 3, 35 und 41 der Charta der Grundrechte der Europäischen Union (im Folgenden: Charta).

**Es ergeht im Rahmen eines Rechtsstreits zwischen D. M. und der Azienda Ospedale-Università di Padova (Universitätsklinikum Padua, Italien) wegen der Freistellung ohne Entgeltfortzahlung von D. M. als Krankenschwester im Universitätsklinikum wegen Verstoßes gegen die nationale Regelung, nach der Personen, die im Gesundheitswesen tätig sind, verpflichtet sind, sich impfen zu lassen.**

**Art. 168 Abs. 7 AEUV legt zulasten der Mitgliedstaaten keine Anforderungen an die verpflichtende Impfung bestimmter Arten von Personen fest. Nach Art. 168 Abs. 7 AEUV lässt das Unionsrecht die Zuständigkeit der Mitgliedstaaten für den Erlass von Vorschriften zur Festlegung ihrer Gesundheitspolitik unberührt. Die Mitgliedstaaten müssen bei der Ausübung dieser Befugnis jedoch das Unionsrecht beachten (NZA-Leitsatz).**

EuGH (2. Kammer), Urt. v. 13.7.2023, C-765/21 – *Azienda Ospedale-Università di Padova*, Vorlage des Tribunale ordinario di Padova (Gericht Padua, Italien), NZA 2023, 1029.

### 6.7 RL 2002/21/EG, Art. 8 Abs. 1, Art. 8 Abs. 2, Art. 8 Abs. 4, Art. 5; RL 2002/22/EG Art. 20 bis 22; AEUV Art. 49, Art. 56

**Die Art. 49 und 56 AEUV, Art. 8 Abs. 1 Unterabs. 1, Abs. 2 Buchst. a, Abs. 4 Buchst. b und d und Abs. 5 Buchst. b der Richtlinie 2002/21/EG des Europäischen Parlaments und des Rates vom 7. März 2002 über einen gemeinsamen Rechtsrahmen für elektronische Kommunikationsnetze und -dienste (Rahmenrichtlinie) in der durch die Richtlinie 2009/140/EG des Europäischen Parlaments und des Rates vom 25. November 2009 geänderten Fassung sowie die Art. 20 bis 22 der Richtlinie 2002/22/EG des Europäischen Parlaments und des Rates vom 7. März 2002 über den Universaldienst und Nutzerrechte bei elektronischen Kommunikationsnetzen und -diensten (Universaldienstrichtlinie) in der durch die Richtlinie 2009/136/EG des Europäischen Parlaments und des Rates vom 25. November 2009 geänderten Fassung, in Verbindung mit den Grundsätzen der Verhältnismäßigkeit und der Gleichbehandlung, sind dahin auszulegen, dass sie einer nationalen Regelung nicht entgegenstehen, die der nationalen Regulierungsbehörde die Befugnis verleiht, einen Beschluss zu erlassen, der zum einen den Betreibern von Mobilfunkdiensten einen Zeitrahmen für die Verlängerung kommerzieller Angebote und einen Zeitrahmen für die Abrechnung vorschreibt, die nicht weniger als vier Wochen betragen dürfen, und zum anderen den Betreibern von Festnetzdiensten und damit verbundenen Diensten einen Zeitrahmen für die Verlängerung solcher Angebote und einen Zeitrahmen für die Abrechnung vorschreibt, die monatlich oder mehrmonatig sein müssen, sofern sich die beiden in Rede stehenden Kategorien von Diensten im Hinblick auf den Gegenstand und das Ziel dieser nationalen Regelung in unterschiedlichen Situationen befinden.**

EuGH (Erste Kammer), Urt. v. 8.6.2023, C-468/20 – *Fastweb*, Vorlage des Consiglio di Stato (Staatsrat, Italien), BeckRS 2023, 12759.

### 6.8 Rahmenbeschluss 2002/584/JI Art. 1 Abs. 3, Art. 4 Nr. 6; EUGrdRCh Art. 7, Art. 20

1. **Art. 4 Nr. 6 des Rahmenbeschlusses 2002/584/JI des Rates vom 13.6.2002 über den Europäischen Haftbefehl und die Übergabeverfahren zwischen den Mitgliedstaaten ist in Verbindung mit dem in Art. 20 der Charta der Grundrechte der Europäischen Union verankerten Grundsatz der Gleichheit vor dem Gesetz wie folgt auszulegen:**

**Diese Bestimmung steht einer Regelung eines Mitgliedstaats zur Umsetzung von Art. 4 Nr. 6 dieses Rahmenbeschlusses entgegen, die jeden Drittstaatsangehörigen, der sich im Hoheitsgebiet dieses Mitgliedstaats aufhält oder dort seinen Wohnsitz hat, absolut und automatisch von der Anwendung des in dieser Bestimmung vorgesehenen fakultativen Grundes für die Nichtvollstreckung des Europäischen Haftbefehls ausschließt, ohne dass**

die vollstreckende Justizbehörde die Bindungen des Drittstaatsangehörigen zu diesem Mitgliedstaat beurteilen kann.

2. Art. 4 Nr. 6 des Rahmenbeschlusses 2002/584 ist wie folgt auszulegen:

**Die vollstreckende Justizbehörde hat für die Beurteilung, ob die Vollstreckung eines Europäischen Haftbefehls, der gegen einen Drittstaatsangehörigen ausgestellt wurde, der sich im Hoheitsgebiet des Vollstreckungsmitgliedstaats aufhält oder dort seinen Wohnsitz hat, abzulehnen ist, in einer Gesamtschau alle konkreten Faktoren zu würdigen, die darauf hinweisen können, dass zwischen ihm und dem Vollstreckungsmitgliedstaat Bindungen bestehen, die belegen, dass er hinreichend in diesen Staat integriert ist und dass daher die Vollstreckung der im Ausstellungsmitgliedstaat gegen ihn verhängten Freiheitsstrafe oder freiheitsentziehenden Maßregel der Sicherung im Vollstreckungsmitgliedstaat zur Erhöhung seiner Resozialisierungschancen nach Vollstreckung der Strafe oder freiheitsentziehenden Maßregel der Sicherung beitragen wird. Zu diesen Faktoren gehören die familiären, sprachlichen, kulturellen, sozialen oder wirtschaftlichen Bindungen des Drittstaatsangehörigen zum Vollstreckungsmitgliedstaat sowie Art, Dauer und Bedingungen seines Aufenthalts in diesem Mitgliedstaat.**

EuGH (Große Kammer), Urt. v. 6.6.2023, C-700/21 – *O. G. / Presidente del Consiglio dei Ministri*, Vorlage der Corte costituzionale (Verfassungsgerichtshof, Italien), ZAR 2023, 268.

Erstellt von stud. iur. *Moritz Barth* und stud. iur. *Anna Hellriegel*, beide Heidelberg

# V. Deutschsprachiges Schrifttum zum italienischen Recht

(im Anschluss an die Übersicht in Band 35,
vornehmlich aus dem Publikationszeitraum 2022 und 2023)

## 1. Allgemeines

*Dolce, Rodolfo*: Rezension: *Kindler, Peter*, Einführung in das italienische Recht, 3. Auflage, München 2022, EuZW 2022, 1115–1117

*Moro, Valerie*: Rezension: *Kindler, Peter*, Einführung in das italienische Recht, 3. Auflage, München 2022, FamRZ 2023, 672

*Peifer, Karl-Nikolaus*: Rezension: *Kindler, Peter*, Einführung in das italienische Recht, 3. Auflage, München 2022, ZVglRWiss 121 (2022), 522–525

*Pyschny, Anastasia*: Frankreich, aber nicht nur: vielschichtiges Jahrbuch mit Wirtschaftsfokus und neuen Akzenten – Rezension: Deutsch-Französisches Institut (Hrsg.), Frankreich Jahrbuch 2021 – Die Wirtschaft Frankreichs, Italiens und Deutschlands in der Pandemie, Baden-Baden 2022, ZParl 2022, 696–698

*Schmitt-Mücke, Caroline*: Persönlichkeitsschutz und Presseberichterstattung im deutschen und italienischen Recht, Baden-Baden 2023

## 2. Schuld-, Sachen-, Handels- und Wirtschaftsrecht

*Bernardoni, Andrea/Guerini, Giuseppe/Pallucchi, Vanessa/Salvatori, Gianluca*: Das italienische Genossenschaftswesen: Vergangenheit, Gegenwart, Zukunft – Stellungnahmen von vier italienischen Genossenschaftsexpert*innen, Z'GuG 2022, 651–674

*Bordiga, Francesco*: Menschenrechtliche Sorgfaltspflichten in der italienischen Rechtspraxis, ZVglRWiss 122 (2023), 73–89

*Brandi, Tim/Schmidt, Mike*: Die grenzüberschreitende Spaltung nach dem UmRUG, AG 2023, 297–309

*Conrads, Markus*: Vertragsstrafen und Schadenspauschalen wegen verspäteter Lieferung in CISG-Einkaufsbedingungen, IHR 2023, 104–110

*Conrads, Markus*: AGB-Vertragsaufhebungsklauseln in CISG-Kaufverträgen, IHR 2022, 134–140 (134, 137)

*Elsen, Susanne*: Die Bedeutung von Genossenschaften für die öko-soziale Transformation unter Berücksichtigung neuer Entwicklungen in Italien und Deutschland, Z'GuG 2022, 595–615 (607 ff.)

*Fleischer, Holger*: Der Zoo der Gesellschaftsformen in Deutschland, ZIP 2023, 1505–1515 (1511 ff.)

*Fleischer, Holger/Pendl, Matthias*: Das Recht der Sozialunternehmen: Vermessung eines neuen Forschungsfeldes, NZG 2023, 815–825

*Florstedt, Tim/Nikolaos, Vervessos*: Aktionärsschutz bei related party transactions im deutschen und griechischen Recht, ZVglRWiss 121 (2022), 437–457 (439, 444, 452 ff.)

*Gajo, Marianne*: Italienische Börse vereinfacht Regeln für Börsengänge (Beilage, AG-Report), AG 2022, R294

*Gallowsky, Silvia Lolli*: Das italienische Genossenschaftswesen vom Wiederaufbau 1945 bis zu Beginn des neuen Jahrtausends – Ein Überblick, Z'GuG 2022, 546–559

*Gattringer, Volker*: Die rätselhafte Begrenzung der Nachhaftung auf das Nettoaktivvermögen bei der Spaltung, NZG 2023, 443–454 (448)

*Graf von Westphalen, Friedrich* (Hrsg.): Die Bankgarantie im internationalen Handelsverkehr, 5. Auflage, Frankfurt a. M. 2023 (Kapitel L)

*Kalss, Susanne*: Das Kommen, Gehen und Widerkommen des Mehrstimmrechts, ZHR 187 (2023), 438–498 (446 f.)

*Kieswetter, Oscar*: Die genossenschaftliche Innovationswelle der Bürgergenossenschaft auf dem Wege zur gesetzlichen Anerkennung, Z'GuG 2022, 560–582

*Kieswetter, Oscar*: Die genossenschaftliche Systemfinanz im Dienst der Innovation und der Sicherung von Arbeitsplätzen, Z'GuG 2022, 630–650

*Kohls, Frank*: Go for it! Umsetzung der EU-Richtlinie zum Hinweisgeberschutz im internationalen Konzern, jM 2023, 321–326 (321)

*Mock, Sebastian/Mohamed, Jean*: Goodbye One Share One Vote? – Welcome Dual-Class Shares! Ein komparativer Überblick zu rechtspolitischen Reformüberlegungen, NZG 2022, 1275–1278 (1276 f.)

*Nicolussi, Julia*: Mehrstimmrechtsaktie – Renaissance auf europäischer und nationaler Ebene, AG 2022, 753–763 (755, 757 f.)

*Patti, Francesco Paolo/Annunziata Filippo*: Digitalisierung von Finanzinstrumenten – Vorbild Italien? (Interview), Beilage RDi-aktuell 2023, 6–7

*Peitsch, Julius*: Das Konzerninteresse als Leistungsmöglichkeit in der paneuropäischen Unternehmensgruppe, Berlin 2022 (166 ff.)

*Schüßler, Thomas*: Die Konzernordnung – Binnenorganisation in der europäischen Konzernpraxis, Baden-Baden 2023

*Stark, Maximilian*: Fortführungsprinzip und vorinsolvenzliche Sanierung nach dem StaRUG, ZVglRWiss 121 (2022), 298–309 (303)

*Wagner, Stephan*: Die deutsche Rezeption des französisch-italienischen Obligationenrechts-Entwurfs von 1927, in: *Deroussin, David* (Hrsg.), Vom Liberalen zum Sozialen Privatrecht, Frankfurt a. M. 2022, 63–128

## 3. Familien- und Erbrecht

*Baldus, Christian/Gebauer, Martin/Nordmeier, Carl Friedrich/Klötgen, Paul/Kot, Tomasz/Vidal, Isidoro Antonio Calvo/Bergquist, Ulf/Henriques, Sofia/Holtz, Anja*: Die EuErbVO in der europäischen Praxis, GPR 2023, 51–80

*Castelli, André*: Italien: Entwicklungen der Rechtsprechung bei der stillschweigenden Annahme der Erbschaft, ZEV 2022, 646

*Christandl, Gregor*: Rezension: *Timmermann, Anja*, Vermögensrechtliche Ausgleichsansprüche bei Scheidung einer Unternehmerehe in Deutschland und Italien, Bielefeld 2021, RabelsZ 2023, 195–201

*Dimmler, Jörg Michael*: Anerkennung einer einvernehmlichen italienischen Ehescheidung (Anmerkung zu: EuGH, Urt. v. 15.11.2022, Rs. C-646/20), FamRB 2023, 4–6

*Dutta, Anatol*: Anerkennung einer italienischen Privatscheidung (Anmerkung zu: EuGH, Urt. v. 15.11.2022, Rs. C-646/20)

*Finger, Peter*: Anerkennung spanischer (privater) Ehescheidung (Anmerkung zu: KG, Beschl. v. 28.4.2022, 1 VA 2/22), FamRB 2022, 339–341

*Grewe, Gerrit*: Italienischer Erbfall: Die erforderliche Annahme der Erbschaft verschiebt nicht die Steuerentstehung in Deutschland (Anmerkung zu: BFH, Urt. v. 17.11.2021, II R 39/19), ErbBstg 2022, 143–144

*Koutsouradis, Achilles*: Die außergerichtliche einvernehmliche Scheidung nach griechischem Recht und ihre Anerkennung in Deutschland, FamRZ 2022, 1430–1436 (1430, 1433 f.)

*Lettmaier, Saskia*: Kritische Überlegungen zum Referentenentwurf des Bundesministeriums der Justiz: Entwurf eines Gesetzes zur Änderung des Ehenamens- und Geburtsnamensrechts, NZFam 2023, 625–632 (626)

*Löhnig, Martin*: Anerkennung einer italienischen Standsamt-Scheidung (Anmerkung zu: EuGH, Urt. v. 15.11.2022, Rs. C-646/20), NZFam 2023, 119–120

*van Lück, Kolja*: Erbfall nach italienischem Recht (Anmerkung zu: BFH, Urt. v. 17.11.2021, II R 39/19), DStRK 2022, 179

*Marusczyk, Dawid*: Aufspaltung des gewöhnlichen Aufenthalts, GPR 2023, 18–26 (24)

*Mayer, Claudia*: Verfahrensrechtliche Anerkennung der Privatscheidung durch den italienischen Standesbeamten „gerichtliche Entscheidung"? (Anmerkung zu: EuGH, Urt. v. 15.11.2022, Rs. C-646/20), ZEuP 2023, 461–471

*Patti, Salvatore*: Neue Rechtsprechung Italien 2021–2022, FamRZ 2022, 1438–1439

*Schmid, Manfred*: Erbfall nach italienischem Recht (Anmerkung zu: BFH, Urt. v. 17.11.2021, II R 39/19), BFH/PR 2022, 187–189

*Weinbeck, Kathrin*: Grundbuchberichtigung bei Zuweisung eines Grundstücks an einen von mehreren Erben im ENZ bei italienischem Erbstatut (Anmerkung zu: KG, Urt. v. 22.9.2022, 1 W 348/22), ZEV 2022, 675–676 (676)

*Werner, Rüdiger*: Die Annahme der Erbschaft im Ausland und deutsche Erbschaftssteuer (Anmerkung zu: BFH, Urt. v. 17.11.2021, II R 39/19), IWB 2022, 570–576

## 4. Arbeits- und Sozialrecht

*Maraga, Riccardo*: Die jüngste Debatte um die Kündigung aus sachlich gerechtfertigtem Grund in Italien, AuR 2022, 303–307

*Masarié, Edoardo D'Alfonso*: Im Familienkreis, inhaltlich harmonisiert, nicht allzu teuer: Die Pflege in Italien und ihre Perspektiven nach dem Altersgesetz 33/2023, ZESAR 2023, 364–374

*Masarié, Edoardo D'Alfonso*: Die Bewältigung des demografischen Wandels in der Alterssicherung im deutsch-italienischen Rechtsvergleich, Baden-Baden 2022

*May, Ronja*: Die Arbeitsbedingungenrichtlinie (EU) 2019/1152 und ihre Auswirkungen auf Kündigungen und Abrufarbeit, BB 2022, 2232–2235 (2234)

*Prudentino, Mario*: Arbeitsrecht und Compliance in Deutschland und Italien – Das Nachweisgesetz in Deutschland und Italien, CB 2023, 70–74 (73 f.)

*Rech, Antje*: Die Entwicklung der Rechtsprechung zu Crowdworking und Plattformarbeit, ZFA 2023, 279–314 (307 ff.)

*Seiffarth, Marlene*: Potenziale für „gute Arbeit" im Privathaushalt? Regulierung und Interessenvertretung migrantischer Pflegekräfte in Italien, WSI-Mitteilungen 2022, 386–393

*Steiner, Udo*: Rezension: *Masarié, Edoardo D'Alfonso*, Die Bewältigung des demografischen Wandels in der Alterssicherung im deutsch-italienischen Rechtsvergleich, Baden-Baden 2022, NZS 2023, 495

## 5. Gewerblicher Rechtsschutz, Wettbewerbsrecht, Medien- und Urheberrecht

*Etteldorf, Christina*: Italien: Kassationsgerichtshof zum Delisting und zur Haftungsprivilegierung von Suchmaschinen, MMR-Aktuell 2022, 450547

*Sonnenberg, Peer*: Tagungsbericht: Junge Wissenschaft – Kolloquium zum Gewerblichen Rechtsschutz, Urheber- und Medienrecht, GRUR 2022, 1290–1293 (1291)

## 6. Zivilverfahrens- und Insolvenzrecht

*Castelli, André*: Italien: Übertragung der Zuständigkeit für Genehmigungen in Angelegenheiten der freiwilligen Gerichtsbarkeit auf Notare, ZEV 2023, 492

*Elsner, Niels/Deters, Hannah*: Postzustellung im Parteibetrieb nach der EuZustVO – das Gericht als Übermittlungsstelle (Anmerkung zu: OLG Frankfurt, Urt. v. 3.11.2021, 6 W 95/21), IPRax 2023, 146–149 (147)

*Pellegrinelli, Piera*: Die Einführung der Frühwarnsysteme in Umsetzung der EU-Empfehlung 2014/135 und der Richtlinie (EU) 2019/1023 über Restrukturierung und Insolvenz in Italien, ZInsO 2023, 181–191
*Stefer, Dominik*: Zession und Zuständigkeit unter der EuGVO, Tübingen 2022 (26 ff., 148 f., 242 ff.)
*Trittmann, Rolf*: Rezension: *Benedettelli, Massimo*, International Arbitration in Italy, Alphen aan den Rijn 2020, SchiedsVZ 2022, 182

## 7. Steuerrecht

*Deininger, Rainer* (Hrsg.): Wegzug aus steuerlichen Gründen – Einkommen-, erbschaft- und schenkungsteuerliche Auswirkungen des Wegzugs natürlicher Personen von Deutschland in die Schweiz, nach Österreich und Italien, 3. Auflage, Bonn 2023 (133 ff.)
*Hilber, Klaus*: Rezension: *Hilpold, Peter/Steinmair, Walter*, Grundriss des italienischen Steuerrechts, 6. Auflage, München 2022, AFS 2022, 238
*Hilpold, Peter/Steinmair, Walter*: Grundriss des italienischen Steuerrechts, 6. Auflage, München 2022
*Lemmen, Paul Felix*: Die Bedeutung der EU-Grundrechtecharta für das nationale Steuerrecht, Tübingen 2022 (256 ff.)
*Mayr, Siegfried/Paciello, Vito Alexander*: Steuerliche Anreize bei Wohnsitzverlegung vom Ausland nach Italien, IStR 2023, 606–610
*Oehlrich, Marcus*: San Marino: IVA und Monofase – 50. Jubiläum der Einführung der Mehrwertsteuer und des Abkommens mit Italien, IStR-LB 2023, 40
*Piekenbrock, Andreas*: Die Berücksichtigung von Pflichtteilen bei beschränkt Steuerpflichtigen – Folgen aus EuGH, Urt. v. 21.12.2021, Rs. C-394/20 – Finanzamt V (Anmerkung zu: EuGH, Urt. v. 21.12.2021, Rs. C-394/20), ISR 2023, 21–27 (22, 26)
*Schick, Michael/Heydecke, Ronja*: Vielfalt der steuerberatenden Berufe in Europa – Ergebnisse einer Umfrage der Bundessteuerberaterkammer, DStR 2023, 1547–1560
*Zimmerl, Isabella*: Joint tax audits als Ausgangspunkt zur Effektuierung des Verständigungsverfahrens, München 2022

## 8. Öffentliches Recht

*Albanese, Alessandra*: Der öffentliche Dienst in Italien: vom öffentlichen Recht zum Sonderarbeitsrecht, DÖV 2022, 693–701
*Blanke, Hermann-Josef/Sander, Aimee*: Bewährungsprobe des deutschen Föderalismus in der Pandemie – Zugleich ein Vergleich mit anderen föderalen und präföderalen Staaten, ZG 2023, 15–35 (30 ff.)
*Caterina, Edoardo/Giannelli, Matteo/Siciliano, Domenico*: „Die Ächtung des Krieges ernst genommen" – Vier Thesen zur Verfassungswidrigkeit der Sendung von Waffen an die Ukraine nach italienischem Recht, KJ 2022, 361–374
*Gallon, Johannes/Kompatscher, Anna*: Ohne Papiere und ohne Rechte? Der Zugang zur Impfung gegen Coronavirus für Menschen ohne Papiere in Deutschland und Italien, KJ 2022, 137–151
*Hering, Laura*: Exekutive Normsetzung in der Corona-Pandemie – Ein krisenverwaltungs- und krisenverfassungsrechtlicher Vergleich zwischen Deutschland und Italien, Die Verwaltung 2022, 365–398
*Jaklin, Peter*: Verantwortlichkeit für Verkehrsverstöße in Europa – Überblick und Ergänzung zum Arbeitskreis II des 61. VGT 2023, DAR 2023, 126–131
*Linz, Justus*: Dublin-Überstellungen und Abschiebungen „Anerkannter" nach Italien, Asylmagazin 2023, 12–17 (13)

*Morscher, Siegbert*: Südtirols Verwaltung 1975: Verwaltungs-, rechts- und politikwissenschaftliche Bemerkungen zu einem komplexen Gegenstand, Berlin 2023

*Obwexer, Walter/Happacher, Esther*: Südtirols Autonomie gestern, heute und morgen – 50 Jahre Zweites Autonomiestatut: Rück-, Ein- und Ausblicke, Baden-Baden 2023

*Pagliarin, Carola*: Der Schutz von sprachlichen Minderheiten in der italienischen Verfassung, in: *Hilpold, Peter/Perathoner, Christoph* (Hrsg.), Europäisches Minderheitenrecht – Festschrift für Gilbert Gornig Band I, Baden-Baden 2023, 229–248

*Palermo, Francesco*: Italiens Justiz im Wandel – Wohin führt Melonis Weg?, DRiZ 2022, 476–477

*Perathoner, Christoph*: Der Schutz des Gebrauchs der Minderheitensprache vor Gericht – Ist der Sprachgebrauch vor Gerichten in Südtirol ein Minderheitenschutzinstrument mit internationaler Vorbildwirkung?, in: *Hilpold, Peter/Perathoner, Christoph* (Hrsg.), Europäisches Minderheitenrecht – Festschrift für Gilbert Gornig Band I, Baden-Baden 2023, 591–632

*Peterlini, Oskar*: Autonomie als Friedenslösung: Südtirol am Prüfstand und im Vergleich – Stärken, Schwächen und Merkmale einer idealen Autonomie, Baden-Baden u. a. 2023

*Peterlini, Oskar*: Regionen im Spannungsfeld zur EU – Italien, Südtirol, Aland und Europa unter der Lupe – Eine Bilanz, in: *Hilpold, Peter/Perathoner, Christoph* (Hrsg.), Europäisches Minderheitenrecht – Festschrift für Gilbert Gornig Band I, Baden-Baden 2023, 153–196

*Schunke, Maurin*: Rezension: *Blanke, Hermann-Josef/Magiera, Siegfried/Pielow, Johann-Christian/Weber, Albrecht* (Hrsg.), Verfassungsentwicklungen im Vergleich – Italien 1947, Deutschland 1949, Spanien 1978, Berlin 2021, Der Staat 2022, 336–338

*Staffler, Christian*: Die Studientitelanerkennung in der EU – Anwendungen in der Grenzregion Südtirol, Bozen 2023

## 9. Strafrecht

*Born, Patrick Viktor*: Die Europäisierung von Strafmilderungsgründen, Baden-Baden 2022

*Helfer, Margareth*: Nemo tenetur se detegere – was gilt in Italien? Ein Grundsatz im Wandel konkurrierender Interessen, ZfIStw 2023, 156–163

*Insolera, Gaetano/Vormbaum, Thomas* (Übers.): Verfall und Untergang des liberalen Strafrechts, Berlin u. a. 2023

*Jarvers, Konstanze*: Der „Codice Rosso" – Neue Maßnahmen gegen geschlechtsbezogene und häusliche Gewalt in Italien, ZStW 2022, 805–851

*Rosani, Domenico*: Sexting mit Minderjährigen – jüngste Entwicklungen in der höchstgerichtlichen Rechtsprechung Italiens, ZStW 2022, 852–876

## 10. Unionsrecht

*Barth, Günter*: Die zivilrechtliche Durchsetzung von Preisangabenpflichten nach der PAngV-Novelle und nach BGH „Grundpreisangabe im Internet" (Anmerkung zu: BGH, Urt. v. 19.5.2022, I ZR 69/21), WRP 2022, 1078–1082 (1080)

*Omodei Salè, Riccardo /Bonetti, Silvia*: Italienische Rechtsprechung zum Unionsprivatrecht, GPR 2023, 81–83

*Omodei Salè, Riccardo/Bonetti, Silvia*: Italienische Rechtsprechung zum Unionsprivatrecht, GPR 2023, 103–105

*Posch, Denise*: Altersdiskriminierung/Polizeikommissare, ZESAR 2023, 331–341

*Windwehr, Jana*: Sozialpolitik im EU-Mehrebenensystem: Europäisierung einer nationalen Domäne?, Berlin u. a. 2022

Erstellt von stud. iur. *Debora Wolf* und stud. iur. *Noah Zaremba*, beide Heidelberg

# VI. Anhang

## Verzeichnis der Organe und der korporativen Mitglieder der Deutsch-Italienischen Juristenvereinigung (Vereinigung für den Gedankenaustausch zwischen deutschen und italienischen Juristen e.V.)

(Stand: Oktober 2023)

Die Vereinigung hat derzeit 715 Mitglieder;
ihre Satzung ist abgedruckt in JbItalR 7 (1994), S. 330 ff.

**Vorstand:**

Prof. Bettina *Limperg*, Präsidentin des
Bundesgerichtshofs
Bundesgerichtshof
76125 Karlsruhe
(Präsidentin der Vereinigung)

Prof. Dr. Dr. h.c. Peter *Kindler*
Universität München, Juristische Fakultät
Veterinärstraße 5
80539 München
peter.kindler@jura.uni-muenchen.de
(Generalsekretär der Vereinigung)

Rudolf F. *Kratzer*, Rechtsanwalt
Bahnhofstr. 32
82143 München-Planegg
kanzlei@kratzerundpartner.de
(Erster Stellvertretender Vorsitzender)

Prof. Dr. Michael *Stürner*, M.Jur. (Oxon)
Universität Konstanz, Fachbereich
Rechtswissenschaft
Universitätsstr. 10
78464 Konstanz
michael.stuerner@uni-konstanz.de

Dr. Stefan *Dangel*, Rechtsanwalt
Dolce Lauda
Rechtsanwälte – Avvocati
Arndtstraße 34-36
60325 Frankfurt am Main
s.dangel@dolce.de

**Ehrenpräsidenten:**

Prof. Dr. Walter *Odersky*, Präsident des
Bundesgerichtshofs a.D.
Tassilostr. 12
82131 Gauting
WOdersky@aol.com

Prof. Dr. Günter *Hirsch*, Präsident des
Bundesgerichtshofs a.D.
Bundesgerichtshof
76125 Karlsruhe

**Kuratorium:**

Prof. Avv. Gerardo *Broggini* †
Studio Legale Broggini
Via San Vittore, 45
I-20123 Milano

**Korporative Mitglieder:**

*Deutsches Notarinstitut*
Gerberstr. 19
97070 Würzburg
dnoti@dnoti.de

*Institut für deutsches und internationales Recht des Spar-, Giro- und Kreditwesens an der Johannes-Gutenberg-Universität Mainz*
Wallstr. 11
55122 Mainz
info@institut-kreditrecht.de

*Villa Vigoni e.V.*
Generalsekretärin Dr. Christiane Liermann Traniello
Via Giulio Vigoni 1
I-22017 Loveno di Menaggio (Co)
segreteria@villavigoni.eu

# Sachverzeichnis

(die Ziffern verweisen auf die Seitenzahlen)

**Arbeitsrecht**
– Arbeitnehmerfreizügigkeit  174
– Höchstaltersgrenze  175

**Asylverfahrensrecht**
– anerkannt Schutzberechtigte  172
– Art. 3 EMRK  172
– Art. 4 Charta der Grundrechte der EU  172 f.
– Aussetzung von Überstellungen  172
– Übernahmebereitschaft  173
– verwaltungsrechtliche Sachaufklärungspflicht  171

**Deliktsrecht**
– Schutzumfang der §§ 823, 826 BGB  5 f.
– Schutzumfang der italienischen deliktischen Generalklausel  7 f.
– Typengenehmigung  169
– Verbands-/Sammelklagen  15 ff.

**Digitalisierung/KI-Tools**
– Algorithmus  112 ff.
  – COMPAS-Algorithmus  116
– ChatGPT  116 f.
– Datenbank über Gerichtsakten  123, 126 f.
– Digitale Justiz  114 f.
– Einfluss von KI auf Ausrichten der Tätigkeit  37

**Erbrecht**
– Europäisches Nachlasszeugnis  165 f.

**Europäisches Gesellschaftsrecht**
– Mantelgesellschaften  174 f.

**Europäisches Haushaltsrecht**
– Haushaltsplanung  175

**Europäische Menschenrechtskonvention**
– Versorgung von Asylantragstellern  172
– Verstoß durch systemisch lange Verfahrensdauer  118

**Europäisches Regulierungsrecht**
– öffentliche Auftragsvergabe  174
– Regulierung von Mobilfunkdiensten  176
– Zulassung von Humanarzneimitteln  175 f.

**Europäisches Strafprozessrecht**
– europäischer Haftbefehl  176 f.
– VW-Abgasskandal  133 ff.
  – Art. 50 Charta der Grundrechte der EU  133, 139 f.
  – Kumulierung von Verfolgungsmaßnahmen  144 ff.
  – ne bis in idem  140 ff.
  – Verwaltungssanktion strafrechtlicher Natur  138 ff.

**Europäisches Wettbewerbsrecht**
– Omnibus-Richtlinie  5, 8 f.
– Richtlinie gegen unlautere Geschäftspraktiken (UGP-RL)  5

**Europäisches Zivilverfahrens- und Vollstreckungsrecht**
– Ausrichten der Tätigkeit  36 f.
– Dieselfälle  5 ff.
– europäischer Verbraucherbegriff  37 f.
– Patronatserklärung  38 f.
– Verbrauchergerichtsstand  43 f.
– Vollstreckungsversagung ohne Bescheinigung nach Art. 53 EuGVVO  152 f.

**Familienrecht**
– Anerkennung von Privatscheidungen  148 ff.
– Kindesrückführung  170

**Finanzinstrumente**
– Bankenstiftung 102 ff.
– Mikrokredit 97 ff.
  – microcredito imprenditoriale (für Existenzgründer) 100
  – microcredito sociale (mit sozialer Funktion) 100
  – Rechtsform der Mikrokreditanbieter 108

**Internationales Privatrecht**
– Anerkennung von Privatscheidungen 148 ff.
– Europäisches Nachlasszeugnis 165 f.
– Kindesrückführung 170
– Schiedsgerichtsbarkeit
  – New Yorker UN-Übereinkommen (UNÜ) 158, 160 ff.
  – ordre public-Verstoß 154, 161 ff.

**Sachenrecht**
– gutgläubiger Fahrzeugerwerb 169

**Schadensrecht**
– Beweislastverteilung 49
– danno patrimoniale (Vermögensschaden) 51
  – danno emergente (Vermögensminderung) 51
  – frustrierte Aufwendungen 55
  – Heilbehandlungskosten 52
  – lucro cessante (entgangener Gewinn) 51 ff.
  – Schaden in gewöhnlicher Folge (conseguenza normale) 51
  – Schadensminderungspflicht 54
– danno non patrimoniale (Nichtvermögensschaden) 55 ff.
  – danno biologico (Körperverletzung) 55 f., 60 f.
  – danno existenziale (Existenzschaden) 55, 62 f.
  – danno morale (seelisches Leid) 55, 62 f., 65
  – Mailänder Tabellen 56, 60 ff.

– mancato godimento delle ferie (entgangenen Urlaubsfreuden) 55
– Direktanspruch gegen den Haftpflichtversicherer 49
– Gutachterkosten 65
– risarcimento in forma specifica (Naturalrestitution) 49
– vorgerichtliche Rechtsanwaltskosten 65 f.
– Zinsansprüche 67 ff.

**Schiedsgerichtsbarkeit**
– New Yorker UN-Übereinkommen (UNÜ) 158, 160 ff.
– ordre public-Verstoß 154, 161 ff.

**Steuerrecht**
– Betriebsprüfungen 24 ff.
  – Advance Pricing Agreement/Vorabverständigungsverfahren 26, 28
  – Assurance letter 30
  – European Trust and Cooperation Approach (ETACA) 30 ff.
  – International Compliance Assurance Program (ICAP) 29 f.
  – Joint Audits 24 ff.
  – Ort der Prüfungshandlung 27
  – Verrechnungspreise 23, 25
– Betriebsstätte 21
  – Geschäftsleitungsbetriebsstätte 21
  – personallose Betriebsstätte 22 f.
– Doppelbesteuerungsabkommen (DBA) 21
  – Hilfs- und Nebentätigkeiten 22 f.
  – qualifizierte Rückfallklausel 171
– Körperschaftsbesteuerung 20 f.
– Zeitpunkt der Fahrzeugaußerbetriebsetzung 170

**Unlauterer Wettbewerb**
– Decreto legislativo Nr. 206 über das Verbrauchergesetzbuch 135 ff.
– Gesetz gegen den unlauteren Wettbewerb (UWG) 5, 9

**Verbraucherrecht**
- Ausrichten der Tätigkeit 36 f.
- Codice del consumo (c. d. c.) 10
- Dieselfälle 5 ff.
- europäischer Verbraucherbegriff 37 f.
- Patronatserklärung 38 f.
- Prüfpflicht 4
- Verbrauchergerichtsstand 43 f.
- Verbraucherschadensersatz 5 ff.
- Vertrag mit doppeltem Zweck 38

**Verkehr**
- intermodaler Verkehr 76
- kombinierter Verkehr 76
- multimodaler Verkehr 74, 76
  - Gefahrengüter 88
  - Haftungssysteme 82
  - Interoperabilität 88
  - multimodaler Beförderungsvertrag 77 f.
  - multimodaler Frachtführer (MTO) 77, 79 ff.
  - Personenverkehr 91
  - Rotterdam Regeln 80
- Übereinkommen über den internationalen multimodalen Transport von Gütern 79 f.
- Transportvertrag 82
- UNCTAD/ICC Rules for Multimodal Transport Documents 83 f.
- Verkehrsträger 75

**Vertragsrecht**
- Schweigen mit Erklärungswert 128 ff.
  - silenzio con valore legale (normiertes Schweigen) 128
  - silenzio circostanziato (beredtes Schweigen) 128

**Zivilverfahrensrecht**
- Gerichtsstandsvereinbarung 39
- Mahnverfahren 42 f.
- Notwendigkeit der doppelten Unterschrift (doppia firma) 39 f.
- rügeloses Einlassen 41

Erstellt von stud. iur. *Karin Jackwerth*, Köln

# NEU bei C.F. Müller Wissenschaft

## Whistleblowing
### Band 2: Normative Perspektiven

Herausgegeben von Prof. Dr. Ralf Kölbel, LMU München.

2024. X, 422 Seiten. Geb. € 109,–. ISBN 978-3-8114-0675-9 (C.F. Müller Wissenschaft)

Mit Beiträgen von: *Dr. Hjördis Czesnick, Dr. Julian Dörr, Prof. Dr. Alexander Eufinger, Prof. Dr. Andreas Fisahn, Prof. Dr. Martin Franzen, Dr. Simon Gerdemann, RA Dr. Nico Herold, RA Dr. Christoph Kehrer, Prof. Dr. Ralf Kölbel, Dr. Alexander Kruska, Prof. Dr. Felix Kühnle, Prof. Dr. Dieter Kugelmann, Uli Mack, Prof. Dr. Jochen Mayer, Prof. Dr. Frank Meyer, Dr. Sebastian Oelrich, Wolfgang Otte, Larissa Thais Reich, Prof. Dr. Marcel Reinold, Prof. Dr. Klaus Ulrich Schmolke, Annkristin Schulz, Prof. Dr. Eric Steinhauer, Dr. Elke Wienhausen-Knezevic* und *Elisabeth Wiesnet.*

*Whistleblowing* erfährt inzwischen nicht mehr nur im öffentlichen Diskurs eine erhebliche Aufmerksamkeit. *Whistleblowing*-Einrichtungen sind vielmehr ein weit verbreitetes Instrument der staatlichen sowie der unternehmens- und organisationsinternen Regulierung. Mit Inkrafttreten des **Hinweisgeberschutzgesetzes am 2. Juli 2023** liegt in Deutschland eine übergreifende Regelung vor, um *Whistleblowing* in verschiedenen geschützten Kanälen abzusichern und zu stimulieren. Die damit einhergehenden (Interessen-)Konflikte werden hierdurch aber nicht vollständig gelöst. Auch wirft das Gesetz zahlreiche Implementierungsfragen auf, die der Diskussion und Klärung bedürfen.

Nachdem in Band 1 der empirische Wissensstand zu *Whistleblowing* systematisch aufbereitet worden ist, bietet der **vorliegende Band 2** einen breiten Überblick über die darauf aufbauenden **normativen Debatten**. Seine **16 Beiträge** erschließen den Rechtsrahmen von *Whistleblowing* und analysieren den darauf bezogenen Rechtsstand aus einem weiten **Spektrum an Perspektiven**. Dazu zählen die demokratietheoretischen, verfassungsrechtlichen, rechtsvergleichenden und politischen **Grundlagen** des Hinweisgeberschutzgesetzes, aber auch die Untersuchung seiner unternehmens-, arbeits-, datenschutz- und strafrechtlichen **Konsequenzen**. Dies wird zudem für die **gesellschaftlichen Sektoren** Unternehmen, Verwaltung und Polizei sowie Gesundheitswesen, Sport und Wissenschaft eigens vertieft.

*Ebenfalls lieferbar:* **Kölbel (Hrsg.), Whistleblowing.** Band 1: Stand und Perspektiven der empirischen Forschung. 2022. 320 S. Geb. € 89,–. ISBN 978-3-8114-5418-7

## Die Bände Jahrbuch für Italienisches Recht im Überblick

**Band 36:**
Verbraucherschutzrecht – Steuerrecht – Wirtschaftsrecht, 2024. X, 193 Seiten. € 120,–

**Band 35:**
Aktuelle Entwicklungen im Zivil- und Wirtschaftsrecht, 2023. X, 180 Seiten. € 120,–

**Band 33/34:**
Schadensrecht – Steuerrecht – Verfassungsrecht, 2022. X, 214 Seiten. € 115,–

**Band 32:**
Europäischer Rechtsverkehr in Zivil- und Strafsachen, 2020. X, 252 Seiten. € 115,–

**Band 30:**
Persönlichkeitsschutz - Arbeitsrecht - Insolvenzrecht, 2018. X, 177 Seiten. € 99,99

**Band 29:**
Patentrecht, ADR, Wirtschaftsstrafrecht, 2017. X, 243 Seiten. € 109,99

**Band 28:**
Wirtschaftsrecht - Verfahrensrecht - Erbrecht - Scheidungsrecht, 2016. X, 249 Seiten. € 109,99

**Band 27:**
Arbeitsrecht, Erbrecht, Urheberrecht, 2015. XII, 235 Seiten. € 109,99

**Band 26:**
Rechtsvereinheitlichung im Zivil- und Kollisionsrecht, 2014. X, 236 Seiten. € 89,99

**Band 25:**
Europäische Einflüsse auf den deutsch-italienischen Rechtsverkehr, 2013. X, 262 Seiten. € 64,95

**Band 24:**
Wirtschaftsrecht, Schadensrecht, Familienrecht, 2012. X, 222 Seiten. € 64,95

**Band 23:**
Aktuelle Entwicklungen im Handels, Arbeits- und Zivilprozessrecht, 2011. X, 214 Seiten. € 64,95

**Band 22:**
Aktuelle Entwicklungen im europäischen Vertrags- und Gesellschaftsrecht, 2010. X, 216 Seiten. € 64,95

**Band 21:**
Aktuelle Entwicklungen im europäischen Verfassungs-, Wirtschafts- und Schuldrecht, 2009. X, 232 Seiten. € 64,–

Weitere Infos unter **www.otto-schmidt.de**